청소년 지도방법론

Advanced Methodology in Youth Leadership

성열준 우상용 강세현 김정일 이복희 김종찬 김재원 공저

양 성 원

머리글

급변하는 시대, 무럭무럭 자라나는 대한민국의 청소년들을 바라보며 『청소년지도방법론』 집필의 필요성을 더욱 절실히 느끼게 되었습니다. 비록 완전하지는 못할지라도 씨를 뿌리고, 가꾸고, 튼실한 뿌리를 내려 알차게 열매 맺기를 바라는 어버이의 진실한 마음가짐으로 집필에 임해 봅니다.

우선, 무한한 가능성을 가진 청소년들을 일선에서 가르치고 지도해야 할 청소년지도사들에게 진정한 열정과 사랑이 도움이 되리라 생각합니다. 청소년 개인의 개성을 인정하고, 각자의 특성에 맞는 방법을 찾아 지속적인 관심을 통해 지도하여 청소년들로 하여금 전문 지식 습득은 물론 올바른 가치관과 인성이 함양될 수 있도록 지도해야 할 것입니다.

본서는 최신 통계 자료와 도표, 참고문헌 등을 제시하여 청소년지도에 뜻을 품고 있는 미래의 청소년지도사들을 가르치고 연구하는 교수들에게도 유용할 것이라 생각합니다. 구성은 다음과 같습니다.

총 3부로 이루어져 있으며, 제1부는 한국사회의 특성, 역사적 조망, 사회적인 맥락에서 본 청소년기의 특징과 발달, 청소년의 도덕의식 등 제학자들의 연구를 통해 청소년에 대한 이해를 도모하였습니다. 또한 청소년들의 문화를 살펴보고 그들 문화의 이해를 통해 청소년기에 겪는 주요 정서와 장애에 대해 고찰하고, 청소년기 정신건강의 중요성을 다시 한 번 짚어 보았습니다. 마지막으로 청소년정책과 관련법, 청소년 관련 연구기관이나 국제 청소년 기구까지 두루두루 살펴보았습니다.

제2부에서는 다년간 청소년지도 현장에서 습득한 경험들을 토대로 청소년지도방법의 실제를 알아보았습니다. 청소년지도자에 대한 설명과 청소년지도자가 갖추어야 할 자질, 지도자로서의 방향성 제시, 청소년진로지도의 현황과 과제, 청소년지도방법의 실제를 통해 문제의 해결 방법을 제시하였습니다.

제3부에서는 청소년활동지도자의 리더십, 청소년활동프로그램의 유형과 개발, 대상별 청소년지도방법은 물론 실천현장에서의 지도방법과 다문화가정의 청소년에 대해 알아보고, 청소년비행의 예방과 제문제들을 해결해 나갈 수 있는 방향을 제시하였습니다.

미약하나마 본서가 꿈과 희망, 열정을 가진 대한민국의 모든 청소년지도자들에게 도움이 되길 바라며, 제게 세미한 음성으로 사랑과 격려를 공급해 주신 우리 주 하나님께 영광을 돌립니다. 또한 아낌없는 배려로 출간을 도와주신 양성원 강철원 대표님과 임직원 여러분께도 감사드립니다.

2016년 2월

대표저자 성열준

차 례

제5장 청소년정책

제2부 청소년지도방법의 실제

제6장 청소년지도자의 이해

제7장 청소년지도과정의 이해

제8장 청소년지도방법의 원리

제9장 청소년진로지도

제3부 청소년활동지도의 실천

제1부

청소년에 대한 이해

제1장 현대사회와 청소년에 대한 이해

1. 한국사회와 가족의 특성

현재 한국사회의 변화는 국가와 사회 각 부문 간의 권위와 지배를 뒤흔들어 놓을 만큼 구조적이다. 지금까지 우리들이 익숙해 왔던 사회 · 문화규범과 사회제도와 가족제도의 전통적 관행에 물밀듯 밀려오는 변화의 물결로 커다란 충격이 예견되어 있다는 점에서 변혁기, 즉 낡은 체제와 이를 떠받치고 있던 질서원리가 새로운 것들로 급하게 변화되고 교체되는 과도기적 기간이라고 할 수 있다.

1) 현대 한국사회의 특징

(1) 정보화사회로의 변화

세계화와 정보화의 추세 속에서 한국도 정보화의 급물살을 타고 세계에서 손꼽히는 IT 강국으로 급부상하고 있다. 그 예로 2014년 기준 이동전화 가입자는 인구 100명당 113명, 이동전화 가입자 10명 중 7명은 스마트폰을 사용하는 것으로 나타났으며, 만 3세 이상 인구 중 인터넷을 이용한 적이 있는 '인터넷 경험자'는 86.3%였다. 한편, 통계청(2013)에 의하면 만 5~54세 인터넷 이용자 중 인터넷중독위험군이 7.0%(2,286천 명)였으며, 대상별 인터넷중독위험군은 청소년(11.7%) 〉 유아동(6.4%) 〉 성인(5.9%) 순으로 조사되었다. 그러나 이와 더불어 정보화사회의 여러 가지 부정적 현상들이 나타나고 있다. 특히 인터넷을 통한 선정적이고 음란한 영상과 음란 채팅문화, 폭력적이고 자극적인 전자오락게임, 익명성이 보장된 가상공간에서 폭력적이고 저속한 언어가 무차별적으로 난무하고 있다. 정보화사회로의 발전이 가져온 부작용은 청소년들에게 특히 유해한 부정적인 정서를 동반하고 있으며, 여러 가지 중독현상으로 부작용을 보여 더욱 우려된다.

(2) 고용불안과 취업경쟁

우리나라는 지난 1997년 IMF의 경제위기를 겪은 이후 실업률이 급증하였으며, 직장에서의 안정된 고용을 기대할 수 없게 되었다. 새로운 전문기술을 지속적으로 습득하고, 탁월한 성과를 보이지 않는 한, 언제든지 직장에서 해고를 당할 수 있다는 고용불안이 증대되고 있다. 따라서 직장에서 생존하기 위한 과도한 업무와 직장 동료와의 경쟁적 관계 속에서 직장인들의 스트레스가 가중되고 있다.

또한 고학력 청년들은 대학교를 졸업하고도 안정된 직장을 얻지 못하고 전전긍긍하는 실정이며, 생산과 노동현장의 모자라는 일손은 기피하고 질 높은 삶을 누리기 위해 학원가와 고시원을 전전하며 끊임없이 노력하고 있다. 이미 오래전부터 취업을 위해 대학졸업을 미루는 졸업기피현상까지 빚어지고 있으며, 고소득 직업선택의 문은 날로 좁아져서 직장을 가진 뒤에도 평생직장의 개념이 사라지고 조기퇴직자도 속출하고 있다.

(3) 세대 간의 충돌

한국은 단기간 내에 경제가 급성장한 국가로, 세계적으로도 그 유래를 찾아보기 힘든 나라라고 할 수 있다. 1950년대, 1960년대, 1980년대, 1990년대에 태어난 사람들은 저마다 다른 가치관을 가지고 있으며, 대중적인 세대 담론의 견지에서 보면 1990년대 초반 신세대 직장인과 주부의 새로운 사고방식과 변화하는 가치관에 대한 보도를 계기로 한국사회에서 신세대 담론이 성행하기 시작했다(이동후, 2004: 36-47). 1994년~1996년에는 그 어느 때보다 신세대에 관한 논의가 활발하게 이루어졌다. 2000년 무렵에는 386세대에 대한 담론이 등장하여 빠른 속도로 확산되었고, 곧이어 X세대 및 N세대라는 말이 회자되더니, 최근에는 M세대, R세대 또는 P세대, 2.0세대와 같은 용어들이 새로이 선을 보였다(한국청소년정책연구원, 2008).

(4) 과도한 교육열과 청소년 문제

한국은 세계적으로 교육열이 매우 높은 나라이다. 높은 교육열이 국가발전의 원동력이 된 것은 확실하며, 세계적으로 어깨를 나란히 할 수 있는 유능한 인재들을 많이 보유하고 있는 것도 사실이다. 그러나 그 이면을 보면 과도한 사교육 경쟁과 조기 유학의 여파로 인한 청소년의 건강한 인성발달을 저해되고 있을 뿐만 아니라, 여러 측면에서 사회적 문제, 가정의 문제, 청소년 문제 등을 양산하고 있다.

[표 1-1] 학생 1인당 월평균 사교육비 및 사교육 참여율

구분	2009	2010	2011	2012	2013	2014	전년비(차)
사교육비(만 원, %)	24.2	24.0	24.0	23.6	23.9	24.2	1.1
초등학교	24.5	24.5	24.1	21.9	23.2	23.2	0.0
중학교	26.0	25.5	26.2	27.6	26.7	27.0	1.2
고등학교	21.7	21.8	21.8	22.4	22.3	23.0	2.9
일반고	26.9	26.5	25.9	26.5	26.2	26.9	2.7
참여율(%, %p)	75.0	73.6	71.7	69.4	68.8	68.6	-0.2
초등학교	87.4	86.8	84.6	80.9	81.8	81.1	-0.7
중학교	74.3	72.2	71.0	70.6	69.5	69.1	-0.4
고등학교	53.8	52.8	51.6	50.7	49.2	49.5	0.3
일반고	62.8	61.1	58.7	57.6	55.9	56.2	0.3

자료: 통계청 · 교육부(각 연도). 사교육비조사보고서.

2014년 전국 초 · 중 · 고등학생의 사교육 참여율은 68.6%이며, 2014년 초 · 중 · 고등학생 1인당 월평균 사교육비는 24만 2천 원으로 학교 급별 학생 1인당 월평균 사교육비는

중학교(27만 원)가 가장 높았고, 이어서 초등학교 23만 2천 원, 고등학교 23만 원 순으로 나타났다. 학교 급별 참여율은 초등학교가 81.1%로 가장 높았고, 중학교는 69.1%, 고등학교는 49.5%로 나타났다(통계청, 2014).

(5) 북한이탈주민 유입 급증

통일부 자료에 따르면, 2007년 2월 기준으로 북한이탈주민 총 입국자가 1만 명을 넘어섰고, 2010년 2월까지 총 18,339명, 2013년 기준으로는 3만여 명이 입국하였다. 이들의 성별을 보면 여성의 입국비율이 2002년을 기점으로 남성보다 많으며, 2010년 2월 기준으로 총 입국자 중 여성이 68.1%를 차지하고 있다.

정부의 북한이탈주민 지원정책은 통일을 대비한 동반자적 입장에서 긍정적 역할을 하고 있으나, 급변하는 세계정세와 한국사회의 변화에 따른 북한이탈주민의 적응 문제해결은 상당한 어려움을 안고 있다. 정부에서 수백억의 예산을 투입하고 있지만, 큰 결실을 맺지 못하고 있다. 2012년도 북한이탈주민의 실업률은 19.9%로 같은 기간 조사한 일반 국민의 2.9%보다 월등히 높은 수치를 보였다. 또한 비경제활동 인구가 47.6%임을 감안할 때, 북한이탈주민의 대부분이 일정한 생계소득 없이 최저생계비로 어렵게 살아가고 있는 것으로 파악된다(북한인권정보센터-북한이탈주민 경제활동 실태조사, 2013). 우리의 과제는 모두가 마음을 합쳐 통일을 이루어가는 공동체라는 사실을 잊지 않는 것이다.

2) 청소년의 현황

(1) 청소년 인구 및 구성비

2014년 우리나라 총인구는 5,042만 4천 명으로 2014년 총인구 중 청소년 인구 비중은 19.5%로 나타났다. 2014년 총인구 중 청소년 인구가 차지하는 비중은 19.5%로 1978년(36.9%) 정점 이후 지속적으로 감소하고 있다. 이는 1980년대 중반 이후 급격한 출생아 수 감소 등의 영향으로 2060년에는 11.4%에 이를 것으로 추정하고 있다(통계청, 2014).

[표 1-2] 청소년 인구

(단위: 천 명, %)

	총인구	9~24세	구성비	0~18세[1]	구성비
1970	32,241	11,330	35.1	16,419	50.9
1978	36,969	13,647	36.9	16,832	45.5
1990	42,869	13,553	31.6	14,489	33.8
2000	47,008	11,501	24.5	12,904	27.5
2010	49,410	10,465	21.2	10,763	21.8
2014	50,424	9,838	19.5	9,772	19.4
2020	51,435	8,403	16.3	8,659	16.8
2040	51,091	6,894	13.5	7,448	14.6
2060	43,959	5,011	11.4	5,689	12.9

자료: 통계청, 장래인구추계.
주: 1) 청소년 보호법 기준에 따른 청소년 인구임.

(2) 다문화청소년 현황

[표 1-3] 다문화가정 학생 수 현황(학교급별)

(단위: 명)

구분	2013년도				2014년도			
	초	중	고	계	초	중	고	계
한국 출생	32,831	9,174	3,809	45,814	41,575	10,325	5,598	57,498
중도입국	3,065	1,144	713	4,922	3,268	1,389	945	5,602
외국인 자녀	3,534	976	534	5,044	3,454	811	441	4,706
계	39,430	11,294	5,056	55,780	48,297	12,525	6,984	67,806
비율	70.7%	20.3%	9.0%		71.2%	18.5%	10.3%	

※ 출처: 교육청(2014. 4.), 교육통계.

급속한 증가로 인해 사회적인 관심의 대상이 되고 있는 가족유형이 다문화가족이다. 다문화가정의 학생 수는 계속 증가하여 2010년도에는 31,788명(0.44%), 2014년에는 67,806

명(1.07%)이었다. 이는 2010년도의 경우 전체 학생 수 7,236,248명에서 다문화 학생 수 31,788명이지만 2014년도의 경우 전체 학생 수 6,333,617명에서 다문화 학생 수 67,806명으로 전체 학생 수는 감소하였으나 다문화 학생 수는 오히려 약 50% 증가하였다. 또한 다문화가족 청소년의 재학 현황을 살펴보면 2014년도 경우 다문화가정의 초등학생은 71.2%, 중학생은 18.5%, 고등학생은 10.3%로 초등학생 비율이 중 · 고등학생 수보다 현저히 더 많다.

[표 1-4] **다문화학생 증가 추이(최근 5년)**

(단위: 명)

연도 / 인원수	2010	2011	2012	2013	2014
다문화 학생 수(A)	31,788	38,678	46,954	55,780	67,806
전체 학생 수(B)	7,236,248	6,986,853	6,732,071	6,529,196	6,333,617
다문화학생 비율(A/B*100)	0.44%	0.55%	0.70%	0.86%	1.07%

※ 출처: 교육통계(2014. 4.).

(3) 요보호아동 발생 및 보호내용

요보호아동이란 보호자가 없거나 보호자로부터 이탈된 아동 또는 보호자가 아동을 학대하는 경우 등 그 보호자가 아동을 양육하기에 부적당하거나 양육할 능력이 없는 아동을 말한다(아동복지법 제2조). 이러한 아동들에게는 국가의 특별한 보호가 요구되며, 입양이나 가정위탁, 시설보호 등 다양한 형태의 보호서비스가 제공되고 있다.

요보호아동은 다음의 [표 1-5]에서 보는 바와 같이 IMF 외환위기, 세계경제 위기 등으로 매년 약 9천 명 정도 발생했으나, 이후 경기가 안정국면에 접어들면서 감소추세이다. 2000: 9,085명 → 2005: 9,420명 → 2009: 9,028명 → 2010: 8,590명 → 2011: 7,483명 → 2012: 6,926명 → 2013: 6,020명으로 감소추세이다. 요보호아동 발생은 경기의 영향을 많이 받고 있으며, 아동보호는 비밀입양위주의 입양문화, 혈연중심의 가족문화 등으로 인해 입양, 가정위탁보다는 아동시설보호 위주로 이루어져 왔다. 한편, 요보호아동 가운데 미혼모에 의한 요보호아동 발생률은 점차 감소하는 추세이지만, 여전히 빈곤과 실직, 학대에 의한 요보호아동 발생률에 이어 2위를 차지하고 있는 실정이다.

[표 1-5] 발생유형별 요보호아동 현황

(단위: 명)

	2005	2006	2007	2008	2009	2010	2011	2012	2013
발생유형 계	9,420	9,034	8,861	9,284	9,028	8,590	7,483	6,926	6,020
빈곤 · 실직 · 학대	4,877	4,925	5,354	5,876	4,994	4,613	3,928	3,944	3,668
비행.가출	1,413	802	748	706	707	772	741	708	512
미혼모	2,638	3,022	2,417	2,349	3,070	2,804	2,515	1,989	1,534
기아	429	230	305	202	222	191	218	235	285
미아	63	55	37	151	35	210	81	50	21

자료: 보건복지부(2014).

요보호아동의 보호는 시설보호, 가정위탁, 입양, 소년소녀가정으로 나누어진다. 전반적으로 시설보호는 거의 안정적인 추세를 보이고 있고, 가정위탁은 상승과 감소의 추이를 반복하고 있으며 입양은 다소 증가하다가 감소하는 추세이다. 소년소녀가정은 점차 감소하는 추세이다. 향후 가정 중심의 보호정책은 더욱 강화될 것으로 전망된다. 가정위탁이나 국내 입양이 보다 활성화되어 아동이 영구적으로 보호 및 양육될 수 있는 가족으로 돌아갈 수 있도록 우리 사회 전체의 노력과 정책적 뒷받침이 필요하다.

2. 청소년에 대한 역사적 조망

청소년에 대한 인식은 각 시대마다 달리 정의되어 왔다. 청소년에 대한 역사적 관점을 20세기 이전과 현대사회로 구분하여 살펴보기로 한다(한상철, 2007).

1) 20세기 이전

희랍시대의 대표적인 철학자들도 청소년기의 중요성을 강조하고 있으며, 청소년기를 이성의 발달 시기 또는 자기 선택에 의한 자기 결정과 자기 통제능력의 발달 시기로 규정하고 있다. 중세기에는 아동 및 청소년에 대한 사회의 시각이 매우 냉소적이었는데, 비인격적인 존재로 취급하면서도 '축소된 성인'으로 간주하여 성인들과 똑같은 흥미와 욕구를 갖고 있는 것으로 믿었다.

한편 1940년 Hall에 의해 청소년 발달이 체계화 · 이론화되었는데, 오늘날 청소년 발달에 대한 과학적 연구의 근간이라고 할 수 있다.

2) 현대의 청소년

Santrock(1996)은 대다수의 청소년들이 아동기에서 성인기로의 이행을 가치 있는 도전과 기회, 그리고 성장을 제공하는 신체적 · 인지적 · 사회적 발달의 시기로 생각하고 있다.

(1) 이상적인 청소년상과 사회의 이중적 메시지

대부분의 청소년들은 아동기에서 성인기로의 이행을 많은 성인들과 대중매체가 묘사하는 것보다 더욱 긍정적으로 경험하고 있지만, 그럼에도 불구하고 많은 성인들은 청소년에 대한 이상적인 이미지와 양면적인 메시지를 전달하고 있다.

① 대다수의 성인들은 청소년의 독립성을 소중하게 생각하면서도, 청소년들이 그들의 삶에 대해 자율적이고 유능하게 의사결정을 할 수 있을 만큼 성숙되지 않았다고 생각한다. 성인 지위와 성숙성에 대하여 사회가 청소년들에 대해 갖는 메시지의 모호성은 그들이 16세가 될 때까지 자동차를 운전할 수 없으며, 18세가 될 때까지 투표를 할 수 없으며, 21세가 될 때까지 술을 마실 수 없다는 것을 규정하는 법의 형태로 나타난다. 그러나 오늘날 일부 주정부의 경우 14세의 청소년들은 부모의 이혼

후 그들이 함께 살기를 원하는 어느 한쪽 부모를 선택할 합법적인 권리가 있고, 낙태나 정신치료와 같은 의학적 문제에 대해 부모의 생각을 무시할 수 있는 권리도 인정한다.

② 청소년에 대한 사회의 성적 메시지는 양면적인 성격을 많이 지니고 있다. 청소년들은 성적으로 거의 무지에 가까운 존재로 기술되는가 하면, 다른 한편으로 성적으로 상당한 지식이 있는 존재로도 취급된다. "너희들은 성을 실험할 수 있고 성관계를 가질 수도 있으나, 반드시 매우 높은 성숙과 안정성을 바탕으로 하여야 한다."고 하는 심각한 양면적 과제를 부여받고 있는 것이다.

③ 법은 청소년들의 음주, 흡연, 기타 약물사용을 금지하고 있으며, 성인들은 청소년의 약물사용을 강도 높게 비난한다. 그러나 청소년의 약물사용에 대해 비판하거나, 잘못된 편견을 가지고 있는 바로 그 성인들 가운데 많은 사람들이 약물남용자이거나, 흡연자이다.

④ 사회는 청소년들에게 성인기의 성공을 위한 교육과 지식의 발전을 촉구한다. 그러나 청소년들은 가끔 사회가 그들의 운동기술이나 운영의 묘에 대하여 보상을 제공하는 것을 목격한다. 청소년들이 학습의 과정에 가치를 두지 않는 성인들과 상호작용을 하면서 그들은 어떤 것을 얻는 과정보다도 단지 자격증을 획득하는 데 더 중요성을 두게 된다.

(2) 청소년 발달의 복잡성과 사회 문화적 맥락

청소년 발달에 영향을 미치는 사회 문화적 맥락(context)이란 발달이 일어나는 장면이며, 또한 역사적 · 경제적 · 사회적 · 문화적 요인들에 의해 영향을 받는 환경이다. 많은 청소년 연구자들이 특별히 관심을 가지는 세 가지 사회 · 문화적 맥락은 문화, 민족, 성(gender)이다.

첫째, 문화는 세대에서 세대로 전달되는 특정 집단의 행동 양상, 신념, 그리고 그 밖의 모든 산출물이다. 문화적 집단은 하나의 국가와 같은 큰 집단일 수도, 소수민족처럼 작은 집단일 수도 있다. 집단의 크기가 어떠하든 집단의 문화는 집단 구성원들의 정체성, 학습,

사회적 행동에 영향을 미친다(Goodnow, 1995; LeVine & Shweder, 1995). 둘째, 민족성은 문화적 유산, 국민성, 종족, 종교, 언어 등에 기초한다. 민족성은 민족적 정체성(ethnic identity)발달의 핵심적인 부분인데, 그것은 공유된 언어, 종교, 관습, 가치, 역사, 종족집단에의 소속감을 의미한다. 셋째, 사회 문화적 맥락 가운데 매우 중요한 국면은 성(gender)역할에 관한 것으로 이는 점차 높은 관심을 받고 있다. 성역할은 남자와 여자가 후천적으로 부여받는 사회·문화적 국면인 반면, 성(sex)은 선천적인 생물학적 국면이라고 할 수 있다. 사회의 성역할 태도는 변화하고 있다. 그러나 얼마나 많이 변화하는가? 사회가 남자와 여자 청소년들에게 적절한 행동이 무엇인가를 결정할 수 있는가? 남녀평등을 주장하는 수많은 학자들의 특별한 관심은 청소년에 다루고 있는 방대한 역사적 자료들이 '남성 지배적 주제'로서 청소년의 발달을 묘사한다는 데 있다.

3) 한국의 사회변화와 청소년

한국사회에서 청소년들은 다양한 형태의 삶을 살아가고 있다. 근대화가 진행되면서 대다수의 청소년들이 고등학교에 갈 수 있게 되었기 때문에 1990년대에 와서는 더 이상 학생과 근로 청소년의 이분법은 성립되지 않았다. 따라서 이 시점에서 10대는 학생과 비학생으로 이분화되었으며, 학생은 좋은 청소년인 반면 비학생은 불량 청소년으로 취급되었다. 1990년대 전후 본격적인 소비자본주의 체제가 진행되면서 학생의 위상이 '청소년'이라는 위상으로 전환되었다. 1991년 청소년기본법이 제정되면서 학생들은 잠시 학교를 떠나 자연 속에서 수련활동을 할 수 있게 되었다. 청소년의 범위를 9세부터로 정한 것도 학생들의 수련원 활동을 권장하기 위한 차원에서였다.

지금까지 한국사회에서의 청소년은 주변적 범주에 머물렀지만, 단일한 존재가 아니라 시대적 전환기에서, 그리고 인재난이 심각한 상황에서 청소년집단의 잠재력은 중요한 자원이 될 것이다.

3. 청소년기에 관한 제학자들의 연구

1) Freud의 심리성적 발달단계

Freud(1933)는 인간의 성격 발달은 근본적으로 성적인 욕구와 밀접한 관련이 있다고 보았으며, 이 성격발달이론을 심리성적 단계 이론(psychosexual stage theory)이라고 부른다. Freud는 리비도(libido)의 집중에 따라 인간의 발달단계를 다섯 단계로 구분하였다. 각 단계별 특징을 살펴보면 다음과 같다.

① 구강기(oral stage, 출생~18개월)

구강기는 출생에서 약 18개월까지로, 영아가 느끼는 쾌락의 첫 번째 중심 부위는 구강 영역이며 이 부위를 통해 성적 쾌감을 획득하는 데 초점을 둔다. 자신에게 만족이나 쾌감을 주는 대상에게 애착을 갖게 되며, 이 시기에 구강 만족이 좌절되면 구강고착(oral fixation) 성격을 갖게 된다.

② 항문기(anal stage, 18개월~3세)

항문기는 18개월에서 약 3세까지로 리비도가 항문에 집중되는 시기이다. 보통 이 시기에 배변훈련(toilet training)을 시작하는데, 유아가 이 단계를 성공적으로 마치는 것은 부모에게 달려 있다. 부모가 유아에게 대소변을 잘 가리도록 격려하고 잘 수행했을 때 칭찬함으로써 유아로 하여금 대소변을 배출한다는 것이 매우 중요한 일이라고 여기게 하며, 이러한 생각은 이후 창조성과 생산성의 기초가 될 수 있다. 이 시기의 성격형성은 본능적 충동인 배설과 외부적인 현실인 배변훈련과 관련되어 배변훈련은 아동이 경험하게 되는 최초의 사회적 제지가 되며, 이 과정에서 자아는 원초아로부터 발달하기 시작한다.

③ 남근기(phallic stage, 3~6세)

남근기는 약 3~6세까지로 리비도가 아동의 성기에 집중되어 자신의 성기를 만지고 자극하는 데서 쾌감을 느끼며 리비도가 성기에 집중되는 시기이다. Freud의 심리성적 발달단계 중 성격형성에 가장 중요한 시기로, 이 시기 아동의 리비도가 자신과 가장 가까이에 있는 자신의 동성부모를 동일시의 대상으로 삼게 됨으로써 남자아이는 남자답게, 여자아이는 여자답게 행동하려고 애쓴다.

④ 잠복기(latency stage, 6~12세)

잠복기는 약 6~12세까지로 성적 욕구의 리비도가 잠복되어 성적인 관심과 욕구가 억압된다. 리비도의 신체적 부위가 특별히 한정되어 있지 않으며, 이 시기 아동의 거의 대부분이 동성 친구와 또래관계를 형성하게 된다. 또한 주위 환경 탐색과 지적 탐색 등 대부분의 정신적 에너지는 학습과 사회화에 사용되며, 초자아는 더욱 발달하게 된다. 이 시기의 리비도는 성적이지 않은 활동, 즉 학업, 운동, 우정 등으로 나타난다.

⑤ 생식기(genital stage, 사춘기~성인기 이전)

사춘기가 시작되면서 호르몬과 생식기의 급격한 변화로 오랫동안 잠복되었던 리비도가 성적 에너지를 다시 분출시키게 된다. 또한 이 시기 청소년들은 서로 다른 성적 정체감을 의심하면서 성적 욕구와 대인관계 욕구를 충족할 방법을 찾는다. 이 시기에 이성에 대해 진정한 관심을 가지고 사랑할 수 있게 된다.

2) Erikson의 심리사회적 이론

Erikson은 인간의 발달을 8단계로 나누고 각 단계별로 극복해야 할 위기와 발달과업을 제시하였다. Erikson의 심리사회적 8단계 중 청소년기는 제5단계로 정체감 대 정체감 혼미감(Identity vs. Identity Confusion)을 보인다.

① 제1단계(유아기): 신뢰감 대 불안감(trust vs. mistrust)

0~1세 시기의 유아는 잠을 자고 먹고 배변을 하는 등 기본적인 생리적 욕구가 원활하게 충족되고 긴장 없이 잘 이루어지면 자신과 타인, 세상에 대한 기본적인 신뢰가 생겨난다.

따라서 이 시기에는 일관성 있는 양육자의 태도가 중요하다.

② 제2단계(아동기 전기): 자율성 대 수치심과 회의(autonomy vs. shame and doubt)

1~3세 시기의 아동은 부모의 신뢰감을 얻어 자신의 욕구를 처리하는 데 필요한 자율성을 발달시킨다. 그러나 외부의 통제가 지나치게 엄격하면 자신과 타인에게 불신을 갖게 된다.

③ 제3단계(아동기 후기): 주도성 대 죄책감(initiative vs. guilt)

3~5세 시기의 아동은 목표지향적이고 경쟁적인 성향을 갖게 되는데 이러한 호기심을 부모가 인정하고 금지하지 않았을 때 자기 스스로 행동하도록 격려된 아동은 자신의 행동에 목표와 계획을 세우는 주도성을 지닌다. 그러나 반면 너무 심한 꾸지람이나 체벌은 아동의 자신감을 상실하게 하고 죄의식을 갖게 한다.

④ 제4단계(학령기): 근면성 대 열등감(industry vs. inferiority)

이 시기의 아동은 가정이라는 울타리를 벗어나 학교생활을 한다. 이 과정에서 쾌락이나 보람을 느끼고 성취감을 얻으면 근면성이 발달하고, 이 단계의 과업을 성공적으로 달성하지 못하면 열등감이 형성되어 계속적 실패를 경험할 수 있다.

⑤ 제5단계(청소년기): 정체감 대 정체감 혼미(identity vs. identity confusion)

이 시기의 주요 발달과업은 자신이 누구인지를 탐구하고 자신의 정체성을 형성하는 것이다. 이 시기에 정체성을 형성한 사람은 자신감을 가지고 다가오는 성인기를 맞이할 준비를 하지만 정체감을 성취하는 데 실패하고 정체감 위기를 경험한 사람은 역할혼돈을 보인다.

역할혼돈에 있는 사람은 스스로가 누구이며 어디에서 어디로 향하는지 모른다. 그 결과 정상적인 삶의 과정인 교육과 직업, 결혼 등에서 낙오될 수 있으며, 부정적 정체감을 추구하게 된다.

⑥ 제6단계(청년기): 친밀감 대 고립감(intimacy vs. isolation)

이 시기의 중요한 발달과업은 친밀감 형성으로, 본격적으로 다른 사람들과 함께 사회생활을 시작하는 때이다. 사회생활을 성공적으로 수행하는 데 가장 필수적인 심리적 조건은 바로 친밀감이며, 만약 이 단계에서 친밀감이 형성되지 못하면 고립감이 형성되는데 자연히 친밀한 대인관계를 피하며 융통성 없는 삶을 살게 된다.

⑦ 제7단계(장년기 또는 중년기): 생산성 대 침체성(generativity vs. stagnation)

다른 성인들과 원만한 관계가 성취되면 중년기에는 자신에게 몰두하기보다 생산적인 일에 몰두하게 되지만, 생산성을 확립하지 못한 사람은 성취감을 경험하지 못하고 침체에 빠진다. 이 시기의 심리사회적 위기를 잘 극복하면 자아는 타인을 돌보는 능력인 배려(care)라는 특질을 획득하게 되고 그렇지 못하면 타인에게 충분한 관심을 표현하지 못하는 거절(rejection)을 경험한다.

⑧ 제8단계(노년기): 통합감 대 절망감(integrity vs. despair)

노년기는 신체적 · 사회적 상실에 직면하는 시기이다. 살아온 삶에 대하여 의미 있고 만족스럽게 인식하고 죽음을 자연스럽게 받아들이면 자아통합(ego integrity)에 이르게 된다. 그러나 이와 달리 자신의 인생을 후회하며 죽음을 거부하게 되면 절망감에 빠지게 된다.

3) Vygotsky의 사회문화이론

러시아의 학자 Vygotsky(1896~1934)는 Piaget와 같은 해인 1896년에 태어났으며 Piaget가 그의 이론을 정립하던 1920년대와 1930년대에 활발하게 활동한 학자로, 연구를 완성하기 전 38세의 젊은 나이로 세상을 떠났다. Vygotsky 이론의 중요한 전제는 인간의 인지발달은 타인과의 상호작용에 그 근원이 있다는 것이다. 아동은 인간관계의 상호작용을 지켜보고, 타인과 상호작용하며, 자신의 인지발달을 위해 이러한 상호작용의 과정을 활용한다는 맥락에서 Vygotsky의 이론을 사회문화이론이라 한다.

(1) Vygotsky의 사회문화적 관점

아동은 사회문화의 산물로 규정되며, 아동의 인지발달은 타인들과의 사회적 상호작용은 물론 그 아동이 속한 사회문화적 맥락에서 이루어진다. 따라서 Vygotsky는 개인의 발달을 이해하기 위해서는 그 개인이 속해 있는 사회문화적 환경을 이해해야만 한다고 주장하였다(Berk & Winsler 1995). 인간의 모든 행동이 그 시대의 사회 및 역사적 상황에 의해 결정된다고 보는 Marx의 영향을 받았다.

(2) 마르크스적 영향의 사회문화이론

Vygotsky가 살았던 1917년 러시아혁명이 일어났다. 당시 마르크스적 사회주의와 변증법적 유물론에 근거한 사회적 분위기의 결과라 볼 수 있다. Vygotsky 이론은 Piaget 이론보다 더 많은 관심이 집중되고 있다. 그 이유는 사회적 상호작용과 사회문화적 환경이 발달에 결정적인 영향을 미친다는 그의 관점 때문이다. 그가 38세에 요절한 관계로 이론이 체계화되지 않았지만, Piaget 이론의 간극을 메워 준다는 점에서 인지발달과 교육분야에 큰 영향을 발휘하고 있다.

(3) 인지발달에 대한 Vygotsky의 관점

발달이론가들은 아동발달을 다양한 길을 선택할 수 있는 여행으로 비유한다. Piaget가 이 여행을 아동 스스로가 물리적 환경과 상호작용하며 홀로 가는 여행으로 생각했다면, Vygotsky는 아동발달이 혼자만의 여행이 아니라 타인과 함께하는 여행이며, 좀 더 유능한 파트너와 손을 잡고 여행할 때 진전이 가장 많다고 보았다(Kail, 2007). Vygotsky는 아동이 주변 세계를 탐색하고, 발견하는 데 능동적이고 적극적인 존재라는 Piaget의 입장과 의견을 같이하지만, Piaget가 발달에서 생물학적 성숙을 강조하고, 아동 스스로 혼자서 주변 세계를 탐색하고 발견한다고 본 관점과 달리 Vygotsky는 아동발달에서 사회와 문화의 영향을 강조하고, 다른 사람과 함께하는 사회적 상호작용을 매우 중요시하였다.

Vygotsky의 인지발달에 대한 설명을 이해하기 위해서는 Vygotsky의 고유 개념이자 주요 개념인 근접발달영역(zone of proximal development), 발판화(scaffolding), 혼잣말(private speech)을 분명하게 이해해야 한다.

① 근접발달영역(zone of proximal development: ZPD)

개인의 지적발달은 사회문화적 영향을 크게 받는다. 아동은 성인의 도움을 받아 문화적 산물로서의 지식을 내면화(internalization)함으로써 개인적인 인지발달이 가능하게 된다. 아동의 지적발달은 내면화를 가능하게 하는 성인이나 유능한 또래들과 사회적 상호작용을 통해 촉진되는 것이다(송명자, 1995). 근접발달영역이란 아동이 현재 혼자서 스스로 과제를 해결할 수 있는 수준인 실제적 발달수준(level of actual development)과 자신보다 유능한 성인이나 또래의 도움을 받아 과제를 해결할 수 있는 수준인 잠재적 발달수준(level of potential development) 간의 차이를 의미한다. 근접발달영역에서 아동이 혼자서는 과제를 해결할 수는 없지만, 유능한 타인의 도움을 받으면 과제를 해결할 수 있는 영역을 말한다. 이것은 실제로 학습이 이루어질 수 있는 영역이므로 교육이 성공할 수 있는 영역이다. 그러므로 근접발달영역에서 아동은 성인이나 또래들과의 사회적 상호작용을 통해 지식을 내면화할 수 있고, 학습을 통해 아동의 발달을 촉진시킬 수 있다.

② 발판화(scaffolding)

근접발달영역과 밀접하게 관련된 개념이 발판화이다. 발판화는 성인이나 유능한 또래에 의해 제공되는 조력으로서 학습자가 문제를 해결하는 데 필요한 도움의 양, 방법, 내용을 적절하게 조절하여 제공하는 교수활동을 말한다. 전형적으로 발판화는 학습자에게 학습의 초기 단계 동안에 많은 지원을 하다가 점차적으로 지원을 줄여 나가는 것을 의미한다. 그러므로 효과적인 발판화가 이루어지려면, 다음과 같은 구성요소와 목표를 가지고 있어야 한다(Berk & Winsler, 1995).

- 공동 문제해결

효과적인 발판화가 이루어지려면, 우선적으로 흥미 있고 의미 있는 협동적 문제해결에 아동들의 참여가 반드시 필요하다. 중요한 것은 아동들이 누군가와 함께 상호작용하며, 목표를 달성하기 위해 노력하는 것이다.

- 상호주관성

효과적인 발판화의 두 번째 구성요소로서 상호주관성이 있다. 이는 어떤 과제나 활동을 시작할 때는 서로 다르게 이해하고 있던 두 사람이 공유된 이해(shared understanding)에 도달하는 과정을 말한다. 이러한 상호주관성은 의사소통을 위한 공통의 근거를 만들게 되어 각 파트너는 다른 사람의 관점에 맞춘다. 성인들은 아동이 이해하는 방식으로 자신의 생각을 설명해 줌으로써 아동의 이해를 증진시키려고 노력한다.

- 온정과 반응

효과적인 발판화의 세 번째 구성요소로서 온정과 반응이 필요하다. 이는 효과적인 발판화의 정서적인 측면이다. 성인이 온정적이고 반응적일 때, 적절한 언어적 칭찬과 자신감을 북돋워 줄 때, 과제나 활동에 대한 아동들의 집중도와 도전의지가 최대화될 수 있다.

- 언어활동

효과적인 발판화의 네 번째, 구성요소로 언어 활용의 중요성이 강조된다.

4) Havighurst의 발달과업

Havighurst는 청소년기 발달단계과업을 다음과 같이 제시하였다.

① 같은 연령의 새롭고 보다 세련된 관계를 배워야 한다.

② 남성으로서 또는 여성으로서의 사회적 역할을 배워야 한다.

③ 자신의 신체구조를 이해하고 신체를 유용하게 다루어야 한다.

④ 경제적으로 독립해야 하는 일에 자신을 가져야 한다.

⑤ 직업선택에 대한 준비를 해야 한다.

⑥ 결혼과 가정생활에 대한 준비를 해야 한다.

⑦ 시민으로서 필요한 지적인 기능과 지식을 발달시킨다.
⑧ 사회적으로 책임 있는 행동을 지향하며 또 습득해야 한다.
⑨ 행동지침으로서의 가치나 윤리체계를 배운다.

5) Piaget의 도덕발달단계

Piaget는 아동의 도덕발달이 인지발달과 같은 패턴을 따른다고 했다. 그리고 아동이 전조작기에서 조작기, 특히 사춘기인 구체적 조작기와 형식적 조작기로 넘어가면서 도덕추론의 과제를 해결하는 데 질적으로 현저한 변화를 보인다고 하면서, 7세 이전 전조작기의 도덕성을 도덕적 실재라고 했다. 전조작기의 아동은 자기중심에서 벗어날 수 없다. 전조작적 사고에서 조작적 사고로 이동하면서 아동의 탈중심화 능력은 증가한다. 아동은 좀 더 이타적이 되고 행동과 성향에서도 다른 사람의 필요를 더 자각하게 된다(Rubin & Schneider, 1975). 조작적 단계에 이르면 아동의 주된 관심은 더 이상 비도덕적 행동에 의해 발생한 객관적 양의 손해가 아니라 의도나 동기가 더 중요하게 된다. 아동은 다른 사람의 견해를 고려하기 시작했고 관계의 상호성을 인식하기 시작한다. 도덕 판단의 수준을 결정하기 위해 아동은 Piaget의 이야기 중 하나에서 누가 더 나쁜가를 결정해야 한다.

기준이는 문을 열다가 실수로 문 뒤의 쟁반에 놓여 있는 15개의 컵을 모두 깼다. 그렇다면 실수로 문을 열다가 컵을 15개나 깬 기준이는 나쁜 아이인가?

수혁이는 선반 위에 올려놓은 과자를 부모님 몰래 훔쳐 먹으려고 의자 위로 올라가 과자를 꺼내려다가 컵 1개를 깨고 말았다. 그렇다면 몰래 과자를 훔치려다 컵 1개를 깬 수혁이가 더 나쁜 아이인가?

여기서 전조작기의 아동은 기준이가 더 나쁘다고 생각한다. 그것은 객관적인 손해의 양에 주로 관심이 있기 때문이다. 조작적 사고를 하는 아동은 수혁이가 더 나쁘다고 한다. 왜냐하면 이때에는 주관적 의도가 개관적인 손해보다 더 중요하게 적용하기 때문이다(배규환, 2008: 152-153).

6) Gilligan의 배려의 윤리와 도덕발달단계

Gilligan(1982)은 『다른 목소리로(In a Different Voice)』라는 저서에서 서양의 기존 윤리관을 남성중심의 성차별적 윤리관으로 규정하고, 이에 대한 대안으로 배려의 윤리를 주장하였다. Gilligan은 Kohlberg의 도덕성 발달이론이 추상적인 도덕원리를 강조하며, 백인 남성과 소년만을 대상으로 도덕성 발달단계를 설정한 것이라며 비판하였다. 또한 성인 남성은 4, 5단계의 도덕성 발달단계를 보이고, 여성은 대부분 3단계의 도덕성 발달수준을 보이므로, 여성의 도덕발달이 남성에 비해 낮다고 규정한 Kohlberg(1969)의 주장이 여성의 도덕 발달을 적절하게 설명하지 못하고 있다고 비판한다.

Gilligan은 십대들이 실제로 경험할 수 있는 상황, 쉽게 알 수 있는 상황을 묘사하는 세 개의 새롭고 개인적으로 적용가능한 성관련 딜레마를 개발했다. 또한 폭력, 낙태 등 여러 가지 도덕적 사태에서 청소년들이 보여주는 여성 특유의 도덕적 사고를 분석하여 여성의 도덕 추론과정을 2개의 이행과정을 포함한 3개의 수준으로 단계화하였다(배규한, 2008).

(1) Gilligan의 도덕성 발달

Gilligan에 따르면, 소년은 독립적이고 추상적 사고를 할 수 있도록 교육받는 반면 소녀는 양육적이고 돌보기를 중요시하도록 양육되고 있으므로, 남녀는 각기 다른 유형의 도덕적 추론을 할 수밖에 없다. 즉, 남성은 추상적 판단에 기초한 정의 관점(justice perspective)으로 도덕적 판단을 하고, 여성은 인간관계와 타인을 돌보는 것을 기초로 하는 배려(care)와 책임감(responsibility)을 중심으로 판단한다. Gilligan(1977)은 낙태 여부를 결정해야 하는 여성 29명의 응답을 분석하여 인간관계의 보살핌, 애착, 책임을 강조하는 여성의 도덕성 발달단계를 제시하고 있다. 여성의 도덕성 발달단계는 세 가지 수준의 단계(sequence of three levels)와 각 단계 사이의 2개의 전환기(transition periods)로 설명된다. 각 단계는 자신(self)과 타인(others) 간의 관계를 더 정교하게 설명하고, 각 전환기는 이기심(selfishness)과 책임감(responibility) 간의 이해를 보여 주고 있다.

여고생의 부모가 주말에 집을 비웠고 그녀는 집에 홀로 있게 되었다. 약속도 없이 그날 밤 남자 친구가 와서 둘은 집에서 저녁을 함께 보내다가 애무를 하게 되었다.

① 이것이 옳은 일인가 아니면 잘못된 일인가? 이것을 올바르게(잘못되게) 만드는 상황에는 어떤 것이 있을까?
② 만일 그들이 성관계를 가지면 어떻게 되는가? 이것은 옳은 일인가 아니면 잘못인가?
③ (만일 적용 가능하면) 왜 애무는 괜찮다고 생각하면서 성관계는 나쁘다고 생각하는가?
④ 성관계가 옳은(잘못된) 것이 될 수 있는 상황이 있는가?
⑤ 여자 청소년이 남자 청소년보다 성관계를 가지는 것을 별로 탐탁찮게 생각한다고 하자. 여자 청소년은 결혼 전의 성관계가 남자 청소년에게는 괜찮지만 여자 청소년은 안 된다고 생각하고 있다. 왜 그렇게 생각할까? 이에 대해 어떻게 생각하는가?
⑥ 여자 청소년의 부모가 돌아와서 둘이 성관계하는 것을 보았다. 부모는 어떻게 해야 하는가?
⑦ 성에 관한 문제가 도덕성이나 부도덕성과 관계가 있다고 생각하는가?
⑧ 옳고 그름에 대한 여러분의 생각은 어디에서 오는 것인가?
⑨ 오늘날 새로운 도덕성과 성혁명에 관해 많이 이야기하고 있다. 이에 관해 어떻게 생각하는가?(Gilligan et al., 1971).

(2) 여성의 도덕성 발달단계

① [수준] 1: 자기 이익 지향(orientation to individual survival)

여성이 자신의 이익과 생존에 자기중심적으로 몰두하는 단계이다. 이 수준에서는 어떤 상황이나 사태가 자신의 욕구와 갈등을 일으킬 때에만 도덕적 사고와 추론이 시작되며, 어느 쪽이 자신에게 중요한가 하는 것이 판단의 준거가 된다. 주로 아동기의 미성숙한 대인간의 도덕적 사고가 이 수준에 속한다.

② [전환기] 제1이행기: 이기심에서 책임감으로(from selfishness to responsibility)

제1이행기 동안에 애착과 다른 사람과의 관계 형성이 중요해진다. 도덕적 판단 기준이 독립적이고 이기적인 것에서 관계와 책임감으로 옮겨가기 시작한다. 책임감과 배려를 도덕적 판단 기준으로 통합해 간다. 여성들은 자신이 하고 싶은 개인적 욕구와 자신이 해야 하는 책임을 구별하기 시작한다. 이처럼 자기중심적 이기심으로부터 타인에 대한 관심이 나타나면서 보다 성숙한 수준의 도덕적 추론이 시작된다.

③ [수준] 2: 타인에 대한 자기희생으로서의 선(goodness as self-sacrifice)

청소년기 동안에 도덕성의 사회적 조망이 발달하면서 자신의 욕구를 억제하고 타인의 요구에 응하려 노력하게 되고 타인에 대한 배려, 책임감, 자기희생을 지향한다. 이 수준에서 여성들은 이기심으로부터 벗어나 타인에 대한 배려, 책임감, 자기희생을 지향하게 되고 자기희생과 타인에 대한 배려를 동등하게 선한 것으로 간주한다. 이 수준에서는 개인이 다른 사람과의 관계를 유지하기 위해서 자신의 주장을 포기한다. 다른 사람에게 상처를 줄 때 불평형이 일어나고 자기희생과 타인에 대한 배려를 선한 것으로 간주한다. 그러나 이 수준에서의 타인은 사적인 관계이며, 공적인 관계를 의미하지 않는다.

④ [전환기] 제2이행기: 선에서 진실로(from goodness to truth)

제2이행기 동안 자신의 가치에 대한 비판적 의문이 생겨난다. 왜 다른 사람을 위해 자신을 희생해야 하는가에 대한 의문을 가진다. 이 시기의 여성들은 자신의 가치와 욕구에 대한 관심이 잘못된 이기심이었는가에 대해 다시 생각하기 시작하며, 개인적 욕구와 타인에 대한 배려 또는 책임감 간 균형의 필요성을 깨닫기 시작한다. 선함의 본질에 대한 새로운 인식이 생겨나며, 또한 도덕적 판단 기준이 자신 주변에 국한된 타인과의 일치에서 보다 넓은 범위의 타인의 욕구와 통합되는 것으로 발전해 간다. 두 번째 전환기는 자아개념과 관련된다.

⑤ [수준] 3: 자신과 타인 간 비폭력 도덕성으로(the morality of nonviolence)

대인 간 도덕적 추론의 마지막 단계이다. 개인의 권리 주장과 타인에 대한 책임이 조화를 이룬다. 의사결정 과정에 적극적으로 참여하고, 다른 사람에게 상처 주는 것을 피한다. 자신에 대한 이해와 도덕성에 대한 재정의를 형성한다. 비폭력, 평화, 박애 등은 이 시기 도덕성의 주요 지표이다. 이 수준에 개인의 권리주장과 타인에 대한 책임이 조화를 이루게 된다. 이 시기의 여성은 자신을 무력하거나 수동적인 존재로 생각하지 않고 의사결정 과정의 적극적 참여자로 인식한다. 강한 자기주장과 타인에 대한 배려가 공존한다.

(3) 도덕적 판단에서 배려와 정의의 관점

Gilligan은 여성의 도덕성이 자신의 필요에 몰두하는 이기적 단계에서부터 시작하여 자신의 욕구보다는 타인의 입장을 중요시하는 도덕성 단계를 거쳐 타인은 물론 자기 책임의 중요성을 인식하고 자신과 관련된 모든 사람에게 최선의 방법을 모색하는 도덕성으로 발달해 나간다고 주장하였다. 여성은 도덕성에서 추상적인 도덕적 원리보다는 인간에 대한 책임을 강조하며, 타인의 요구에 민감하게 반응하고 타인과의 관계를 고려하는 도덕적 사고를 중시한다. 여성은 자신을 희생하더라도 인간관계를 유지하고자 하는 강한 배려지향적인 성향을 가진다. 그러나 최근 도덕성 발달에서 성차에 따른 연구들은 일관된 결과를 보이지 않고 있다.

Gilligan의 주장을 지지하여 남성보다 여성이 더 친사회적이고, 다른 사람을 돕는 반응을 보였다는 결과가 있었다(Eisenberg, Fabes, & Spinard, 2006). 그러나 일부 연구는 남성도 도덕적 판단에서 타인을 배려한다고 주장한다.

흑인 대학생을 대상으로 한 연구에서 남녀 간 도덕적 판단 시에 사용되는 배려의 정도는 차이가 나타나지 않았다(Knox, Fagley, & Miller, 2004). Gilligan의 이론은 도덕성 발달에 대한 시각을 넓혀 준 것으로 이해할 수 있으며, 남성과 여성은 모두 도덕적 판단에서 배려와 정의의 관점을 가진다고 볼 수 있다.

4. 우리나라 청소년의 도덕의식

우리나라의 청소년은 정직지수와 윤리의식이 낮고 학년이 올라갈수록 도덕의식이 낮아지고 윤리의식이 떨어지는 것으로 조사되었다. 도덕수준이 타인에 대한 배려나 사회정의에 대한 의식보다는 자기중심적이고 처벌 회피 지향적인 Kohlberg의 도덕성 발달 1, 2단계에 있다고 볼 수 있다.

1) 우리나라 청소년들의 도덕의식과 윤리의식 조사

흥사단 투명운동본부 윤리연구센터가 2013년 전국 2만 1,000명의 청소년을 대상으로 설문조사를 실시하고, 유효 응답자 1만 172명(초등생 3,086명, 중학생 3,520명, 고등학생 3,566명)의 응답을 분석하여 청소년 정직지수와 윤리의식을 발표하였다. 청소년 전체 정직지수는 74점이고 학년별로 초등학생 84점, 중학생 72점, 고등학생 68점으로 학년이 올라갈수록 학생들의 정직지수는 계속 떨어지는 것으로 나타났다.

10억 원이 생긴다면 죄를 짓고 1년 정도 감옥에 들어가도 괜찮다는 항목에 대한 조사 결과 초등학생 16%, 중학생 33%, 고등학생 47%가 괜찮다고 응답하여 자신의 이익을 위해서는 수단과 방법을 가리지 않고 사회적으로 잘못된 행동도 가능하다는 생각을 보였다.

- 이웃의 어려움과 관계없이 나만 잘 살면 된다는 항목에 대한 조사

초등학생 19%, 중학생 27%, 고등학생 36%가 그렇다고 응답했다.

- 시험을 보면서 부정행위(커닝)를 하는지에 대한 조사

초등학생 96%, 중학생 93%, 고등학생 92%가 부정행위를 하면 안 된다고 응답했다.

- 친구의 숙제를 베껴서 내는 것에 대한 설문조사

초등학생 30%, 중학생 58%, 고등학생 79%가 괜찮다고 응답하여 자신에 대한 직접적인 처벌이 없을 가능성이 있는 잘못에 대해서는 별 문제의식이 없었다.

• '숙제를 하면서 인터넷에 있는 내용을 그대로 베낀다'라는 항목에 대한 조사

초등학생 47%, 중학생 56%, 고등학생 64%가 그렇다고 응답하여 인터넷 등의 급속한 발달에 비해 청소년의 도덕의식은 성장하지 못하고 있다는 것을 보여주었다.

2) 우리나라 청소년들의 도덕과 윤리의 문제점

Coiby, Kohlberg와 Gibbs(1979)의 연구에서 청소년기는 도덕성 발달 1, 2단계가 급격히 감소하고 3, 4단계는 급성장하는 시기임을 알 수 있는데, 우리나라에서는 이러한 경향이 보이지 않고 있다. 청소년기에 3, 4단계를 발달시키지 못한 성인이 많은 사회에서는 사회질서 유지와 구성원의 이타적 행위에 문제가 발생할 수 있다. 또한 낮은 단계에서 추론하는 청소년일수록 덜 정직하고 비행이나 마약 복용 같은 반사회적 행동을 더 많이 보이기 때문에 낮은 단계의 청소년 도덕성 발달은 학교폭력 등 청소년 범죄의 증가와 관련이 있다고 할 수 있다. 청소년의 도덕적 사고력을 향상시키기 위해 가치의식을 발달시키도록 하는 것이 매우 중요하다.

제2장 청소년기의 특징

국내 법률상 아동청소년에 대한 호칭과 그 연령범주는 아래 표에서 보는 바와 같이 다양하다. 아동복지법에 의한 청소년의 연령은 18세 미만의 자를 가리키며, 청소년기본법[1]에 의해서는 9세 이상 24세 이하인 자를 가리킨다. 또한 근로기준법에 의하면 청소년의 연령은 18세 미만의 자를 가리킨다. 본서에서는 청소년의 연령을 청소년기본법에 의한 "9세 이상 24세 이하"로 규정한다.

[표 2-1] 국내 법률상 아동청소년호칭과 연령범주

호칭	법률	연령구분
영유아	• 영유아보육법 • 유아교육법 • 모자보건법 • 도로교통법	• 6세 미만의 취학 전 아동 • 3세부터 초등학교 취학 전까지의 어린이 • 출생 후 6세 미만의 자 • 6세 미만의 자
아동	• 아동복지법 • 한부모가족지원법 • 입양촉진 및 절차에 관한 특례법 • 국민기초생활보장법	• 18세 미만의 자 • 18세 미만의 자 • 18세 미만의 자 • 18세 미만의 자
청소년	• 청소년기본법 • 청소년보호법	• 9세 이상 24세 이하의 자 • 19세 미만의 자
소년	• 소년법	• 19세 미만의 자
연소자	• 근로기준법	• 18세 미만의 자
미성년자	• 민법	• 20세 미만의 자
형사미성년자	• 형법	• 14세 되지 아니한 자
어린이	• 도로교통법	• 13세 미만의 자

자료: 보건복지부(2008), 아동청소년정책 5개년 기본계획 수립 관련 제1차 종합토론회.

1) 청소년기본법 전부 개정 법률안의 아동청소년기본법, 제3조 제1항.

1. 청소년기의 발달

1) 생물학적 발달

청소년기의 신체발달적 특징은 다음과 같다(송명자, 1996: 325-332).

① 사춘기의 신체성장

성장급등기 동안 성인이 된 이후 신장의 98%가 자라는 것으로 보고되고 있다. 여아는 대체로 10세경에 신체발육이 시작되고 남아는 12세경에 시작되는데, 대략 13세경부터 남아의 급격한 신체발육이 이루어지면서 성별 간 격차는 그 반대 양상으로 심화된다.

② 사춘기 청소년의 성숙

청소년기의 신체·생리적 발달은 개인차가 심하다. 신체나 생리적 발달의 순서에서도 개인차가 있다.

남자의 경우 고환과 음낭이 발달하고 음모가 자라기 시작하며 겨드랑이 털과 턱수염이 나는 것이 보편적이다. 여자의 경우 역시 남자와 마찬가지로 음모가 자라고 가슴이 커지며 겨드랑이 털이 나고 초경이 시작되는 순으로 진행되지만, 초경이 먼저 시작되거나 가슴이 먼저 발달하기도 한다.

③ 사춘기 청소년의 신체적 성숙의 영향

청소년기 신체적 성적 성숙속도가 심리적 적응에 미치는 영향은 남녀에 따라 차이가 있는데 남자의 경우 조기성숙은 긍정적 신체상을 증대시키며 사회적 적응에 바람직한 영향을 미치는 것으로 알려져 있다. 반면 여자의 경우에는 문제행동 경향이 높고 이성관계에 빨리 몰입되는 것으로 나타나 있다.

2) 심리사회적 발달

청소년기 자아중심성은 형식적 조작적 사고가 발달하는 11, 12세경에 시작되며 15, 16세경에 정점을 이루다가 청소년들이 다양한 대인관계의 경험을 통해 자신과 타인에 대한 객관적인 이해를 증가시켜 나가면서 점차 사라지게 된다.

(1) Loevinger의 자아발달단계 이론(한상철, 2007: 146-153)

Loevinger는 자아발달단계들이 순서적 유형으로 나타나고 불변의 위계적 순서로 이루어져 있으며, 보다 낮은 연령에서의 자아 수준과 보다 높은 연령에서의 자아 수준 간에 상관관계가 존재한다고 하였다.

① 전사회적 공생단계(Social Symbiosis Stage)

자아발달의 초기 단계는 두 개의 하위단계로 나누어진다. 첫 번째, 전사회적 단계는 주변의 생물과 무생물이 아직 분화되지 않는 자폐적 단계이다. 이 단계의 영아는 주변의 욕구가 기대를 인식하지 못하며, 자기의 욕구충족에만 관심을 갖는다. 두 번째 공생적 단계는 어머니에 대해 강한 공생적 의존관계가 형성되기 시작하는 시기이다. 이 수준의 아동은 어머니와 환경을 구분할 수는 있으나 자아와 어머니 사이는 아직 구별하지 못한다.

② 충동적 단계(Impulsive Stage)

충동적 자아라고 불리는 이 수준은 아동 초기에 전형적으로 나타나며, 때때로 중학교 시기에서도 보이지만 청소년 후기나 성인기에서는 외상적 경험이나 특정한 문제가 있는 경우를 제외하고는 거의 나타나지 않는다. 또한 비행청소년들의 경우 일반적으로 충동적 단계에 많이 속해 있다. 충동적 개인은 '깨끗함', '더러움'과 같은 개념을 '좋음'과 '나쁨' 개념과 혼동할 수 있으며, 전자의 의미를 후자의 의미로 해석한다. 대인관계의 세계는 '나에게 도움이 되는 것'을 의미하는 좋은 사람들과 나에게 '혐오스러움'을 의미하는 비열한 사람들은 양분된다. 충동적 자아욕구의 어떤 측면은 불끈하는 기질에서 볼 수 있듯이, 성인기까지도 여전히 안정적인 성격특성으로 잔재해 있을 수 있다. 특정적인 형용사로는 요구적, 원초적, 무분별한 등을 들 수 있다.

③ 자기 보호적 단계(Delta: 기회주의적 단계, Self-protective Stage)

기회주의적-쾌락주의적 전환단계에서 주요 관심사는 여전히 자아 및 즉각적인 충족과 관련이 있으나, 자아통제가 출현하기 시작한다는 점에서 다소 차이가 있다.

또한 타인에 대한 통제와 지배에 대한 욕구가 나타난다. 쾌락-고통의 원리가 여전히 행동을 지배하는 것처럼 보이지만 아동은 이제 규칙이 있음을 이해하고 개인적 이익을 위해 규칙을 조종한다. 자기 보호적인 개인이 나쁜 것으로 보는 것은 규칙을 깨는 것이 아니라 붙잡히는 것이다. 잘못에 대해서도 개인은 책임을 떠맡기보다는 적대적인 유머감각을 사용하여 자신을 보호하고 타인을 비난한다.

④ 순응주의자 단계(Comformist Stage)

보편적으로 청소년 초기에 나타나는 특성이다. 순응주의자는 자신의 복지를 타인의 복지와 동일시하는데, 이는 그들 자신이 사회적 인정과 수용에 대해 크게 관심을 갖기 때문이다. 그들은 타인이 자신들을 어떻게 생각하는지에 대해 몰두한다. 따라서 외모와 피상적인 고상함을 중요시한다. 순응주의자의 자아의식은 거의 전적으로 타인으로부터 받는 평가적인 피드백에 근거한다. 그리고 이들은 물질적인 것에 많은 관심을 갖는다.

⑤ 자아인식단계(Self-aware Level)

이 단계는 양심적-순응주의자 수준으로도 불리는 전환적 단계이다. 의식적인 자아인식이 가능해지면서 순응주의자 단계 특성의 타인 인식을 대체하기 시작한다. 이제 그들은 자신의 개성과 개인차를 인식하기 때문에 대인 간 상호작용에 보다 민감해진다. 그들은 남성성과 여성성에 관심을 나타내기도 한다.

⑥ 양심적 단계(Conscientious Stage)

이 단계에서는 대인관계 측면에서 보다 복잡한 세계관이 출현한다. 양심적인 사람은 이전 단계의 특성인 기회주의적 특성이 없다. 보다 명확한 내적 자아의식이 형성되며, 내면화된 도덕적 책임은 집단이 인정한 규칙들보다 더 중요해진다. 개인은 이제 사람들이 각기 다른 욕구, 다양한 행동유형, 그리고 독특한 특성을 가지는 것으로 지각한다. 대인관계면에서 행동보다 감정과 동기가 더 중요해지며, 다른 사람들에 대해 관용적이다. 자아비판 능력은 확대되고 어떤 일에 대해 장기적 목표를 가지고 몰두하게 된다. 개인은 내면화된 규칙을 갖지만 규칙과 역할 모두가 다면적이며 변화 가능하다고 지각한다. 책임감은 가족과 친구의 범위를 넘어서 보다 더 큰 사회로 확장된다.

⑦ 개인주의적 단계(Individual Level)

이 전환적 단계 동안 개별성에 대한 존중과 각기 다른 유형의 사람에 대한 관용이 더욱 증가하게 된다. 각기 다른 사람들은 서로 다른 역할을 충족시킨다는 실제적 인식을 하게 된다.

⑧ 자율적 단계(Autonomous Stage)

자율적인 개인은 다른 사람에 대해 보다 더 관용적이다. 이들의 경우 개인 내적 충동을 조절하기가 매우 쉽다. 그들은 내부 지향적인 행동을 보이며, 모호성을 참아내고 내적 갈등을 다룰 수 있는 능력을 가지며, 갈등을 인간 사회에서 발생될 수밖에 없는 불가피한 것으로 인식하기 시작한다.

양심적 단계의 어머니는 자녀들로 하여금 실수를 하지 못하게 해야 한다고 느끼는 반면, 자율적 단계의 전형적인 어머니는 그들 자신의 실수로부터 학습하고자 하는 자녀들의 욕구를 인정한다. 이 단계의 특성은 복잡한 객관적, 차별적, 자기실현적, 타인에 대한 존중 등으로 나타난다.

⑨ 통합적 단계(Integrated Stage)

이 수준의 자아발달은 우선적으로 표집된 성인들에게 거의 발견되지 않는다. 대부분의 사회집단에서 1% 이하의 사람들이 통합적 수준에 속한다. Maslow가 언급한 진실로 자아실현을 한 사람에 해당된다. 이들은 강력한 개인적 정체감을 가지고 있으며, 자신의 개인적 욕구를 사회적 현실과 통합할 수 있게 된다. 개인은 자신의 동기와 행동 모두에 대해 책임을 진다.

(2) Marcia의 이론과 자아정체감(ego-identity)의 범주

Jams Marcia(1980, 1994)는 청소년기에 나타나는 정체성 상태를 정체감 성취, 정체감 유예, 정체감 유실, 정체감 혼미의 네 범주로 나누었다[2]. 청소년기는 지금까지 부모로부터 의존하던 아동기적 관계에서 벗어나 자신의 판단과 의지로 행동을 하려는 과정이다. 유능하고 책임 있는 존재로서 자신을 지각하는 자아정체감의 확립은 청소년기의 중요한 발달과업(developmental tasks)이라 할 수 있다.

① 정체감 성취(Identity Achievement)

정체감 성취란 자아정체감의 위기를 성공적으로 극복하여 신념, 직업 정치적 견해 등에 대해 스스로 의사결정을 할 수 있는 상태를 말한다. Marcia는 정체감 성취나 정체감 유실의 경우에만 의사결정을 할 수 있기 때문에, 양자 모두 자아정체감 위기를 해결한 것으로 볼 수 있다고 한다. 재미있는 사실은 정체감 성취로 분류되었던 사람이 후에 정체감 유실로 나타날 수 있다는 것인데, 이 사실은 전 생애에 걸친 자아정체감 발달의 이해에 중요한 시사점이 된다(marcia, 1989). 일부 성인들은 어느 한 시기에 확고한 정체성을 확립할 수도 있지만, 그 정체성을 거부하고 후에 새로운 정체성을 얻을 수도 있다. 따라서 자신의 정체성이 확립되었다 할지라도 그 정체성은 다시 변화할 수 있다(Kroger, 2000; Nurmi, 2004).

---

2) 정옥분(2006), 사회정서발달, 학지사, pp.208-211.

② 정체감 유예(Identity Moratorium)

정체감 유예란 현재 자신이 탐색 노력은 하지만, 정체감 위기의 상태에서 자아정체감 형성을 위해 다양한 역할, 신념, 행동 등 구체적인 과업에 전념하지 못하여 의사결정을 못한 상태를 말한다. 정체감 유예로 분류된 사람들의 대부분은 정체감 성취로 옮겨가지만, 그중에는 더러 정체감 혼미 쪽으로 기울어지는 사람도 있다. Erikson에 의하면 대학생은 인위적으로 청년기가 연장된 상태에 있기 때문에 심각한 자아정체감 위기를 경험한다고 한다. 이러한 Erikson의 견해는 Munro와 Adams(1977)의 연구에 의해 지지를 받았다.

같은 나이의 대학생과 직업 청소년을 비교한 이 연구에서, 직업선택에 대한 의사결정에서는 두 집단 간에 차이가 없었으나, 정치적 · 종교적 · 이념적인 측면에서 의사결정을 끝낸 대학생을 거의 찾아볼 수 없었다. 연구자들은 이 결과에 대해 대학이라는 환경과 분위기가 청년들로 하여금 유예 또는 정체감 혼미상태에 머물게 하여 분명한 의사결정을 하지 못하게 한다고 해석하였다. Erikson과 Marcia는 건강한 청소년은 정체성 확립을 추구하면서 아직 완전히 결정한 상태가 아닌 정체성 유예라는 중요한 과정을 거친다고 하였다.

③ 정체성 유실(Identity Foreclosure)

정체성 유실이란 자신의 신념, 직업선택 등의 중요한 의사결정에 앞서 수많은 대안에 대해 노력이나 생각을 해보지 않은 채, 부모나 다른 역할 모델의 가치나 기대 등을 그대로 수용하여 어떤 활동이나 과업에 전념하고 있는 상태를 의미한다. 또한 충분한 자아정체성의 탐색 없이 지나치게 빨리 정체성 결정을 내린 상태를 말하며, 이 상태의 청소년들은 더 이상 대안을 탐색하지 않고 삶의 목표와 가치를 설정하고, 그 목표와 가치에 따라 행동한다. 부모나 교사 등이 자신에게 선택해 준 이미 만들어진 정체성을 받아들인다. 그러므로 성인기에 뒤늦게 정체성 위기를 경험하는 경우도 많다.

한편, Marcia는 부정적 정체감을 정체감 유실의 특수한 경우로 간주하였다(Lloyd, 1985). 부정적 정체감은 부모의 가치관이나 사회적 가치관과 정반대가 되는 자애개념을 의미한다. 대개 이 부정적 정체감은 개인적인 성공에 대한 부모나 사회로부터의 강화나 지원이 없을 경우에 생기기 쉽다. 이들은 사회적으로 용납되는 행위를 내면화할 기회가 없어, 사회적 가치에 반대되는 태도 · 행동 등을 자신의 것으로 수용하여, 그것을 암암리에 드러내는 등 악순환적 과정을 통해 부정적 정체감을 형성하게 된다.

④ 정체감 혼미(Identity Diffusion)

정체감 혼미란 자신에 관한 어떤 탐색이나 활동의 노력도, 과업에도 전념하지 못한 상태를 의미하며, 자아에 대해 안정되고 통합적인 견해를 갖는 데 실패한 상태를 말한다. 이 범주에 속하는 청년은 위기를 경험하지 않았고 직업이나 이념선택에 대한 의사결정을 하지 않았을 뿐 아니라 삶의 방향도 결여되어 있으며 이러한 문제에 관심도 없다. 정체성 혼미의 청소년은 미래의 희망이 거의 없고 무관심하며 위축되어 있거나 혹은 반항적일 수 있다. 이 상태의 청소년들은 자신이 누구인지, 삶에서 무엇을 원하는지에 결론에 도달하지 못하고 일정한 직업을 갖지 못하게 되는데, 지속적으로 일하지 못하는 성인들에게도 정체감 혼미를 찾아볼 수 있다. 정체성 혼미는 정체성 탐색과정의 가장 낮은 단계이며, 그대로 방치하면 부정적 정체성으로 빠져들 수 있다.

(3) 청소년기의 정체감 위기의 형성요인

첫째, 청소년기에 들면서 내적 충동의 질적 · 양적변화가 일어나기 때문이다.

청소년들은 사춘기의 시작과 더불어 신체발달과 성적 성숙의 급격한 발달이 이루어진다. 이러한 양적 변화와 함께 신체내부에서는 여러 가지 질적인 변화가 일어난다. 양적인 변화는 쉽게 관찰할 수 있는 부분이지만 질적인 변화는 다소 복잡한 양상을 띠게 된다.

심리 역동적 측면에서 개인의 자아는 통합의 필요성에 직면하게 된다. 그러나 이 시기의 청소년들은 자아의 힘이 부족하고 자아구조를 통합할 능력이 부족하기 때문에 근본적으로 자기 존재감에 대해 회의적이고 부정적임과 동시에 '나는 누구인가', '나는 어디서 와서 어디로 가는 존재인가'를 반문하게 된다. 이것이 곧 그들의 정체감 위기이며, 피할 수 없이 그들 자신의 정체감 확립을 위해 노력해야 할 운명에 처하게 된다.

둘째, 청소년들이 경험하는 상충적인 사회적 요구 때문이다. 청소년들은 아이도 성인도 아닌 이른바 주변인으로서의 존재적 특징 때문에 많은 양가적인 상황에 처하게 된다.

가정에서 그들은 아직 미혼이고 경제적 독립을 성취하기 전이므로 어쩔 수 없이 부모에게 의존적일 수밖에 없다. 그러나 다른 한편으로 어른들은 나이와 체구에 걸맞게 독립적이기를 기대하고 책임 있는 행동을 요구한다.

셋째, 청소년기가 되면서 선택을 강요받게 된다는 점이다.

즉, 진학을 할 것인가 포기할 것인가. 진학한다면 어떤 전공을 택할 것인가. 만일 취업을 한다면 어떤 직종을 택할 것인가 등의 선택적 상황을 수없이 경험한다. 이와 같은 상황에서 청소년들은 잠정적인 결정이든 최종적인 결정이든 간에 자기 스스로 결정을 내려야 한다. 그들은 아직 완전한 성인은 아니지만 이전 시기처럼 전적으로 부모나 다른 성인에 의지할 수도 없다. 스스로의 선택에는 책임이 수반될 뿐만 아니라 미래 삶의 방향이 좌우될 수 있다는 점에서 불안감과 초조감은 커질 수밖에 없다.

넷째, 청소년기에 증대되는 인지능력이 그 원인이 될 수 있다.

청소년기는 인지능력에서 이전 시기와는 질적으로 다른 발달 양상을 보인다. 시간적 제한은 현재에 제한되지 않고 과거와 미래로 확장되는데, 이것은 그들의 사고가 현실 구속을 벗어나 가능성의 세계로 확대됨을 의미한다.

인지적 능력의 발달은 자기 자신에 대한 탐색과정, 예컨대 자신의 위치, 역할, 가능성, 가치 및 이념 등에 대한 검토와 확인, 재규정 등에 영향을 미치게 된다. 그러므로 이 시기의 청소년들은 자신의 문제를 검토하는 데 예리하고 심도 깊고 다면적이다. 이러한 특성으로 인해 청소년들은 다른 어떤 시기보다 자아정체감 확립과정에서 더 많은 고민과 갈등을 경험한다고 할 수 있다.

다섯째, 동일시 대상의 변화를 들 수 있다.

청소년들은 지금까지 자신의 심적 참조체계로 간직해 왔던 이전의 동일시 대상들이 그 유용성을 상실하게 됨으로써 새로운 대상을 동일시하거나 이전 동일시 대상들을 새로운 참조체제로 통합한다. 성장 과정에서 자기가 좋아하거나 중요한 의미를 부여하는 사람을 동일시하여 그들의 행동양식, 기호, 가치 등을 내면화하기 마련이지만, 청소년기가 되면서 좋아하는 인물이나 의미 있는 대상이 크게 바뀌어 정체감의 위기를 경험하게 되는 것이다.

(4) 감성의 개발

감성지능은 아직 측정방법이 없는 상태이지만 향후 청소년지도자가 감성지능을 개발하여 청소년들의 활동지도에 대해 유의미성을 높여 줄 것이다. 감성지능이란 한마디로 인간의 감성적 능력, 즉 자신의 감정을 조절하는 능력을 지칭하는 것으로써 다음의 개념들을 포함한다(한상철, 2007).

① 자신의 감정을 아는 것(knowing one's emotions)

감정이 일어날 때를 바로 알아차리는 것, 자기를 감시(monitor)할 수 있는 능력, 자신의 결정에 대한 자신의 느낌을 아는 것, 감정이 일어나는 조건과 상황을 아는 것 등을 포함한다.

② 자신의 감정을 다루는 것(managing emotions)

부정적 감정을 스스로 조절하는 능력(진정시키는 능력, 과도한 불안이나 우울, 짜증을 떨쳐버릴 수 있는 능력), 충동을 조절하는 능력(충동을 대상, 시기, 정도에 알맞게 조절), 현재의 욕망을 장래의 어떤 목표를 위해 잠시 미루는 것 등을 포함한다.

③ 스스로 동기화하는 것(motivating oneself)

자신의 감성적 에너지를 어떤 한곳에 초점을 맞추어 정렬시키는 능력, 자신의 과제수행력에 대한 개인적 신념 등을 포함한다.

④ 다른 사람의 감정을 알아차리는 것(recognizing emotions in others)

공감능력을 말한다. IQ가 높은 사람은 일을 잘하지만, EQ가 높은 사람은 일 잘하는 사람들을 잘 다루는 능력을 가지고 있다.

⑤ 대인관계의 능력(handling relationships)

다른 사람의 감정을 다루는 능력, 집단을 조정해 갈 수 있는 능력(지도력), 자발성과 협동성을 북돋을 줄 아는 능력, 협상능력, 결합능력, 사회적 분석능력 등을 포함한다.

(5) 창의성의 발달

유아기는 놀이로서의 창의성이 발달하는 단계이며, 아동기는 창의성의 잠재기와 부화기라 할 수 있다. 반면 청소년기는 창의성이 질적으로 변하는 시기이고 성인기는 본격적인 창의적 산물이 생산되는 시기라 할 수 있다. 마지막으로 노년기는 높은 수준의 인지적 기술과 정서적 상태가 유지되고 해당 분야나 경험적 기법의 변화가 이루어지는 경우 성인기의 창의성이 유도될 수 있는 시기이다. 다시 말해 창의성은 연령에 따라 질적 · 양적으로 변하지만 아동기나 청소년기의 창의성은 성인기 창의성의 첫 번째 발판이 되는 중요시기로, 이 시기의 인지발달과 인성발달은 이후의 창의성발달에 중요한 영향을 미치게 된다(한국청소년개발원, 2008).

Yelon과 Weinstein(1977)이 제안한 창의성 개발 기법

① 청소년들에게 다양한 경험을 제공하고 이를 결합할 수 있도록 하며, 여러 가지 지적영역의 개방성을 조장한다.

② 어떤 원리를 새로운 장면에 적용할 수 있도록 도와준다.

③ 비범한 질문이나 아이디어가 더 귀중한 것임을 인정하고 이를 수용한다.

④ 솔선하여 스스로 무엇을 행할 수 있는 기회를 마련해 준다.

⑤ 압력을 줄이도록 한다. 브레인스토밍의 기법에서와 같이 비판을 줄이고 자유로운 사고를 권장하며, 창의적인 반응을 억압하지 않도록 한다.

⑥ 반추하여 생각할 시간을 마련해 준다.

⑦ 개인차를 존중한다.

참고자료: Yelon, D. L., & Weinstein, G. W.(1977), A teacher's world: Psychology in the classroom. New Mcgraw-Hill.

2. 청소년기의 사회적 맥락

1) 가정환경과 영향력

청소년을 둘러싼 가정과 학교, 주변 친구, 지역사회 등의 생태학적 환경은 청소년의 발달과 밀접한 관련이 있다(성열준, 2011). 현대사회로 접어들면서 전통적 의미의 대가족제도가 점차 붕괴되고 부부와 자녀 중심의 핵가족화로 진행되었다. 이 과정에서 가족관계의 변화는 부모역할에도 변화를 초래하여 부모와 자녀의 관계도 수직적 관계에서 수평적 관계로 변화하고 있다. 그러므로 어떤 세기를 막론하고 청소년기 부모의 양육태도 또한 청소년의 성격과 행동에 중요한 영향을 미치게 된다. 부모의 양육태도는 학자마다 다양하게 정의하여 분류하기도 하지만, 현대의 청소년과 기성세대, 부모와 자녀 간, 세대와 세대 간의 갈등이 심화되고 있는 가정환경의 변화 시점에서 청소년기의 변화에 따른 부모의 올바른 태도가 유형이 자녀에게 미치는 영향력과 갈등들을 살펴보고자 한다.

(1) 청소년기 변화에 따른 부모의 올바른 태도

청소년기는 성인으로 넘어가는 과도기적 단계의 중요한 시기이다. 그러므로 자녀들이 올바른 성장을 이루도록 시기적절한 가르침과 보호, 안내, 그리고 협조를 아끼지 말아야 한다. 이에 따른 몇 가지를 제시하고자 한다.

첫째, 자녀 욕구에 대한 상황파악과 적절한 배려 지원이다. 자녀에게 무조건적 허용과 무조건적 거부는 지양하고 자녀의 상황을 민감하게 파악하여 그에 따른 상응한 적절한 반응과 지원을 해주어야 한다. 둘째, 자녀가 내 것이라는 소유의 개념을 버려야 한다. 한 인간으로서 자녀도 인격이 있고 존중을 받아야 할 권리가 있다. 그러므로 부모가 못 이룬 소원과 한을 자녀를 통해서 강압적으로 이루려 하여 자녀를 억압하거나 삶의 용기를 좌절시키는 일이 없어야 하고, 자신의 감정과 사고를 자유롭게 표현하도록 의사소통의 계기를 마련하여 지도한다. 셋째, 자녀의 눈높이에 부모의 눈높이를 맞추어야 한다. 부모의 지난 과거 청소년기가 아닌 현대를 맞이한 자녀의 입장에서 생각해 보고 그 입장에서 자녀 마음의 소리를 들을 수 있는 제3의 귀를 가져야 한다. 자녀와의 신뢰를 쌓고 자녀가 올바른 자아상을 찾아가도록 인내하며 지켜보고 지지해야 한다. 넷째, 자녀의 신체변화에 따른 정신변화의 관계를 이해하도록 한다. Coubertin이 "건전한 신체에 건전한 정신이 깃든다"고 말했듯이 올바른 정신과 육체의 성장을 도모하도록 자연을 접하고 가족과의 좋은 관계성을 유지하도록 하며 자녀의 재능과 취미, 특기를 계발해서 삶의 더 큰 의미가 부여되어 성장하도록 지도한다. 다섯째, 올바른 정서와 인성을 갖춘 인간으로 지도한다. 예의와 도덕성을 함양하고 함께 즐거워하며 슬퍼할 줄 아는 정서와 배려심을 길러 자신의 감정들을 올바르게 통제하고 표현할 줄 알며 사회 속에서 정의롭고 올바른 인간으로 성장하도록 양육한다. 여섯째, 자녀들의 기본적인 습관이나 규칙을 기르도록 돕는 교사여야 한다. 부모는 청소년기에 형성되어야 할 기본 습관을 기르도록 자기가 자발적으로 하는 것과 공중도덕, 그리고 자기의 잘못은 자신이 책임질 수 있는 것 등을 포함한다. 일곱째, 부모는 상담자로서의 역할을 수행하여야 한다. 청소년기에는 많은 걱정거리를 갖고 있기 때문에 수시로 대화와 상담을 요구한다. 그러나 청소년기의 자녀가 처음 어떤 문제에 부딪혀 곤란을 겪고 있는 내용을 부모에게 말했을 때, 부모가 별로 대수롭지 않게 여기고 그냥 넘기거나 "쓸 데 없는 생각하지 말고 공부나 하라"며 윽박지른다면 자녀는 마음을 닫고 더 이상 부모와 자신의 문제를 의논하려 하지 않는다.

(2) 부모－자녀 간의 갈등의 원인

부모는 아이와 가장 최초로 밀접한 정서적, 신체적, 사회적 상호작용을 하는 사람으로서, 자녀의 신체를 보호하고 의식주와 같은 물리적 욕구와 심리 · 사회적 욕구를 충족시키며 보호하고 양육하는 일을 수행하는 사람이다. 자녀가 성장하기까지 양육의 기간 동안 부모와 자녀 간의 관계에서 항상 발생하는 다양한 갈등과 이에 따른 원인을 간략히 분석해 보고자 한다.

① 세대차

부모-자녀 간에는 세대차가 존재하고 성장해 온 사회적 · 교육적 배경이 다르기 때문에 가치관, 사고방식, 행동규범, 생활습관, 감정표현방식 등에 현저한 차이를 보인다. 이러한 세대차는 서로에 대한 이해와 공감영역의 괴리를 의미한다. 한편, 손승영(2000)은 이러한 부모와 자녀 간의 세대 차이를 다음의 [표 2-2]와 같이 설명하였다.

[표 2-2] **부모와 청소년 자녀의 세대 차이**

항목	부모세대	청소년세대
사회변화의 수용	느림	매우 민감함
대중매체의 이해	약간 부정적	매우 긍정적
	부정적 반응	긍정적 반응
소비문화의 수용	절제	현재의 소비가 중요
	미덕으로서의 저축	소비를 통한 개성 추구
유행의 수용	민감하지 않음	필수사항으로 여김
	개인차이로 나타남	겉모양 중시, 외모 경쟁
학교에 대한 태도	높은 신뢰	저항과 순응의 공존
규제 및 규율	비교적 순응	반항적 태도
선생님에 대한 태도	존경과 복종	선별적 태도
인간관계의 중요한 측면	행동의 통일	관심의 공유
공동체의식	강함	약함
또래압력	약함	강함
주된 경쟁의 종류	공부, 성공	소비, 외모, 상식
부모-자녀 관계	의무와 책임	관심은 OK, 간섭은 NO
궁극적 목적	자녀의 성공기대	자신의 실익 중시
자녀생활의 개입에 대한 태도	필요하다고 인식	긍정적 개입만 허용
미래에 대한 태도	구체적 목표설정	추상적 목표 설정
목표추구과정	노력하는 태도 중시 수단 마련 과정	인간관계, 느낌, 취향 등 정서적 측면 중시

자료: 손승영(2000), 청소년과 부모세대 간 의식 차이: 청소년의 학교생활을 중심으로, 한국청소년연구, 11(2), p.144.

② 독립과 보호의 갈등

부모는 자녀를 보호하게 되고 자녀는 부모에게 의존하게 된다. 그러나 자녀는 청소년기에 접어들면서부터 자율적인 존재로 독립하고자 하는 욕구가 생겨난다. 특히 청소년자녀를 둔 오늘의 부모세대들은 자녀들로 하여금 어릴 때부터 자신의 의사를 자유롭게 표현하도록 했으며, 개성 등에 강조점을 두고 자녀를 양육해 왔기 때문에 그들 자녀들은 부모에 대한 불만이나 요구 등을 자유스럽게 표현하는 경향이 있어 때로 갈등이 표면화되기도 한다(권석만, 2008).

③ 부족한 의사소통

우리나라의 부모-자녀 간에는 의사의 소통이 원활하지 못하여 종종 갈등이 발생한다. 부모-자녀 사이의 의사소통 장애요인으로는 무조건적인 부모의 권위, 부모-자녀 상호 간의 수용결여, 부모의 맞벌이, 부모와의 대화시간 결여, 세대의 견해 차이로 인한 단어와 용어 사용의 차이, 부모의 독단적 불쾌한 정서 표현, 자녀에 대한 무관심 혹은 편견 등의 요인이 있다.

(3) 부모-자녀 간의 갈등 해결

첫째, 부모가 서로 사랑하는 생활로 자녀의 모델링이 되어야 한다. 부부는 자녀들에게 공포와 불안을 조성하지 않고 서로 돕고 사랑하는 부모역할로 행복한 가정으로 이끌어 가야 한다. 부모의 궁극적인 목표는 자녀가 잘되는 것이며 하나의 독립적인 주체로서 독립성, 자율성, 책임성, 신뢰성, 창조성 등을 두루 갖춘 훌륭한 성인이 되도록 안내하는 데 있다. 이러한 이유로 부모는 자녀의 모델링이 되어야 한다.

둘째, 부모와 자녀 사이에는 신뢰관계가 이루어져야 한다. 모든 부모는 가족이라는 관계로서 신뢰가 깨지지 않도록 소중하게 관계를 가꾸며 자녀가 올바르게 성장할 수 있도록 양육한다는 기본적인 신뢰가 있어야 한다.

셋째, 부모와 자녀의 관계는 사랑과 훈육, 허용과 규칙 사이에 분명한 선이 있음을 깨닫도록 지도한다. 자녀들의 발달단계에 따른 사랑과 훈육의 적절한 적용이 있어야 하며, 훈육 안에 정해 놓은 규칙과 허용의 범위가 발달의 시기에 따른 범위가 있으므로 사랑과 이해로 자녀를 양육한다.

넷째, 부모와 자녀 사이에 원만한 상호작용 관계가 형성되어야 한다. 부모와의 긍정적이고 원활한 의사소통과정은 부모-자녀의 상호작용을 통해 이루어지며 자녀에게 긍정적인 자아상을 형성한다.

다섯째, 자녀라는 이유로 부모의 일방적 지시를 강요하고 복종을 요구해서는 안 된다. 부모는 자녀를 소유물로 여겨서는 안 되며, 한 인격체로 존중하고 상호관계를 중시해야 한다. 자칫 무시할 가능성을 배제하고 관계성을 중시하므로 상처를 최소화하며 존중하는 관계를 유지하도록 한다.

여섯째, 부모는 권위보다는 진실하고 솔직한 태도를 보여주어야 한다. 위선으로 자녀를 대해서는 안 되며, 진실한 마음으로 거짓됨 없이 자녀를 대하고 자녀와의 솔직한 의사소통을 통해 자녀의 성장 시기에 따른 근심이나 걱정을 이끌어 내어 귀 기울이고 관심과 사랑으로 힘을 북돋아 주며 자녀가 문제를 해결해 나가도록 지지해야 한다.

일곱째, 부모는 자녀가 어려서부터 용서받고 용서하는 방법을 생활 속에서 체득하도록 모델이 되어야 한다. 부모-자녀 간에도 용서하는 일과 용서받는 일은 매우 중요하다. 서로 앙금을 가지고 분노와 증오, 미움으로 자리 잡지 않도록 이해와 관용으로 자녀들을 지도할 수 있다. 용서의 시기를 놓치지 않고 적절한 시기에 서로 화해하며, 원망과 분노를 해결하므로 갈등을 해결하는 부모의 양육기술이 필요하다.

(4) 형제－자매 간의 관계와 갈등 해결

혈연에 의한 형제자매 관계는 같은 부모를 공유하며 오랜 시간 함께 생활하게 된다. 그동안 부모를 사이에 두고 많은 경험을 공유하면서 서로에게 영향력을 미치게 된다. 그러므로 형제자매 관계에서 배우는 다양한 상호작용 방식은 가족 이외의 또래집단과 학교, 직장에 적응해 나아갈 때에 중요한 자원이 된다. 그러나 형제간, 자매간에도 갈등과 다툼이는 존재하고 경쟁적 시기와 질투, 미움을 통해 평생 원수의 관계로 남게 되는 경우도 많다. 이는 부모의 잘못인 경우가 많으므로 갈등과 싸움이 생겼을 때 부모가 그 사이에 개입하여 형제간, 부모와 자녀 간 관계를 악화시키지 않으려면 미리 적용할 분명한 원칙을 세우고 원칙에 따라 항상 동일하게 적용해야 한다.

공평성의 원칙을 항상 유지해야 하는데 그 기준을 무엇으로 할 것인가를 생각할 때, 손아래, 손위, 강자나, 약자의 기준을 삼으면 공평해지지 않으므로 상호 간 이성적인 이해와 함께 공평성을 잃지 않아야 한다. 비록 사소한 다툼이라도 부모가 잘못 개입해서 "그까짓 일로 왜 싸우니?" 등의 표현을 한다면 감정의 찌꺼기가 남을 수 있다. 만약 심각한 싸움으로 보이면 시시비비를 가리기 전에 서로를 떼어 놓거나 강하게 싸움을 중지시키고 안정이 되면 충분히 할 말을 다하도록 기회를 각자에게 주는 것도 방법이다. 그리고 서로 안정이 되면 이성적 판단을 통해 해결을 도와야 한다. 부모는 자녀에 대하여 항상 공평을 유지하고 서로를 비교하지 않으며 장점은 격려하고 단점은 보완하도록 지도한다.

(5) 부모와 자녀 간의 관계와 세대의식

같은 가구에 살고 있는 '아버지'와 '15~24세 자녀'의 의식 차이를 분석한 결과, 2009년 '일생 동안 노력하면 개인의 사회경제적 지위가 높아질 수 있을 것이라는 가능성'에 대해 아버지(37.0%)보다 자녀(51.3%)가 더 긍정적으로 생각하는 것으로 나타났다. 2010년 중 · 고등학생의 성적이 좋은 상위권(49.5%) 학생일수록 아버지와의 대화빈도가 높은 것으로 나타났으며, 대화빈도가 낮은 하위권(37.4%) 학생일수록 성적이 낮은 것으로 나타났다. 아버지와 얼마나 자주 대화하는지가 성적과 관계있다는 흥미로운 조사 결과는 아버지의 정서적, 사회적 지지가 자라나는 청소년들의 성취동기에 크게 영향을 미치기 때문이라 할 수 있다. 또한 15~24세 청소년 자녀가 고민이 있을 경우 아버지와 문제를 상담한 비율은 3.0%로 나타났으며, 직업을 선택할 때 아버지는 '수입'을, 15~24세 자녀는 '적성과 흥미'를 가장 중요하게 고려하는 것으로 나타났다(통계청, 2011).

2) 친구관계

친구관계 형성은 어느 한쪽만 친구가 되고 싶다고 해서 이루어지는 것이 아니다. 한쪽이 관계를 개선하고 싶어 하는데 다른 한쪽은 적대적이거나 공격적인 경우에는 친구가 될 수 없다. 친구의 사전적 정의는 '오래 두고 정답게 사귀어 온 벗'이다. '벗'은 '마음이 서로 통하여 친하게 사귄 사람'이나 '뜻을 같이하는 사람'이라고 정의가 되어 있는데, 그들과 함께 공통의 관심사를 나눌 수 있거나 정다운 애정을 나누는 것을 우정이라고 한다. 친구는 규범적인 정의는 없으나 친구에 대한 정의는 개인차가 있을 수 있다. 즉, 친구는 어떤 사람들이며 친구는 어떠해야 한다는 생각은 개인의 주관적 신념에 속하는 것이기 때문에 친구관계에 많은 영향을 미치게 된다.

(1) 친구관계의 특성

첫째, 친구관계는 대등한 수평적 위치의 인간관계이다. 친구관계는 흔히 나이나 출신지역, 출신학교나 학력, 사회적 신분 등에 있어서 비슷한 사람과 맺는 친밀한 관계이다. 둘째, 친구관계는 가장 순수한 인간지향적인 대인관계이다. 실리적인 목적보다는 상대방의 개인적 속성이 친구관계를 형성하는 주요한 요인이 되며, 이해관계보다는 상대방에 대한 호감과 우정이 친구관계를 유지하는 주요한 요인이 된다. 셋째, 친구관계는 인간관계 중 가장 자유롭고 편안한 관계이다. 넷째, 친구는 여러 가지 측면에서 유사점을 지닌 사람들이기 때문에 서로 공유할 삶의 영역이 넓다. 다섯째, 친구관계는 구속력이 적어 해체되기 쉽다. 그 관계를 유지하기 위한 자발적이고 적극적인 노력을 기울이지 않으면 약화되고 해체되기 쉽다.

(2) 친구관계의 기능

친구는 자기 자신과 자신의 삶을 평가하는 주요한 비교준거가 되며, 청소년 시기의 친구관계는 자신과 여러 가지 조건에서 비슷한 사람과의 비교자료로 자신을 평가하는 신뢰할 만한 자료가 될 수 있다. 청소년들이 8세에서 14세 정도가 되면 집 바깥에서 안정적인 친구집단을 찾아 나서게 되며, 청소년기에 접어들면서 우정을 맺는 친구의 숫자와 형태들이 증가하게 되고 중대한 결정을 내리는 데도 부모보다는 친구들이 차지하는 비중이 커지면서 영향력을 발휘하게 된다(Berndt, 1982). 학교생활과 방과 후 활동 등에서 친구들과 지내는 시간이 부모나 가족들과 함께하는 시간보다 훨씬 많아지는 청소년기에는 친구들과 공통된 관심분야에 대해 의견을 나누고 자신의 비밀을 털어놓으며 고민을 상담하는 경우가 늘어난다. 그것은 친구들이 정서적인 지원을 제공하고 친구들과는 자신의 속마음과 친밀한 감정을 털어놓을 수 있기 때문이다(Berndt and Perry, 1986). 그러므로 청소년기의 친구관계의 특징을 다음과 같이 언급하였다(임영식 · 한상철 공저, 2000).

- 친한 친구의 수는 청소년 초기에 다섯 명 정도가 가장 많고, 그 이후 점차 감소한다.
- 친구관계 발달은 개인적인 차이가 있다.
- 청소년들의 친구관계는 매우 지속적이다.
- 청소년들, 특히 여자 청소년들은 아동들보다 서로에 대한 충성심이나 신뢰를 더 중요하게 고려한다.
- 청소년들은 아동들보다 더 많이 공유하고 덜 경쟁한다.
- 여자 청소년들은 남자 청소년들 보다 친구에게 더 많은(특히 정서적 기대) 것을 기대한다.
- 여자 청소년들의 친구관계에 대한 기대는 너무 높아서 종종 실망할 때가 있다.
- 소년들은 스포츠 등의 여가활동을, 소녀들은 친구와 대화 나누는 것을 선호한다.
- 청소년들은 친구와 대인관계, 가족, 학교, 사랑, 미래의 계획과 목표에 대해 이야기한다.
- 상호작용의 질적 특성은 친밀감을 유지할 때 중요한 역할을 한다.

(3) 친구관계에서의 갈등 해결

친구 사이의 갈등들을 어떻게 해소하고 해결할 수 있을 것인가? 친구관계는 두 사람 간의 관계이므로 상호 노력해야 한다(강문희 외, 1999).

① 친한 친구 사이에 더욱 갈등을 인정하고 서로에게 솔직하도록 한다.

친구 사이에도 엄연히 갈등이 존재하게 된다. 이럴 때, 침묵하지 말고 솔직한 대화를 통해 서로를 인정하고 이해하는 것이 좋다. 설령 상한 감정이 말로는 모두 표출되지 않는다 하더라도 시간이 지나면 표정이나 태도로 드러나고 이해되기 마련이다.

② 친구 사이에 나쁜 감정은 그때그때 처리하도록 한다.

오해는 오래 쌓아 둘수록 또 다른 갈등이 유발될 수 있기 때문이며, 부정적인 감정을 오래 묵히면 묵힐수록 감정의 골이 깊어지고 앙금이 남아 다시 돌이키기 힘들 수도 있기 때문이다.

③ 친구와 나의 차이점을 서로 인정하도록 한다.

모든 사람은 각기 저마다 다른 성격과 특성들을 지니고 있다. 친구관계에서도 예외가 아니기 때문에 서로의 차이점들을 인정하면서 갈등의 깊이를 조금씩 좁혀나가는 지혜가 필요하다.

④ 친구와의 갈등이 예상치 않게 풀리지 않는다면 상담의 도움을 받아 보도록 한다.

친구와의 갈등 관계를 혼자서 고민하고 괴로워하기보다는 객관적인 입장에서 도움을 줄 수 있는 부모나 선생님에게 도움을 청하거나, 심각한 경우라면 상담전문가의 도움을 받는 것도 좋다.

⑤ 노력해도 더 이상 개선의 기미가 보이지 않을 때는 친구관계에서 멀어질 필요가 있다.

친구관계 갈등을 해결하는 최선의 노력을 기울였음에도 불구하고 관계가 더 이상 개선되지 않는다면 새로운 친구 사귀기를 선택하는 대안이 있다. 또한 혼자만의 생활을 조용히 유지하며 그동안의 자신을 돌아보고, 정리하는 시간을 갖거나 새로운 만남을 준비하는 시간을 갖는 것도 좋은 방법이다.

제3장 청소년과 문화

1. 세대에 대한 이해

'세대(generation)'라는 용어는 일상생활에서 사용자에 따라 매우 다양한 의미로 사용되어 왔으며, 학계 내에서도 연구자의 관심과 입장에 따라 의미와 가치를 달리해 왔다. Kertzer (1983: 126-127)는 세대의 대표적 용례를 다음과 같이 네 가지로 정리하고 있다(박재흥, 2001). 세대문제를 연구하는 사람들은 네 가지 문제 가운데 이 중의 한 가지 의미로 세대라는 말을 사용하기도 하고, 동시에 두 가지 이상의 의미로 사용하기도 한다. 어떤 경우이든 세대라는 용어는 본질적으로 연령 변수와 밀접한 관련을 맺고 있음을 알 수 있다.

한편, 한국사회에서 세대 논쟁이 활발해지기 시작한 것은 1993년을 전후한 시기와 2002년이다(홍덕률, 2003). 정치사적으로는 1.19세대, 유신세대, 광주세대, 시민항쟁세대가 제각기 중대한 정치사회적 사건들을 경험하면서 독자적인 사고양식과 행동양식을 만들어 나갔다(송호근, 2003).

1) 세대의 개념

첫째, 세대는 조부모-부모-자녀 세대와 같이 친족계보에서 동일 항렬에 속하는 사람들, 즉 가계 계승의 단위를 의미한다. 주로 사회인류학에서 사용한 것으로 가족관계나 인구학에서의 재생산 논의에서 사용되고 있다.

둘째, 세대는 비슷한 시기에 태어나 동일한 생애주기 단계에서 동일한 역사적 사건을 경험하는 동년배집단(cohort)을 의미한다. 이 시각은 각 연령 집단이 인구학적 · 역사적으로 가지는 연령 특정적 성격과 거시 사회적 분화(differentiation)에 대한 연령집단의 역할을 강조하는 것이다. 그러므로 동일시기 동안에 생애사의 중요한 사건을 경험한 개인들은 의식과 행동에 있어 동일성을 보일 것이기 때문이다. 여기에는 나이가 들어감에 따라 연령층을 함께 이동하는 동시 출생집단(birh cohort) 이외에 학교집단(school cohort)이나 입사집단(employment cohort)과 같이 생활상의 변화를 감안한 집단도 포함될 수 있다. 이것은 사회학에서 주로 사용하는 용법이라고 할 수 있다.

셋째, 세대는 청소년세대나 대학생세대와 같이 인간발달 과정에서 동일한생애주기 단계(life cycle)에 있는 사람들을 의미한다. 이러한 용례는 심리학에서 즐겨 사용되고 있다.

넷째, 세대는 1914년세대, 전쟁전후세대, 4.19세대와 같이 어떤 특정한 역사적 시기에 어떤 특정한 역사적 경험을 공유한 사람들의 집단을 의미한다.

2) 청소년세대의 특징

황상민(2004)은 N세대로 표상되는 청소년세대의 특징을 정보화세대, 소비세대, 여가세대, 영상세대, 자기표현세대, 게임세대, 퓨전세대의 관점에서 바라보았다.

(1) 정보화세대

오늘의 한국사회는 정보화의 전면화 단계에 진입하고 있다. 청소년들은 새로운 정보통신기술의 작동원리를 잘 이해할 뿐만 아니라, 실제로 그것을 어떻게 움직이게 할 수 있는지, 이를 자신의 관심을 충족시키고 생활에 활용하는지를 잘 알고 또 실제로도 잘 활용한다. 현대의 아이들은 부모보다 먼저 새롭고 유익한 정보 활용능력을 부모에게 가르쳐주는 시대가 되었다. 이러한 정보화의 진전은 '세대차이(generation gap)'가 문제 되는 것이 아니라, 자녀세대가 앞서서 '세대덮기(generation lap)' 하는 시대로 변모되었으며, 스마트한 시대의 뉴미디어에 대한 이해나 새로운 디지털기술의 정보에 대한 지식은 젊은 세대가 기성세대를 줄기차게 앞서서 나가고 있다(윤옥경, 2000: 59).

(2) 소비세대

1990년대 이후 한국의 청소년집단은 1960년대 이래 고도 성장기를 거치면서 이루어진 경제적 축적의 혜택을 가장 먼저 받고 있는 세대이다. 1990년대 이후 청소년세대는 이러한 배경 속에서 성장하면서 자연스럽게 소비에 익숙해졌고 소비를 즐길 줄 안다. 뿐만 아니라 이들에게는 기성세대와 달리 소비에 대한 죄의식 자체가 부재한다.

새로운 소비계층이면서 상대적으로 막강한 구매력을 갖춘 청소년세대는 당연히 소비재 산업과 문화산업의 집중적인 판매대상으로 떠올랐다. 최근에 등장한 새로운 형태의 문화 산업들이라 할 수 있는 패션산업, 영상산업, 게임산업, 외식산업, 화장품산업, 휴대폰산업 등은 청소년집단을 가장 중요한 판매대상으로 삼고 있다.

(3) 영상세대

청소년들은 어린 시절부터 컬러 TV와 비디오, 전자게임과 컴퓨터 등의 새로운 영상매체에 익숙해 있었다. 이는 이들이 이전 세대에 비해 상대적으로 논리성에 약한 대신 감각적이고 감성적인 성향을 가지고 있음을 의미한다. 이처럼 사람들이 시각적 이미지에 익숙해지면서 '볼거리'가 중요해질 뿐 아니라 볼거리의 내용과 형식 또한 더욱 자극적으로 변해갔다. 그리하여 이제 볼거리는 단지 정보 전달의 기능을 넘어 욕망의 해결사 역할을 수행하기에 이르렀다. 기존의 비디오와 오디오에 더하여 컴퓨터도 멀티미디어화되고 네트워크화되어 영상세대를 위한 다양한 시각적 자료의 출처를 제공한다. 텔레비전이 일방적인 볼거리만을 제공해 주었던 데 비해, 인터넷은 청소년들이 원하는 볼거리를 스스로 선택할 수 있도록 해줌으로써 이들의 대표적인 활동 공간으로 부상했다.

(4) 자기표현세대

오늘날의 젊은이들은 기성세대로부터 비공개와 은폐에 시달려왔다고 생각하기 때문에 공개와 개방 그 자체를 선으로 여기려는 경향이 있다. 집단 속에 있으면서도 언제나 집단과는 다른 자기만의 독특성을 과시하고 싶어 한다(문용린, 1995: 31).

젊은이들의 자기표현 욕구가 거침없이 발산되는 곳은 사이버공간이다. 이곳에서 젊은이들은 원하는 갖가지 정보를 얻을 뿐만 아니라 자유롭게 자신을 표현하고 이에 대한 피드백을 확인한다. 청소년세대는 무한 공간 인터넷을 통해 자기를 거침없이 표현하고 자신의 목소리에 대한 피드백을 받는 커뮤니케이션 활동에 적극적이다. 자기표현을 위해 인터넷을 통해 자신의 문화적 취향을 드러내고, 자기표현의 욕구를 충족시키며, 다른 사람과의 상호작용을 즐긴다. 특히 대면접촉이 아닌 문자를 통한 커뮤니케이션 수단인 인터넷 온라인 게시판은 자신의 신분을 밝힐 수 있는 사회적 단서가 결여되어 있다는 점은 자신을 자유롭게 표현하는 데 장점으로 작용한다(이동후, 2004: 71).

2. 청소년문화에 대한 이해

문화는 세대에서 세대로 전달되는 특정 집단의 행동 유형, 신념, 그리고 그 밖의 모든 산출물이다. 문화적 집단은 그 크기와 상관없이 집단 구성원들의 정체성, 학습, 사회적 행동에 영향을 미친다(Goodnow, 1995; LeVine & Shweder, 1995). 그러므로 청소년문화란 청소년들이 공유하고 있는 청소년세대 특유의 가치관과 삶의 방식을 가지고 그들 나름대로의 창의적인 독특성을 가지고 있음을 인식해야 한다. 청소년들의 문화라고 해서 미숙하다고 여기거나 기성세대의 무조건적 선입견을 가지고 편협해서는 안 되며, 기성세대의 문화만이 주류문화인 것으로 생각하고 청소년들의 문화를 무시해서도 안 된다. 기성세대의 시각으로 문제점을 찾아내려는 부정적인 시각으로 보아서는 안 된다는 말이다.

어느 시대를 막론하고 문화는 세대를 거듭하면서 바뀌고 새로운 문화가 계속 생성되어

지속적으로 변화를 가지고 오는 것을 볼 수 있다. 그럼에도 불구하고 핵심적인 문화의 요소는 변한 듯 변하지 않고 유지 · 보존되어 왔다. 그러므로 글로벌시대를 사는 청소년들에게 새로운 문화의 발전 대안으로서 가능성을 내세우며, 개혁과 변혁을 통해 사회의 발전을 가지고 오는 긍정적 시각으로 청소년문화를 새롭게 열어 가도록 이해하고 인정하는 것이 바람직하다.

1) 청소년문화의 구성요소

문화는 수많은 요소들로 구성되어 있다. 이 구성요소들을 인류학자들은 음악의 연주곡목에 비유하여 문화레퍼토리라고 부르기도 한다. 사람들은 이 문화레퍼토리에 의하여 사고하고 행동하게 된다. 문화레퍼토리에서 가장 중요하게 꼽히는 것으로는 가치, 규범, 상징, 언어, 이데올로기 등을 들 수 있다(박진규, 2005: 29-30).

(1) 가치

가치란 옳고 그름, 선과 악, '바람직한가?'와 '바람직하지 못한가?'의 문제에 대해 보통 사람들이 가지고 있는 평가 기준이나 신념체계, 그리고 행동을 지배하는 중요한 감정의 체계를 말한다. 하나의 사회에는 그 성원들 사이에 공유된 가치가 있기 마련이다.

사회집단과 각 영역에 따라 어떤 가치관을 갖고 있는가를 측정하기란 매우 어려운 일이지만 학자들은 모형을 만들어 이를 시도하고 있다. 지금까지 제시된 가치관의 모형으로 널리 알려진 것은 Kluckhohn의 가치지향성 이론, Spindler의 가치구조 이론 등이 있다.

(2) 규범

사회성원은 가치에 입각하여 주어진 상황에서 옳고 그른 것의 규칙을 만들고 그것을 체계화했다. 이런 행위규칙을 일컬어 규범이라고 한다. 규범이란 다시 말하면 사람들이 다른 사람과의 관계에서 따라야 할 규칙을 뜻한다. 규범에 따라 사람들은 특정한 상황에서 해야 할, 또는 해서는 안 될 기준을 제시받을 뿐만 아니라 상대방이 나의 말과 행동에 대해 어떻게 반응할 것인지를 예견할 수도 있다. 따라서 규범은 고도의 사회성을 가지게 된다. 가치가 추상적인 수준에서 행동의 방향을 설정해 준다면 규범은 행동의 구체적인 지침을 제공해 준다. 또한 가치에는 벌칙이 따르지 않는 반면, 규범을 위반할 때는 일정한 사회적 제재가 가해지게 된다.

(3) 상징

상징이란 의미를 나타내는 대상물이나 몸짓, 소리, 색깔, 또는 디자인을 말하는 것으로, 예컨대 십자가, 태극기 같은 것이 있다. 상징은 다분히 자의적이며 상대적인 성질을 갖는다. 따라서 상징에서는 의미 부여가 매우 중요하다.

(4) 이데올로기

이데올로기란 사람의 사고 특성의 일반적 태도, 특히 조직인의 구체적인 체제를 지원하는 이념이나 가치를 말한다. 신념체제로서의 이데올로기는 문화의 근본문제에 대한 방향 지시적 역할을 담당한다.

(5) 언어

언어는 집단의 산물이며 표준화된 의미를 가진 발음 형식으로서 사회적으로 구조화된 체계이다. 상징으로서 언어는 단순한 의사소통 이상의 기능을 수행한다. 비록 언어가 인간 사회의 산물이기는 하지만 일단 하나의 언어 체계로 정형화되면 이는 사회성원들의 생각과 행동에 영향을 미치는 관념화 기능을 수행한다. 즉, 언어를 통해 개인의 욕구에 필요한 다양한 환경요소들을 서로 결합시킬 수 있다. 사회성원들이 어떤 언어를 사용하느냐에 따라서 대상 세계를 인식하는 방법과 이를 해석하는 관점도 달라진다.

2) 청소년문화의 특징

(1) 공동체문화

청소년세대는 인터넷을 통해 많은 사람이 사용하더라도 소모되어 효율성이 떨어지지 않는 정보 지식을 생산 공유하는 과정을 통해 독점, 권위, 논리, 이성보다는 공유, 자유, 개방, 감성을 터득해 나간다. 그래서 대부분의 교육을 부모나 교사로부터 받기보다는 컴퓨터를 통해 배우며, 또래에게서 배우거나 아는 것을 적극적으로 또래와 나누기를 좋아한다. 이들은 자기 의사 표시에도 적극적이어서 컴퓨터나 인터넷을 통해 의견을 내고 같은 관심사를 갖는 사람들끼리 동호회 또는 사이버공동체를 만들어 집단의사 표현을 하거나 새로운 인간관계의 망을 형성해 간다. 이들에게 인터넷은 오프라인 세계에서 찾기 어려운 자기존재감이나 소속감을 갖도록 해주는 공간, 하나의 주체적인 존재로서 문화를 만들어가고 인정받는 공간, 흥미롭게 놀 수 있는 공간으로 인식되고 활용된다(이동후, 2004: 69).

특히 청소년들은 곳곳에서 매체의 특성을 부합하며 구체적인 관심사를 반영하는 자신들만의 새로운 공동체를 형성해 가고 있다.

(2) 소비문화

충동 소비의 성향이 강한 청소년들을 겨냥해 소비를 촉진시키는 이윤 추구 기업들은 유행에 민감한 청소년들에 좋아하는 연예인들을 내세워 소비를 부추기는 판매 전략으로 관심을 쏟고 있다. 청소년들은 새로운 변화를 좋아하고 유행에 민감하기 때문에 청소년세대를 목표로 계속 유행상품을 생산하고 있다. 또한 대중 매체들도 강력하게 튀는 광고로 이들을 유혹하여 새로운 유행의 시장을 만들어 소비를 부추긴다. 청소년들의 시각과 마음을 사로잡는 전략으로 유행하는 것들을 욕심껏 소유하도록 하는 것이다. 그래서 우리나라뿐 아니라 전 세계적으로 소비촉진 대상이 청소년인 것을 감안할 때, 그야말로 오늘의 청소년세대는 외모와 패션에 독보적이기를 원하고 유행에 뒤처지지 않기 위해 경쟁하느 소비문화 시대 속에서 자란다고 해도 과언이 아니다.

(3) 성문화

청소년세대와 관련해 주목할 것은 인터넷을 매개로 한 새로운 청소년 성문화의 가능성이다. 우리나라 청소년들은 성 고민이나 성 관련 정보를 터놓고 이야기할 수 있는 상대 1순위로서 또래집단을 들고 있다. 특히 인터넷 사용과 관련한 또래집단의 압력은 청소년들의 전반적인 인터넷 사용을 촉진시킴과 동시에 인터넷 환경에서의 청소년 성 지식 습득에 큰 영향을 미치고 있다. 그 이외에 성의 개방과 상품화를 가속화시키고 있는 대중문화와 그 전달자인 미디어도 청소년 성문화에 지대한 악영향을 미치고 있다. 부모나 학교와 같은 공식적인 사회화 기관이 청소년들로부터 외면당하고 있는 오늘의 현실에서 청소년의 성문화 형성에 미디어의 역할, 특히 청소년층을 중심으로 광범위하게 퍼져 있는 인터넷으로 인해 또래집단과 더불어 앞으로 더욱더 그 영향력이 확대될 것으로 보인다.

3) 청소년문화의 속성

첫째, 문화의 공유성이다. 문화의 공유성과 관련하여 청소년문화를 파악한다면, 일단 청소년문화는 청소년들에 의해 공유되는 문화를 의미할 것이다. 청소년이 아닌 성인이나 노인 세대, 유・아동과는 다른 청소년들에게서 대체로 공유되는 행동양식이나 사고방식, 여러 가지 스타일을 청소년문화라고 볼 수 있을 것이다. 예컨대, 입시 문화나 음악, 영화 등의 취향에서는 감각 지향적 문화, 패션에 대해서는 특정 브랜드를 선호하는 경향, 교복을 유행에 맞게 고쳐 입는 문화, 음식 문화로는 패스트푸드를 선호하고 쿠폰 등을 활용하는 문화가 청소년들 사이에 공유되어 있는 문화라 할 것이다.

둘째, 문화의 다양성이다. 청소년문화 내부를 들여다보면 다양한 문화가 존재하고 있음을 알 수 있다. 즉, 청소년이라는 하나의 카테고리는 다양한 기준에 의해 분화될 수 있다. 예컨대 성별이나, 학력, 직업의 유무, 지역, 연령대, 관심 분야, 사회・경제적 배경 등 다양한 기준에 의해 청소년 집단은 분화되며, 그와 관련하여 드러나는 청소년문화도 다양하다는 점을 인식해야 한다.

셋째, 문화의 학습성이다. 다양한 사회 집단에 진입하게 되면서 청소년들은 사회의 규율이나 규칙 등 명시적인 문화뿐 아니라, 일반적인 관행이나 관습, 편법 등 잠재된 문화도 배우게 된다. 이러한 문화화 과정을 거치면서 특정한 방식의 사고 과정이나 인지를 발달시키는 것이다. 하지만 다원화된 문화가 혼재되어 있는 현대사회에서는 문화화 과정이 그리 단순하게 흘러가지는 않는다. 자신이 속하고 있는 집단이나 모방하고자 하는 집단의 행위 및 사고방식이 타 집단의 방식과 상충되기도 하며, 때로는 상황이나 자신의 판단에 따라 자신의 소속집단의 사고방식이나 행동양식을 버리고 자신에게 유리한 타 집단의 방식을 택하기도 할 것이다. 개인들은 항상 선택의 기로에 서 있고 타인들과 갈등관계에 놓이기도 하며, 때로는 모순적인 발언을 하기도 한다.

넷째, 문화의 축적성이다. 문화는 한 세대를 거쳐 다음 세대로 전해 내려가고 시간이 지남에 따라 각 세대에서 이루어진 지식들이 추가되면서 문화의 저장 창고는 팽창되어 왔다. 청소년문화를 파악할 때도 이러한 문화 축적의 측면을 고려해야 한다. 청소년들이 참여하여 활동하는 청소년단체나 동아리, 동호회 등은 나름대로의 집단문화를 공유할 것이며, 이러한 문화는 집단의 규율이나 관행 등의 형태로 지속될 것이다.

다섯째, 문화의 체계성 및 총체성이다. 한 사회 집단의 문화는 지식, 신앙, 예술, 도덕, 법, 관습 등 수많은 부분들로 구성되어 있다. 그러나 한 사회의 문화를 구성하는 이와 같은 부분들은 무작위로 또는 각기 독립적으로 존재를 이루고 있다. 문화를 이해하기 위해서 사회의 다양한 측면이 유기적으로 연관되어 있음을 주목해야 하듯이, 청소년문화를 이해하기 위해 그 유형과 특성을 파악하려면 청소년문화를 둘러싼 복합적인 맥락을 파악해야 할 것이다.

여섯째, 문화의 가변성이다. 시간을 거슬러 문화는 축적되고 연속적으로 계승되어 왔지만, 정체되지 않고 지속적으로 변화하고 있다. 이와 같이 항상 변화를 수반하는 것처럼 청소년문화는 사회의 변화에 민감하며 유행을 새롭게 받아들이는 데 선구자적인 역할을 하고 있다. 그러므로 청소년문화의 변화 모습은 여타문화의 변화보다 더 역동적이라고 할 수 있다(한국청소년개발원 편, 2005).

4) 청소년문화의 양태

(1) 청소년과 인터넷

2013년 10대 청소년의 주 평균 인터넷 이용시간은 14.1시간으로 인터넷을 이용하는 빈도가 '하루에 1회 이상'인 경우가 10대 95.8%, 20대 99.3%로 거의 모든 청소년(10~20대)들이 매일 인터넷을 이용하는 것으로 나타났다.

[표 3-1] 인터넷 이용 빈도 및 주 평균 이용시간

(단위: %, 시간)

		이용 빈도	하루에 1회 이상	일주일에 1회 이상	한 달에 1회 이상	한 달에 1회 미만	주 평균 이용시간
2011	10대	100.0	97.8	2.2	0.1	0.0	13.2
	20대	100.0	98.5	1.5	-	0.0	20.4
2012	10대	100.0	97.6	2.4	0.0	0.0	14.1
	20대	100.0	98.5	1.4	0.0	0.0	21.7
2013	10대	100.0	95.8	4.1	0.0	0.0	14.1
	20대	100.0	99.3	0.7	0.0	-	20.3

자료: 미래창조과학부 · 한국인터넷진흥원(각 연도), 인터넷이용실태조사.

[표 3-2] 인터넷 이용용도(복수응답)

(단위: %)

	자료 정보 획득	여가 활동	커뮤니케이션	인터넷 구매 및 판매	인터넷 금융	홈페이지 운영	교육 학습	커뮤니티	SW 다운로드/업그레이드	구직 활동	파일 공유 서비스
10대	93.7	97.2	91.9	28.6	7.8	45.2	56.9	18.1	11.6	4.3	7.0
20대	99.8	97.6	99.6	81.4	62.1	67.3	28.7	30.8	22.1	27.0	14.1

자료: 미래창조과학부 · 한국인터넷진흥원(2013), 인터넷이용실태조사.

2013년 연령대별 인터넷 이용을 살펴보면([표 3-2]), 10대 청소년은 '여가활동'이 97.2%, 20대 청소년은 '자료정보획득'이 99.8%로 가장 많았다. 10대는 '여가활동(97.2%)', '자료정보획득(93.7%)', '커뮤니케이션(91.9%)' 순이었다.

(2) 청소년과 스마트폰

방송통신위원회 · 한국인터넷진흥원(2013)은 만 12세~59세 스마트폰 이용자 4,000명을 대상으로 2012년 11월 스마트폰 이용실태를 조사하였다. 그 결과, 응답자의 79.7%가 소셜네트워크게임을 이용한 경험이 있는 것으로 나타났다. 또한 스마트폰 이용자의 47.5%는 스마트폰을 통해 소셜네트워크서비스(SNS)를 이용한 경험이 있는 것으로 나타났다. 스마트폰 이용 계기로는 '모바일 애플리케이션과 같은 다양한 응용소프트웨어를 이용하고 싶어서'가 가장 많았고 '수시로 인터넷을 이용하고 싶어서'가 그 뒤를 이었다. 응답자의 주 평균 다운로드 모바일 애플리케이션 개수는 13.1개였고 조사시점에 응답자의 스마트폰에 설치된 애플리케이션은 평균 46.1개였다.

다운로드 한 애플리케이션의 유형은 게임 · 오락(79.7%)이 가장 많았고 음악(32.4%), 유틸리티(30.8%), 커뮤니케이션(30.5%), 지도 · 내비게이션(30.3%)의 순이었다(방송통신위원회 · 한국인터넷진흥원, 2013). 이러한 결과는 스마트폰 이용자들이 스마트폰을 통해 게임과 오락을 가장 즐겨하고 있음을 보여주고 있다. 한편, 스마트폰으로 사용 가능한 기능은 다음과 같이 여덟 가지 정도로 나누어 볼 수 있다.

① SNS(Social Networking Service)

페이스북, 트위터 등의 SNS는 PC통신 시절부터 꾸준한 발전을 거듭해 오다가 스마트폰의 확산과 맞물려 급속한 변화를 겪고 있다. 스마트폰의 확산은 언제 어디서나 정보를 생성하고 유통할 수 있는 기반을 조성하여 소통과 화합의 역할을 강화시키는 데 큰 역할을 하고 있다. SNS는 개방된 가상공간에서 불특정 다수와 정보를 공유하고 소통하면서 웹 2.0시대 주요 가치인 '개방', '공유', '참여'의 정신을 잘 반영하고 있다. 특히 페이스북, 트위터 등은 과거 소수의 권력자만이 독점해 오던 정보들을 누구나 공유할 수 있도록 했다는 점에서 큰 의미를 가지고 있다.

2013년 초 · 중 · 고등학생의 77.1%가 소셜네트워크서비스(SNS) 계정을 보유하고 있으며, 2011년 59.7%에 비해 17.4%p 증가한 것으로 나타났다. 성별로 보면, 남학생은 72.6%, 여학생은 81.7%였으며, 보유 SNS를 통해 친구나 팔로워로 연결된 사람이 '200명 이상'이라고 응답한 학생은 21.6%로 2011년(6.8%)에 비해 3배 이상 증가하였다(여성가족부, 2013).

② 트위터

'지저귀다'라는 뜻의 'twitter'는 언제 어디서나 정보를 실시간으로 교류할 수 있는 SNS 애플리케이션이다. 관심 있는 상대방의 글을 받아보는 팔로잉(Following)이라는 독특한 기능을 중심으로 소통하며 특정 글에 댓글을 달거나 리트윗(Retweet)을 통해 관계를 맺고 있는 다른 사용자에게 타인의 글을 퍼트릴 수도 있다.

③ 페이스북(페북; Facebook)

현재 5억 명 이상의 가입자를 보유하고 있는 정보 공유가 가능한 글로벌 소셜네트워크 애플리케이션이다. 하버드 대학생이었던 Mark Zuckerberg에 의해서 개설되었으며 이메일 주소로 가입하여 관심사가 같거나 동창인 지인들과 친구를 맺을 수 있다. 스마트폰과 컴퓨터 모두로 사용할 수 있으며, 청소년들도 많이 이용한다.

④ 카카오톡(카톡; Kakao Talk)

인터넷을 통한 무료 문자메시지 및 실시간 그룹 채팅, 무료통화 등이 가능한 메신저 애플리케이션이다. 줄여서 '카톡'이라고 칭하기도 하는데, 전 세계 와이파이가 터지는 곳은 어디서든지 무료문자와 무료통화가 가능하다. 현재 국내 메신저 애플리케이션 중 가장 많은 회원을 가지고 있으며 실시간으로 대화형 채팅이 가능할 뿐만 아니라 사진, 동영상, 연락처 등의 멀티미디어 자료도 서로 공유할 수 있다.

⑤ 카카오스토리(카스)

카카오톡과 연동되는 SNS로서 줄여서 '카스'라고 부르며 전 연령층에서 선호하고 이용하고 있다. 현재 청소년들이 가장 많이 사용하는 SNS 중 하나로, 각종 사진 및 동영상 등 관심분야를 글과 함께 올리고 친분이 있는 사람들과 서로 격려와 지지를 보내는 등의 취지는 좋지만, 이를 이용하는 cyber bulling이 문제될 수 있다.

⑥ 소셜네트워크게임(SNG, Social Network Game)

페이스북, 트위터 등과 같은 SNS나 카카오톡, 라인(NHN) 등과 같은 모바일 인스턴트 메신저 이용자들이 해당 서비스를 통해 연결된 이용자들과 교류하며 즐기는 게임이다(한국인터넷진흥원, 2013). 해당서비스에 함께 연결된 지인 등의 이용자를 초청해서 함께 게임을 할 수 있으며, 자신과 연결된 이용자의 게임순위나 자신의 순위가 업데이트 되는 것을 실시간으로 확인할 수 있다. 현재는 모두의 마블 등 카카오톡으로 연동되는 게임이 인기가 많다. 또한 마인크래프트와 같이 컴퓨터 온라인게임과 스마트폰게임으로 서로 연동되어 컴퓨터와 스마트폰 등 어디서든 사용할 수 있는 게임도 있다. 이러한 애플리케이션에서도 아이템을 구매하는 등의 행위로 인해 금전거래가 발생할 수 있다.

⑦ 근거리 무선통신(NFC, Near Field Communication)

NFC 기능이 지원되는 무선단말기를 인식장치(결제기, 태크, 무선단말기 등)에 가져다 대는 것만으로 쉽고 편리하게 정보를 교환할 수 있는 서비스이다. 모바일 결제, 데이터 전송 등에 광범위하게 활용되며 신용카드와 쿠폰 등의 기능을 스마트폰 하나에 보관이 가능하다.

⑧ 모바일 클라우드 서비스(Mobile Cloud Service)

영화, 음악, 사진, 문서, 주소록 등 사용자의 콘텐츠를 서버에 저장해 두고 스마트폰이나 스마트패드 등에서 다운로드 후 사용할 수 있는 서비스이다.

5) 청소년문화활동

청소년문화활동은 청소년활동진흥법 제2조(정의)에 따라 청소년이 예술활동 · 스포츠활동 · 동아리활동 · 봉사활동 등을 통하여 문화적 감성과 더불어 살아가는 능력을 함양하는 체험활동이다. 청소년의 균형 있는 성장을 위하여 필요한 활동을 토대로 하는 수련활동 · 교류활동 · 문화활동 등 다양한 형태의 활동을 통해 청소년 스스로 자신의 삶을 즐겁게, 건전한 문화의식을 바탕으로 타인과 더불어 건전하고 정의로운 시민 사회 일원으로 성장시키고자 하는 활동이다. 이러한 문화활동은 청소년들에게 주 5일 수업제 확대 실시에 따라 늘어나는 청소년들의 여가 활용과 입시위주의 공교육에서 충분히 지원하지 못하는 체험활동 등을 강화함으로써 공교육을 보완하는 중요한 기능을 한다고 할 수 있다.

청소년문화활동은 지방자치단체와 연계하여 운영되고 있으며, 대표적인 사업으로는 청소년동아리활동 지원사업과 청소년문화존 운영을 들 수 있다(여성가족부, 2013).

(1) 청소년동아리 활동

청소년동아리활동은 문화 · 예술 · 스포츠 등 다양한 취미활동을 통해 건강한 또래관계를 형성하고 교우관계를 넓히며 수업시간에 미처 하지 못하는 다양한 취미와 특기 · 소질을 개발할 수 있는 자율적 활동이다. 오늘날의 청소년은 또래 집단의 영향력이 커지므로 청소년 동아리 활동은 원만한 대인관계와 유대감을 학습할 수 있는 장점과 사회생활의 적응력을 향상시킬 수 있는 기회를 제공해 준다. 또한 자주성이나 자발성을 획득하는 능력 습득과 다양한 체험활동 경험을 체험하는 계기가 된다. 따라서 여성가족부는 전국 시 · 도별 청소년시설 및 각급 학교(초 · 중 · 고 · 대학교)의 동아리 활동의 활성화를 위하여 인근 청소년수련 시설과 연계하여 우수청소년동아리를 선정하여 지원하고 있으며, 2013년도에는 2,000개의 청소년동아리를 선정 · 지원하였다.

[표 3-3] 전국 청소년 동아리 지원 현황

(단위: 개, 천 원)

구분	동아리 지원 수(개수)	동아리 지원금액(천 원)	
		국고	지방비
서울	412	164,800	247,200
부산	152	60,800	91,200
대구	110	44,000	66,000
인천	112	44,800	67,200
광주	68	27,200	40,800
대전	68	27,200	40,800
울산	46	18,400	27,600
세종	9	3,600	5,400
경기	440	176,000	264,000
강원	60	24,000	36,000
충북	62	24,800	37,200
충남	69	27,600	41,400
전북	74	29,600	44,400
전남	68	27,200	40,800
경북	104	41,600	62,400
경남	124	49,600	74,400
제주	22	8,800	13,200
합계	2,000	800,000	1,200,000

자료: 여성가족부(2013).

(2) 청소년동아리활동에 대한 지원

① 동아리협력학교(Youth Club)

청소년동아리 지원사업으로, 전국 16개 시 · 도별 초 · 중 · 고 · 대학교를 청소년동아리 협력학교로 지정하여 청소년동아리활동의 활성화와 다양한 청소년욕구에 부응한 자율활동과 창의적인 청소년 동아리문화 창출을 목적으로 청소년동아리 지원금 지원, 청소년동아리활성화 중심학교 지원금, 우수활동 동아리지도자 표창, 청소년동아리 우수활동사례집을 발간하고 있으며, 대한민국청소년동아리경진대회 등 각종 대회참가 기회부여 등이 있다.

② 청소년자원봉사동아리 지원

청소년동아리를 대상으로 다양한 재능과 활동내용을 기반으로 하여 재능기부 형태의 봉사동아리 운영을 지원하는 사업으로서, 다양하고 의미 있는 동아리들의 참여를 확대하기 위해 지역의 다양한 동아리들이 자원봉사활동을 주목적으로 운영하는 동아리를 지원한다. 지원 절차는 신청한 봉사동아리를 대상으로 심사를 걸쳐 선발하고 활동계획수립 후 교육 등을 통해 봉사활동의 의미와 가치를 되새기도록 도와주며, 이후 지역 내에서 적극적으로 봉사활동을 전개할 수 있도록 지원하고 있다.

③ 대한민국청소년동아리 경진대회

동아리 축제형태의 경진대회로 청소년들의 끼와 열정, 재능을 마음껏 펼칠 수 있는 창의적 문화공간을 만들어 청소년들이 자신의 특기를 찾고 살릴 수 있는 기회를 제공하고 있다.

(3) 청소년문화존

청소년문화존은 주 5일 수업제의 확대 실시에 따라 청소년이 생활권 주변에서 문화적 감수성을 높일 수 있는 다양한 문화 · 예술 · 놀이 체험의 장이다.

청소년문화존은 청소년들이 주체가 되어 기획하고 진행하는, 청소년의 다양한 문화표현의 장으로서 운영하고 있다. 또한 모니터링을 통해 청소년 눈높이에서 청소년들의 욕구가 적극 반영된 청소년문화존은 중앙과 지방에서 40:60 매칭펀드로 예산을 투입하여 운영되며, 2004년 및 2005년에는 8개 광역시 · 도에서 운영되었다. 2006년부터 11개 시 · 도로 확대되어 시범사업으로 5개 시 · 도를 지정, 총사업비 36억 원 규모(2007년)로 운영하였으며, 2008년도에는 청소년들의 요구를 최대한 반영하여 청소년문화축제를 지원하기 위해 시 ·

도별로 특성화된 대한민국 10대 청소년문화축제를 운영하였다.

2009년, 2010년도에는 16개 대표 문화존과 90개 시 · 군 · 구 문화존이 운영 · 지원되었으며, 2011년부터는 16개 대표 문화존과 110개 시 · 군 · 구 문화존이 운영 · 지원되었다.

① 청소년 어울림마당

청소년들이 일상에서 자유롭게 여가활동을 즐기고 각자의 개성과 재능을 발산할 수 있는 기회의 필요성, 청소년문화활동의 발표 또는 공연을 통해 건전한 청소년문화를 형성하도록 하는 기회를 제공하고 있다. 2004년 '청소년문화존'이라는 명칭으로 전국적으로 시행한 대표적인 청소년활동분야의 정책사업이며, 2014년 '청소년어울림마당'으로 명칭이 변경되었다. 청소년어울림마당의 개념은 "청소년들의 문화적 감성 함양과 역량 개발을 지원하는 시설, 조직, 프로그램 등으로 구성된 지역적 공간으로 청소년들이 상시적으로 다양한 문화활동을 할 수 있는 지역"으로 정의하고 있다. 또한 "문화예술, 스포츠 등을 소재로 한 공연, 경연, 전시, 놀이 체험 등 문화체험이 펼쳐지는 장으로 청소년의 접근이 용이하고 다양한 지역 사회 자원이 결합된 일정한 공간(상설 공간)"으로 그 개념을 규정하고 있다(여성가족부).

② 청소년 어울림마당의 특징

청소년의 일상 영역을 배경으로 그들 자체의 문화적 콘텐츠를 청소년들이 중심이 되어 참여, 기획 및 진행 등을 자율적으로 이루어 나가고 스스로 다양한 문화를 만들 수 있는 지역에 기반한 공간을 제공하는 데에서 출발한다. 따라서 청소년어울림마당은 지역중심의 청소년문화운동 차원에서 접근해야 하며 문화를 자원으로 하는 지역기반의 청소년문화동네로서의 역할을 수행한다고 할 수 있다. 또한 2009년부터는 16개 시 · 도의 대표 어울림마당과 시 · 군 · 구 어울림마당이 구분되어 운영 · 지원되고 있으며, 문화활동을 실시하는 것뿐만 아니라 어울림마당 모니터링활동 조사단을 구성하여 현장의 문제점을 청소년의 눈높이에서 객관적으로 파악함으로써 문제를 개선하고 있다.

(4) 청소년문화예술 및 스포츠관람 현황

2013년 문화예술 및 스포츠를 한 번이라도 관람한 청소년(13~24세)은 87.1%로 2011년 대비(82.6%) 4.5%p 증가하였다. '영화 관람'이 90.1%로 가장 많았으며, '연극 · 마당극 · 뮤지컬 관람'은 27.5%, '박물관 관람'은 23.7%로 나타났다. 연령대별로 보면, 20~24세 청소년은 '무용 관람', '박물관 관람'을 제외하고는 13~19세 청소년보다 문화예술 및 스포츠 관람 비율이 모두 높았다.

[표 3-4] 청소년의 문화예술 및 스포츠 관람(복수응답)

(단위: %)

	관람함	음악 연주회	연극, 마당극, 뮤지컬	무용	영화	박물관	미술관	스포츠
2011	82.6	23.8	24.6	3.0	88.8	22.9	20.7	22.4
2013	87.1	22.6	27.5	3.1	90.1	23.7	19.7	22.6
13~19세	86.1	22.0	24.7	3.5	88.4	25.8	18.2	20.7
20~24세	88.6	23.3	31.4	2.4	92.5	20.6	21.9	25.3

자료: 통계청(각 연도), 사회조사.

3. 청소년과 미디어

미디어의 질적 · 양적발달에 따른 여파는 어느새 현대인의 생활 속에 깊숙이 파고들어 그 영향력을 행사하고 있다. 미디어는 사회의 각 하부체제를 연결시키는 상호작용과 문화 전승의 본래적 기능을 갖고 있는 동시에 인간의 정신세계에 영향을 미친다는 점에서 개인 및 사회에 중요하고 급격한 변화를 일으킨다고 할 수 있다(박진규, 2005).

1) 미디어의 영향력

(1) 미디어의 순기능

현대사회에서 매스미디어를 빼놓고 의사소통을 생각하기란 거의 불가능한 일이다. 특히 매스미디어를 중심으로 의사소통이 이루어지는 현상을 매스커뮤니케이션이라 부른다. 오늘과 같은 매스커뮤니케이션 사회에서 매스미디어는 다음과 같은 기능을 수행한다.

① 문화를 전승하고 보급하는 기능을 수행한다.

사회의 각 집단은 스스로 처한 자연환경 속에서 저마다의 삶의 형태를 개발하고 발전시킨다. 또한 집단과 집단이 서로 상호 작용하므로 또 다른 삶의 형태를 이루기도 한다. 한 집단 내, 혹은 집단 간 만들어진 독특한 삶의 형태는 매스미디어를 통해 세대 간 혹은 지역 간 전승되고 보급된다. 더 나아가 오늘날 매스미디어의 영향력은 일종의 거대한 지배권을 형성하여, 어느 누구도 이 매스미디어가 전달하는 문화의 내용에서 자유로울 수 없게 되었다.

② 새로운 문화를 창출하는 기능을 수행한다.

오늘날 일반 대중이 향유하는 문화는 대중 자신이 주체가 되어 생산 · 보급한 자생적 문화라기보다는 외부 세력, 즉 매스미디어에 의해 주로 조정되고 보급된 문화라 할 수 있다. 산업혁명은 일반 대중에게 여러 가지 물질적 풍요와 시간적 여유를 가져다주었다. 그 결과 인간 삶의 양식에 변화가 일어나게 되었고, 특히 상층계급의 독점물로 간주되었던 오락과 예술을 경제적, 시간적 여유를 갖게 된 일반 대중도 향유할 수 있게 되었다. 아울러 기술 공학의 발달은 새로운 첨단미디어의 등장을 가능케 하였고 매스미디어는 대중문화를 창출 · 보급함으로써 경제적, 시간적 여유 속에서 새로운 삶의 잉태를 지향하는 일반 대중의 욕구를 채우고 있다.

③ 문화를 통합시키는 기능을 수행한다.

현대 매스미디어의 발달은 지리적, 문명적, 계층적, 연령적 성격 경계의 범위에 따른 이질적 특수문화를 어느 정도 동질적으로 변화시키고 있다. 즉, 현대사회에서 농촌과 도시의 문화가 유사해지고 여성과 남성의 문화적 차이를 찾아보기 어렵게 되었으며, 청소년과 기성세대가 동세대의 연대를 형성하게 되는 등 획일성과 공통성이 매스미디어에 의해 형성된다. 매스미디어의 문화적 동질화, 획일화의 기능은 문화계층의 차이를 없애주고 사회적 불평등을 어느 정도 해소시켜 주며, 사회적 결속력의 증대와 사회통합의 증진에 크게 기여한다. 반면 개인적인 측면에서 볼 때, 그것은 의식적 세계를 조정하는 마술적 힘을 갖고 있기 때문에 그들의 정상적이고 합리적 사고를 저해할 수도 있다.

④ 문화를 간접적으로 체험케 하는 기능을 수행한다.

매스미디어, 특히 텔레비전은 인간이 직접 경험할 수 없는 여러 생활양식을 간접적으로 경험할 수 있게 하고 다른 사회 상황에 있는 가치들을 수용자에게 제공해 준다. 특히 과학기술의 발전과 현대의 첨단 통신기술을 바탕으로 한 텔레비전의 사실성은 사회적 현실에 대해 생생한 경험을 하고 있는 것처럼 생각하게 하며, 그 경험에 대해 사실성과 더불어 객관성을 부여한다. 텔레비전은 특정한 방식으로 실재를 해석하며 나름의 방식으로 유형화한다. 그 결과 대중매체의 수용자는 실제 현실과 대중매체가 전달해 주는 허구를 혼동하기도 하며, 연속극이나 만화에서 보는 인물이나 사건을 사실세계의 인물이나 사건으로 착각하여 이들 미디어의 내용물에 반응한다. 기술적인 매개를 통해 제공되는 유사현상이 우리의 현실 상황과 사고, 행동양식, 가치기준 등을 규정할 때 대중매체에 의존하는 인간들은 허구를 사실로, 사실을 허구로 생각하지 않을 수 없는 조작된 상황에 놓이게 된다. 결국 현대사회의 구성원들은 미디어 신화에 사로잡히고 대면적 커뮤니케이션이 약화됨에 따라 고립화, 비인간화 경향을 보이며, 정치에 무관심하거나 무력한 대중이 될 수도 있다.

(2) 미디어의 역기능

현대인은 매스미디어 환경이라는 울타리 안에서 살아가고 있으면서도 이 환경을 구성하고 있는 미디어에 대해 의식하지 못하는 경우가 많다. 그저 무의식으로 신문과 잡지를 일고 텔레비전과 영화를 본다. 실제로 아침에 눈을 떠서 밤에 잠잘 때까지 미디어와 접촉하는 시간은 많지만 이에 특별히 관심을 가지지는 않는다. 이처럼 미디어 환경 속에서 무관심하게 지내면서 매스미디어로부터 절대적인 도움을 받기도 하지만 미디어에 무비판적으로 노출되므로 발생하는 문제 또한 적지 않다.

① 수용자의 자세를 획일화시킨다.

매스미디어는 개인과 대중을 위해 존재한다고 하지만 그 근본적인 존재 이유는 공통성을 창조하기 위한 것이다. 공통성이란 어떤 점에서는 획일성을 의미하기도 한다. 그래서 한국이라는 사회가 유지되려면 우리나라 사람이 똑같이 생각해야 하고 똑같은 언어를 써야 하며, 똑같은 습관을 가져야 하고 똑같은 제도를 숭상하도록 만들어 주어야 한다는 점을 은근히 강조한다. 그리하여 획일화된 제도에 적응하지 못하는 사람은 결국 도태되어 사회적으로 낙오자가 되고 만다. 결국 매스미디어는 모든 사람에게 동일한 생각과 행동을 하게 하는 인도자로서의 역할을 담당하게 된 것이다.

② 실제와는 다른 허구의 세계를 보여 준다.

매스미디어는 현실의 세계와는 거리가 먼 이야기 혹은 사실과는 전혀 다른 왜곡된 이야기를 우리에게 전달하기도 하고, 프로그램 제작에 관여하고 있는 사람들의 편견과 의도를 전달 내용과 방법에 반영하기도 한다. 흔히 텔레비전을 "미지의 세계를 향한 창문"이라고 말하지만 창문은 각기 창문마다 특성을 가지고 있다.

첫째, 창문은 그것이 갖고 있는 크기와 방향에 따라 제한된 외부세계만을 보여 줄 수 있다. 즉, 텔레비전이라는 창문은 그 제한된 크기 때문에 시청자로 하여금 제한된 만큼의 세계만을 볼 수 있도록 시야를 한정시키고 있다는 것이다.

둘째, 창문은 시각적으로 투명하게 할 뿐, 창문 밖의 소음과 열기, 냄새, 흥분, 즐거움 등을 모두 차단한다. 즉, 우리가 실생활에서 느끼는 갖가지 숨결들이 창문에 의해서 막히고 마는 것이다. 결국 일반인들은 창문을 통해 죽은 세계를 보면서도 마치 산 세계를 보는 것으로 착각하게 된다. 셋째로 창문의 색깔에 따라 보이는 세계가 채색되어 보인다. 즉, 매스미디어의 창문이 바깥 세계를 빨갛다고 알려 주면 빨간 것으로 인식하고 푸르게 표현하면 푸른 것으로 알게 되는 것이다. 그리하여 실제의 세상은 매스미디어를 통해 우리가 보는 세계는 빨간색일 수도 있고 검은색일 수도 있다는 것이다.

③ 가치관의 혼란을 야기하고 물질주의를 조장한다.

어떤 프로그램에서는 도덕과 윤리를 강조하던 텔레비전 방송국이 또 다른 프로그램에서는 수단과 방법을 가지지 않고 성공하는 주인공을 미화하기도 한다. 한편으로는 소비절약을 호소하는 매스미디어가 다른 한편에서는 광고를 통해 필요하지도 않은 물건을 사도록 소비행위를 자극 · 조장하기도 한다. 결과적으로 매스미디어로 인한 인간 가치관의 전도가 물질적이고 외형적인 면으로 치우치게 되면서 비인간화의 문제가 야기되었다. 흉악해진 청소년 범죄, 사회전반에 만연된 한탕주의, 찰나주의 등은 바로 인간이 비인간화라는 최대의 모순이 만들어 낸 무서운 결과들이다.

④ 자극-반응의 관점에서 모방행위 · 범죄를 조장한다.

매스미디어, 그중에서 특히 텔레비전이 청소년 혹은 어린이의 공격성향이나 폭력행위 등에 크게 영향을 미친다. 영상매체에서 묘사되는 좋지 않은 면은 직접적 모방행위를 유발하여 청소년 모방범죄나 비행을 저지르게 하며 비행이나 범죄기술을 가르쳐 주는, 즉 범죄학교와 같은 역할을 수행하기도 한다. 이러한 미디어의 역기능은 직접적으로 나타난다기보다는 잠재적인 불량행위를 갈구하는 방향으로 유도하고 있다.

2) 대중음악

대중문화를 구성하는 한 요소로서, 대중가요가 청소년들의 생활 전반에 미치는 영향은 제법 크다.

① 육체적 참여를 통한 욕구의 해소

대개의 경우 청소년들은 소외, 분노를 표현하는 랩 음악과 동적인 육체성을 빠르고 강하게 추구하는 댄스음악, 힙합과 레게 아니면 거침없는 야유와 공격성을 표현하는 하드록 음악을 선호한다. 청소년들에게 대중음악은 스트레스 해소의 한 방편이며 음악을 통해 저항성을 표출하고자 한다. 또한 이들은 대개 광적인 육체적 움직임과 혹은 그와 유사한 감각성 느낌을 동반하는 것이 보통이다.

② 나 홀로 공간으로의 도피

많은 청소년들이 대중음악을 향유하며 타인으로부터 침해받지 않는 자신만의 세계를 만들어 나간다. 그로 인해 대인관계를 기피하는 현상이 심화되고 있는데, 독립된 가상의 공간은 혼자만의 세계이기 때문에 상상의 공간이 되어 현실과 멀어질 수 있는 위험성이 내포하고 있다.

③ 대리만족의 추구

청소년들은 특정한 노래 때문이라기보다는 특정한 가수가 좋아서 그의 음악과 모든 것을 좋아하기도 한다. 이때 청소년들은 그 가수가 부른 노래뿐만 아니라 용모와 의상, 몸짓, 말투와 억양 등 그 가수가 보여주는 이미지와 스타일, 심지어 그의 표정과 안색에까지 신경을 쓰며 대리만족하려는 경향을 보인다.

④ 또래집단의 정체성 역할

청소년들에게 또래집단의 의미는 절대적이다. 대부분의 시간을 함께 보내는 또래집단에서 소외되는 것은 견디기 어려운 일이다. 그러므로 청소년들에게 대중음악은 또래집단을 하나의 정체성으로 묶어 주고 스스로 또래집단에 속해 있다는 안도감을 주는 역할을 한다 (박진규, 2005).

3) 청소년과 영상매체문화

탈중심화된 현대의 청소년들은 어린 시절부터 다양한 영상매체들을 접하며 성장한 세대들이다. 그래서 1990년대 신세대는 흔히 최초의 영상세대라고 일컬어지기도 한다. 특히 요즘 청소년들은 어린 시절부터 컬러 TV와 컴퓨터, 비디오게임 등 PC뿐만 아니라 각종 매체를 통해 수많은 정보를 전달받는다. 영화, 사진, 동영상, 영상음악과 고급화된 스마트폰 등 신세대들이 즐겨 수용하는 수많은 소비재 상품의 광고영상, 그리고 다양한 전자제품을 통한 영상문화를 자연스럽게 접하며 성장한 세대라 할 수 있다.

(1) 영상매체

1990년대에 10대를 보낸 세대는 88서울올림픽이라는 세계적 행사를 경험한 세대이며, 교복·두발 자율화 조치와 함께 스스로의 패션 스타일에 신경을 쓸 수 있도록 허용된 최초의 세대이기도 하다. 그리하여 이들은 영상언어에 익숙한 세대이다. 우리가 우려하는 것은 청소년들의 영상문화가 지나치게 폭력적이라는 점에 있다. 무자비한 살상과 고문, 극도의 증오와 난폭한 복수 등은 청소년들의 정서를 해칠 뿐만 아니라, 폭력만능주의, 폭력의 미화, 생명에 대한 인명경시풍조 조장, 모방범죄, 불법도박, 사이버 범죄 등의 문제점들을 야기할 수도 있다.

(2) 영상매체의 특성

① 의사소통의 내용을 시각적 영상으로 전환하여 의사소통하기 때문에 전달하고자 하는 메시지가 더욱 분명해진다.

② 동적 영상매체는 언어와 그 밖의 음향을 포함하여 각종 상징적 부호를 종합적으로 사용하는 것이 가능하다.

③ 과거에서 미래로, 집안에서 우주로 시간적 · 공간적인 조작이 가능하고 초월하여 시간의 제약을 받지 않기 때문에 과거의 시간을 재현할 수 있다.

④ 영상매체의 움직임은 주의력을 집중시켜 현실성을 높여주고 보이지 않게 작가의 숨은 의도도 전달할 수 있다.

⑤ 종전의 영상매체는 수신자의 반응에 대하여 즉각적 반응이 어려웠으나, 최근의 새로운 영상매체의 등장으로 상호 커뮤니케이션이 가능한 진행이 될 수 있게 되었다.

⑥ 시각과 청각을 동시에 만족시킬 수 있는 매체이다.

⑦ 실제현상을 실시간 생생하게 전달하고 표현할 수 있다.

⑧ 커뮤니케이션의 탈매스화(de-massification)로 개별화된 메시지가 이용자에게 교환될 수 있다.

⑨ 특성의 한계점은 이성적 판단이 부족한 청소년들에게 영상매체문화가 무분별하게 상업성을 띤 음란과 폭력 등이 무차별 쏟아져 들어온다는 것이다.

4) 청소년과 인터넷문화

우리 현대인들에게 인터넷은 생활의 일부분이 되었다고 해도 과언이 아니다. 특히 청소년들과 인터넷은 더욱 밀착되어 있다. 인터넷을 통해 각종 궁금한 내용을 찾아 백과사전처럼 활용도 하고 각종 공부도 할 수 있으며, 게임도 즐기고 친구와 채팅도 한다. 그러나 인터넷에서 늘 좋은 정보만 만나는 것은 아니기 때문에 좋지 않은 글이나 상업성 광고메일, 스팸메일 등으로 기분이 상하기도 하고 직접적인 각종 피해를 보는 사례들이 점점 늘어나는 실정이다. 자신의 얼굴이 보이지 않는다는 점을 악용해 인터넷상에 함부로 욕설이나 비방 글을 올리거나 타인의 정보를 유출한 적은 없었는지 살펴야 하며, 자신도 모르게 사이버 범죄에 휘말리는 경우도 있다는 것을 반드시 유념해야 한다. 청소년들의 인터넷

해킹이나 불법적인 자료유출, 음란 · 폭력성 유해정보의 유포 등은 엄연한 불법행위임에도 불구하고 범죄행위인지도 모르고 죄의식조차 없이 너무 쉽게 저지르고 있다는 데 문제의 심각성이 있다. 즉, 청소년들은 자신의 인터넷 활용능력을 주변에 과시하기 위해 사이버범죄를 저지르는 경우가 있다. 그러므로 인터넷 온라인상에서도 에티켓은 물론 건전한 인터넷문화를 지키고 가꾸는 습관을 갖도록 해야 한다.

(1) 건전한 인터넷문화의 방안

첫째, 확실하지도 않은 내용을 추정하여 사실과 다른 내용을 유포하지 않는다. 인터넷에 글을 올릴 때는 한 번 더 신중히 생각하고 정확한 사실에 근거하여 타인을 위해하지 않는 것이 중요하고 악의적인 거짓의 내용을 유포하는 행위는 자신도 모르게 사이버 범죄에 휘말리는 행위임을 명심한다.

둘째, 타인을 비난하는 글은 올리지 않는다. 다른 네티즌들에 편승해서 공공연히 타인을 미워하고 분노하며 욕설을 하거나 비난하는 내용을 올리는 것은 사이버 범죄로 이어질 수 있으므로 다른 사람의 인권과 사생활을 존중하고 보호한다.

셋째, 같은 내용을 반복해서 여러 번 올리지 않는다. 자신이 올린 글에 관심이 저조하다는 이유로 혹은 실수로 여러 번 올렸다면, 내용이 반복되지 않도록 주의를 기울이면서 늘 간략하고 명확한 표현으로 글을 쓰는 습관을 기른다.

넷째, 내용을 알 수 있도록 제목을 붙이도록 한다. 전달하고자 하는 내용이 있으면 반드시 제목을 붙여주어야 스팸으로 오해를 받지 않는다. 또한 전자우편을 보내는 사람을 분명하게 밝힌다.

다섯째, 불법 복제 소프트웨어나 음란물 등을 올리지 않는다. 내 것이 소중하면 타인의 재산도 소중한 것이다. 불건전한 정보는 받아들이지 않고 퍼뜨리지 않으며 타인의 지적 재산권을 존중하고 보호하는 것도 중요하다. 특히 불법복제를 유포하는 일은 삼가며 건전한 정보를 제공하고 올바르게 사용한다.

여섯째, 다른 사람의 정보를 보호하고 자신의 정보도 철저하게 관리한다. 실명으로 활동하고 자신의 아이디에 책임을 지며 악의적으로 바이러스 유포나 해킹 등의 불법적인 일은 하지 않는다. 또한 사이버 공간에 대한 자율적 감시와 비판 활동에 적극 참여하여 건전한 네티즌 문화를 조성하기 위해 노력한다.

(2) 가정과 학교의 역할

인터넷은 현대 청소년들에게 매우 중요한 일상이 되었다. 의사의 칼이 소중한 생명을 살리고 요리사의 칼이 맛있는 음식을 만드는 것처럼 가정과 학교에서 청소년에게 인터넷의 위험성을 알려주고 윤리의식과 자신의 당당한 책임감을 심어주는 지속적인 교육과 관심이 필요하다. 부모들은 표면적으로 자식들이 컴퓨터를 잘한다는 것만 알지 세부적으로 이를 이용하여 무엇을 하고 있는지 모르는 경우가 많기 때문에 가정에서 부모와 자식 간의 대화가 통하는 공감대 형성이 필요하다. 또한 부모 스스로 사이버 공간에 대한 지식을 습득을 하도록 노력하고 자녀를 이해하면서 문제점들은 대화를 통해 풀어나가야 한다. 요즘 인터넷의 쌍방향 커뮤니케이션 특징상 이용 도중에 상대방에 의해 범죄의 표적대상이 될 수 있기 때문에 범죄의 유혹을 받는 경우가 많이 있다. 그러므로 과제 이외에 혼자 컴퓨터를 장시간 사용하지 않도록 하는 것도 중요하다. 학교에서는 네티켓 교육시간을 배정하여 어떤 행위가 범죄인지, 범죄를 저지를 경우 어떠한 처벌을 받게 되는지와 사이버범죄를 당하였을 경우에 어떻게 대처하는지를 가르쳐 청소년을 범죄로부터 보호해 나가야 한다(참조: 경찰청 사이버안전국 http://cyberbureau.police.go.kr).

(3) 청소년관련 인터넷 사이트

▸ 교육 관련 사이트

- EBS(http://www.ebs.co.kr): EBS 방송에 운영하는 사이트이며 방송 프로그램 다시 보기, 입시정보센터, 교육특집 등 운영.

- 소년소녀 과학 잡지 과학소년(http://www.scienceboy.net): 책으로 발간하는 과학소년 잡지의 내용을 주로 담고 있다. 과학뉴스, 과학교실, 숙제 도우미 등 다양한 메뉴가 있고 일상에서 흔히 일어나는 일을 과학적 시각으로 보여줌.
- 아이틴넷(http://www.iteennet.or.kr/): 정보통신 윤리 위원회에서 운영. 청소년들에게 필요한 각종 분야별 온라인사이트를 추천받아 심사하여 우수, 권장사이트를 선정 소개. 청소년 IT학습, ICT교육, e-learning교육.
- 아트에듀21(http://www.artedu21.com): 예능전문 교육방송, 예체능 인터넷 교육 및 공연 입시정보 제공.
- 에듀넷(http://www.edunet4u.net): 한국교육학술정보원에서 운영, e-러닝의 활성화를 위해 학술 연구자 및 교육실무자뿐 아니라 청소년 및 학부모를 위한 다양한 서비스 제공.
- 에듀모아(http://www.edumoa.com/index_frame.php3): 일일학습 실력테스트 가능
- 에듀패스(http://www.edupass.or.kr): 인터넷 평생교육 방송 자격증 정보, 교육, 관리 온라인, 오프라인 서적 개발.
- 와삭(http://www.wasac.com): 유 · 초등 영어교육 전문 선생님들이 만든 사이트로 영어노래, 영어게임, 영어이야기, 영어채팅 등 영어교육으로 유용.
- 한국심성교육개발원(http://www.edumental.org/): 심성교육의 중요성 인식과 필요성일 대두 되면서 심리상담사, 독서, 미술치료사, 자격증, 교원 연수 및 교육.

▶ 문화(인터넷 방송국, 웹진)

- Youth World(http://www.youth.co.kr): 청소년들을 위한 홈페이지로, 게시판, 자료실, 상담실 등 각종 자료를 제공.
- 미바(http://www.miva.1318virus.net/): 청소년 UCC 사이트, 제작 동영상 및 라디오, 유머게시판, 영상강좌 제공, 바이러스 라디오(http://radio.1318virus.net/), 인터넷 뉴스 바이러스 운영, 청소년 라디오방송 안내.
- 십대들의 쪽지(http://teen4u.co.kr): 암울한 교육 여건 속에 놓여 있는 청소년들에게 희망

과 교훈의 메시지 전달, 정보 제공.

- 청소년 신문(http://www.theyoungtimes.com): 청소년 관련뉴스, 입시, 학습, 진로안내, 연재 만화 수록.
- 청정넷(http://www.cjnet.or.kr): 청소년 정치 네트워크, 청소년 정치참여 유도, 열린 정치 교육, 행사 일정, 뉴스, 칼럼 수록.
- 코리아 교육신문(http://www.koreaedu.co.kr): 주간 교육정보지, 교육뉴스, 과학, 해외유학 정보, 청소년 뉴스 제공.
- 텐텐(http://www.1010.co.kr): 소년 웹진, 이색직업 및 대학 정보 제공.
- 한국 청소년 인터넷방송 KYBC(http://www.kybc.org): 청소년제작 인터넷 방송국, 학교소식, 음악정보, 영상편지 및 지역 네트워크, 토론 및 생방송 제공.

▸ 시설 및 단체

- 국가청소년위원회(http://www.youth.go.kr/): 청소년 보호법과 보호제도 안내, 유해 매체 목록 검색, 관련 자료 제공, 청소년 유해환경 신고.
- 아름다운 청소년(http://www.nyc.or.kr): 국립청소년 수련원에서 운영, 격월간 웹진 청소년 관련 주요사업과 활동소개, 청소년시설단체 홍보.
- 유네스코청소년팀(http://youth.unesco.or.kr/).
- 유니세프한국위원회(http://www.unicef.or.kr).
- 청소년수련시설협회(http://www.youthnet.or.kr): 청소년수련시설 운영과 수련활동 활성화를 위해 마련한 사이트로 전국의 청소년수련시설 검색서비스 제공.
- 청소년적십자(http://www.rcy.org).
- 한국걸스카우트연맹(http://www.girlscout.or.kr).
- 한국보이스카우트연맹(http://www.scout.or.kr).
- 한국유네스코위원회(http://www.unesco.or.kr).
- 한국유스호스텔연맹(http://www.kyha.or.kr).

- 한국청소년단체협의회(http://ncyok.or.kr): 열린마당, 월간 ≪오늘의 청소년≫, 청소년정보자료실, 국제청소년센터, 회원단체 60개, 유관기관 및 국제가맹기구, 청소년관련 사이트 등 정보 제공.
- 한국청소년쉼터협의회(http://www.jikimi.or.kr): 열린마당, 월간 ≪오늘의 청소년≫, 청소년정보자료실, 국제청소년센터.

▸ 연구 기관

- 국가청소년위원회(http://www.youth.go.kr): 국책연구기관. 우리나라 청소년정책의 수립을 위한 기초조사와 이론연구, 정책연구와 개발, 정책평가와 자문 및 연구서적 발간.
- 아동학대 문제 연구소(http://www.goodneighbors.org/child/): 아동학대 문제해결을 위한 연구개발 및 예방 사업, 교육홍보사업 실시.
- 한국교육개발원(http://www.kedi.re.kr/).
- 한국청소년개발원(http://www.youthnet.re.kr).
- 한국청소년문화연구소(http://www.youth.re.kr): 청소년 관련 학술지 발간 및 해외 우수예비대학생 해외 연수, 청소년국제영화제 주최.
- 한국청소년정책연구원(http://www.youthnet.re.kr).
- 한국청소년학회(http://www.kyra.or.kr).

▸ 상담기관

- 1318love(http://www.1318love.net): 청소년들을 위한 대화방 사이트 링크와 메일 상담 전화 상담 및 직업 정보 제공.
- 구성애의 푸른 아우성(http://www.gsungae.com): 청소년과 학부모를 위한 성 상담.
- 사랑의 전화카운슬링센터(http://www.counsel.or.kr)
- 생명의 전화(http://www.lifeline.or.kr)
- 청소년 성 상담실(http://www.nais.co.kr/~labbi)

- 청소년 세계(http://www.youth.co.kr): 학업, 진로, 정신건강, 이성문제 등 항목별 상담.
- 청소년희망재단(http://www.safeschool.or.kr): 폭력과 범죄를 유발하는 주위 환경으로부터 학생들을 보호하기 위해 자녀 안심하고 학교보내기 운동을 실시 재단소개 및 활동사항 청소년과 부모 상담 등.
- 한국청소년상담원(http://www.kyci.or.kr): 청소년 상담기관의 중추적인 역할을 함과 동시에 전문 인력의 양성 및 사이버 상담실을 통해 전문상담을 하며 청소년 문제의 예방과 해결은 위한 서비스 제공.

▸ 자원봉사

- 국제자원봉사활동(http://youth.unesco.or.kr/volunteer): 유네스코한국위원회 청소년 팀에서 운영하는 홈페이지로 40여 개국의 웍 캠프 정보 제공.
- 복지넷(http://218.239.228.60): 한국사회복지협의회에서 운영하는 자원봉사 및 사회복지 정보안내 홈페이지. 회원제로 운영되고 있으며, 회원에 가입 후 이용 가능.
- 세계청년봉사단 KOPION(http://www.kopion.or.kr/): 해외 자원봉사 프로그램, 국제 NGO 자원봉사자 파견, 현지 지역사회 구호, 교육, 건축 등 21세기 주역인 젊은이들의 지구촌 이웃 사랑 및 봉사정신 고양, 민간외교 프로그램 소개.
- 한국청소년진흥센터(http://www.kysc.or.kr/): 각 지역 청소년 자원봉사 센터 활동프로그램 연결.

▸ 진로 적성

- YMCA 일하는 청소년(http://teenswork.ymcakorea.org/): 건전한 아르바이트 문화 정착, 상담 및 고발, 알바 가이드 및 알바생 커뮤니티 운영.
- 청소년 워크넷(http://youth.work.go.kr): 노동부에서 운영하는 청소년대상 사이트로 진로 및 적성 검사 제공.

▸ 청소년 관련학과

- 경기대학교 청소년학전공(http://web.kyonggi.ac.kr/youth).
- 대구한의대학교(http://www.dhu.ac.kr/new_home2/university/skin1/index.html?DHU_category=youth_direct&viewpage=&lmenu=).
- 명지대학교 청소년지도학과(http://www.mju.ac.kr/home/org/college/info?orgid=13&orgpath=|1|13|).
- 백석대학교 청소년학전공(http://community.bu.ac.kr/welfare/).
- 순천향대학교 청소년교육상담학과(http://hompy.sch.ac.kr/youth/index.jsp).
- 주성대학교 청소년문화복지과(http://jsyc.jsc.ac.kr/default.asp).
- 중앙대학교 청소년지도학과(http://adole.maru.net/).
- 평택대학교 청소년복지 전공(http://youth.ptu.ac.kr/).
- 한국체육대학교 스포츠 청소년지도학전공(http://www.knsu-youth.com/).
- 한서대학교 아동청소년복지과(http://cms.hanseo.ac.kr/cyw2005/index.htm).
- 호서대학교 청소년문화상담전공(http://www.hoseo.ac.kr/imleader/).

제4장 청소년기의 정신건강

1. 정신건강의 이해

1) 정신건강의 정의와 기준

(1) 정신건강의 정의

세계보건기구(WHO, 1948)에서 정의한 건강개념은, 건강이 단지 질병에 걸리거나 허약하지 않은 상태뿐만 아니라 신체적, 정신적, 사회적으로 편안한 상태(well-being)라고 되어 있어 인간은 신체적 존재인 동시에 정신적 존재이며 또 사회적 존재임을 함축한다. 여기서 정신건강이란 건강한 정신, 즉 정신적 건강의 향상을 의미한다. 정신건강이란 말은 최초로 Adolf Meyer와 Clifford Beers에 의해 사용된 이래 1909년 미국정신위생학회가 결성됨으로 해서 널리 사용하게 된 용어이다.

정신건강의 개념화는 정신질환의 유무를 지칭하기 위한 정신 병리학적인 개념에서 출발하였다. 정신 병리학적 개념으로는 정신질환이 없는 상태를 말하는 것으로 의료적 모델에 입각하여 대부분 미국정신의학회가 발간한 「정신장애의 진단 및 통계편람 제4판」(Diagnosis and Statistical Manual of Mental disorder IV; DSM-IV)에 의한 분류이다.

미국정신위생위원회(National Committee For Mental Hygiene)의 보고에서는 "정신건강이란 정신적 질병에 걸려 있지 않은 상태만이 아니고 만족스러운 인간관계와 그것을 유지해 나갈 수 있는 능력을 의미한다. 이것은 모든 종류의 개인적 · 사회적 적응을 포함하여 어떠한 환경에도 대처해 나갈 수 있는 건전하고(Wholesome), 균형 있고(balanced), 통일된(integrated) 성격의 발달을 의미한다"고 하였다. 즉, 정신건강은 정신적으로 병적 증세가 없을 뿐만 아니라 자기능력을 최대한 발휘하고, 환경에 대한 적응력이 있으며, 자주적이고 건설적으로 자기생활을 처리해 나갈 수 있는 성숙한 인격체를 갖추고 있는 상태이다.

정신건강은 자신과 타인을 존중하는 마음이며 자신과 타인의 한계나 모든 행동의 인과관계를 이해하고 자아실현의 욕구를 지니며 계속해서 성취감이나 목표를 향해 노력하는 것을 의미한다(조은숙, 1994). 최근에는 긍정적인 측면에서 자아의 기능이나 환경에의 적응, 개인의 심리적 안녕(psychological well-being)도 중시하는 경향성을 가진다(김윤정, 2000).

(2) 정신건강의 기준

Wolman(1985; 정은주, 2000, 재인용)은 정신건강의 기준을 다섯 가지로 분류하였다.

① 성취동기(achievement motivation)

정신적 · 육체적 잠재력을 활성화시키지 못하는 것, 계획을 실제 행동으로 옮기지 못하는 정도가 심각한 경우도 정신적 결함이라 할 수 있다. 또한 제대로 형성되지 못한 인격은 갈등과 긴장이 없는 개인의 작업에서만 성취행위가 가능하므로 갈등 상황에서는 성취감을 갖지 못한다. 즉, 성취동기는 개인을 정신적, 육체적으로 건강하게 발달시켜 주어진 과제를 수행하도록 동기화된 상태를 말한다.

② 정서적 균형(emotional balance)

정서적 균형이란 자신의 감정을 통제할 수 있다는 것을 의미한다. 정신적으로 건강한 사람의 정서는 외부의 자극에 대하여 반응이 나타날 때 적절하고 자극에 대해 비례적이다. 그러나 정서적으로 불균형한 개인은 무시할 만한 자극에도 위험을 고려하지 않는 과격한 행동을 하며 감정 상태를 다스리지 못한다. 이것은 자기감정을 통제할 만한 능력이 없기 때문이다.

③ 인지적 기능(cognitive function)

인지적 기능이란 정신적으로 건강한 개인은 외부세력에서 일어나고 있는 내용이나 자신의 심경이 어떠한지를 올바르게 인지하고 있다. 그러나 정신적으로 건강하지 못한 개인은 외부의 위험을 과대평가 하거나 환상과 현실을 구별하지 못하고, 자신의 존재를 위험하게 생각한다. 정신적 결함이 있는 사람은 시력이나 청력에 이상이 없음에도 불구하고 외부세계를 그릇되게 인식하는 경우가 있다.

④ 사회적 적응(social adjustment)

사회적 적응은 타인에 대해 이성적 행동을 할 수 있고, 때로는 자기 방어적이기도 하며, 상호적 관계와 박애적인 신념을 가질 수 있는 능력을 말한다.

정은주(2000)는 사회적 적응으로써 나타나는 네 가지 내부반응을 적대감과 도구적 우호감, 상호적 우호감, 박애적 우호감으로 설명하고 있다. 적대감은 자기방어나 이성적인 행위에는 정상적이나, 비이성적이고 무분별할 때는 정신적으로 건강하지 못하다 할 수 있다. 도구적 우호감은 수혜적인 태도로 양육기의 어머니와 유아의 관계와 같고, 상호적 우호감은 인간이 사회적인 관계가 본격적으로 형성되면서 주고받는 관계로 진실한 이성 간의 관계가 된다. 그리고 박애적 우호감은 진정한 박애정신의 신념에 의한 개인의 희생된 행동이다. 따라서 사회적으로 잘 적응된 개인은 이 세 가지 우호감이 조화된 형태로 행동한다.

⑤ 자존감

정신적으로 건강한 사람은 자기 자신을 매력적이고 영향력 있는 사람으로 생각한다. 자기 자신의 가치를 인정하는 자신감 있는 사람은 타인에게 덜 의존적이고, 자신의 능력과 노력, 그리고 성과에 대하여 중요하게 생각한다. 또한 자기 자신을 신뢰하고 자신의 생각에 의지하는 것은 성격 형성과 정신건강에 중요하다.

2) 청소년기의 적응과제

청소년기는 신체적 발달과 더불어 부모로부터의 심리적 독립을 이루는 매우 중요한 발달단계라 할 수 있다. 청소년기의 활발한 교우관계는 대인기술을 익히고 자신의 능력과 적성을 탐색하여 자기정체성을 형성해 가는 과정이다. 그러나 한국의 청소년은 매우 힘든 여러 가지 적응과제를 지니고 있다.

첫째, 학업부담이 지나치게 과중하다. 대부분의 시간을 학교 수업에만 전념하도록 강요받고 있으며, 과도한 사교육에 시달리고 있다. 성적 저하, 시험 실패에 대한 염려와 불안으로 극심한 스트레스를 경험하게 된다.

둘째, 교육열이 높은 우리나라 부모는 자녀의 학업이나 개인행동에 대해 과도한 통제를 하기도 한다. 이러한 행동은 부모와 자녀 간의 갈등을 초래하는 요소가 되어 청소년의 독립성 발달을 저해하게 된다. 부모와 자녀의 불화로 인한 자녀학대는 폭력이나 결석, 가출로 이어지는 등 비행행동을 유발한다.

셋째, 정서적으로 예민한 청소년기는 교우관계가 가장 활발한 시기인 동시에 가장 많은 갈등을 경험하는 시기이다. 특히 이유 없는 따돌림과 '약한 친구 괴롭히기' 폭력집단 형성, 집단 패싸움, 비행청소년과의 연관성 등은 건강한 교우관계를 해치는 요인이 될 수 있다.

넷째, 인터넷, 채팅, 게임, 스마트폰 애플리케이션 등에 가장 친숙한 집단이 청소년 집단이다. 청소년들은 자신들을 정보관련 세대로 생각하는 경향이 큰 것으로 나타났다. 인터넷을 통한 성적인 음란물의 접촉, 컴퓨터 게임에 대한 과도한 몰두는 부적응적 행동으로 나타날 가능성이 높다.

다섯째, 청소년기는 성에 대한 관심과 호기심이 급증하는 시기로, 무분별하게 나쁜 정보를 받아들여 무책임하고 문란한 성관계와 가출, 혼숙, 임신과 불법 낙태, 미혼모 문제, 매춘부 접촉에 따른 질병과 부적응적 성행동이 나타날 수 있다.

여섯째, 우리나라 청소년에게는 대학입학시험의 실패가 커다란 좌절경험이 된다. 입시를 앞둔 고 3 수험생은 극심한 불안과 압박감에 시달리게 되며, 입학시험에서 원하던 성과를 거두지 못했을 때 심리적 충격과 좌절감을 초래하게 된다.

2. 청소년기의 주요 정서

1) 청소년기 정서의 특징(한상철, 2007)

첫째, 청소년들의 정서는 격렬하고 쉽게 동요하는 속성이 있다. 청소년은 부모, 교사, 친구 등 주변인의 저열한 언동에 쉽게 분노하고 얼굴을 붉히며 슬픔에 잠긴다. 소녀들에게서 낙엽 구르는 것만 보아도 웃고, 달빛에 쉽게 눈물짓는 모습을 볼 수 있는 것도 그들의 민감한 감수성 때문이다. 그리고 청소년의 자기 영웅시에서 비롯되는 부푼 감정과 억눌리고 자신감을 잃은 어두운 열등감이 동시에 그들의 마음을 지배함으로써 두 감정이 갈등을 일으키기도 하고 감정의 기복을 만들어 내기도 한다. 즉, 동일한 사태에 있을지라도 어떤 때에는 격심한 분노를 나타내는가 하면 어떤 때에는 기쁨에 넘치는 등 변동이 심한 것이다. 이처럼 극변하는 정서를 그들 스스로의 의지와 사고에 의해 통제할 수 없을 때 어른들이 이해하기 어려운 충동적인 행동이 나타난다.

둘째, 청소년의 정서를 자극하는 대상은 다른 연령기와 차이가 있다. 즉, 아동기의 불쾌경험은 주로 부상, 질병, 체벌, 징계, 병원에 가는 것 등이지만 12~18세경의 청소년들은 친구와의 절교, 학업에서의 실패, 원하는 것이 거부당했을 때, 부모와의 갈등, 죄책감 등으로 인해 불쾌감정이 자극된다. 이처럼 감정이나 정서를 자극하는 대상은 청소년기에 들어 현저하게 변화하며, 대체로 대인관계의 문제가 그들의 정서를 자극하고 있음을 알 수 있다.

셋째, 청소년의 정서표현은 아동기와는 달리 내면적이고 영속적이어서 정서가 기분(mood)과 정조(sentiment)로 발전하는 경우가 많다. 청소년의 정서를 아동의 정서와 구별할 수 있는 특징 중의 하나는 정서의 내면화이다. 아동의 정서표현은 직접적 · 일시적이어서 지속되지 않는다. 청소년기의 정서는 표출되기보다는 내부에 숨겨지거나 방어기제에 의해 변화하여 외부에서는 쉽게 알 수 없다. 감정이 이상이나 이념, 풍부한 상상력 등의 지적 활동을 수반하게 될 때 이를 정조라고 한다. 청소년의 생활경험은 지적인 발달이 수반되어 확대 · 심화되며, 미적 · 도덕적 · 종교적 · 지적 정조가 생겨 생활이 풍부해진다. 정조는 현실을 미화하고 사상이나 행동을 이상적인 방향으로 통제한다.

넷째, 청소년기의 정서적 변화에 가장 크게 영향을 미치는 요인들은 신체 생리적 변화와 심리 사회적 변화를 들 수 있다. 청소년기의 생리적 변화는 내분비선의 활동과 신경계의 변화, 즉 호르몬의 급상승과 교감 · 부교감 신경계의 변화로 요약될 수 있다. 청소년기의 강렬한 정서 동요를 비롯하여 그들에게 특유한 신경질적인 조급성, 흥분성, 주의산만, 갑갑증 등의 기저에는 이러한 생리적 변화가 자리 잡고 있다. 그리고 급속하게 성장하는 신체적 변화와 이에 수반되는 동작의 서투름, 제2차 성장의 발달 또한 그들에게 새로운 불안과 수치심을 자극하는 요인이다.

다섯째, 청소년의 정서적 표현은 그들의 다양한 생활조건에 따라 개인차가 나타나는데, 분노나 초조감은 신체적인 조건에 좌우되는 일이 많으며 피로, 수면부족, 두통, 감기, 공복 등은 그 주요 원인이다. 한편, 대학생을 대상으로 분노와 지능과의 관계를 조사한 결과, 지능이 높거나 낮은 학생은 중간 정도인 학생보다 분노의 빈도가 높은 것으로 나타났다. 지능에 따라 분노에도 차이가 있음을 알 수 있다. 이외에도 요일에 따라 불쾌해지거나 분노의 표현형태가 다르다는 주장이 있는데, 개인의 피로와 기타 요인의 차이에 따른 것으로 보는 것이 타당하다. 즉, 특정 요일과 관련된 정서가 있는 것으로는 해석하기 어렵다.

2) 청소년기 정서의 여러 형태

정서의 종류는 아동기와 청소년 기간에 큰 차이가 없지만, 이들 각각의 정서가 갖는 성질은 발달단계에 따라 큰 차이에 보여주고 있다(한상철, 2007).

(1) 분노

Harriet Lerner는 "분노는 귀담아들을 가치가 있는 신호"라고 말했다. 분노는 개인의 욕구가 저지당하거나 어떤 일을 강요받을 때 나타나는 저항의 정서이며, 위협을 받거나 해를 입었을 때 일어나는 지각적 반응으로 일반적이고 정상적인 감정이다. 불쾌감, 초조함, 심리적 · 언어적 공격, 심장박동과 심폐운동 증가, 폭력, 부정적 시각 등이 특징이다. 분노는 성격과 기분에 따라 지속될 수도, 멈출 수도 있다. 분노 조절이 되지 않을 경우 이성을 잃고 투쟁, 복수, 폭행, 심지어 살인 등을 유발하여 사회질서를 무너뜨리기도 한다. 이처럼 분노에는 파괴적인 힘이 있다. 아동기에는 장난감이나 책 등 자신의 물건이 빼앗긴다거나 자유로운 활동이 저지될 때 나타나기 쉽다.

(2) 기쁨과 애정

애정은 사랑하는 마음으로, 누구나 사랑을 받고 사랑을 할 때 기쁨이 솟아난다. 그러므로 기쁨은 요구한 것이 충족되었을 때 경험할 수 있는 정서이다. 유아에게는 신체적인 조건이 주가 되지만, 점차적으로 질적인 분화가 이루어져 사회적인 요인에 의해서도 기쁨이 생기게 된다. 청소년들은 대체로 다음과 같은 상태에서 기쁨을 얻는다.

- 개인의 능력에 알맞은 흡족한 환경에 놓여 있을 때
- 흥미롭고 재미있는 상태에 당면하였을 때
- 긴장, 억압된 상태에서 갑자기 해방되었을 때
- 자신의 우월감에 잠겨 있을 때
- 욕구가 포만감으로 채워질 때

유아기나 아동기에는 가족, 장난감, 강아지, 꽃 등 주변 대상에게 주로 애정을 느끼지만, 청소년기 이후에는 신체적, 지적발달에 따라 애정의 대상이 광범위할 뿐만 아니라 선택적 · 주관적이고 강렬해지며 열정적이 되는 경향이 있다. 그리고 사랑하는 이성에게서 자신의 정서적 안정을 발견하려 끊임없이 노력하며, 이 가운데서 고민과 기쁨을 얻기도 한다.

(3) 질투

시기의 유의어인 질투를 흔히 '샘'의 동의어라고 생각하지만, 샘은 시기에 가깝고 질투는 강샘이라고 볼 수 있다. 다른 사람의 우수함, 행운, 성공에 대해 열등감을 느끼는 것으로, 부정적이거나 화, 감정, 불안한 행동, 공포, 불안이 수반되면서 위협받고 있다고 인식하는 감정이다. 질투에 수반되는 행동은 청소년의 정서적 성숙 정도에 따라 달라진다. 예를 들면, 질투의 배출구를 극히 직접적인 신체적 행동으로 표출하는 사람이 있는가 하면, 좀 더 가치가 높은 활동으로 승화시키는 사람도 있다. 질투심은 대체로 내향적인 사람보다 외향적인 사람에게서 많고 지능이 높은 사람에게서 많으며, 여학생이 남학생보다 많은 느끼는 경향이 있다.

(4) 호기심

호기심은 동물이나 인간에게서 발견되는 새롭고 신기한 것, 미지의 것을 알고 싶어 하는 욕구를 말하며, 아동기에서부터 청소년기에 걸쳐 매우 강하게 나타난다.

아동기 어린이는 호기심을 해결하기 위해 장난감 같은 물건들을 부수거나 분해하기도 하는데, 지식과 경험의 부족으로 인해 분해된 물건을 다시 조립하지 못한다는 한계를 가지고 있다. 그래서 부모님이나 선생님에게 혼나기도 하지만 자신의 호기심을 충족시키기 위해 노력하면서 지속, 발전시킨다.

3. 청소년기의 주요 정서장애

1) 스트레스

생활 속에서 일어나는 많은 사건들이 어느 정도는 우리에게 스트레스를 느끼게 한다. 사람들은 심한 스트레스를 느끼지 않는 상황에는 쉽게 적응하나, 계속적인 갈등과 좌절의 연속을 경험해야 할 경우에는 스트레스가 심각한 문제로 발전될 수 있다.

2012년 여자 청소년은 '가정생활'과 '학교생활'에서 남자 청소년보다 스트레스를 많이 느끼는 것으로 나타났다. 여자 청소년 10명 중 7명(69.6%)은 '학교생활'에서 스트레스를 받고 있으며, 남자 청소년(55.2%)에 비해 14.4%p 높게 나타났다.

2012년 우리나라 청소년이 고민하는 문제는 '공부(32.9%)', '직업(25.7%)', '외모 · 건강(16.9%)' 순으로 나타났으며, 2006년에 비해 '공부'와 '직업'에 대한 고민은 감소하였으나 '외모 · 건강'에 대한 고민은 남 · 여 청소년 모두 각각 4.0%p, 1.7%p 증가하였다.

[표 4-1] 청소년의 스트레스 인지율

(단위: %)

	가정생활		학교생활	
	2008	2012	2008	2012
청소년	41.4	40.6	64.4	62.1
남자	38.8	36.6	61.2	55.2
여자	43.7	44.6	67.7	69.6

자료: 통계청(2008 · 2012), 사회조사.
주: 1) '매우 많이 느낌'과 '느끼는 편임'을 합한 수치.
2) 2008년과 비교를 위해 2012년을 만 15~24세로 연령 기준 일치.

[표 4-2] 청소년이 고민하는 문제

(단위: %)

		계	외모·건강	가정환경	용돈부족	공부(성적, 적성)	직업	친구(우정)	이성교제(성 문제)	흡연·음주	기타	고민 없음
청소년	2006	100.0	14.3	6.0	4.6	35.0	29.6	1.3	2.9	0.2	1.0	5.0
	2012	100.0	16.9	9.9	4.6	32.9	25.7	1.5	1.7	0.2	1.3	5.3
남자	2006	100.0	10.6	5.3	5.5	38.4	28.0	1.5	2.8	0.4	1.6	5.8
	2012	100.0	14.6	10.2	5.5	34.5	24.5	1.4	1.9	0.4	1.9	5.1
여자	2006	100.0	17.6	6.7	3.8	32.0	31.0	1.1	2.9	0.1	0.5	4.3
	2012	100.0	19.3	9.6	3.7	31.3	26.8	1.6	1.6	-	0.6	5.5

자료: 통계청(2006 · 2012), 사회조사.
주: 1) 가계경제의 어려움 포함(2012).
2) '학교(원)폭력', '인터넷중독' 포함.
3) 2006년과 비교를 위해 2012년 만 15~24세로 연령 기준 일치.

한편, 스트레스의 주요 원인으로는 좌절(frustration), 과잉부담, 갈등(confllict), 생활 변화 등의 요인이 있다(이민규, 2008; 김지현 외, 2009; 박선환 외, 2008).

① 좌절감(Frustration)

좌절감이란 원하는 목표가 지연되거나 차단될 때 경험하는 부정적인 정서 상태로 좌절을 경험하게 되면 정도의 차이는 있지만 어느 정도의 스트레스를 경험한다. Coleman과 Hammen(1974)은 욕구좌절의 원인을 다음과 같이 제시하였다.

첫째, 시간의 가치를 강조하는 사회에서 지연에 의해 욕구좌절을 느낀다.

둘째, 재원의 부족으로 좌절을 경험한다. 우리는 경우에 따라서 물품구입의 필요를 느끼지만 경제적 사정 때문에 원하는 물건을 살 수 없을 때 좌절을 경험한다.

셋째, 사랑하는 사람과의 이별로 인한 상실 때문에 좌절감을 경험한다.

넷째, 살아가면서 누구나 한 번쯤은 실패를 경험하지만, 경쟁사회에서 여러 번의 실패의 경험은 좌절감을 유발한다.

다섯째, 자신의 인생에서 삶의 진정한 의미를 찾기란 쉬지 않고, 사람들은 이로 인해 좌절감을 경험한다.

② 과잉부담(Overload)

개인차가 있기는 하지만 개인의 처리용량을 벗어난 자극이나 요구도 중요한 스트레스의 원인이 될 수 있다. 개인의 느끼는 과잉부담의 요인으로는 시간적 압력, 과도한 책임감, 지원의 결여, 주변 사람들의 자신을 향한 지나친 기대 등이 있다.

③ 갈등

두 가지의 동기가 갈등을 일으킬 때 스트레스를 받을 수 있다. 이러한 갈등관계의 유형에는 접근-접근 갈등(Approach-approach Conflict), 회피-회피 갈등(Avoidance-Avoidance Conflict), 접근-회피 갈등(Approach-Avoidance Conflict) 등이 있다.

④ 생활의 변화

생활의 변화도 스트레스를 유발시키는 중요한 요인이 될 수 있는데 결혼이나 이사 등 생활상의 변화가 모두 포함된다. 왜냐하면 생활의 변화는 적응을 요구하기 때문이다.

2) 우울감

성인들과는 달리 청소년들은 우울한 경우에 여러 가지 문제 행동을 보이는 것이 특징이다. White(1989)는 청소년 우울증의 주요특징[3]을 다음과 같이 구분하였다.

첫째, 정서 · 감정적인 측면에서 살펴볼 수 있다. 심각한 슬픔, 비애감, 의기소침, 좌절감, 낙심 등에 빠져 있으며, 감정의 기복이 심하고 화를 잘 낸다. 때로는 즐거운 일이 없는 상황에서 이유 없이 행복해 하거나 칭찬을 해도 반응이 없다.

둘째, 인지 · 사고적인 측면에서 살펴볼 수 있다. 자아개념(self-concept)이 낮으며, 자기비하, 자기비판적인 태도를 가지며, 극도의 죄책감과 수치감으로 휩싸이게 된다. 또한 아무도 자신을 돌보지 않는다든지, 혹은 누구를 돌봐 주는 것도 가치가 없다는 생각을 하게 된다. 나아가 불길한 예감에 휩싸여 있고 희망이 없으며 장래에 대한 계획이 부재하고, 심지어는 삶의 가치가 없다고 생각하여 자살이나 죽음에 대한 생각을 하게 된다.

셋째, 행동적인 측면에서 살펴볼 수 있다. 무기력감에 빠져 있고, 무슨 일을 시작하지 못하거나 시도하지 않으며, 일에 집중하는 능력이나 활동에 참여하려는 의욕이 떨어진다. 특히 즐겨하던 사회활동으로부터 자신을 격리시키며, 일상생활에 대한 관심을 잃기 쉽다. 또한 일의 생산성이 저하되며, 자주 운다.

넷째, 신체적인 측면에서 살펴볼 수 있다. 극도의 피로감을 느끼고 기억력이 현저히 감퇴된다. 또한 식욕이 저하되거나 지나친 과식을 하고, 불면증으로 고생하거나 잠을 너무 많이 자기도 한다. 두통, 복통, 또는 뚜렷한 증상 없이 자주 고통을 호소한다.

3) 자살

13세 이상 인구 중, 지난 1년 동안 한 번이라도 자살을 생각해 본 적 있는 사람은 6.8%로 2012년 9.1%에 비해 2.3%p 감소하였다. 여자(7.7%)가 남자(5.8%)보다 자살 충동을 더 많이

3) 김성이 · 조학래 · 노충래(2005), 『청소년복지학』, 집문당.

느끼는 것으로 나타났다. 자살하고 싶었던 가장 큰 이유는 '경제적 어려움 (37.4%)', '가정불화(14.0%)', '외로움, 고독(12.7%)' 순이었으며, 성별 자살 충동 이유를 살펴보면, '경제적 어려움'을 제외하고는 남자는 '외로움 · 고독(11.6%)', 여자는 '가정불화(17.5%)' 순으로 나타났다.

[표 4-3] **자살에 대한 충동 여부 및 이유**

(단위: %)

	계	있다	소계	경제적 어려움	이성문제 (실연 등)	질환, 장애	직장 문제	외로움, 고독	가정 불화	성적, 진학 문제	친구 불화, 따돌림	기타
2012년	100.0	9.1	100.0	39.5	4.2	12.1	7.1	13.0	13.6	6.3	1.4	2.9
2014년	100.0	6.8	100.0	37.4	5.4	11.1	7.8	12.7	14.0	5.6	1.6	4.5
남자	100.0	5.8	100.0	43.0	5.4	11.3	9.8	11.6	9.1	6.2	1.1	2.5
여자	100.0	7.7	100.0	33.3	5.4	11.0	6.2	13.5	17.5	5.1	2.0	6.0
13~19세	100.0	8.0	100.0	19.5	5.1	2.1	0.8	9.8	10.5	39.3	7.8	5.2
20~29세	100.0	7.7	100.0	22.3	8.6	7.0	19.8	17.6	10.9	5.2	1.7	6.7
30~39세	100.0	7.6	100.0	47.2	4.6	5.1	12.1	11.9	12.7	0.2	1.0	5.1
40~49세	100.0	6.1	100.0	45.6	5.6	7.2	6.4	11.5	20.9	-	0.3	2.3
50~59세	100.0	7.0	100.0	46.7	6.0	12.9	4.2	10.6	14.6	-	0.6	4.4
60세 이상	100.0	5.2	100.0	34.2	2.0	32.0	0.5	14.8	13.0	-	0.1	3.5

4) 인터넷중독

인터넷중독(internet addiction)이란 임상적으로 심각한 손상이나 고통을 일으키는 부적응적인 패턴의 인터넷 사용(Goldberg, 1996)으로 인터넷 사용자가 약물, 알코올 또는 도박에 중독되는 것과 유사한 방식으로 인터넷에 중독되는 심리적 장애를 의미한다(Young, 1996).

(1) 인터넷중독 관련 심리적 특성

현재까지 보고된 심리적 특성은 다음과 같다(한국정보문화진흥원, 인터넷중독의 특성 분석 연구, 2008).

① 충동성

충동성이란 위험이나 불이익이 오는데도 불구하고 시작한 행동을 중단하거나 조절하는 데 어려움을 보이는 성격차원(Gray, 1987) 혹은 반응시간이 빠르거나 행동에 대한 제지를 잘 하지 못하며 미래 상황에 대한 계획을 잘 세우지 못하는 계획능력의 결여 등으로 정의된다(Barratt & Patton, 1983). 충동성 수준이 높으면 자신의 생각이나 욕구를 조절하기 어려우며, 자신의 생활에 대해서도 구체적인 계획을 세우기 어렵게 됨으로써 인터넷사용으로 인해 어려움이 발생하더라도 상황에 민감하게 반응하지 못한다. 또한 자신의 인터넷사용시간 조절이 힘들어지고 결국 인터넷중독에 빠지게 된다.

② 사회성 및 사회적 불안

사회생활에 잘 적응하지 못하거나 다른 사람들의 인정을 받지 못해 자존감에 상처 입은 사람들이 사이버공간에서는 실제 자신의 모습을 숨기고, 자신이 되고자 하는 이상적인 모습을 표현하기도 한다. 그렇기 때문에 사이버공간에서 알게 된 사람들에게서 지지를 얻고, 친밀감을 느끼게 되었을 때 자신의 자존감을 회복하기 위한 방편으로 인터넷상의 대인관계에 더욱 쉽게 빠져드는 것이다(황상민, 한규석, 1999).

사회불안을 느끼는 사람은 정서적이고 인지적인 열등감 때문에 지나치게 자기 자신에게 몰입되어서 사람을 대하기가 어려워진다. 이런 사람의 특징은 다른 사람들의 관심이 모아지는 사회적 상황이 발생하면 불안이나 신경증과 같은 강한 정서적 반응을 보인다는 것이다. 그리고 다른 사람에 의해서 자신을 평가받는 것에 대해 지나치게 염려하는 인지적 특징을 가진다. 이런 불안으로 인해서 과민성, 고독감, 도피, 고민, 어눌한 행동, 신경질적인 동작, 우울, 흥분, 수줍음, 운명적 태도, 자신감의 결여, 조급함, 가슴 두근거림, 잦은 화, 백일몽 등이 자주 나타난다.

사회불안을 가진 사람들은 사회로부터 고립되거나 도피하고자 하는데, 만약 그들이 도피의 수단으로 인터넷을 이용하는 경우에는 심한 중독 현상을 보일 수 있다. 인터넷을 사용함으로써 자신을 직접 드러내지 않고도 다른 수많은 사람들과 접촉할 수 있기 때문으로,

가상세계에서 발전된 관계는 감소된 불안감과 부정적인 정서반응의 완화라는 측면에서 강화되게 된다. 더구나 '익명성'이라는 인터넷 자체의 특수성으로 인하여 자신을 여과없이 드러낼 수 있고 사회적인 지지를 경험하게 됨으로써 더욱 중독을 강화시키는 원인이 될 수도 있다.

③ 자아존중감

자아존중감은 개인이 자신을 유능하고 중요하며 성공적이고 가치 있다고 생각하는 것이다(Coopersmith, 1981). 자아존중감은 자신의 가치에 대한 평가를 의미하며, 정신건강을 측정하는 지표로 사용된다(Rogenberg, 1965).

인간은 본능적으로 일정 수준의 자아존중감을 유지하려는 욕구를 가지고 있다. 그러므로 일상생활에서 자신의 자아존중감이 위협을 받는 상황에서는 현실을 왜곡하거나 합리화하는 방법을 이용하여 자신의 자아존중감을 지키려고 한다(Brown, 1986). 그러므로 현실에서 낮은 자아존중감을 회복하기 어려운 이들에게 사이버 공간은 새로운 자신을 개발하고, 자아존중감을 회복할 수 있는 최적의 공간이다.

현재까지 알려진 결과들에 따르면, 인터넷을 과도하게 사용하고 있는 사용자의 경우 인터넷을 하고 있는 동안은 자신의 문제나 불만스러운 부분에 대해 회피고 일시적으로 심리적 안정감을 느낄 수 있으나, 현실에서는 자신의 문제가 해결되지 않았다는 사실에 더 큰 심리적 어려움에 빠져들게 되고, 이러한 어려움을 회피하고자 더욱 인터넷사용에 몰입하게 되는 악순환을 경험하게 된다(권정혜, 2005; 장재홍, 신효정, 2003).

(2) 청소년의 인터넷중독 현황

2013년 만 5~54세 인터넷 이용자 중 인터넷중독위험군은 7.0%로 인터넷중독위험 인구수는 2,286천 명으로 나타났다(한국정보화진흥원, 2013).

[그림 4-1] 연도별 인터넷중독 위험군 비율

(단위: %)

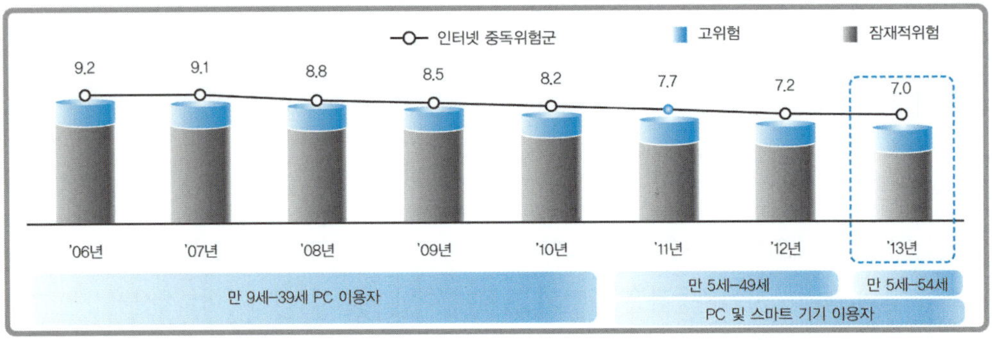

※ 1) 조사대상 연령 확대 2013년: 만 5~54세(유아동 만 5~9세, 청소년 만 10~19세, 성인 만 20~54세)
2011년~2012년: 만 5~49세(유아동 만 5~9세, 청소년 만 10~19세, 성인 만 20~49세)
2004년~2010년: 만 9~39세(청소년 만 9~19세, 성인 만 20~39세)
2) 2011년부터는 스마트기기를 통한 인터넷이용 포함(2010년까지 PC기반 인터넷이용에 근거하여 조사)
※ 본 조사는 2006년부터 국가통계로 승인되었고, 인터넷중독 척도를 청소년용과 성인용으로 구분하여 실시(2004년~2005년: 성인용 인터넷중독 척도 미개발, 청소년용 인터넷중독 척도 공통 활용)
※ 인터넷중독 위험 인구 수 = 만 5세~54세 인터넷 이용자 수 × 인터넷중독 위험군
자료: 한국정보화진흥원(2013), 인터넷중독 실태조사.

① 연도별 · 대상별 인터넷중독위험군(유아동, 청소년, 성인 구분)

대상별 인터넷중독위험군은 청소년(11.7%) 〉 유아동(6.4%) 〉 성인(5.9%) 순으로 나타났다.

[표 4-4] 연도별 · 대상별 인터넷중독위험군 수

(단위: 천 명)

구분		2006	2007	2008	2009	2010	2011	2012	2013
인터넷 중독 위험군	전체	2,074	2,042	1,999	1,913	1,743	2,339	2,203	2,286
	유아동	-	-	-	-	-	160	157	123
	청소년	980	1,047	1,035	938	877	677	681	722
	성인	1,094	995	964	975	866	1,501	1,365	1,441
고위험군	전체	383	381	366	338	317	516	465	540
	유아동	-	-	-	-	-	20	16	15

구분		2006	2007	2008	2009	2010	2011	2012	2013
고위험군	청소년	148	168	168	187	218	187	181	173
	성인	235	213	198	151	99	309	268	352
잠재적 위험군	전체	1,691	1,661	1,633	1,575	1,426	1,823	1,738	1,746
	유아동	-	-	-	-	-	140	141	108
	청소년	832	879	867	751	659	490	500	549
	성인	859	782	766	824	766	1,192	1,097	1,089

자료: 한국정보화진흥원(2013), 인터넷중독 실태조사.

② 학령별 인터넷중독위험군

학령별 인터넷중독위험군은 중학생(12.5%), 대학생(12.4%), 초등학생(11.0%), 고등학생(10.8%), 유치원생(어린이집 포함, 3.4%) 순으로 나타났다.

[그림 4-2] **학령별 인터넷중독위험군 비율**

(단위: %)

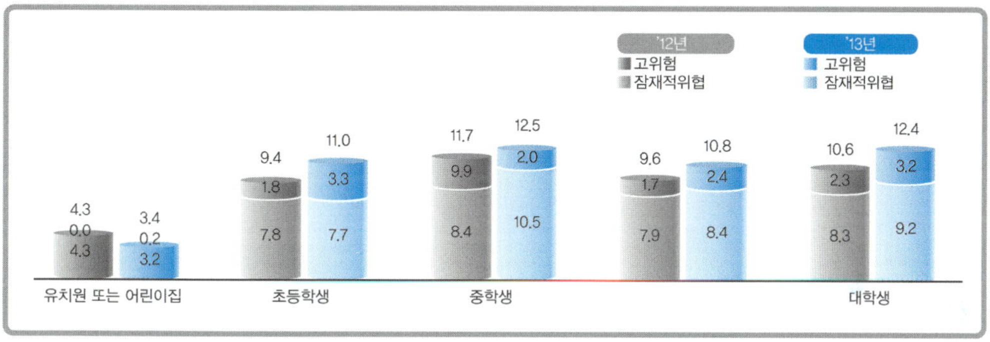

자료: 한국정보화진흥원(2013), 인터넷중독 실태조사.

③ 성별 · 대상별 인터넷중독위험군

남자 청소년 인터넷중독위험군은 12.8%로 여자 청소년(10.5%)보다 2.3%p 높은 것으로 나타났다.

[그림 4-3] 청소년 성별 · 학령별 인터넷중독위험군 비율

(단위: %)

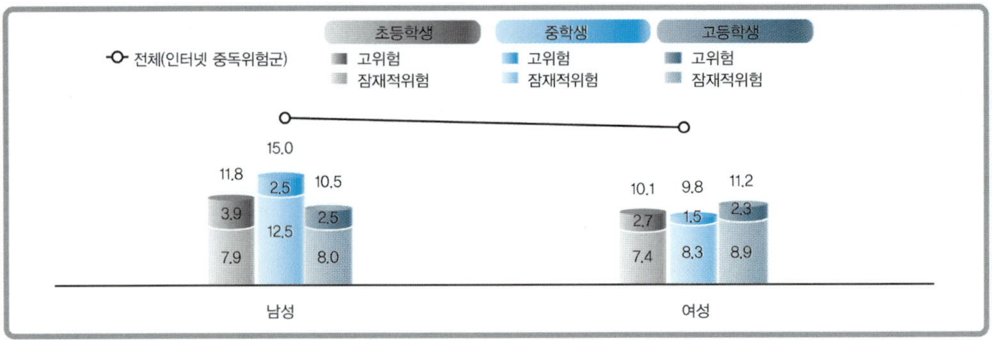

자료: 한국정보화진흥원(2013), 인터넷중독 실태조사.

④ 맞벌이가정의 청소년 인터넷중독위험군

맞벌이가정의 청소년 자녀 인터넷중독위험군은 12.3%로, 외벌이가정의 청소년 자녀(10.8%)보다 1.5%p 높은 것으로 나타났다.

[그림 4-4] 맞벌이가정의 청소년 인터넷중독이용군 비율

(단위: %)

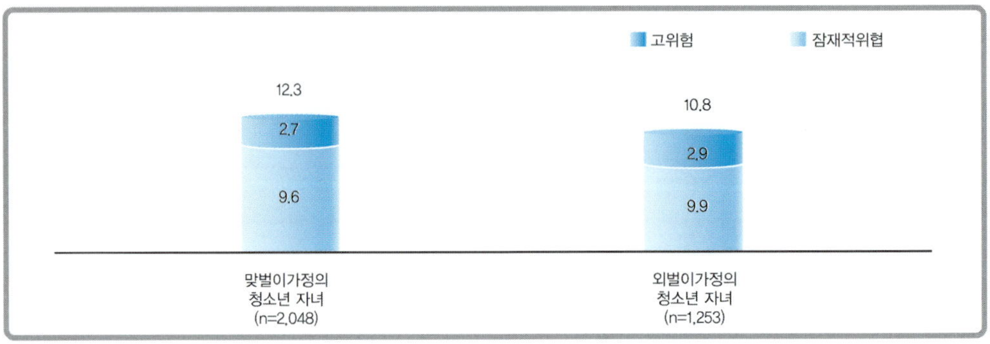

자료: 한국정보화진흥원(2013), 인터넷중독 실태조사.

⑤ 연령별 인터넷중독 특성

주요 인터넷중독위험 요인(4개) 중 내성(33.2%), 금단(26.0%), 일상생활장애(20.3%), 가상세계지향(17.0%) 순으로 나타났다. 연령별로 살펴보면 유아동은 내성(33.9%), 청소년은 금단(38.3%), 성인은 내성(36.2%)과 일상생활장애(35.2%)를 많이 경험하는 것으로 나타났으며, 연령 증가에 따라 일상생활장애는 늘고 가상세계지향은 감소하는 것으로 나타났다.

[표 4-5] 연령별 인터넷중독 특성

(단위: %)

구분		전체	인터넷중독 위험군	일반 사용자군	차이
유아동	일상생활장애	7.6	45.8	5.0	40.8
	가상세계지향	25.2	71.7	22.1	49.6
	금단	13.9	65.2	10.4	54.8
	내성	33.9	58.1	32.3	25.8
청소년	일상생활장애	18.2	55.0	13.3	41.7
	가상세계지향	13.6	41.4	10.0	31.1
	금단	38.3	50.7	36.6	14.1
	내성	29.5	78.6	23.0	55.6
성인	일상생활장애	35.2	44.9	34.6	10.3
	가상세계지향	12.3	54.2	9.6	44.6
	금단	25.9	46.4	24.6	21.8
	내성	36.2	58.6	34.9	23.7

자료: 한국정보화진흥원(2013), 인터넷중독 실태조사.

⑥ 인터넷 이용시간

전체적으로 1일 평균 인터넷 이용시간은 2.3시간인데 반해, 인터넷중독위험군의 이용시간은 3.1시간으로 더 길었으며, 이 중 고위험군은 3.4시간으로 나타났다.

[그림 4-5] **인터넷 이용 시간**(인터넷중독 유형별/대상별 1일 평균 인터넷 이용 시간)

(단위: 시간)

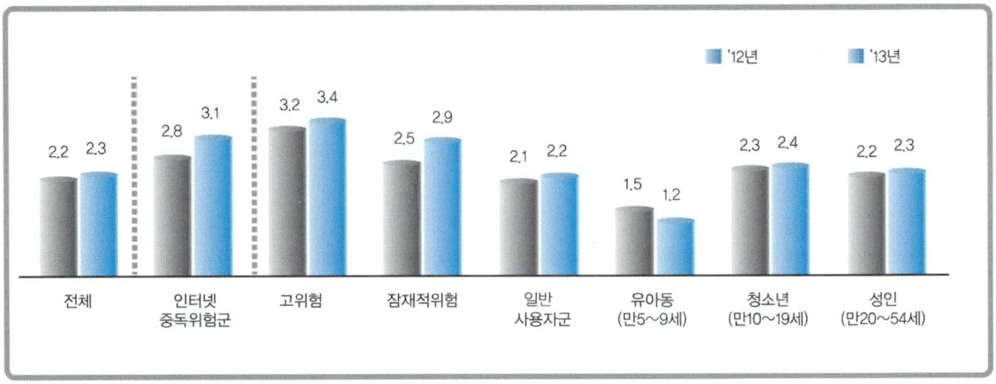

자료: 한국정보화진흥원(2013), 인터넷중독 실태조사.

⑦ 온라인게임 이용실태

온라인게임 1일 이용 시간을 살펴보면, 전체적으로 평균 1.5시간 사용하는 데 반해 인터넷중독 위험군은 평균 2.1시간으로 더 많았으며, 이 중 고위험군은 2.6시간으로 나타났다.

[그림 4-6] **온라인게임 1일 평균 이용 시간**(온라인게임 이용자)

(단위: 시간)

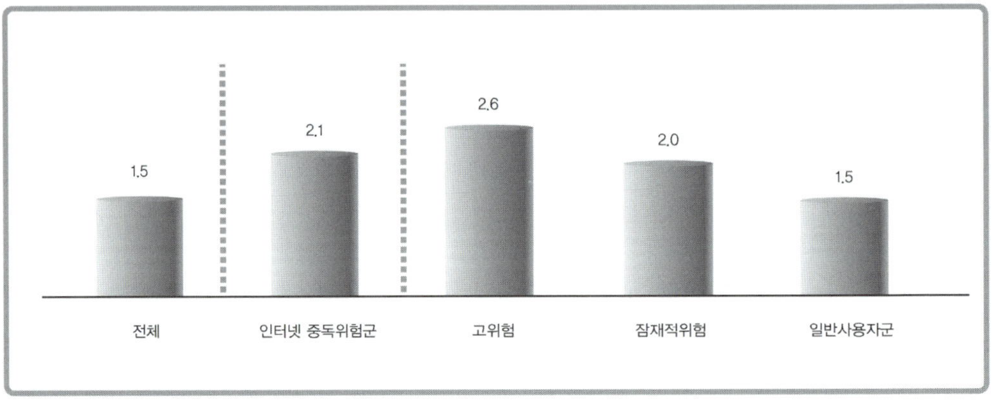

자료: 한국정보화진흥원(2013), 인터넷중독 실태조사.

PC, 노트북을 통해 평소 즐겨 이용하는 온라인 게임 종류(복수응답)를 살펴보면, 전체적으로는 웹보드게임(20.1%)이 가장 많았고, 이어서 전략시뮬레이션, 1인칭 슈팅게임(각각 15.3%) 등의 순으로 나타났다. 한편 스마트기기를 통해 평소 즐겨 이용하는 온라인 게임(복수응답)으로는 퍼즐이 52.6%로 가장 많았고, 이어서 스포츠/레이싱(34.8%), 웹보드게임(24.9%) 등의 순으로 조사되었다.

[그림 4-7] **평소 이용하는 온라인 게임 유형**

(단위: %)

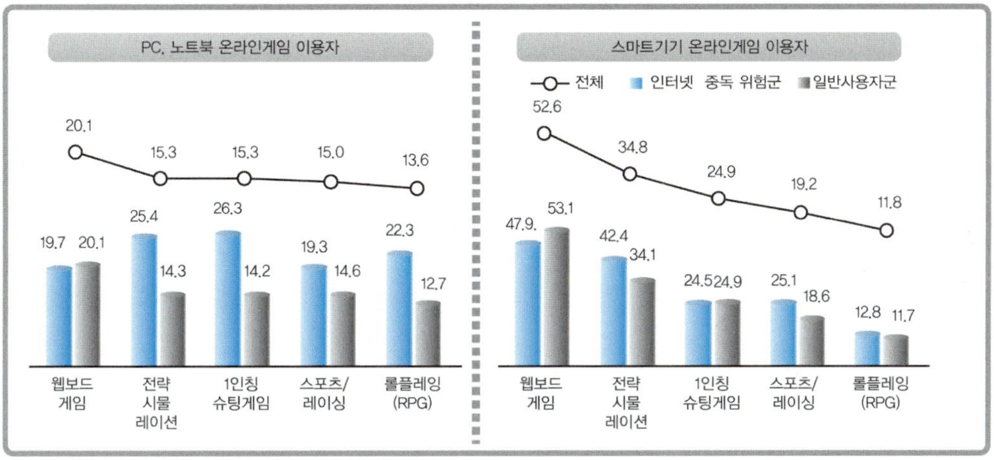

※ 복수응답, 상위 5개 게임 유형만 제시.
출처: 한국정보화진흥원(2013), 인터넷중독 실태조사.

평소 즐겨 이용하는 온라인게임 중 가장 많이 이용하는 게임(1순위)을 기기별로 살펴보면, PC, 노트북 이용자들은 웹보드게임(23.2%)을, 스마트기기 이용자들은 퍼즐(40.0%)을 가장 많이 이용하는 것으로 조사되었다.

(3) 인터넷중독 예방 정책

청소년보호법 제26조에 의해 인터넷 게임 제공자는 만 16세 미만 청소년에게 심야시간

(0~6시)대에 인터넷게임을 제공해서는 안 된다(2011년 5월 19일 개정, 2011년 11월 20일 시행).

이 제도는 PC온라인 게임을 중심으로 우선 적용하고 스마트폰 · 태블릿 PC 등 청소년들에 대한 보급률이 낮은 기기를 통해 진행되는 인터넷게임에 대해서는 관계부처 등의 의견을 반영하여 적용을 2년간 유예하였다. 또한, 법 규정에 의해 심야시간대 인터넷게임 제공 제한대상 게임물범위의 적절성 여부를 매 2년마다 평가하여 개선 등의 조치를 취해야 하며, 이에 따라 2013년 2월에는 제도 적용 게임물 범위를 개선 고시하였다.

아울러, 여성가족부는 청소년인터넷게임건전이용제도 실시와 관련하여 법제도 이행여부를 점검하고, 제도의 안정적 정착을 위하여 청소년매체환경보호센터를 통해 모니터링 업무를 수행하고 있다.

① 인터넷중독 상담인력의 전문성 제고 및 인터넷중독 전담상담사 신규배치

인터넷중독 및 게임중독을 상담하기 위해서는 사이버 공간의 특성 및 온라인 게임 문화에 대한 이해가 우선적으로 요구된다. 이에 여성가족부는 2006년 상반기에 청소년상담사를 위한 인터넷중독 전문상담 매뉴얼을 개발하였다. 이를 토대로 지난 2006년 200여 명의 청소년상담사를 대상으로 전문 상담교육을 실시하였고, 2007년에는 급증한 인터넷 상담 수요에 대응하기 위하여 3회에 걸쳐, 청소년상담사 및 청소년동반자, 학교상담사 등 총 302명에게 교육을 실시하여, 상담-치료활성화를 위한 인적자원의 전문화를 기하였다.

2008년부터는 매년 청소년상담복지센터, 청소년상담사, 정신보건센터 등 유관기관 실무자들을 대상으로 청소년 인터넷중독 상담 · 치료전문가 과정을 신규 및 심화과정으로 이원화하여 실시하는 등 청소년 인터넷중독 대응 전문인력의 체계적 양성을 위해 노력하여, 2008년 478명, 2009년 472명, 2010년 502명, 2011년 457명, 2012년 417명의 상담인력을 양성하였으며, 2013년에는 500명의 상담인력을 양성하였다.

특히 인터넷중독 상담 · 치료 서비스 지연을 해소하고 적기에 전문적인 서비스를 제공하여 치유효과성을 제고하기 위하여 2013년에는 인터넷중독 전담상담사 32명을 신규로 전국 17개 시 · 도 상담복지센터에 배치하였다.

② 멀티미디어를 이용한 상담 실시

청소년인터넷중독에 대한 상담은 다양한 미디어를 활용하여 이루어지고 있다. 한국청소년상담복지개발원을 중심으로 전국 어디에서나 청소년전화 1388을 통해 24시간 상담을 받을 수 있으며, 1:1 면접 상담(9~18시)을 원하는 경우 전국 198개 청소년상담복지센터를 통해 거주지와 가까운 곳에서 전문상담사의 상담을 받을 수 있다.

여성가족부에서는 청소년 인터넷중독 상담사업을 추진하면서 청소년들이 자주 사용하는 매체인 인터넷과 휴대폰을 이용한 상담 서비스를 실시하여 상담에 대한 거리감을 허물고, 언제 어디서나 쉽게 인터넷중독과 관련한 상담을 받을 수 있도록 하고 있다.

한국청소년상담복지개발원(www.kyci.or.kr)에 접속하면 사이버상담(24시간)을 통해 비밀상담, 채팅상담을 받을 수 있고, 휴대폰 문자서비스 수신번호에 #1388을 누르면 24시간 문자상담을 받을 수 있다.

인터넷중독 진단(청소년 자가진단용)

성 별: 남 · 여

나 이: ○○세

▷▶ 각 문항이 자신의 행동을 나타내는 정도에 ○표 하세요.

번호		항목	전혀 그렇지 않다	때때로 그렇다	자주 그렇다	항상 그렇다
1	1	인터넷 사용으로 인해 생활이 불규칙해졌다.	1	2	3	4
	2	인터넷 사용으로 건강이 이전보다 나빠진 듯하다.	1	2	3	4
	3	인터넷 사용으로 학교 성적이 떨어졌다.	1	2	3	4
	4	인터넷을 너무 사용해서 머리가 아프다.	1	2	3	4
	5	인터넷을 하다가 계획한 일들을 제대로 못한 적이 있다.	1	2	3	4
	6	인터넷을 하느라고 피곤해서 수업시간에 잠을 자기도 한다.	1	2	3	4
	7	인터넷을 너무 사용해서 시력 등에 문제가 생겼다.	1	2	3	4
	8	다른 할 일이 많을 때에도 인터넷을 사용하게 된다.	1	2	3	4
	9	인터넷 사용으로 인해 가족들과 마찰이 있다.	1	2	3	4
2	10	인터넷을 하지 않을 때에도 하고 있는 듯한 환상을 느낀 적이 있다.	1	2	3	4
	11	인터넷을 하고 있지 않을 때에도, 인터넷에서 나오는 소리가 들리고 인터넷을 하는 꿈을 꾼다.	1	2	3	4
	12	인터넷 사용 때문에 나도 모르게 비도덕적인 행위를 저지르게 된다.	1	2	3	4
3	13	인터넷을 하는 동안 나는 가장 자유롭다.	1	2	3	4
	14	인터넷을 하고 있으면, 기분이 좋아지고 흥미진진해진다.	1	2	3	4
	15	인터넷을 하는 동안 나는 더욱 자신감이 생긴다.	1	2	3	4
	16	인터넷을 하고 있을 때 마음이 제일 편하다.	1	2	3	4
	17	인터넷을 하면 스트레스가 해소된다.	1	2	3	4
	18	인터넷이 없다면 내 인생에 재미있는 일이란 없다.	1	2	3	4

번호		항목	전혀 그렇지 않다	때때로 그렇다	자주 그렇다	항상 그렇다
4	19	인터넷을 하지 못하면 생활이 지루하고 재미가 없다.	1	2	3	4
	20	만약 인터넷을 다시 할 수 없게 된다면 견디기 힘들 것이다.	1	2	3	4
	21	인터넷을 하지 못하면 안절부절못하고 초조해진다.	1	2	3	4
	22	인터넷을 하고 있지 않을 때에도 인터넷에 대한 생각이 자꾸 떠오른다.	1	2	3	4
	23	인터넷 사용 때문에 실생활에서 문제가 생기더라도 인터넷 사용을 그만두지 못한다.	1	2	3	4
	24	인터넷을 할 때 누군가 방해를 하면 짜증스럽고 화가 난다.	1	2	3	4
5	25	인터넷에서 알게 된 사람들이 현실에서 아는 사람들보다 나에게 더 잘해준다.	1	2	3	4
	26	온라인에서 친구를 만들어 본 적이 있다.	1	2	3	4
	27	오프라인에서보다 온라인에서 나를 인정해 주는 사람이 더 많다.	1	2	3	4
	28	실제에서보다 인터넷에서 만난 사람들을 더 잘 이해하게 된다.	1	2	3	4
	29	실제 생활에서도 인터넷에서 하는 것처럼 해보고 싶다.	1	2	3	4
6	30	인터넷 사용시간을 속이려고 한 적이 있다.	1	2	3	4
	31	인터넷을 하느라고 수업에 빠진 적이 있다.	1	2	3	4
	32	부모님 몰래 인터넷을 한다.	1	2	3	4
	33	인터넷 때문에 돈을 더 많이 쓰게 된다.	1	2	3	4
	34	인터넷에서 무엇을 했는지 숨기려고 한 적이 있다.	1	2	3	4
	35	인터넷에 빠져 있다가 다른 사람과의 약속을 어긴 적이 있다.	1	2	3	4
7	36	인터넷을 한번 시작하면 생각했던 것보다 오랜 시간을 인터넷에서 보내게 된다.	1	2	3	4
	37	인터넷을 하다가 그만두면 또 하고 싶다.	1	2	3	4
	38	인터넷 사용시간을 줄이려고 해보았지만 실패한다.	1	2	3	4
	39	인터넷 사용을 줄여야 한다는 생각이 끊임없이 들곤 한다.	1	2	3	4
	40	주위 사람들이 내가 인터넷을 너무 많이 한다고 지적한다.	1	2	3	4

인터넷중독 자가진단 해석(청소년)

<table>
<tr><td>채점방법</td><td colspan="2">1점 ☞ 전혀 그렇지 않다
2점 ☞ 때때로 그렇다
3점 ☞ 자주 그렇다
4점 ☞ 항상 그렇다</td><td>채점하기</td><td>총점 ▶ ① 1~40번 합계
요인별 합계 ▶ ② 1요인(1~9번) 합계
③ 4요인(19~24번) 합계
④ 7요인(36~40번) 합계</td></tr>
<tr><td rowspan="4">고위험
사용자군</td><td>중·고교생</td><td colspan="3">총점▶ ① 108점 이상
요인별▶ ② 1요인 26점 이상 ③ 4요인 18점 이상 ④ 7요인 17점 이상</td></tr>
<tr><td>초등학생</td><td colspan="3">총점▶ ① 94점 이상
요인별▶ ② 1요인 21점 이상 ③ 4요인 16점 이상 ④ 7요인 15점 이상</td></tr>
<tr><td colspan="4">판정: ①에 해당하거나, ②~④ 모두 해당되는 경우</td></tr>
<tr><td colspan="4">인터넷 사용으로 인하여 일상생활에서 심각한 장애를 보이면서 내성 및 금단 현상이 나타난다. 대인관계는 사이버 공간에서 대부분 이루어지며, 해킹 등 비도덕적 행위와 막연한 기대가 크고, 일상생활에서도 인터넷에 접속하고 있는 듯한 착각을 하기도 한다. 인터넷 접속시간은 중·고생의 경우 1일 약 4시간 이상, 초등생 약 3시간 이상이며, 중·고생은 수면시간도 5시간 내외로 줄어든다. 대개 자신이 인터넷중독이라고 느끼며, 학업에 곤란을 겪는다. 또한 심리적으로 불안정감 및 대인관계 기피, 우울한 기분을 느끼는 경우가 흔하며, 성격적으로 자기조절에 심각한 어려움을 보이며, 충동성도 높은 편이다. 현실세계에서 대인관계에 문제를 겪거나, 외로움을 느끼는 경우도 많다.

▷ 인터넷중독 성향이 매우 높으므로 관련 기관의 전문적인 지원과 도움이 요청된다.</td></tr>
<tr><td rowspan="4">잠재적
위험
사용자군</td><td>중·고교생</td><td colspan="3">총점▶ ① 95~107점
요인별▶ ② 1요인 23점 이상 ③ 4요인 16점 이상 ④ 7요인 15점 이상</td></tr>
<tr><td>초등학생</td><td colspan="3">총점▶ ① 82~93점
요인별▶ ② 1요인 18점 이상 ③ 4요인 14점 이상 ④ 7요인 13점 이상</td></tr>
<tr><td colspan="4">판정: ①~④ 중 한 가지라도 해당되는 경우</td></tr>
<tr><td colspan="4">고위험 사용자에 비해 보다 경미한 수준이지만, 일상생활에서 장애를 보이며, 인터넷 사용시간이 늘어나고 집착을 하게 된다. 학업에 어려움이 나타날 수 있으며, 심리적 불안정감을 보이지만 절반 정도의 학생은 자신이 아무 문제가 없다고 느낀다. 대체로 중·고생은 1일 약 3시간 정도, 초등생은 2시간 정도의 접속시간을 보이며, 다분히 계획적이지 못하고 자기조절에 어려움을 보이며, 자신감도 낮은 경향이 있다.

▷ 인터넷 과다사용의 위험을 깨닫고 스스로 조절하고 계획적으로 사용하도록 노력한다. 인터넷중독에 대한 주의가 요망되며, 학교 및 관련 기관에서 제공하는 건전한 인터넷 활용지침을 따른다.</td></tr>
</table>

<table>
<tr><td>채점방법</td><td colspan="2">1점 ☞ 전혀 그렇지 않다
2점 ☞ 때때로 그렇다
3점 ☞ 자주 그렇다
4점 ☞ 항상 그렇다</td><td>채점하기</td><td>총점 ▶ ① 1~40번 합계
요인별 합계 ▶ ② 1요인(1~9번) 합계
③ 4요인(19~24번) 합계
④ 7요인(36~40번) 합계</td></tr>
<tr><td rowspan="4">일반
사용자군</td><td>중·고교생</td><td colspan="3">총점▶ ① 94점 이하
요인별▶ ② 1요인 22점 이하 ③ 4요인 15점 이하 ④ 7요인 14점 이하</td></tr>
<tr><td>초등학생</td><td colspan="3">총점▶ ① 81점 이하
요인별▶ ② 1요인 17점 이하 ③ 4요인 13점 이하 ④ 7요인 12점 이하</td></tr>
<tr><td colspan="4">판정: ①~④ 모두 해당되는 경우</td></tr>
<tr><td colspan="4">중·고생의 경우 1일 약 2시간, 초등생 약 1시간 정도의 접속시간을 보이며, 대부분 인터넷 중독 문제가 없다고 느낀다. 심리적 정서문제나 성격적 특성에서도 특이한 문제를 보이지 않으며, 자기행동을 잘 관리한다고 생각한다. 주변 사람들과의 대인관계에서도 자신의 충분한 지원을 얻을 수 있다고 느끼며, 심각한 외로움이나 곤란함을 느끼지 않는다.

▷ 인터넷의 건전한 활용에 대하여 자기 점검을 지속적으로 수행한다.</td></tr>
</table>

출처: 한국정보문화진흥원(https://www.kado.or.kr/).

제5장 청소년정책

1. 청소년정책

1) 청소년정책의 변천과정

청소년정책의 변천과정은 7단계로 나눌 수 있다.

1단계인 1948년 8월부터 1964년까지는 청소년정책을 조정하는 기구도 없고, 전담하는 행정기구도 없었던 시기이다. 이 시기 청소년정책은 각 부처별로 청소년과 관련된 정책을 산발적으로 추진하는 것이 전부였다.

2단계는 1964년 10월부터 1977년까지의 13년간이다. 이 시기에 내무부 및 무임소장관실에 청소년보호대책위원회를 설치 · 운영하였다. 주요 업무는 문제청소년에 대한 규제 및 보호위주의 정책을 추진하였다. 이 시기 청소년정책의 특징은 부처차원의 조정과 보호위주의 정책추진으로 요약할 수 있다.

3단계는 1977년 8월부터 1988년까지이며, 이 시기 청소년정책은 2단계의 부처차원의 조정에 한계를 느끼고 이를 극복하기 위하여 정부차원의 조정을 시작하게 되었다. 국무총리실에 청소년대책위원회를 설치하여 범정부적 조정을 시작하였으며, 1983년 4월부터 1985년 1월까지는 청소년관련 정책이 문교부 소관으로 이관하였다가 다시 1985년 2월 국무총리실로 이전하였다.

[표 5-1] **청소년정책의 변천**

단계	시기	기간	특성	명칭	주무부처
1단계	1948.8.~1964.9.	16년	부처별 산발추진	부처별 관련업무 추진	각 부처
2단계	1964.10.~1977.8.	13년	부처차원의 조정	청소년보호대책위원회	내무부/무임소장관실
3단계	1977.8.~1988.6.	11년	정부차원의 조정	청소년대책위원회	국무총리실/문교부
4단계	1988.6.~2005.4.	7년	정부차원의 조정, 부처차원의 총괄 집행	청소년육성위원회	체육부/체육청소년부/ 문화체육부/ 문화관광부/ 국무총리실 (청소년보호위원회)
5단계	2005.4~2008.2.	3년	청소년조직 통합, 단일청소년 전담 조직 출범	청소년위원회/ 국가청소년위원회	국무총리실
6단계	2008.3~2010.2.	2년	정부차원 통합	보건복지가족부	보건복지가족부
7단계	2010.3.~현재		여성가족부 개편 및 이관	여성가족부	여성가족부

자료: 여성가족부(2010).

4단계는 청소년정책 발전의 모태라 할 수 있는 청소년육성법이 시행된 1988년 6월 1일부터 2005년 4월까지로 볼 수 있다. 청소년육성법이 시행되면서 청소년관련 전담조직이 설치 · 운영되기 시작하였는데, 전체 청소년에 대한 종합적 · 장기적 정책을 수립하고 추진하기 위해 체육부가 관장하는 청소년육성위원회가 설치되고, 체육부 내에 청소년국이 신설되었다. 이는 곧 청소년정책 조정실로 확대되었으며, 이 시기 청소년헌장이 제정(1990년 5월 12일)되었다.

1990년 12월 체육부의 명칭이 체육청소년부로 바뀌면서 청소년업무의 영역이 확장되고 청소년정책이 활성화되기 시작하였다. 이 시기 우리나라 청소년정책의 근간이 되는 한국청소년기본계획이 수립(1991년 6월 27일)되었고, 청소년육성법을 대체하는 청소년기본법이 제정(1991년 12월)되었다. 이후 1993년 문화체육부로 통합 시 청소년정책조정실은 청소년정책실로 명칭이 변경되었다. 이 시기 1998년부터 2002년까지의 청소년육성5개년계획이 수립되었으며, 1998년 10월 25일 새로운 청소년헌장을 제정하게 되었다.

이와 함께 청소년정책 기구조정도 함께 단행되었는데, 문화체육부 청소년정책실 산하에 청소년보호위원회를 따로 두게 되었다. 이후 청소년보호위원회는 1998년 2월 국무총리 산하로 이관됨에 따라 청소년정책은 청소년육성을 전담하는 문화관광부와 청소년보호를 전담하는 청소년보호위원회로 분리되었다.

제5단계는 2005년 4월 청소년정책 조직의 통합과 단일 청소년전담조직이 출범한 이후부터 2008년 2월까지로 볼 수 있다. 그동안 이원화된 청소년 중앙행정조직은 체계적 · 종합적 정책수행 곤란, 새로운 청소년정책 환경변화에 능동적 대처 미비, 각 부처에 산재한 청소년정책의 총괄 · 조정역할의 어려움 등의 문제를 지니고 있었다. 따라서 2004년 12월 17일 정부혁신지방 분권위원회에서는 정부의 청소년기능(육성 및 보호) 통합을 위해 국무총리소속으로 「청소년위원회」 설치를 확정 · 발표하였다. 2004년 12월 20일 「청소년위원회」 설립 추진단을 구성 · 운영하였으며, 2005년 4월 27일 국무총리 소속하의 「청소년위원회」를 공식적으로 발족, 청소년기본법 개정에 따라 2006년 3월 30일 「국가청소년위원회」로 명칭을 변경하였다.

제6단계는 2008년 3월 정부조직 개편으로 아동과 청소년정책이 통합되어 보건복지가족부로 편입된 후부터 2010년 2월까지를 말한다.

제7단계는 2010년 1월 18일 가족 해체 및 다문화 가족 등 현안 사항에 적극 대응하기 위하여 보건복지가족부의 청소년 및 다문화 가족을 포함한 가족 기능을 여성가족부로 이관하는 내용의 정부조직법을 개정하고 "여성부"가 "여성가족부"로 개편되어, 여성정책의 조정 · 종합, 여성의 권익증진 등 지위향상뿐만 아니라 가족정책 및 청소년의 육성 · 보호 기능을 수행하고 있는 단계를 말한다.

2) 제5차 청소년정책기본계획

첫째, 청소년의 다양한 역량강화 영역으로 청소년들의 균형 있는 성장을 위해 다양한 체험 활동 기회를 확대하고 글로벌 역량강화를 위한 청소년 국제교류를 활성화하며, 청소년문화의집 등 청소년 역량개발 인프라 확대 및 지역사회 협력을 통한 청소년 체험활동을 활성화하는 한편, 인성 · 배려 · 나눔 함양을 위해 청소년 시기에 꼭 필요한 자원봉사활동, 기부활동 및 인성 및 민주시민 교육을 지원하도록 하고 있다.

둘째, 청소년의 참여 및 권리 증진 영역으로서, 정책의 주체인 청소년들이 직접 정책 결정과정에 참여하는 수 있는 기회를 확대하고, 다양한 매체를 활용해 적극적인 참여를 유도하며, 청소년들의 의견이 실질적으로 반영될 수 있는 제도적 장치를 마련하고, 청소년의 신체적 · 정신적 건강 강화를 위한 지원 및 유엔 아동권리협약 권고사항에 대한 이행을 점검하여 청소년 권리 교육을 강화하는 내용을 담고 있다.

셋째, 청소년의 복지 및 자립 지원 영역으로, 소득 양극화에 따른 취약계층 청소년 지원 확대 및 대상별 맞춤형 서비스를 강화하고, 지역사회 청소년 통합지원체계를 확대 · 강화하여 학교폭력, 가출, 인터넷중독, 학업중단 등 위기 청소년을 체계적으로 지원하며, 학교에서의 진로교육 강화 및 지역사회 진로체험 기회를 확대 · 추진하는 한편, 원활한 성인기 이행을 위하여 창업, 취업지원 및 주거 문제해결을 위한 실질적 정책을 추진하고 있다.

넷째, 청소년 친화적 환경 조성 영역으로서, 청소년들의 삶의 질을 높이기 위한 종합적인 사회 안전망을 구축하고, 청소년들이 안전하고 폭력 없는 환경에서 건강하게 성장할 수 있도록 가정 및 학교, 지역사회 등 생활환경 전반을 청소년 친화적으로 조성하며 청소년 유해매체에 대한 체계적이고 통합적인 관리체계를 구축하여, 청소년 유해매체 대응능력 제고를 위한 매체교육을 강화하도록 하고 있다.

다섯째, 청소년정책 추진체계 강화영역으로, 각 부처의 청소년정책 전반을 심의 · 조정을 위한 청소년정책관계기관협의회의 기능 개편, 지자체 청소년육성위원회의 위상 강화, 청소년전담과 설치 등 지자체 청소년정책 추진 체계를 정비한다. 또 청소년정책 추진의 민간 참여와 역할 확대, 청소년지도자의 처우개선 및 역량 강화, 청소년정책 영향평가제 도입을 위한 청소년정책의 합리적이고 과학적인 정책 추진 기반 마련을 도모하고 있다.

[그림 5-1] 제5차 청소년정책기본계획

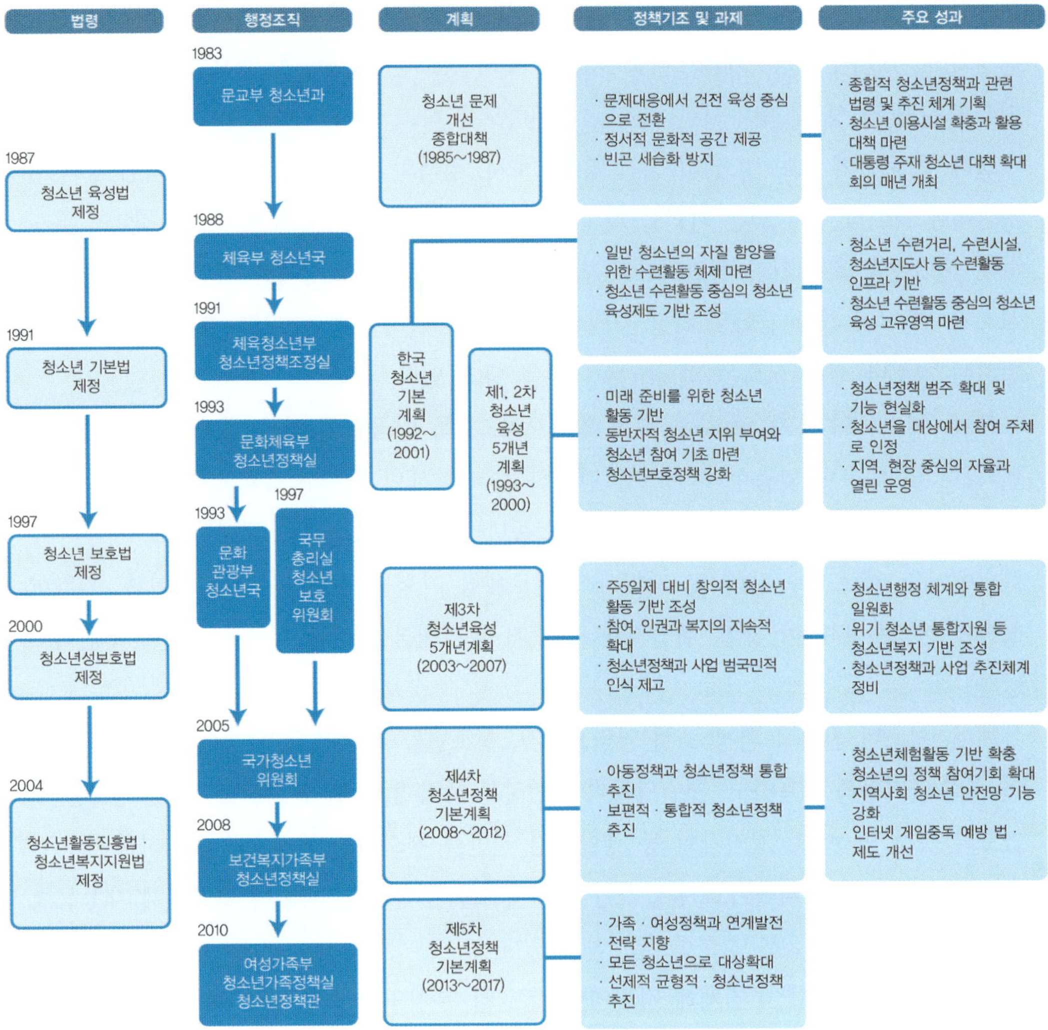

자료: 여성가족부(2013).

3) 기본계획 수립과 청소년육성정책의 변천 과정

그간 우리나라의 청소년정책은 어떻게 변천·발전하여 왔으며, 그 내용은 어떠했는가를 살펴봄으로써 청소년육성기본계획의 내용과 방향을 가늠할 수 있을 것이다.

(1) 청소년 규제위주의 보호정책(1945년~1976년)

1948년 정부수립 이후 1950년대까지는 별도의 청소년정책이 존재하지 않았다. 1960년대부터 1980년대에 이르는 기간에는 농경사회에서 산업사회로의 급격한 변화를 겪으면서 정부에 의해 경제발전계획이 수립되었으나, 경제정책에 역점을 두고 국가의 부(富) 창출에만 전력한 관계로 청소년육성정책은 교육정책의 일부분으로 취급하였으며, 청소년을 대상으로 제도화된 법은 1961년 '미성년자보호법', 1962년의 '아동복리법', 1964년에 설치된 '청소년보호대책위원회'가 청소년정책의 전부였다.

청소년보호대책위원회는 청소년의 선도와 보호에 필요한 종합적인 대책을 강구하기 위하여 국무총리 산하 자문기관으로서 청소년과 관련된 전반적인 사항을 심의·건의하고 이의 시행을 위한 관계기관 및 단체와의 협조와 조정의 업무를 담당하였다. 이 위원회는 '중앙위원회'와 '시·도 위원회' 및 169개 '시·군·구 위원회'로 구성되었으며, 중앙위원회는 관련부처 차관 및 민간인을 위원으로 구성하였고 내무부장관이 위원장이었다.

미성년자 보호법은 청소년보호대책의 근거 법률로서, 미성년자의 흡연이나 음주 및 선량한 풍속을 해칠 염려가 있는 유행장, 유흥접객업소, 사행행위장, 유기장 등의 출입을 금지하고 미성년자의 보호에 필요한 사항을 규정하였다.

이 시기는 법제의 내용과 위원회의 명칭 및 청소년육성업무를 내무부에서 맡아 한 것에서 나타나는 바와 같이, 주로 문제청소년에 대한 대책차원에서의 규제위주의 보호정책이 핵심이었으며, 정책사업으로는 청소년의 달 행사, 청소년백서 발간, 사랑의 종 보급운동 전개, 청소년풍기순화기관 설정, 비행성 예측방법연구, 청소년피해실태조사 등이 수행되었다.

(2) 청소년 선도 및 지원정책(1977년~1984년)

이 시기는 1977년 8월부터 종전 내무장관이 위원장이었던 '청소년보호대책 위원회'가 국무총리를 위원장으로 하는 '청소년대책위원회'로 발전되면서 국무총리실에 청소년정책 전담부서가 설치된 1985년 1월 이전까지이다. 이때 기존의 '아동복리법'이 '아동복지법'으로 전면 개정되어 적용대상이 요보호아동에서 모든 아동으로 확대되었으며, 청소년 전담부서는 아니지만 청소년대책위원회의 업무가 크게 강화된 점이 특징이었다.

이 시기의 청소년대책위원회는 청소년보호 및 선도에 관한 종합적인 중앙 대책기구의 성격을 지니고 산하에 '청소년대책실무위원회'가 설치되었고, 시 · 도 단위는 물론 읍면동 단위까지 '청소년대책위원회'가 설치되었다. 위원회의 구성은 국무총리를 위원장으로 하고 내무부장관과 문교부장관이 부위원장으로, 1977년부터 1983년까지는 국무총리실에서, 1983년부터는 문교부에서 간사업무를 담당하여 운영하였으나, 청소년업무 추진부서의 분산, 예산지원의 부족, 총괄조정기능의 미흡 등으로 큰 성과를 얻지 못하였으며, 다만 1984년에 청소년종합대책추진방안이 마련되었다는 점이 특징이었다고 할 수 있다.

(3) 청소년육성정책의 체계화(1985년~1990년)

이 시기는 1985년 1월 국무총리실에 청소년정책전담부서가 설치되고 '체육부'가 '체육청소년부'로 개칭된 1990년대까지의 기간에 해당되고, 청소년업무를 보다 효율적으로 집행하기 위해서 1987년 11월 28일 '청소년육성법'을 제정하고, 체육부 내에 청소년업무 전담부서인 '청소년국'을 설치하고 종래의 '청소년대책위원회'를 '청소년육성위원회'로 개편하여 그 기능을 대폭 보강하였으며(위원장, 국무총리, 민간인 18명), 체육부에 청소년업무의 총괄조정 기능을 부여하였다. 또한 '제6차 경제사회발전 5개년계획'에 청소년부문이 최초로 포함되는 주요한 제도적 발전이 있었다.

1988년 6월에 청소년정책 전담부서로 체육부에 청소년국이 신설됨과 동시에, 시 · 도 '청소년과'가 신설되었으며, 그 후 체육청소년부로 개칭되면서 '청소년국'은 '청소년정책조정실'로 확대 개편되어 청소년행정의 비중이 크게 강화되고, 시 · 군 · 구 단위에 '체육청소년계'가 신설되어 청소년행정전달체계가 확립되었다. '청소년육성위원회'는 '청소년육성법'에 근거하여 설치되었으며, 국무총리를 위원장으로 20개 중앙부처의 장과 19명의 민간위원으로 구성되었고, 청소년육성종합계획의 수립, 관계행정기관시책 조정, 청소년시설 설치관리 및 지원, 청소년단체 육성지원, 지도자 양성, 청소년인격형성 심신단련 및 국제교류사업 등을 추진하도록 하였다.

'청소년육성실무위원회'는 체육청소년부 차관을 위원장으로 25개 중앙행정기관의 국장급과 15명의 민간위원으로 구성되었으며, 지방위원회는 '시 · 도 청소년육성위원회' 및 '시 · 도 청소년육성실무위원회', '시 · 군 · 구 청소년육성위원회'가 구성되어, 청소년정책은 새로운 단계로 접어들게 되었다.

1990년 5월 12일에는 청소년들이 나아가야 할 방향과 이념을 명시한 '청소년헌장'을 제정 · 선포하였는데, 청소년의 권리와 의무, 가정의 역할, 학교의 올바른 지위, 사회의 책임, 국가의 책임, 세계의 주역으로서의 청소년의 위치 등을 천명하였다. 청소년헌장은 바람직한 이상이나 도달목표를 종이 위에 담아보는 선언적 성격을 지니고 있기는 하나, 그 이념과 내용이 후에 제정된 '청소년기본법'에 그대로 반영되어 청소년과 관련된 법규의 제정과 개정, 해석의 기준이나 근거로 작용하게 되었다.

이 시기의 청소년정책사업 분야로는 청소년 건전활동지원, 가정의 자녀지도 · 보호기능 강화, 학교의 선도기능 강화, 청소년유해 사회환경 정비, 취약 계층 청소년보호지원, 비행청소년 선도교화, 청소년육성기반 정착 등이며, 청소년업무를 본격적으로 추진하게 된 체육청소년부에서는 청소년의 육성을 위한 가정, 학교, 사회 각 영역에 걸친 장기종합계획을 수립하고 청소년업무를 추진하는 각 기관별로 매 연도별 청소년육성종합계획을 수립 · 시행(31개 부처, 처, 청 및 15개 시 · 도)하도록 하였으며, 1989년 7월 1일에는 한국청소년연구원 및 한국청소년단체협의회를 설립하였다.

(4) 청소년육성정책의 인프라 구축(1991년~1997년)

1991년 이후의 청소년정책은 한국청소년기본계획의 수립, 청소년기본법의 제정, 청소년육성5개년계획 수립 등으로 구분할 수 있는데, 이는 청소년육성정책의 제도화 단계로 평가될 수 있다.

청소년에 대한 사회적이고 국가적인 관심이 높아지는 가운데 체육청소년부로의 명칭 변경, 청소년정책조정실로의 확대로 청소년업무를 담당하게 하였으며, 1993년 문민정부의 탄생과 함께 신한국창조를 위한 개혁조치의 일환으로 행정조직 운영의 효율성 제고를 위해 종전의 문화부와 체육청소년부를 통합하여 문화체육부(1993년 3월 6일)가 발족되었다.

'청소년기본법'은 '한국청소년기본계획'을 효과적으로 추진할 수 있는 법적 뒷받침을 하기 위하여 기존의 '청소년육성법'의 개정만으로는 곤란하다는 인식에서 '청소년육성법'에서 미진하였던 청소년수련활동시설의 필수요건인 청소년지도자의 양성 및 지원, 청소년단체의 육성, 수련거리의 개발과 보급, 청소년육성기금의 조성 등에 대하여 전면적으로 개정하거나 보완하였으며, 청소년 수련시설의 확보를 위한 보다 적극적인 규정을 포함하여 1991년 12월 31일 법률 제4477호로 공포하였다.

이 시기의 주요정책사업은 '한국청소년기본계획'의 수립과 시행인데, 이는 1,360만여 모든 청소년들이 꿈과 희망을 갖고 유능한 사회인으로 성장할 수 있는 기반구축과 여건을 조성하고, 청소년 스스로가 심신을 단련하고 자질을 개발할 수 있도록 수련거리와 시설 마련, 청소년지도자를 양성하고 수련활동에 참여할 수 있는 시간과 동기를 마련하기 위한 제도와 국민의식의 개혁에 범정부적이고 국민적인 노력을 경주할 수 있는 기틀을 마련하였다. 이 계획은 또한 건국 이래 처음으로 10개년 동안의 장기적이고 종합적인 청소년정책을 수립하고 일부 문제청소년 위주의 단기적이고 규제적인 청소년정책을 탈피하여, 모든 청소년을 대상으로 한 정책으로 전환하여 21세기를 대비하는 청소년정책방향을 제시하고 있다. 그 주요 내용은 청소년의 자발성과 자율성에 기초한 능동적 삶을 실현할 수 있게 하고 이를 위해 보다 나은 기회가 부여되어 청소년 성장요람을 조성함으로써 민주 · 복지 · 통일조국에 대비하는 청소년의 자질을 함양하는 것을 중점목표로 하며 청소년활동, 청소년복지, 청소년교류, 법제보강, 재정확충 및 운영 기대효과의 5대 부분으로 구성되었다. 청소년활동부문은 청소년들로 하여금 다양한 삶을 체험할 수 있도록 한 점을, 청소년복지부문은 청소년을 둘러싼 사회여건개선과 소외된 청소년지원에 관한 사항을, 청소년교류부문은 청소년의 국제적 감각고양과 통일조국 기반구축을 위한 내용을 담고 있으며, 법제보강과 재정의 확충부문은 청소년을 배려하는 사회적 국민 일반 관념의 전환과 시책을 펼 수 있도록 여건을 조성해 주는 것으로 구성되어 있다.

(5) 청소년의 인권신장과 자율 참여확대(1998년 이후)

선진국의 청소년정책 발전 추세는 제1단계로서 청소년보호단계인데, 이는 청소년들의 비행 예방과 선도 및 보호, 사회적 유해환경을 정화하는 일이다. 제2단계는 청소년육성단계로, 청소년들이 민주 시민으로서의 자질을 함양하고 자원봉사활동, 창의성 계발, 극기훈련 등 미래지향적인 능력을 가질 수 있도록 한다. 제3단계는 청소년의 사회적응단계로, 청소년들의 적성과 특기를 조기에 발견하여 직업 선택과 적응 훈련에 도움을 주고, 청소년들이 지역사회에 적극 참여함으로써 미래의 주인공이 아니라, 오늘의 참여자로서의 권익을 넓혀가는 단계이다. 구미의 선진국은 현재 3단계에 와 있으며, 우리나라도 1, 2단계를 더욱 충실히 하면서 3단계 작업을 동시에 준비하기 위하여 21세기 청소년상 정립 및 청소년헌장의 개정, 그리고 제1, 2차 청소년육성5개년계획의 수립 및 시행을 통하여 청소년들의 인권신장과 자율참여의 확대로 사회발전의 동반자로서 인정하는 정책을 추진하여 왔으며, 나아가 국가경쟁력 배양의 일환으로 청소년개발(youth development)이라는 인적자원개발의 한 축을 마련하고자 제3차 청소년육성기본계획을 수립하였다(자료: 제3차 청소년육성기본계획(2003~2007)의 방향과 주요 실천과제, 한국청소년개발원, 함병수).

① 제1차 청소년육성 5개년계획(1993~1997)

제1차 청소년육성 5개년계획에서는 청소년사업을 내용에 따라 개정과 학교의 역할 증대, 청소년보호 및 선도, 건전한 청소년활동의 지원, 청소년교류의 활성화, 국민참여 확산 및 추진 체계 강화 등의 다섯 가지 정책과제로 분류하였다.

② 제2차 청소년육성 5개년계획(1998~2002)

1998년 제2차 청소년육성 5개년계획의 확정과 시행은 청소년정책의 발전사와 활동현장에 매우 의미 있는 제2의 전환점이었다. 제2차 청소년육성 5개년계획은 시기적으로 맞물린 새로운 세기를 위한 정책비전과 전망을 제시했을 뿐만 아니라, 계획이 담고 있는 내용에서 종전의 정책, 특히 80년대 중반 이후 당시까지의 청소년정책 흐름을 크게 바꾸는 방향전환을 제공하였다. 사실 1998년 5월부터 본격적으로 준비된 제2차 청소년육성 5개년계획(이하 5개년계획)은 적지 않은 기초작업을 토대로 수립되었다. 문화관광부와 한국청소년개발원의 시안연구(5월), 토론회 및 공청회(5월과 6월), 관련기관 · 단체 협의(6월), 정책자문회의(6월~7월), 청소년 의견수렴 등을 거쳐 제2차 5개년계획은 동년 7월 28일 청소년육성위원회의 심의 · 의결을 거쳐 확정, 시행되었다.

③ 제3차 청소년육성 5개년계획

〈청소년육성 5개년계획〉(2003~2007)에서의 중점 추진 과제를 살펴보자.

제3차 청소년육성기본계획은 제2차 청소년육성 5개년계획의 기조를 크게 벗어나지 않는 범위 내에서 '청소년 삶의 실제적 변화와 청소년관련 현장의 실질적 개선'에 초점을 맞추어 수립 · 시행되었다.

주류화(mainstreaming), 지역화(localization), 차별화(differentiating), 파트너십(partnership)을 추진전략으로 삼았고, 이를 위한 5대 정책과제는 다음과 같다.

첫째, 청소년 권리신장 및 자발적 참여 기반 구축

둘째, 주 5일제 대비 창의적 청소년활동 여건 조성

셋째, 취약계층 청소년복지 지원 강화

넷째, 청소년건강 보호 및 유해환경 정화

다섯째, 추진체제 정비 및 범국민적 참여 확산 제시

청소년 권리 신장과 자발적 참여기회 구축

· 청소년의 참정권 확대
· 청소년특별회의 신설
· 청소년운영위원회 구성, 운영
· 청소년할인제도 개선
· 청소년참여위원회 구성, 운영

주5일제 대비 창의적 청소년활동 여건 조성

· 청소년수련시설 확충
· 청소년 국제교류활동 활성화
· 청소년수련활동 인증제 시행
· 청소년직업교육 확대 및 취업지원
· 청소년지도사 가격점정제도 개선

취약계층 청소년 복지지원 강화

· 소외계층 청소년을 위한 다양한 학습공간 제공
· 소외청소년을 위한 장학사업 확대
· 교육 복지 투자우선 지역사업 연계사업 확대

청소년건강 보호 및 유해환경 정화

· 청소년안전교육 및 안전관리체계 구축
· 건전한 사이버 환경 조성
· 청소년쉼터 확대 및 운영지원 강화
· 청소년 성보호 및 성비행 예방
· 청소년폭력 예방과 선도
· 청소년 학대 예방과 보호 내실화

자료: 제3차 청소년육성기본계획(2003~2007)의 방향과 주요 실천과제, 한국청소년개발원, 함병수.

④ 제4차 청소년기본계획(2008~2012)

[표 5-2] 제4차 청소년기본계획(2008~2012)

영역	소영역	세부추진과제
1. 청소년 활동기반 보강	1. 청소년활동 여건 강화	1. 청소년활동 시설 확충 및 보강 2. 청소년활동프로그램의 특성화·전문화 추진 3. 청소년활동지도 인력의 전문화
	2. 청소년활동 활성화를 위한 제도 정비	1. 청소년활동에 대한 사회적 인식 개선과 신뢰 구축 2. 주 5일 수업제 전면 실시 대비 청소년활동 지원체계 구축

영역	소영역	세부추진과제
1. 청소년 활동기반 보강	3. 글로벌사회 청소년 자율 · 참여 · 진로 개발 지원	1. 청소년 자율 · 참여 활동 지원 2. 청소년자원봉사활동 활성화 3. 청소년 진로개발 지원 4. 청소년 글로벌 역량 강화 지원
2. 청소년 복지와 인권향상	1. 일반청소년 복지 증진	1. 청소년 우대제도의 개선 · 확대 2. 청소년 건강 증진 3. 청소년 안전관리 체계 구축
	2. 위기청소년 상담 · 치료 · 자활 체계 강화	1. 위기청소년 지원체계 구축 2. 위기청소년 상담 확대 및 청소년복지시설 운영 내실화 3. 위기청소년 치료 · 자립 지원 강화
	3. 취약계층 청소년 복지지원 확대	1. 저소득청소년 복지지원 강화 2. 다문화가정 청소년의 학교 및 사회적응 지원 3. 학업중단청소년 및 장애청소년 복지지원 확대
	4. 청소년 인권 복지 증진 및 홍보 강화	1. 청소년의 권리증진 확대 2. 유엔아동권리협약 이행 강화
3. 청소년 친화적 환경 조성	1. 청소년 친화적 생활환경 구축	1. 청소년 유해환경 개선을 위한 체계강화 2. 음주 · 흡연 등 청소년유해약물 규제강화 3. 청소년 친화적 지역사회 구축
	2. 청소년에게 유익한 매체환경 조성	1. 청소년 유익매체환경 활성화 기반 마련 2. 청소년 매체환경의 유해성에 대한 규제체계 강화 3. 청소년의 사이버 역기능 피해 예방 · 재활 지원 4. 청소년 미디어교육 및 매체활용 능력제고
	3. 청소년 성보호 강화	1. 청소년 성보호 체계 강화 2. 성범죄 피해청소년 보호 및 성비행 청소년 선도
4. 추진 체계 강화	1. 청소년정책 인프라 구축 강화	1. 청소년정책 추진 인프라 정비 2. 청소년정책 지원 인프라 강화
	2. 청소년정책 조정 · 평가 기능 강화	1. 통합적 청소년정책 추진체계 정비 및 확대 2. 청소년 핵심역량체계 개발 및 정책 평가체계 구축 · 운영

자료: 문화관광부(2003), 참여정부 청소년육성기본계획('03~'07); 한국청소년정책연구원(2007), 제4차 청소년정책기본계획 수립 연구.

⑤ 제5차 청소년기본계획(2013~2017)

[그림 5-2] **제5차 청소년정책기본계획**(2013~2017) **비전, 목표 및 정책과제**

비 전	청소년이 행복한 세상, 청소년이 꿈꾸는 밝은 미래	
목 표	■ 청소년의 역량함양 및 미래핵심인재로 양성 ■ 청소년의 자기주도적 참여와 권리증진 ■ 청소년의 균형 있고 조화로운 성장 ■ 청소년의 안전하고 건강한 생활 환경	
정책 과제	5대 영역 15대 중점 과제	
	청소년의 다양한 역량 강화	1. 청소년 역량 증진 활동 활성화 2. 글로벌 · 다문화 역량 강화 3. 청소년의 인성 및 민주시민 교육 강화
	청소년 참여 및 권리 증진	4. 청소년의 참여 활성화 5. 청소년의 건강권 보호 6. 청소년의 권리증진 기반 조성
	청소년 복지 및 자립 지원	7. 대상별 맞춤형 서비스 강화 8. 위기청소년 보호 · 지원 강화 9. 청소년(청년) 진로체험 및 자립 지원
	청소년 친화적 환경 조성	10. 건강한 가정 및 지역사회 조성 11. 안전한 생활환경 조성 12. 건전한 매체환경 조성 및 의식제고
	청소년정책 추진체계 강화	13. 범부처 정책 총괄 · 조정 기능 강화 14. 청소년 시원 인프라 보강 15. 청소년정책 추진기반 강화

4) 청소년 관련업무 추진기관

고유기능에 따라 청소년관련 업무를 추진 중인 중앙정부 부처(여성가족부 포함)의 청소년 관련 업무를 제5차 청소년정책기본계획상 정책 영역별로 분류하면 다음과 같다.

[표 5-3] **청소년정책 영역별 소관부처 현황**

영역	세부과제	소관부처
청소년의 다양한 역량 강화	청소년역량지수 개발	여성가족부
	청소년시설 인프라 확대 및 역량 강화	여성가족부
	학교-지역사회 협력 등을 통한 체험활동 강화	여성가족부, 교육부, 전부처
	청소년희망카드 도입	여성가족부
	청소년문화예술활동 활성화	여성가족부, 문화체육관광부
	청소년 자원봉사 및 기부문화 활성화	여성가족부, 교육부, 안전행정부, 보건복지부
	자기주도적 체험활동 확산 추진	여성가족부
	모든 청소년의 다문화 감수성 함양	여성가족부, 문화체육관광부
	다문화 프로젝트 추진	여성가족부
	한민족 청소년 네트워크 구축	여성가족부, 외교부
	청소년 국제교류 프로그램 다원화	여성가족부, 외교부
	남북한청소년교류기회활성화를 위한 기반조성 및 상호이해증진	통일부
	인성교육 및 품성계발 지원체계 강화	여성가족부, 교육부, 안전행정부, 문화체육관광부, 방송통신위원회
	청소년 언어순화 프로그램 개발 및 보급	교육과학기술부, 문화체육관광부
	청소년 민주시민보급 강화	여성가족부, 교육부
	건강한 또래문화 형성을 위한 또래상담활성화	여성가족부, 교육부
청소년의 참여 및 권리증진	온라인 · 미디어매체활용 참여확대	여성가족부
	청소년의 정책결정과정 참여확대 및 모니터링제 강화	여성가족부
	청소년 참여기구 운영 활성화	여성가족부, 교육부, 보건복지부
	청소년 참여예산제 도입	여성가족부

영역	세부과제	소관부처
청소년의 참여 및 권리증진	청소년 체력 강화	여성가족부, 교육부, 문화체육관광부
	청소년의 충분한 수면권 보장 및 비만 예방	여성가족부, 교육부, 보건복지부, 식품의약품안전처, 농림축산식품부, 해양수산부
	학교·지역사회 건강관리 연계·협력체계구축을 통한 건강지원 강화	여성가족부, 교육부, 보건복지부
청소년의 참여 및 권리증진	청소년정신건강위기도검사 및 적절개입프로그램 개발·운영	여성가족부, 교육부, 보건복지부
	유엔 아동권리협약 권고 이행 및 권리 교육 강화	여성가족부, 각 부처
	건전한 근로환경 여건 조성	여성가족부, 고용노동부
	청소년 연예인 기본권 보호 강화	여성가족부, 문화체육관광부, 방송통신위원회
	미디어컨텐츠 소비자로서의 청소년 권리보호 강화	여성가족부
	청소년 권리에 대한 교육 실시 및 문화 조서	교육부, 문화체육관광부
청소년의 복지 및 자립지원	다문화가족 청소년의 건강한 성장을 위한 지원 확대	여성가족부, 교육부
	이주배경 청소년 맞춤형 지원을 통한 사회적응 강화	여성가족부, 교육부, 법무부, 국방부, 고용노동부
	저소득·장애·농산어촌청소년 복지서비스 강화	여성가족부, 교육부, 보건복지부, 문화체육관광부, 고용노동부, 농립축산식품부, 해양수산부
	한부모 및 조손가정, 청소년 한부모 지원 확대	여성가족부
	요보호아동 자립 지원 강화	여성가족부
	정서적·행동적장애청소년 치료재활서비스 강화	여성가족부
	취약계층 및 맞벌이 가정 청소년 방과 후 지원 기능 강화	여성가족부, 보건복지부
	지역사회 청소년 통합지원체계 확대	여성가족부
	위기청소년 선제적 발굴 체계 구축	여성가족부
	학업중단 청소년 맞춤형 서비스 강화	여성가족부, 교육부, 고용노동부
	가출 청소년 가정복귀 등 보호 지원	여성가족부, 교육부, 경찰청, 국토교통부
	소년원 출원 청소년 사회복귀 지원 강화	여성가족부, 법무부
	학대피해아동·청소년 예방 및 보호지원 확대	보건복지부, 법무부

영역	세부과제	소관부처
청소년의 복지 및 자립지원	위기・취약계층 청소년자립역량 강화	여성가족부, 법무부, 고용노동부, 통일부
	위기청소년 '특별지원' 강화	여성가족부
	지역사회 청소년 직업체험장 추진	여성가족부, 교육부, 고용노동부
	청소년 진로교육 활성화	여성가족부, 교육부
청소년의 복지 및 자립지원	청소년 직업체험활동 강화	여성가족부, 교육부, 고용노동부, 법무부
	청소년(청년) 창업, 취업지원	여성가족부, 교육부, 고용노동부, 중소기업청
	청소년(청년) 주거 지원	교육부, 국토교통부
	청소년(청년) 진로・자립지원 멘토링 네트워크 구축	여성가족부, 고용노동부, 보건복지부
	네트워크기반 직업훈련 도입 등 직업체험환경 여건 강화	고용노동부, 교육부, 중소기업청
청소년 친화적 환경조성	청소년통합지원체계(Cys-Net)중심의 지역사회 이동 및 청소년종합안전망구축	여성가족부
	가족상담 및 가족 공유시간 확대 여건 조성	여성가족부, 교육부, 법무부, 문화체육관광부, 전부처
	「청소년이 행복한 마을」 지표 개발 및 선정	여성가족부
	도시계획 수립 시 유해업소 최소화 확대 추진	여성가족부, 교육부, 국토교통부
	성범죄 등으로부터 안전한 환경 조성	여성가족부, 교육부, 행정안전부, 경찰청, 법무부, 국토교통부
	안전사고 예방 및 안전환경 조성	여성가족부, 교육부, 보건복지부, 안전행정부, 소방방재청
	아동 및 청소년 폭력예방등을 위한 지역사회 안전망 구축	여성가족부, 교육부, 보건복지부, 안전행정부, 경찰청
	학교폭력 예방을 위한 지원 강화	여성가족부, 교육부, 법무부, 경찰청
	청소년 유해환경 개선 및 감시 강화	여성가족부, 교육부, 경찰청
	비행 청소년 예방적・회복적 사법제도 구축	여성가족부, 법무부
	청소년 흡연・음주예방 및 홍보강화	여성가족부, 교육부, 보건복지부
	유해환경 접촉 피해청소년 치료・재활지원 및 선도・보호강화	여성가족부, 교육부, 보건복지부, 경찰청

영역	세부과제	소관부처
청소년 친화적 환경조성	유해매체로부터의 청소년 보호	여성가족부, 문화체육관광부, 방송통신 위원회
	청소년인터넷 게임 중독 예방 및 해소	여성가족부, 문화체육관광부, 교육부, 안전행정부, 보건복지부
	청소년 건전매체 이용환경 조성 및 미디어 교육 강화	여성가족부, 문화체육관광부, 교육부, 방송통신위원회, 보건복지부, 안전행정부
청소년정책 추진체계 강화	청소년정책 위상 및 성과 평가 체계 강화	여성가족부
	지방자치단체 청소년육성위원회 위상 강화	여성가족부
	지방자치단체 청소년전담과 설치 및 청소년전담공무원제 추진	여성가족부
	청소년단체 활동 활성화 지원 강화	여성가족부
	청소년지도자 역량 강화 및 처우개선	여성가족부
	청소년정책 전달체계 정비	여성가족부
	청소년정책 영향평가제 도입	여성가족부
	청소년정책 재정 기반 확충	여성가족부
	정책분석 · 평가에 기반한 정책수립	여성가족부

자료: 여성가족부(2013).

2. 청소년관련법

청소년관련법이라 함은 청소년 또는 청소년육성 및 보호와 직 · 간접적으로 관계가 있는 법으로서 청소년을 직접 대상으로 하거나 청소년의 권리 · 의무에 관계된 조항을 포함하는 모든 법령과 규칙을 말한다. 우리나라에서는 청소년의 선도 및 보호를 위해 1977년 「청소년보호대책위원회규정」이 제정되었으며, 1987년 '국가는 청소년의 복지향상을 위한 정책을 실시할 의무를 진다'는 새로운 청소년정책의 헌법적 근거(「헌법」 제34조)가 마련되었다. 이에 우리나라에서 청소년만을 대상으로 한 「청소년육성법」이 1987년에 제정되었다. 이 법은 청소년육성에 대해 국가의 책임과 의무를 강화하였으며 청소년 전담 행정부서를 두게 되었다. 또한 청소년정책의 기본 이념과 방향을 정립한 청소년 헌장이 1990년에 제정되었고 1998년에는 새롭게 개정하였다. 한국청소년기본계획이 수립(1991. 6)되었으며, 1997년에는 청소년보호를 위한 청소년보호법이 제정되었고, 2000년에는 청소년성보호에 관한 법률이 시행되었다.

1) 헌법

헌법은 청소년육성을 포함한 국민 개개인의 일상생활을 규율하고 지원하는 최고의 법규범으로서, 국민의 기본권, 통치구조, 경제체계 등 국민생활에 필요한 근본적이고 기초적인 사항을 정하는 국가의 기본법이다.

청소년 육성을 규율하는 구체적 헌법 조항으로는 헌법 제10조(인간의 존엄성과 기본권 보장), 제31조(교육을 받을 권리 · 의무 등), 제34조(사회보장 등)를 들 수 있다. 즉, 헌법 제10조는 "모든 국민은 인간으로서의 존엄과 가치를 가지며, 행복을 추구할 권리를 가진다. 국가는 개인이 가지는 불가침의 기본적 인권을 확인하고 이를 보장할 의무를 가진다."고 규정하여 청소년도 인간으로서 존엄성과 가치, 그리고 행복추구권을 갖고 있음을 선언하고 있다.

- 헌법 제31조

① 모든 국민은 능력에 따라 균등하게 교육을 받을 권리를 가진다.

② 모든 국민은 그 보호하는 자녀에게 적어도 초등교육과 법률이 정하는 교육을 받게 할 의무를 진다.

③ 의무교육은 무상으로 한다.

④ 교육의 자주성 · 전문성 · 정치적 중립성 및 대학의 자율성은 법률이 정하는 바에 의하여 보장된다.

⑤ 국가는 평생교육을 진흥하여야 한다.

⑥ 학교교육 및 평생교육을 포함한 교육제도와 그 운영, 교육재정 및 교원의 지위에 관한 기본적인 사항은 법률로 정한다.

- 헌법 제34조

① 모든 국민은 인간다운 생활을 할 권리를 가진다.

② 국가는 사회보장 · 사회복지의 증진에 노력할 의무를 진다.

③ 국가는 여자의 복지와 권익의 향상을 위하여 노력하여야 한다.

④ 국가는 노인과 청소년의 복지향상을 위한 정책을 실시할 의무를 진다.

⑤ 신체장애자 및 질병 · 노령 기타의 사유로 생활능력이 없는 국민은 법률이 정하는 바에 의하여 국가의 보호를 받는다.

⑥ 국가는 재해를 예방하고 그 위험으로부터 국민을 보호하기 위하여 노력하여야 한다.

이러한 헌법의 정신을 법률적인 차원에서 구현하려고 1987년에 제정한 법률이 '청소년육성법'이다. 이 육성법에 따라 정부조직으로 청소년정책조정실이 창설되고 한국청소년기본계획위원회가 구성되었다.

2) 청소년 헌장

- 청소년의 권리

- 청소년은 생존에 필요한 기본적인 영양 · 주거 · 의료 · 교육 등을 보장받아 정신적 신체적으로 균형 있게 성장할 권리를 가진다.
- 청소년은 출신 성별 · 종교 · 학력 · 연령 · 지역 등의 차이와 신체적 정신적 장애 등을 이유로 차별받지 않을 권리를 가진다.
- 청소년은 물리적 폭력뿐만 아니라 공포와 억압을 포함하는 정신적인 폭력으로부터 보호받을 권리를 가진다.
- 청소년은 사적인 삶의 영역을 침해받지 않을 권리를 가진다.
- 청소년은 자유로운 의사에 따라 건전한 모임을 만들고 올바른 신념에 따라 활동할 권리를 가진다.
- 청소년은 배움을 통해 진리를 추구하고 자아를 실현해 갈 권리를 가진다.

- 청소년은 일할 권리와 직업을 선택할 권리를 가진다.
- 청소년은 여가를 누릴 권리를 가진다.
- 청소년은 건전하고 다양한 문화 예술 활동에 자유롭게 참여할 권리를 가진다.
- 청소년은 다양한 매체를 통하여 자신의 삶에 필요한 정보에 접근할 권리를 가진다.
- 청소년은 자신의 삶과 관련된 정책결정 과정에 민주적 절차에 따라 참여할 권리를 가진다.

• 청소년의 책임

- 청소년은 자신의 삶을 소중히 여기며 자신이 선택한 삶에 책임을 진다.
- 청소년은 앞 세대가 물려준 지혜를 시대에 맞게 되살려 다음 세대에 물려줄 책임이 있다.
- 청소년은 가정 · 학교 · 사회 · 국가 · 인류공동체의 성원으로서 자기와 다른 삶의 방식도 존중할 줄 알아야 한다.
- 청소년은 삶의 터전인 자연을 소중히 여기고 모든 생명들과 더불어 살아간다.
- 청소년은 통일 시대의 주역으로서 평화롭게 공존하는 방법을 익힌다.
- 청소년은 남녀평등의 가치를 배우고 이를 모든 생활에서 실천한다.
- 청소년은 가정에서 책임을 다하며 조화롭고 평등한 가족문화를 만들어간다.
- 청소년은 서로에게 정신적 · 신체적 폭력을 행사하지 않는다.
- 청소년은 장애인을 비롯한 소외받기 쉬운 사람들과 더불어 살아간다.

3) 청소년기본법

헌법 다음으로 효력을 가지는 청소년육성정책의 존재형식이며, 청소년육성정책 관련 법률들의 기본 법적 지위를 가진다. 따라서 청소년정책을 다루는 다른 법령을 제정 · 개정할 때나 행정기관이 청소년육성에 관련되는 계획을 수립할 때에는 헌법 규정과 청소년기본법의 규정을 위반해서는 안 된다.

청소년기본법의 기본이념은 청소년이 사회구성원으로서 정당하게 대우받고 권익을 보장받으며 스스로 생각하고 자유롭게 활동할 수 있도록 하는 한편, 미래 사회의 주역으로서 국가와 사회가 필요로 하는 건전한 민주시민으로 자랄 수 있도록 함이다.

청소년육성이라 함은 청소년의 복지를 증진하고 청소년의 수련활동을 지원하며 청소년 교류를 진흥하고 사회여건과 환경을 청소년에게 유익하도록 개선하여 청소년에 대한 교육과 상호 보완함으로써 청소년의 균형 있는 성장을 돕는 것을 말한다. 이 법에서는 청소년을 9세 이상 24세까지로 규정하였고, 청소년육성을 위한 법적 · 제도적 장치와 재원 조달의 책임을 국가와 지방자치단체에 부여하고 있다. 청소년육성정책의 심의 기관으로 청소년육성위원회를 두고, 청소년육성에 관한 총괄 부서를 문화관광부로 하며, 청소년육성의 중요 사항으로 청소년수련활동, 청소년교류활동, 청소년복지, 청소년상담 등을 규정하고 있다.

청소년기본법은 청소년의 권리 및 책임과 가정 사회 국가 및 지방자치단체의 청소년에 대한 책임을 정하고, 청소년정책에 관한 기본적인 사항을 규정함을 목적으로 한 법이다. 이 법은 1991년 12월 31일에 기존 청소년육성법을 폐지하고 새로 제정된 법으로 수련시설의 확충, 수련시설의 개발, 청소년지도자의 양성을 통하여 청소년수련활동을 제도화하고자 하였다.

(1) 목적과 기본이념

청소년의 권리 및 책임과 가정 · 사회 · 국가 · 지방자치단체의 청소년에 대한 책임을 정하고 청소년정책에 관한 기본적인 사항을 규정함을 목적으로 한다.〈개정 2015. 2. 3.〉

- 기본이념

① 이 법은 청소년이 사회구성원으로서 정당한 대우와 권익을 보장받음과 아울러 스스로 생각하고 자유롭게 활동할 수 있도록 하며 보다 나은 삶을 누리고 유해한 환경으로부터 보호될 수 있도록 함으로써 국가와 사회가 필요로 하는 건전한 민주시민으로 자랄 수 있도록 하는 것을 기본이념으로 한다.

② 제1항의 기본이념을 구현하기 위한 장기적 · 종합적 청소년정책을 추진할 때에는 다음 각 호의 사항을 그 추진 방향으로 한다.〈개정 2015. 2. 3.〉

1. 청소년의 참여 보장

2. 창의성과 자율성을 바탕으로 한 청소년의 능동적 삶의 실현
3. 청소년의 성장 여건과 사회 환경의 개선
4. 민주 · 복지 · 통일조국에 대비하는 청소년의 자질 향상[전문개정 2014. 3. 24.]

(2) 내용

제9조(청소년정책의 총괄 · 조정)

청소년정책은 여성가족부장관이 관계 행정기관의 장과 협의하여 총괄 · 조정한다.〈개정 2015. 2. 3.〉

㉠ 청소년시설 및 청소년지도자

- 청소년시설

제17조(청소년시설의 종류)

청소년활동에 제공되는 시설, 청소년복지에 제공되는 시설, 청소년보호에 제공되는 시설에 관한 사항은 따로 법률로 정한다.[전문개정 2014. 3. 24.]

제18조(청소년시설의 설치 · 운영)

① 국가 및 지방자치단체는 청소년시설을 설치 · 운영하여야 한다.
② 국가 및 지방자치단체 외의 자는 따로 법률에서 정하는 바에 따라 청소년시설을 설치 · 운영할 수 있다.
③ 국가 및 지방자치단체는 제1항에 따라 설치한 청소년시설을 청소년단체에 위탁하여 운영할 수 있다.[전문개정 2014. 3. 24.]

- 청소년지도사

제21조(청소년지도사)

① 여성가족부장관은 청소년지도사 자격검정에 합격하고 청소년지도사 연수기관에서 실시하는 연수과정을 마친 사람에게 청소년지도사의 자격을 부여한다.

② 여성가족부장관은 청소년지도사 자격검정에 합격한 사람의 연수를 위하여 필요한 경우에는 대통령령으로 정하는 바에 따라 청소년지도사 연수기관을 지정할 수 있다.

③ 다음 각 호의 어느 하나에 해당하는 사람은 청소년지도사가 될 수 없다.

1. 미성년자, 피성년후견인 또는 피한정후견인
2. 파산선고를 받고 복권되지 아니한 사람
3. 금고 이상의 형을 선고받고 그 집행이 끝나거나 집행을 받지 아니하기로 확정된 후 2년이 지나지 아니한 사람
4. 금고 이상의 형을 선고받고 그 집행유예의 기간이 끝나지 아니한 사람
5. 법원의 판결 또는 법률에 따라 자격이 상실되거나 정지된 사람

④ 여성가족부장관은 제1항에 따른 자격검정을 대통령령으로 정하는 바에 따라 청소년단체 또는 「한국산업인력공단법」에 따른 한국산업인력공단에 위탁할 수 있다.〈신설 2015. 2. 3.〉

⑤ 제1항에 따른 청소년지도사의 등급, 자격검정, 연수 및 자격증 발급 절차 등에 필요한 사항은 대통령령으로 정한다.〈개정 2015. 2. 3.〉 [전문개정 2014. 3. 24.]

㉡ 청소년단체

제28조(청소년단체의 역할)

① 청소년단체는 다음 각 호의 역할을 수행하기 위하여 최선의 노력을 하여야 한다.

1. 학교교육과 서로 보완할 수 있는 청소년활동을 통한 청소년의 기량과 품성 함양
2. 청소년복지 증진을 통한 청소년의 삶의 질 향상
3. 유해환경으로부터 청소년을 보호하기 위한 청소년보호 업무 수행

② 청소년단체는 제1항에 따른 역할을 수행할 때에 청소년의 의견을 적극 반영하여야 한다.[전문개정 2014. 3. 24.]

제29조(청소년단체에 대한 지원 등)

① 국가 및 지방자치단체는 청소년단체의 조직과 활동에 필요한 행정적인 지원을 할 수 있으며, 예산의 범위에서 그 운영 · 활동 등에 필요한 경비의 일부를 보조할 수 있다.

② 학교 및 「평생교육법」 제2조 제2호의 평생교육기관은 청소년단체의 청소년활동에 필요한 지원과 협력을 할 수 있다.

③ 개인 · 법인 또는 단체는 청소년단체의 시설과 운영을 지원하기 위하여 금전이나 그 밖의 재산을 출연할 수 있다.

④ 제1항에 따른 지원 및 보조의 범위 등에 필요한 사항은 대통령령으로 정한다.[전문개정 2014. 3. 24.]

제41조(지방청소년단체협의회)

① 특정지역을 활동 범위로 하는 청소년단체는 청소년육성을 위하여 그 지역을 관할하는 시 · 도의 조례로 정하는 바에 따라 시 · 도지사의 인가를 받아 지방청소년단체협의회를 설립할 수 있다.

② 지방자치단체는 예산의 범위에서 해당 지방청소년단체협의회의 운영경비의 전부 또는 일부를 지원할 수 있다.[전문개정 2014. 3. 24.]

㉢ 청소년활동 및 복지

제47조(청소년활동의 지원)

① 국가 및 지방자치단체는 청소년활동을 지원하여야 한다.

② 제1항에 따른 청소년활동의 지원에 관한 사항은 따로 법률로 정한다.[전문개정 2014. 3. 24.]

조문체계도버튼연혁 제48조(학교교육 등과의 연계)

① 국가 및 지방자치단체는 청소년활동과 학교교육 · 평생교육을 연계하여 교육적 효과를 높일 수 있도록 하는 시책을 수립 · 시행하여야 한다.

② 여성가족부장관이 제1항에 따른 시책을 수립할 때에는 미리 관계 기관과 협의하여야

하며, 전문가의 의견을 들어야 한다.

③ 제2항에 따른 협의를 요청받은 관계 기관은 특별한 사유가 없으면 이에 따라야 한다.[전문개정 2014. 3. 24.]

조문체계도버튼연혁 제48조의 2(청소년 방과 후 활동의 지원)

① 국가 및 지방자치단체는 학교의 정규교육으로 보호할 수 없는 시간 동안 청소년의 전인적(全人的) 성장 · 발달을 지원하기 위하여 다양한 교육 및 활동 프로그램 등을 제공하는 종합적인 지원 방안을 마련하여야 한다.

② 제1항의 종합적인 지원 방안 마련에 필요한 사항은 대통령령으로 정한다.[전문개정 2014. 3. 24.]

조문체계도버튼연혁 제49조(청소년복지의 향상)

① 국가는 청소년들의 의식 · 태도 · 생활 등에 관한 사항을 정기적으로 조사하고, 이를 개선하기 위하여 청소년의 복지향상 정책을 수립 · 시행하여야 한다.

② 국가 및 지방자치단체는 기초생활 보장, 직업재활훈련, 청소년활동 지원 등의 시책을 추진할 때에는 정신적 · 신체적 · 경제적 · 사회적으로 특별한 지원이 필요한 청소년을 우선적으로 배려하여야 한다.

③ 국가 및 지방자치단체는 청소년의 삶의 질을 향상하기 위하여 구체적인 시책을 마련하여야 한다.

④ 제1항부터 제3항까지의 규정에 관하여는 따로 법률로 정한다.

제51조(청소년 유익환경의 조성)

① 국가 및 지방자치단체는 청소년이 정보화 능력을 키울 수 있는 환경을 조성하기 위하여 노력하여야 한다.

② 국가 및 지방자치단체는 청소년에게 유익한 매체물의 제작 · 보급 등을 장려하여야 하며 매체물의 제작 · 보급 등을 하는 자에게 그 제작 · 보급 등에 관한 경비 등을 지원할 수 있다.

③ 국가 및 지방자치단체는 주택단지의 청소년시설 배치 등 청소년을 위한 사회환경과 자연환경을 조성하기 위하여 노력하여야 한다.[전문개정 2014.3.24.]

第52조(청소년 유해환경의 규제)

① 국가 및 지방자치단체는 청소년에게 유해한 매체물과 약물 등이 유통되지 아니하도록 하여야 한다.

② 국가 및 지방자치단체는 청소년이 유해한 업소에 출입하거나 고용되지 아니하도록 하여야 한다.

③ 국가 및 지방자치단체는 폭력 · 학대 · 성매매 등 유해한 행위로부터 청소년을 보호 · 구제하여야 한다.

④ 제1항부터 제3항까지의 규정에 따른 청소년에게 유해한 매체물 · 약물 · 업소 · 행위 등의 규제에 관하여는 따로 법률로 정한다.[전문개정 2014. 3. 24.]

4) 청소년복지지원법

「청소년복지지원법」은 「헌법」 제34조 제4항의 "국가는 노인과 청소년의 복지향상을 위한 정책을 실시할 의무를 진다"에 근거하여 2003년 12월 30일 제정되었다. 국회에 발의된 법률안이 본문 78개 조항과 부칙 3개 조항이었으나 크게 축소되어 입법되었다. 「청소년복지지원법」은 본문 21개 조항과 부칙 3개 조항으로 구성되었는데, 본문은 총칙, 청소년의 인권보장 및 복지향상, 청소년의 건강보장, 특별지원청소년 지원, 교육적 선도, 벌칙 등 6개의 장으로 구성되어 있다.

(1) 목적 및 개념정의

제1조(목적)

이 법은 「청소년기본법」 제49조 제4항에 따라 청소년복지 향상에 관한 사항을 규정함을 목적으로 한다.

조문체계도버튼 제2조(정의)

이 법에서 사용하는 용어의 뜻은 다음과 같다.

1. "청소년"이란 「청소년기본법」 제3조 제1호 본문에 해당하는 사람을 말한다.
2. "청소년복지"란 「청소년기본법」 제3조 제4호에 따른 청소년복지를 말한다.
3. "보호자"란 친권자, 법정대리인 또는 사실상 청소년을 양육하는 사람을 말한다.
4. "위기청소년"이란 가정 문제가 있거나 학업 수행 또는 사회 적응에 어려움을 겪는 등 조화롭고 건강한 성장과 생활에 필요한 여건을 갖추지 못한 청소년을 말한다.

(2) 내용

㉠ 청소년의 우대

제3조(청소년의 우대)

① 국가 또는 지방자치단체는 그가 운영하는 수송시설 · 문화시설 · 여가시설 등을 청소년이 이용하는 경우 그 이용료를 면제하거나 할인할 수 있다.

② 국가 또는 지방자치단체는 다음 각 호의 어느 하나에 해당하는 자가 청소년이 이용하는 시설을 운영하는 경우 청소년에게 그 시설의 이용료를 할인하여 주도록 권고할 수 있다.

1. 국가 또는 지방자치단체의 재정적 보조를 받는 자
2. 관계 법령에 따라 세제상의 혜택을 받는 자
3. 국가 또는 지방자치단체로부터 위탁을 받아 업무를 수행하는 자

③ 제1항 또는 제2항에 따라 이용료를 면제받거나 할인받으려는 청소년은 시설의 관리자에게 주민등록증, 학생증, 제4조에 따른 청소년증 등 나이를 확인할 수 있는 증표 또는 자료를 제시하여야 한다.

④ 제1항 또는 제2항에 따라 이용료를 면제받거나 할인받을 수 있는 시설의 종류 및 청소년의 나이 기준 등은 대통령령으로 정한다.

제4조(청소년증)

① 특별자치도지사 또는 시장 · 군수 · 구청장(자치구의 구청장을 말한다. 이하 같다)은 9세 이상 18세 이하의 청소년에게 청소년증을 발급할 수 있다.

② 제1항에 따른 청소년증은 다른 사람에게 양도하거나 빌려주어서는 아니 된다.

③ 누구든지 제1항에 따른 청소년증 외에 청소년증과 동일한 명칭 또는 표시의 증표를 제작 · 사용하여서는 아니 된다.

④ 제1항에 따른 청소년증의 발급에 필요한 사항은 여성가족부령으로 정한다.

ⓛ 청소년의 건강보장

제5조(건강한 심신의 보존)

① 국가 및 지방자치단체는 청소년의 건강 증진 및 체력 향상을 위한 질병 예방, 건강 교육 등의 필요한 시책을 수립하여야 하며, 보호자는 양육하는 청소년의 건강 증진 및 체력 향상에 노력하여야 한다.

② 국가 및 지방자치단체는 관련 기관과 협의하여 청소년의 건강 · 체력 기준을 설정하여 보급할 수 있다.

③ 제1항 및 제2항에 따른 시책의 마련 및 건강 · 체력 기준의 설정 · 보급에 필요한 사항은 대통령령으로 정한다.

제6조(체력검사와 건강진단)

① 국가 및 지방자치단체는 청소년의 체력검사와 건강진단을 실시할 수 있다.

② 국가 및 지방자치단체는 제1항에 따른 체력검사 및 건강진단의 결과를 청소년 본인에게 알려주어야 한다.

③ 국가 및 지방자치단체는 제1항 및 제2항에 따른 체력검사 · 건강진단의 실시와 그 결과 통보를 전문기관 또는 단체에 위탁할 수 있다.

④ 제1항 및 제2항에 따른 체력검사 · 건강진단의 실시와 그 결과 통보에 필요한 사항은 여성가족부령으로 정한다.

제7조(건강진단 결과의 분석 등)

① 국가 및 지방자치단체는 제6조에 따른 건강진단 결과를 분석하여 청소년의 건강 증진에 필요한 시책을 수립 · 시행하여야 한다.

② 국가 및 지방자치단체는 제1항에 따른 분석을 전문기관에 의뢰할 수 있다.

제8조(건강진단 결과의 공개 금지)

제6조에 따라 건강진단을 실시한 국가 · 지방자치단체 · 전문기관 또는 단체에 근무하였거나 근무하는 사람은 제7조 제1항에 따른 시책을 수립하거나 시행하기 위하여 불가피한 경우를 제외하고는 건강진단 결과를 공개하여서는 아니 된다.

㉢ 위기청소년 지원

제13조(상담 및 교육)

① 국가 및 지방자치단체는 위기청소년에게 효율적이고 적합한 지원을 하기 위하여 위기청소년의 가족 및 보호자에 대한 상담 및 교육을 실시할 수 있다.

② 위기청소년의 가족 및 보호자는 국가 및 지방자치단체가 상담 및 교육을 권고하는 경우에는 이에 협조하여 성실히 상담 및 교육을 받아야 한다.

③ 국가 및 지방자치단체는 여성가족부령으로 정하는 일정 소득 이하의 가족 및 보호자가 제1항의 상담 및 교육을 받은 경우에는 예산의 범위에서 여비 등 실비(實費)를 지급할 수 있다.

제14조(위기청소년 특별지원)

① 국가 및 지방자치단체는 대통령령으로 정하는 바에 따라 위기청소년에게 필요한 사회적 · 경제적 지원(이하 "특별지원"이라 한다)을 할 수 있다.

② 특별지원은 생활지원, 학업지원, 의료지원, 직업훈련지원, 청소년활동지원 등 대통령령으로 정하는 내용에 따라 물품 또는 서비스의 형태로 제공한다. 다만, 위기청소년의 지원에 반드시 필요하다고 인정되는 경우에는 금전의 형태로 제공할 수 있다.

③ 특별지원 대상 청소년의 선정 기준, 범위 및 기간과 그 밖에 필요한 사항은 대통령령으로 정한다.

제15조(특별지원의 신청 및 선정)

① 다음 각 호의 어느 하나에 해당하는 사람은 위기청소년을 특별지원 대상 청소년으로 선정하여 줄 것을 특별자치도지사 또는 시장 · 군수 · 구청장에게 신청할 수 있다. 이 경우 제1호 중 보호자 및 제2호부터 제5호까지의 사람은 해당 청소년의 동의를 받아야 한다.

1. 청소년 본인 또는 그 보호자
2. 「청소년기본법」 제3조 제7호에 따른 청소년지도자
3. 「초 · 중등교육법」 제19조 제1항에 따른 교원
4. 「사회복지사업법」 제11조에 따른 사회복지사
5. 지방자치단체에서 청소년 업무를 담당하는 공무원

② 특별자치도지사 또는 시장 · 군수 · 구청장은 제1항에 따른 신청을 받은 경우에는 운영위원회의 심의를 거쳐 선정 여부와 지원 내용 및 기간을 결정하여야 한다.

③ 특별자치도지사 또는 시장 · 군수 · 구청장은 긴급하게 지원할 필요가 있다고 판단하는 경우 또는 운영위원회가 구성되지 아니한 경우에는 운영위원회의 심의를 거치지 아니하고 제2항의 결정을 할 수 있다.

제16조(청소년 가출 예방 및 보호 · 지원)

① 여성가족부장관 또는 지방자치단체의 장은 청소년의 가출을 예방하고 가출한 청소년의 가정 · 사회 복귀를 돕기 위하여 상담, 제31조 제1호에 따른 청소년쉼터의 설치 · 운영, 청소년쉼터 퇴소 청소년에 대한 사후지원 등 필요한 지원을 하여야 한다.

② 보호자는 청소년의 가출을 예방하기 위해 노력하여야 하며, 가출한 청소년의 가정 · 사회 복귀를 위한 국가 및 지방자치단체 등의 노력에 적극 협조하여야 한다.

③ 여성가족부장관 또는 지방자치단체의 장은 제1항에 따른 청소년 가출 예방 및 보

호 · 지원에 관한 업무를 「청소년기본법」 제3조 제8호에 따른 청소년단체(이하 "청소년단체"라 한다)에 위탁할 수 있다.

제17조(학업중단청소년에 대한 지원)

국가 및 지방자치단체는 다음 각 호의 어느 하나에 해당하는 청소년이 학업에 복귀하고 자립할 수 있도록 필요한 시책을 마련하고 시행하여야 한다.

1. 「초 · 중등교육법」 제2조에 따른 초등학교 · 중학교 또는 이와 동일한 과정을 교육하는 학교에 입학한 후 3개월 이상 결석하거나 같은 법 제14조 제1항에 따라 취학의무를 유예한 청소년
2. 「초 · 중등교육법」 제2조에 따른 고등학교 또는 이와 동일한 과정을 교육하는 학교에서 제적 · 퇴학 처분을 받거나 자퇴한 청소년

제18조(이주배경청소년에 대한 지원)

국가 및 지방자치단체는 다음 각 호의 어느 하나에 해당하는 청소년의 사회 적응 및 학습능력 향상을 위하여 상담 및 교육 등 필요한 시책을 마련하고 시행하여야 한다.

1. 「다문화가족지원법」 제2조 제1호에 따른 다문화가족의 청소년
2. 그 밖에 국내로 이주하여 사회 적응 및 학업 수행에 어려움을 겪는 청소년

㉣ 교육적 선도

제19조(교육적 선도의 실시 등)

① 특별자치도지사 또는 시장 · 군수 · 구청장은 다음 각 호의 어느 하나에 해당하는 청소년에 대하여 청소년 본인, 해당 청소년의 보호자 또는 청소년이 취학하고 있는 학교의 장의 신청에 따라 교육적 선도(이하 "선도"라 한다)를 실시할 수 있다. 이 경우 해당 청소년의 보호자 또는 학교의 장이 선도를 신청하는 때에는 청소년 본인의 동의를 받아야 한다.

1. 비행 · 일탈을 저지른 청소년
2. 일상생활에 적응하지 못하여 가정 또는 학교 외부의 교육적 도움이 필요한 청소년

② 선도는 해당 청소년이 정상적인 가정 · 학교 · 사회생활에 복귀하는 데에 도움이 되는 방법으로서 대통령령으로 정하는 방법에 따라 한다.

③ 선도의 기간은 6개월 이내로 한다. 다만, 특별자치도지사 또는 시장 · 군수 · 구청장은 선도의 결과를 검토하여 선도의 연장이 필요하다고 인정하는 경우 청소년 본인의 동의를 받아 6개월의 범위에서 한 번 연장할 수 있다.

④ 선도 대상자의 선정 기준 및 절차에 관한 사항은 여성가족부령으로 정한다.

제20조(시설의 설치 · 운영 등)

국가 및 지방자치단체는 선도에 필요한 시설의 설치 · 운영, 선도 프로그램의 개발 · 보급, 선도활동에 대한 지원 및 지도자 교육 등 선도의 실효성을 확보하기 위한 노력을 하여야 한다.

제20조(시설의 설치 · 운영 등)

국가 및 지방자치단체는 선도에 필요한 시설의 설치 · 운영, 선도 프로그램의 개발 · 보급, 선도활동에 대한 지원 및 지도자 교육 등 선도의 실효성을 확보하기 위한 노력을 하여야 한다.

제21조(선도후견인)

① 국가 및 지방자치단체(제42조 제2항에 따라 선도 업무를 위탁한 경우에는 그 선도 업무를 위탁받은 청소년단체를 말한다)는 선도 대상 청소년을 개인별로 전담하여 지도하는 선도후견인을 지정할 수 있다.

② 제1항에 따른 선도후견인은 「청소년기본법」 제3조 제7호에 따른 청소년지도자 및 같은 법 제27조에 따른 청소년지도위원 중에서 지정한다.

③ 제1항에 따른 선도후견인의 임무 · 지정기준 등 세부적인 사항은 여성가족부령으로 정한다.

5) 청소년보호법

급격한 산업화와 도시화, 사회구조의 변화에 따라 청소년의 성장에 미치는 가정과 학교의 영향력은 상대적으로 축소되어 가는 반면, 일반사회환경의 영향력은 급속하게 증대되었다. 특히, 핵가족화 경향에 따른 가족유대약화, 학력중심주의로 인한 입시위주 교육풍토, 인성교육의 부재, 건전한 여가시설의 부족 등이 복합적으로 작용하여 많은 청소년들이 유해환경에 빠져들고 있으며, 개인적으로는 청소년의 건강한 인격을 파괴하고 사회적으로 불건전한 퇴폐·향락 문화를 조장하는 청소년유해환경이 크나큰 사회문제가 되었다.

성장과정에 있는 청소년들이 건강한 인격체로 성장할 수 있도록 정부, 가정, 학교는 물론, 언론·시민단체들의 총체적 참여로 우리 사회에서 청소년유해환경으로부터 청소년을 보호하기 위한 법적, 제도적 대책수립이 필요하게 되었다. 이에 1997년 3월에 「청소년보호법」 제정, 7월 1일부터 시행되었으며 7월 5일에 청소년보호위원회가 발족되었다. 그 후 일부 법집행상의 실효성 확보가 필요하거나 해석상의 논란소지가 있는 부분, 규정미비로 인해 청소년보호의 사각지대가 되어온 부분을 보완하기 위해 여러 차례 개정을 거쳐 현재의 「청소년보호법」에 이르고 있다(2015. 1. 1. 시행).

제1조(목적)

이 법은 청소년에게 유해한 매체물과 약물 등이 청소년에게 유통되는 것과 청소년이 유해한 업소에 출입하는 것 등을 규제하고 청소년을 유해한 환경으로부터 보호·구제함으로써 청소년이 건전한 인격체로 성장할 수 있도록 함을 목적으로 한다.

제2조(정의)

이 법에서 사용하는 용어의 뜻은 다음과 같다.〈개정 2013. 3. 22., 2013. 6. 4., 2014. 3. 24.〉

1. “청소년”이란 만 19세 미만인 사람을 말한다. 다만, 만 19세가 되는 해의 1월 1일을 맞이한 사람은 제외한다.
2. “매체물”이란 다음 각 목의 어느 하나에 해당하는 것을 말한다.

가. 「영화 및 비디오물의 진흥에 관한 법률」에 따른 영화 및 비디오물

나. 「게임산업진흥에 관한 법률」에 따른 게임물

다. 「음악산업진흥에 관한 법률」에 따른 음반, 음악파일, 음악영상물 및 음악영상파일

라. 「공연법」에 따른 공연(국악공연은 제외한다)

마. 「전기통신사업법」에 따른 전기통신을 통한 부호 · 문언 · 음향 또는 영상정보

바. 「방송법」에 따른 방송프로그램(보도 방송프로그램은 제외한다)

사. 「신문 등의 진흥에 관한 법률」에 따른 일반일간신문(주로 정치 · 경제 · 사회에 관한 보도·논평 및 여론을 전파하는 신문은 제외한다), 특수일간신문(경제 · 산업 · 과학 · 종교 분야는 제외한다), 일반주간신문(정치 · 경제 분야는 제외한다), 특수주간신문(경제 · 산업 · 과학 · 시사 · 종교 분야는 제외한다), 인터넷신문(주로 정치 · 경제 · 사회에 관한 보도 · 논평 및 여론을 전파하는 신문은 제외한다) 및 인터넷뉴스서비스

아. 「잡지 등 정기간행물의 진흥에 관한 법률」에 따른 잡지(정치 · 경제 · 사회 · 시사 · 산업 · 과학 · 종교 분야는 제외한다), 정보간행물, 전자간행물 및 그 밖의 간행물

자. 「출판문화산업 진흥법」에 따른 간행물, 전자출판물 및 외국간행물(사목 및 아목에 해당하는 매체물은 제외한다)

차. 「옥외광고물 등 관리법」에 따른 옥외광고물과 가목부터 자목까지의 매체물에 수록 · 게재 · 전시되거나 그 밖의 방법으로 포함된 상업적 광고선전물

카. 그 밖에 청소년의 정신적 · 신체적 건강을 해칠 우려가 있어 대통령령으로 정하는 매체물

3. "청소년유해매체물"이란 다음 각 목의 어느 하나에 해당하는 것을 말한다.

가. 제7조 제1항 본문 및 제11조에 따라 청소년보호위원회가 청소년에게 유해한 것으로 결정하거나 확인하여 여성가족부장관이 고시한 매체물

나. 제7조 제1항 단서 및 제11조에 따라 각 심의기관이 청소년에게 유해한 것으로 심의하거나 확인하여 여성가족부장관이 고시한 매체물

4. "청소년유해약물 등"이란 청소년에게 유해한 것으로 인정되는 다음 가목의 약물(이하 "청소년유해약물"이라 한다)과 청소년에게 유해한 것으로 인정되는 다음 나목의 물건(이하 "청소년유해물건"이라 한다)을 말한다.

가. 청소년유해약물

1) 「주세법」에 따른 주류

2) 「담배사업법」에 따른 담배

3) 「마약류 관리에 관한 법률」에 따른 마약류

4) 「화학물질관리법」에 따른 환각물질

5) 그 밖에 중추신경에 작용하여 습관성, 중독성, 내성 등을 유발하여 인체에 유해하게 작용할 수 있는 약물 등 청소년의 사용을 제한하지 아니하면 청소년의 심신을 심각하게 손상시킬 우려가 있는 약물로서 대통령령으로 정하는 기준에 따라 관계 기관의 의견을 들어 제36조에 따른 청소년보호위원회(이하 "청소년보호위원회"라 한다)가 결정하고 여성가족부장관이 고시한 것

나. 청소년유해물건

1) 청소년에게 음란한 행위를 조장하는 성기구 등 청소년의 사용을 제한하지 아니하면 청소년의 심신을 심각하게 손상시킬 우려가 있는 성 관련 물건으로서 대통령령으로 정하는 기준에 따라 청소년보호위원회가 결정하고 여성가족부장관이 고시한 것

2) 청소년에게 음란성 · 포악성 · 잔인성 · 사행성 등을 조장하는 완구류 등 청소년의 사용을 제한하지 아니하면 청소년의 심신을 심각하게 손상시킬 우려가 있는 물건으로서 대통령령으로 정하는 기준에 따라 청소년보호위원회가 결정하고 여성가족부장관이 고시한 것

5. "청소년유해업소"란 청소년의 출입과 고용이 청소년에게 유해한 것으로 인정되는 다음 가목의 업소(이하 "청소년 출입 · 고용금지업소"라 한다)와 청소년의 출입은 가능하나 고용이 청소년에게 유해한 것으로 인정되는 다음 나목의 업소(이하 "청소년고용금지업소"라 한다)를 말한다. 이 경우 업소의 구분은 그 업소가 영업을 할 때 다른 법령에 따라 요구되는 허가 · 인가 · 등록 · 신고 등의 여부와 관계없이 실제로 이루어지고 있는 영업행위를 기준으로 한다.

가. 청소년 출입 · 고용금지업소

1) 「게임산업진흥에 관한 법률」에 따른 일반게임제공업 및 복합유통게임제공업 중 대통령령으로 정하는 것

2) 「사행행위 등 규제 및 처벌 특례법」에 따른 사행행위영업

3) 「식품위생법」에 따른 식품접객업 중 대통령령으로 정하는 것

4) 「영화 및 비디오물의 진흥에 관한 법률」 제2조 제16호에 따른 비디오물감상실업 · 제한관람가 비디오물소극장업 및 복합영상물제공업

5) 「음악산업진흥에 관한 법률」에 따른 노래연습장업 중 대통령령으로 정하는 것
6) 「체육시설의 설치 · 이용에 관한 법률」에 따른 무도학원업 및 무도장업
7) 전기통신설비를 갖추고 불특정한 사람들 사이의 음성대화 또는 화상대화를 매개하는 것을 주된 목적으로 하는 영업. 다만, 「전기통신사업법」 등 다른 법률에 따라 통신을 매개하는 영업은 제외한다.
8) 불특정한 사람 사이의 신체적인 접촉 또는 은밀한 부분의 노출 등 성적 행위가 이루어지거나 이와 유사한 행위가 이루어질 우려가 있는 서비스를 제공하는 영업으로서 청소년보호위원회가 결정하고 여성가족부장관이 고시한 것
9) 청소년유해매체물 및 청소년유해약물 등을 제작 · 생산 · 유통하는 영업 등 청소년의 출입과 고용이 청소년에게 유해하다고 인정되는 영업으로서 대통령령으로 정하는 기준에 따라 청소년보호위원회가 결정하고 여성가족부장관이 고시한 것
10) 「한국마사회법」 제6조 제2항에 따른 장외발매소(경마가 개최되는 날에 한정한다)
11) 「경륜 · 경정법」 제9조 제2항에 따른 장외매장(경륜 · 경정이 개최되는 날에 한정한다)

나. 청소년고용금지업소

1) 「게임산업진흥에 관한 법률」에 따른 청소년게임제공업 및 인터넷컴퓨터게임시설제공업
2) 「공중위생관리법」에 따른 숙박업, 목욕장업, 이용업 중 대통령령으로 정하는 것
3) 「식품위생법」에 따른 식품접객업 중 대통령령으로 정하는 것
4) 「영화 및 비디오물의 진흥에 관한 법률」에 따른 비디오물소극장업
5) 「화학물질관리법」에 따른 유해화학물질 영업. 다만, 유해화학물질 사용과 직접 관련이 없는 영업으로서 대통령령으로 정하는 영업은 제외한다.
6) 회비 등을 받거나 유료로 만화를 빌려 주는 만화대여업
7) 청소년유해매체물 및 청소년유해약물 등을 제작 · 생산 · 유통하는 영업 등 청소년의 고용이 청소년에게 유해하다고 인정되는 영업으로서 대통령령으로 정하는 기준에 따라 청소년보호위원회가 결정하고 여성가족부장관이 고시한 것

6. "유통"이란 매체물 또는 약물 등을 판매 · 대여 · 배포 · 방송 · 공연 · 상영 · 전시 · 진열 · 광고하거나 시청 또는 이용하도록 제공하는 행위와 이러한 목적으로 매체물 또는 약물 등을 인쇄 · 복제 또는 수입하는 행위를 말한다.

7. "청소년폭력 · 학대"란 폭력이나 학대를 통하여 청소년에게 신체적 · 정신적 피해를

발생하게 하는 행위를 말한다.

8. “청소년유해환경”이란 청소년유해매체물, 청소년유해약물 등, 청소년유해업소 및 청소년폭력 · 학대를 말한다.

제29조(청소년 고용 금지 및 출입 제한 등)

① 청소년유해업소의 업주는 청소년을 고용하여서는 아니 된다. 청소년유해업소의 업주가 종업원을 고용하려면 미리 나이를 확인하여야 한다.

② 청소년 출입 · 고용금지업소의 업주와 종사자는 출입자의 나이를 확인하여 청소년이 그 업소에 출입하지 못하게 하여야 한다.

③ 청소년유해업소의 업주와 종사자는 제1항 및 제2항에 따른 나이 확인을 위하여 필요한 경우 주민등록증이나 그 밖에 나이를 확인할 수 있는 증표(이하 이 항에서 “증표”라 한다)의 제시를 요구할 수 있으며, 증표 제시를 요구받고도 정당한 사유 없이 증표를 제시하지 아니하는 사람에게는 그 업소의 출입을 제한할 수 있다.

④ 제2항에도 불구하고 청소년이 친권자 등을 동반할 때에는 대통령령으로 정하는 바에 따라 출입하게 할 수 있다. 다만, 「식품위생법」에 따른 식품접객업 중 대통령령으로 정하는 업소의 경우에는 출입할 수 없다.

⑤ 청소년유해업소의 업주와 종사자는 그 업소에 대통령령으로 정하는 바에 따라 청소년의 출입과 고용을 제한하는 내용을 표시하여야 한다.

제30조(청소년유해행위의 금지)

누구든지 청소년에게 다음 각 호의 어느 하나에 해당하는 행위를 하여서는 아니 된다.

1. 영리를 목적으로 청소년으로 하여금 신체적인 접촉 또는 은밀한 부분의 노출 등 성적 접대행위를 하게 하거나 이러한 행위를 알선 · 매개하는 행위
2. 영리를 목적으로 청소년으로 하여금 손님과 함께 술을 마시거나 노래 또는 춤 등으로 손님의 유흥을 돋우는 접객행위를 하게 하거나 이러한 행위를 알선 · 매개하는 행위

3. 영리나 흥행을 목적으로 청소년에게 음란한 행위를 하게 하는 행위
4. 영리나 흥행을 목적으로 청소년의 장애나 기형 등의 모습을 일반인들에게 관람시키는 행위
5. 청소년에게 구걸을 시키거나 청소년을 이용하여 구걸하는 행위
6. 청소년을 학대하는 행위
7. 영리를 목적으로 청소년으로 하여금 거리에서 손님을 유인하는 행위를 하게 하는 행위
8. 청소년을 남녀 혼숙하게 하는 등 풍기를 문란하게 하는 영업행위를 하거나 이를 목적으로 장소를 제공하는 행위
9. 주로 차 종류를 조리 · 판매하는 업소에서 청소년으로 하여금 영업장을 벗어나 차 종류를 배달하는 행위를 하게 하거나 이를 조장하거나 묵인하는 행위

第33条(청소년보호종합대책의 수립 등)

① 여성가족부장관은 3년마다 관계 중앙행정기관의 장 및 지방자치단체의 장과 협의하여 청소년유해환경으로부터 청소년을 보호하기 위한 종합대책(이하 이 조에서 "종합대책"이라 한다)을 수립 · 시행하여야 한다.

② 여성가족부장관은 종합대책의 추진상황을 매년 점검하여야 하고, 이를 위하여 관계기관 점검회의를 운영할 수 있다.

③ 여성가족부장관은 종합대책 수립 및 제2항에 따른 점검회의 운영을 위하여 필요한 자료를 관계 기관의 장에게 요청할 수 있다. 이 경우 관계 기관의 장은 정당한 사유가 없으면 이에 따라야 한다.

④ 여성가족부장관은 종합대책의 효과적 수립 · 시행을 위하여 청소년의 유해환경에 대한 접촉실태 조사를 정기적으로 실시하여야 하고, 관계 중앙행정기관 또는 지방자치단체의 장과 협력하여 청소년유해환경에 대한 종합적인 점검 및 단속 등을 실시할 수 있다.

⑤ 종합대책의 수립 · 시행과 제2항에 따른 점검회의의 운영 등에 필요한 사항은 대통령령으로 정한다.

6) 아동 · 청소년의 성보호에 관한 법률 시행령[시행 2015. 4. 20.] [대통령령 제26209호, 2015. 4. 20., 일부개정]

청소년의 성보호에 관한 법률」은 원조교제 등 청소년의 성을 매매하는 행위가 심각한 사회문제가 되면서 청소년보호법, 윤락행위 등 방지법과 같은 기존의 법만으로는 효과적으로 대응하기 어려웠기 때문에 청소년의 성을 보호하기 위해 2000년 2월 3일 제정되었다. 이후 몇 차례의 개정을 거쳐 2015년부터 시행되고 있다.

제1조(목적)

이 영은 「아동 · 청소년의 성보호에 관한 법률」에서 위임된 사항과 그 시행에 필요한 사항을 규정함을 목적으로 한다.

제4장

성범죄로 유죄판결이 확정된 자의 신상정보 공개와 취업제한 등

제19조(공개정보 전용 웹사이트 운영 등)

① 여성가족부장관은 법 제49조 제1항 및 제52조 제1항에 따라 공개명령의 집행을 위하여 법 제49조 제3항에 따른 공개정보(이하 "공개정보"라 한다)를 열람할 수 있는 전용 웹사이트(이하 "전용 웹사이트"라 한다)를 구축 · 운영하여야 한다.

② 여성가족부장관은 전용 웹사이트에 등록된 공개정보의 유출을 방지하기 위하여 공개정보의 단계적 접근, 공개정보 이용자에 의한 입력 및 출력 금지, 보안 등 기술적 조치를 하고, 이를 상시 감시하여야 한다.

제20조(공개정보의 내용 등)

① 법 제49조 제4항에 따른 공개정보의 구체적인 형태와 내용은 다음 각 호와 같다.

1. 성명: 한글과 한자(한자 성명이 있는 경우만 해당한다)로 표기하되, 외국인인 경우 한글과 영문으로 표기한다.

2. 나이: 주민등록표상의 나이. 다만, 외국인은 여권이나 외국인등록증의 나이로 표기한다.
3. 주소 및 실제 거주지: 다음 각 목의 구분에 따라 표기하되, 「도로명주소법」 제2조 제5호의 도로명 및 같은 조 제7호의 건물번호까지 표기한다.

가. 내국인의 경우: 「주민등록법」에 따라 신고한 주소와 실제 거주지 주소
나. 외국인의 경우: 「출입국관리법」 제32조에 따라 등록한 국내 체류지와 실제 거주지 주소
다. 재외동포의 경우: 「재외동포의 출입국과 법적 지위에 관한 법률」 제6조에 따라 신고한 국내 거소와 실제 거주지 주소

4. 신체정보: 키와 몸무게를 표기하되, 키는 센티미터로, 몸무게는 킬로그램으로 각각 표기한다.
5. 사진: 등록된 사진을 게재한다.
6. 등록대상 성범죄의 요지: 판결일자, 죄명, 선고형량 및 해당 사건의 범죄사실 요지를 표기하되, 피해자를 알 수 있는 내용은 표기하지 아니한다.
7. 성폭력범죄 전과사실: 등록대상 사건의 확정 판결일 이전에 유죄판결이 확정된 성폭력범죄의 죄명과 횟수를 표기한다.
8. 「특정 범죄자에 대한 보호관찰 및 전자장치 부착 등에 관한 법률」에 따른 전자장치 부착 여부: 전자장치 부착 여부와 그 부착 기간을 표기한다.

제21조(실명인증 및 열람정보 관리)

① 법 제49조 제5항에 따라 전용 웹사이트를 이용하여 공개정보를 열람하려는 사람은 성명과 주민등록번호 입력 등의 방법으로 실명인증을 받아야 한다.

② 여성가족부장관은 제1항에 따라 공개정보를 열람한 사람의 신상정보와 접속정보를 일정 기간 동안 보관·관리하는 등의 조치를 하여야 한다.

제24조(아동·청소년 관련기관 등에의 취업제한 등)

① 법 제56조 제1항 제17호에서 "대통령령으로 정하는 유형의 시설 등"이란 다음 각 호의 기관·시설 또는 사업장(이하 "시설 등"이라 한다)을 말한다.

1. 「게임산업진흥에 관한 법률」 제2조 제6호의 2가목에 따른 청소년게임제공업을 하는 시설 등
2. 「음악산업진흥에 관한 법률」 제2조 제13호에 따른 노래연습장업(청소년실을 갖춘 노래연습장업을 말한다)을 하는 시설 등

② 법 제57조 제1항 각 호 외의 부분 후단에서 "대통령령으로 정하는 관계 중앙행정기관의 장"이란 문화체육관광부장관을 말한다.

제25조(성범죄의 경력 조회)

① 법 제56조 제2항 및 제3항에 따라 성범죄의 경력조회를 요청하려는 지방자치단체의 장, 교육감, 교육장 또는 법 제56조 제1항 각 호에 따른 시설 · 기관 또는 사업장(이하 "아동 · 청소년 관련기관 등"이라 한다)의 장은 경찰관서의 장에게 요청하여야 한다. 이 경우 경찰관서가 운영하는 「정보통신망 이용촉진 및 정보보호 등에 관한 법률」 제2조 제1항 제1호에 따른 정보통신망(이하 "정보통신망"이라 한다)을 이용하여 요청할 수 있다.〈개정 2015. 4. 20.〉

② 아동 · 청소년 관련기관 등의 장은 제1항에 따라 성범죄의 경력 조회를 요청하는 경우 취업 중이거나 사실상 노무를 제공 중인 사람(이하 "취업자"라 한다) 또는 취업하려 하거나 사실상 노무를 제공하려는 사람(이하 "취업예정자"라 한다)의 동의서를 함께 제출하거나, 경찰관서가 운영하는 정보통신망에 취업자나 취업예정자가 동의 여부를 표시하도록 하여야 한다.〈개정 2015. 4. 20.〉

③ 제1항에 따라 성범죄의 경력 조회를 요청받은 경찰관서의 장은 취업자 또는 취업예정자가 법 제56조 제1항에 따라 취업이 제한되는 사람(이하 "취업제한대상자"라 한다)인지 여부만을 확인하여 아동 · 청소년 관련기관 등의 장에게 회신하여야 한다. 이 경우 경찰관서가 운영하는 정보통신망을 이용하여 회신할 수 있다.〈개정 2015. 4. 20.〉

④ 제1항에 따른 성범죄의 경력 조회, 제2항에 따른 동의서 및 제3항에 따른 회신의 서식 등에 관한 사항은 여성가족부령으로 정한다.

7) 청소년활동진흥법

청소년의 균형 있는 성장의 위해 필요한 다양한 청소년활동의 진흥을 위한 제도적 기반을 마련하기 위해 2003년 12월 30일 청소년기본법의 개정 및 청소년복지지원법의 제정과 함께 제정되었다. 이는 청소년기본법 47조 2항의 규정에 따라 청소년활동을 적극적으로 진흥하기 위한 필요한 사항을 정하기 위해 제정되었다. 이후 몇 차례의 개정을 거쳐 현재의 청소년활동진흥법에 이르렀다.[시행 2014. 7. 22.] [법률 제12329호, 2014. 1. 21., 일부개정]

- 제1장 총칙

조문체계도버튼연혁 제1조(목적)

이 법은 「청소년기본법」 제47조 제2항에 따라 다양한 청소년활동을 적극적으로 진흥하기 위하여 필요한 사항을 정함을 목적으로 한다.[전문개정 2014. 1. 21.]

조문체계도버튼연혁 제2조(정의)

이 법에서 사용하는 용어의 뜻은 다음과 같다.

1. "청소년활동"이란 「청소년기본법」 제3조 제3호에 따른 청소년활동을 말한다.
2. "청소년활동시설"이란 청소년수련활동, 청소년교류활동, 청소년문화활동 등 청소년활동에 제공되는 시설로서 제10조에 따른 시설을 말한다.
3. "청소년수련활동"이란 청소년이 청소년활동에 자발적으로 참여하여 청소년 시기에 필요한 기량과 품성을 함양하는 교육적 활동으로서 「청소년기본법」 제3조 제7호에 따른 청소년지도자(이하 "청소년지도자"라 한다)와 함께 청소년수련거리에 참여하여 배움을 실천하는 체험활동을 말한다.
4. "청소년교류활동"이란 청소년이 지역 간, 남북 간, 국가 간의 다양한 교류를 통하여 공동체의식 등을 함양하는 체험활동을 말한다.
5. "청소년문화활동"이란 청소년이 예술활동, 스포츠활동, 동아리활동, 봉사활동 등을 통하여 문화적 감성과 더불어 살아가는 능력을 함양하는 체험활동을 말한다.

6. “청소년수련거리”란 청소년수련활동에 필요한 프로그램과 이와 관련되는 사업을 말한다.
7. “숙박형 청소년수련활동”이란 19세 미만의 청소년(19세가 되는 해의 1월 1일을 맞이한 사람은 제외한다. 이하 같다)을 대상으로 청소년이 자신의 주거지에서 떠나 제10조 제1호의 청소년수련시설 또는 그 외의 다른 장소에서 숙박·야영하거나 제10조 제1호의 청소년수련시설 또는 그 외의 다른 장소로 이동하면서 숙박·야영하는 청소년수련활동을 말한다.
8. “비숙박형 청소년수련활동”이란 19세 미만의 청소년을 대상으로 제10조 제1호의 청소년수련시설 또는 그 외의 다른 장소에서 실시하는 청소년수련활동으로서 실시하는 날에 끝나거나 숙박 없이 2회 이상 정기적으로 실시하는 청소년수련활동을 말한다.
[전문개정 2014. 1. 21.]

조문체계도버튼연혁 제3조(관계 기관의 협조)

① 여성가족부장관 및 지방자치단체의 장은 학생인 청소년의 청소년활동 진흥을 위하여 필요하면 「청소년기본법」 제48조에 따라 교육부, 특별시·광역시·특별자치시·도·특별자치도 교육청 및 지역교육청(이하 “교육청”이라 한다)과 협의를 할 수 있다.
② 제1항에 따른 협의를 요청받은 관계 기관은 특별한 사유가 없으면 그 요청에 따라야 한다.[전문개정 2014. 1. 21.]

제4조(청소년운영위원회)

① 제10조 제1호의 청소년수련시설(이하 “수련시설”이라 한다)을 설치·운영하는 개인·법인·단체 및 제16조 제2항에 따른 위탁운영단체(이하 “수련시설운영단체”라 한다)는 청소년활동을 활성화하고 청소년의 참여를 보장하기 위하여 청소년으로 구성되는 청소년운영위원회를 운영하여야 한다.
② 수련시설운영단체의 대표자는 청소년운영위원회의 의견을 수련시설 운영에 반영하여야 한다.
③ 제1항에 따른 청소년운영위원회의 구성·운영 등에 필요한 사항은 대통령령으로 정한다.

제6조(한국청소년활동진흥원의 설치)

① 「청소년기본법」 제3조 제2호에 따른 청소년육성(이하 "청소년육성"이라 한다)을 위한 다음 각 호의 사업을 하기 위하여 한국청소년활동진흥원을 설치한다.

제11조(수련시설의 설치 · 운영 등)

① 국가 및 지방자치단체는 「청소년기본법」 제18조 제1항에 따라 다음 각 호와 같은 수련시설을 설치 · 운영하여야 한다.

1. 국가는 둘 이상의 시 · 도 또는 전국의 청소년이 이용할 수 있는 국립청소년수련시설을 설치 · 운영하여야 한다.
2. 특별시장 · 광역시장 · 특별자치시장 · 도지사 · 특별자치도지사(이하 "시 · 도지사"라 한다) 및 시장 · 군수 · 구청장은 각각 제10조 제1호 가목에 따른 청소년수련관을 1개소 이상 설치 · 운영하여야 한다.
3. 시 · 도지사 및 시장 · 군수 · 구청장은 읍 · 면 · 동에 제10조 제1호 다목에 따른 청소년문화의 집을 1개소 이상 설치 · 운영하여야 한다.
4. 시 · 도지사 및 시장 · 군수 · 구청장은 제10조 제1호 라목부터 바목까지의 규정에 따른 청소년 특화시설 · 청소년야영장 및 유스호스텔을 설치 · 운영할 수 있다.

② 국가는 제1항 제2호부터 제4호까지의 규정에 따른 수련시설의 설치 · 운영 경비의 전부 또는 일부를 예산의 범위에서 보조할 수 있다.

③ 수련시설을 설치 · 운영하려는 개인 · 법인 또는 단체는 특별자치시장 · 특별자치도지사 · 시장 · 군수 · 구청장의 허가를 받아야 한다. 허가받은 사항 중 대규모의 부지 변경, 건축 연면적의 증감 등 대통령령으로 정하는 중요 사항을 변경하려는 경우에도 또한 같다.

④ 국가 또는 지방자치단체는 제3항에 따른 허가를 받아 수련시설을 설치 · 운영하는 자(이하 "수련시설 설치 · 운영자"라 한다)에게 예산의 범위에서 그 설치 및 운영에 필요한 경비의 일부를 보조할 수 있다.[전문개정 2014. 1. 21.]

제18조(수련시설의 안전점검 등)

① 수련시설의 운영대표자는 시설에 대하여 정기 안전점검 및 수시 안전점검을 실시하여야 한다.

② 수련시설의 운영대표자는 제1항에 따라 정기 안전점검 및 수시 안전점검을 실시한 후 그 결과를 특별자치시장 · 특별자치도지사 · 시장 · 군수 · 구청장에게 제출하여야 한다.

③ 제2항에 따른 결과를 받은 특별자치시장 · 특별자치도지사 · 시장 · 군수 · 구청장은 필요한 경우 수련시설의 운영대표자에게 시설의 보완 또는 개수(改修) · 보수(補修)를 요구할 수 있다. 이 경우 수련시설의 운영대표자는 그 요구에 따라야 한다.

④ 국가 또는 지방자치단체는 예산의 범위에서 제1항부터 제3항까지의 규정에 따른 안전점검이나 시설의 보완 및 개수 · 보수에 드는 비용의 전부 또는 일부를 보조할 수 있다.

⑤ 제1항 및 제2항에 따른 정기 안전점검 및 수시 안전점검을 받아야 하는 시설의 범위 · 시기, 안전점검기관, 안전점검 절차 및 안전기준은 대통령령으로 정한다. [전문개정 2014. 1. 21.]

제19조의 2(수련시설의 종합평가 등)

① 여성가족부장관은 수련시설의 전문성 강화와 운영의 개선 등을 위하여 시설 운영 및 관리 체계, 활동프로그램 운영 등 수련시설 전반에 대한 종합평가를 정기적으로 실시하고 그 결과를 공개하여야 한다.

② 국가 및 지방자치단체는 제1항에 따른 종합평가의 결과 우수한 수련시설에 대하여 포상 등을 실시할 수 있다.

③ 여성가족부장관은 제1항에 따른 종합평가의 결과에 따라 수련시설의 운영대표자에게 미흡사항에 대한 개선이나 그 밖의 필요한 조치를 하도록 요구할 수 있다.

④ 여성가족부장관은 제1항에 따른 종합평가의 결과를 교육부장관 등 관계 기관의 장에게 알려야 한다.

⑤ 제1항에 따른 종합평가의 주기 · 방법 · 절차 및 평가결과의 공개 등에 필요한 사항은 여성가족부령으로 정한다. [본조신설 2014. 1. 21.]

제32조(청소년이용시설)

① 제10조 제2호의 청소년이용시설을 설치 · 운영하는 국가 · 지방자치단체 또는 그 밖의

공공기관 등은 그가 설치 · 운영하는 시설을 그 시설의 운영에 지장을 주지 아니하는 범위에서 청소년활동에 제공하여야 한다.

② 국가 또는 지방자치단체는 청소년이용시설을 설치 · 운영하는 개인 · 법인 또는 단체에 청소년활동 프로그램을 제공하거나 그 밖에 필요한 지원을 할 수 있다.

③ 국가 또는 지방자치단체는 예산의 범위에서 청소년이용시설의 운영에 필요한 경비의 일부를 보조할 수 있다.

④ 청소년이용시설의 종류 등에 관하여 필요한 사항은 대통령령으로 정한다.[전문개정 2014. 1. 21.]

제35조(청소년수련활동 인증제도의 운영)

① 국가는 청소년수련활동이 청소년의 균형 있는 성장에 기여할 수 있도록 그 내용과 수준을 향상시키기 위하여 청소년수련활동 인증제도를 운영하여야 한다.

② 국가는 청소년수련활동 인증제도를 운영하기 위하여 청소년수련활동 인증위원회(이하 "인증위원회"라 한다)를 활동진흥원에 설치 · 운영하여야 한다.

③ 국가는 제36조에 따라 인증을 받은 청소년수련활동(이하 "인증수련활동"이라 한다)을 공개하여야 하며, 인증수련활동에 참여한 청소년의 활동기록을 유지 · 관리하고, 청소년이 요청하는 경우에는 이를 제공하여야 한다.

④ 인증위원회의 구성 · 운영, 청소년의 활동기록의 유지 및 관리 등에 필요한 사항은 대통령령으로 정한다.[전문개정 2014. 1. 21.]

제53조(청소년교류활동의 진흥)

① 국가 및 지방자치단체는 청소년교류활동 진흥시책을 개발 · 시행하여야 한다.

② 국가 및 지방자치단체는 청소년활동시설과 청소년단체 등에 대하여 청소년교류활동을 장려하기 위한 다양한 형태의 청소년교류활동 프로그램을 개발하여 운영하게 할 수 있다.

③ 국가 및 지방자치단체는 예산의 범위에서 제2항에 따른 청소년교류활동 프로그램의 개발 · 운영에 필요한 경비의 전부 또는 일부를 지원할 수 있다.[전문개정 2014. 1. 21.]

3. 청소년관련 연구 · 개발 기관

1) 한국청소년정책연구원

한국청소년정책연구원은 청소년육성법을 근거로 1989년 7월 1일에 「한국청소년연구원」으로 처음 설립되어, 청소년정책관련 국가전문연구기관으로 운영해 왔다.

1991년 12월 31일에 제정 · 공포된 청소년기본법 제50조에 의거하여 1993년 1월 1일에 「한국청소년개발원」으로 확대 · 개편되었고, 1999년 1월 29일부로 「정부출연기관 등의 설립 · 운영 및 육성에 관한 법률」이 시행됨에 따라 국무총리산하 인문사회연구회에 소속되었다. 한편, 2005년 국무총리산하 인문사회연구회와 경제사회연구회가 통합됨에 따라 자연적으로 국무총리 산하 경제 · 인문사회 연구회로 소속이 이관되었고, 2007년 5월 「정부출연 연구기관 등의 설립 · 운영 및 육성에 관한 법률」 개정에 따라 「한국청소년정책연구원」으로 명칭이 변경되었다.

한국청소년정책연구원은 청소년의 올바른 인성 함양과 잠재력 계발, 청소년의 디지털 · 글로벌 역량강화, 청소년 인권과 참여를 위한 사회 환경 개선, 소외계층 청소년 복지 · 지원 등의 정책 개발에 필요한 기초연구와 자료축적을 통하여 미래사회의 새로운 국가발전 동력 창조에 기여함을 목적으로 설립된 정부출연연구기관이다. 한국청소년정책연구원은 기초이론연구, 현안정책개발, 프로그램개발, 정책평가지원 등 국책연구기관으로서의 역할과 청소년 단체 · 시설, 청소년지도자 등 민간부문에서 이루어지는 청소년정책사업의 방향 설정 및 원활한 추진을 위하여 지원하고 자문하는 청소년정책사업 중추기관으로서의 역할을 수행하고 있다.

청소년정책연구원의 주요 기능으로는 첫째, 청소년 생활환경, 의식, 여가, 활동 등의 실태와 변화 양상에 대해 종합적으로 연구 · 개발하여 기초통계자료를 구축하는 '기초조사 기능', 둘째, 국가 및 지방자치단체의 청소년관련 정책수립을 위한 연구 및 정책 현안에 대한 대응방안과 프로그램을 개발하는'정책연구 · 개발 기능', 셋째, 국가 및 지방자치단체 청소년정책의 효과분석을 위한 평가 및 자문 · 지원과 청소년정책 및 사업에 대한 평가모형을 개발하는 '정책평가 · 자문 기능', 넷째, 청소년관련 전문가 · 학계 · 기관과의 협력사업과 외국청소년전문기관과의 교류사업을 통해 대내 · 외적인 협력체계와 정보교류체계를 구축하는 '대외교류 · 협력 기능', 다섯째, 청소년연구 및 정책개발의 방향제시 및 의견수렴을 위한 세미나, 정책협의회, 정보서비스사업을 통한 연구자료 및 정책관련 정보를 제공하는 '정책 및 연구자료 제공 기능' 등이 있다.

2) 청소년관련학과 민간 청소년 관련 연구기관

청소년정책의 발전과 더불어 전문적인 청소년지도인력의 확보를 위하여 1991년도부터 각 대학에 청소년관련학과들이 신설되기 시작하였다. 2013년 학부, 대학원 등에 청소년관련학과나 전공을 둔 4년제 대학교, 전문대학, 대학원은 현재 38개교에 달한다. 이 중에는 각 대학별로 학부와 대학원을 모두 설치하고 있는 곳도 있고, 학부 또는 대학원만 설치한 곳도 있다. 한편 평생교육 관련학과 및 사회복지 관련학과에서 청소년지도사 자격검정을 위한 교과과정을 설치한 곳도 있다.

4년제 대학에 청소년관련학과를 설치 · 운영하고 있는 곳은 경기대학교, 광운대학교, 광주대학교, 나사렛대학교, 대구한의대학교, 동서대학교, 디지털서울문화예술대학교, 명지대학교, 목포대학교, 백석대학교, 백석문화대학교, 서울여자대학교, 성균관대학교, 순천향대학교, 숭실대학교, 초당대학교, 평택대학교, 한국방송통신대학교, 한국복지사이버대학, 한국체육대학교, 한려대학교, 한서대학교, 호서대학교(이상 가나다 순) 등이며, 사이버대학 중에는 고려사이버대학교, 부산디지털대학교, 세계사이버대학, 한국복지사이버대학에서 관련학과를 설치하고 있다. 더불어 목포대학교, 서울여자대학교에서는 청소년관련학과를 연계전공으로, 전문대학으로는 군장대학교, 대구과학대학교, 대원대학교, 명지전문대학, 충북보건과학대학교에서 관련학과를 설치 · 운영하고 있다.

대학원 과정은 가톨릭대학교, 경기대학교, 광운대학교, 대구한의대학교, 동의대학교, 명지대학교, 백석대학교, 성균관대학교, 순천향대학교, 숭실대학교, 전북대학교, 전주대학교, 중앙대학교, 평택대학교, 한국방송통신대학교, 한남대학교, 한서대학교, 한세대학교, 호서

대학교(이상 가나다 순) 등에서 석사과정을 설치 · 운영하고 있다. 특히 경기대학교, 대구한의대학교, 명지대학교, 성균관대학교, 순천향대학교, 중앙대학교, 한서대학교, 호서대학교는 박사과정을 설치 · 운영하고 있다.

대학과 대학원의 청소년관련학과나 전공의 설치 또는 청소년관련학과로의 독립은 계속 늘어날 전망이며, 이는 청소년정책 및 청소년 관련 분야의 발전과 확장에 기인한 것이라 할 수 있다.

[표 5-4] **청소년 관련 학과 설치 · 운영 중인 대학과 대학원**

연번	학교	학과명(전공명)	주소
1	가톨릭대학교	사회복지대학원 청소년복지 학과(석사)	서울특별시 서초구 반포대로 222 Tel: 02) 2258-7723
2	경기대학교	교육대학원 청소년지도상담 교육전공 일반대학원 청소년학과(석 · 박사) 청소년학과	경기도 수원시 영통구 광교산로 Tel: 031) 249-9032
3	고려 사이버대학교	청소년학과	서울특별시 종로구 북촌로 106 Tel: 02) 6361-1862
4	광운대학교	상담복지정책대학원 사회복지학과 아동청소년지도복지전공	서울특별시 노원구 광운로 20 Tel: 02) 940-5082
5	광주대학교	청소년상담 평생교육과	광주광역시 남구 효덕로 52 Tel: 062) 670-2057
6	군장대학교	청소년교육지도과	전라북도 군산시 성산면 군장대길 13 Tel: 063) 450-8270
7	나사렛대학교	청소년복지과	충청남도 천안시 서북구 월봉로 48 Tel: 041) 570-7773
8	대구 과학대학교	아동청소년지도과	대구광역시 북구 영송로 47 Tel: 053) 320-1139
9	대구 한의대학교	교육대학원 청소년복지상담 학과 일반대학원 청소년복지상담학과(석 · 박사) 보건복지대학 청소년교육상담과	대구광역시 수성구 신청동로 136 Tel: 053) 819-1348
10	대원대학교	청소년지도과	충청북도 제천시 대학로 316 Tel: 043) 645-9171

연번	학교	학과명(전공명)	주소
11	동서대학교	청소년상담 심리전공	부산광역시 사상구 주례로 47 Tel: 051) 320-2215
12	동의대학교	교육대학원 청소년교육상담 전공	부산광역시 부산 진구 엄광로 176 Tel: 051) 890-1197
13	디지털 서울문화 예술대학교	평생교육 · 청소년학과	경기도 안산시 상록구 양지편 1길 26 Tel: 031) 400-8551(안산캠퍼스)
14	명지대학교	대학원 청소년지도학과(석 · 박사) 사회과학대학 청소년지도학과	서울특별시 서대문구 거북골로 34 Tel: 02) 300-0620
15	명지전문대학	청소년교육복지과	서울특별시 서대문구 가좌로 134 Tel: 02) 300-1207
16	목포대학교	청소년지도(연계)전공	전라남도 무안군 청계면 영산로 1666 Tel: 061) 450-2114
17	백석대학교	상담대학원 청소년상담학 사회복지학부 청소년학과	충청남도 천안시 동남구 문암로 76 Tel: 041) 550-9114
18	백석 문화대학교	아동 · 청소년복지전공	충청남도 천안시 동남구 문암로 58 Tel: 041) 550-0700
19	부산 디지털대학교	가족청소년상담학전공	부산광역시 사상구 주례로 57 Tel: 051) 320-1930
20	서울여자 대학교	청소년지도(연계)전공	서울특별시 노원구 화랑로 621 Tel: 02) 970-5114
21	성균관대학교	일반대학원 아동 · 청소년학과(석 · 박사) 사회과학대학 아동 · 청소년학과	서울특별시 종로구 성균관로 25-2 Tel: 02) 760-0525
22	세계 사이버대학	사회복지계열 청소년복지상담학과	경기도 광주시 오포읍 태재로 90 Tel: 1577-4990
23	순천향대학교	일반대학원 학연산협동과정 청소년교육학과(석 · 박사) 일반대학원 교육과학과청소년상담전공 (석 · 박사) 인문과학대학 청소년교육상담학과	충청남도 아산시 순천향로 22 Tel: 041) 530-1146
24	숭실대학교	사회복지대학원 아동청소년 복지전공(석사)	서울특별시 동작구 상도로 369 Tel: 02) 820-0277
25	전북대학교	교육대학원 청소년교육전공(석사)	전라북도 전주시 백제대로 567 Tel: 063) 270-2693

연번	학교	학과명(전공명)	주소
26	전주대학교	상담대학원 아동/청소년상담학과(석사)	전라북도 전주시 완산구 천잠로 303 Tel: 1577-7177
27	중앙대학교	일반대학원 아동청소년학과(석 · 박사) 사회복지학과 청소년전공	서울특별시 동작구 흑석로 84 Tel: 02) 820-5114
28	초당대학교	아동청소년 상담학과	전라남도 무안군 무안읍 무안로 380 Tel: 061) 453-4960
29	충북보건 과학대학교	청소년문화복지과	충청북도 청원군 내수읍 덕암길 10 Tel: 043) 210-8114
30	평택대학교	상담대학원 아동청소년상담학과(석사) 사회복지대학원 청소년복지학과(석사) 일반대학원 청소년학과(석사) 아동청소년 복지학과	경기도 평택시 서동대로 3825 Tel: 031) 659-8114
31	한국방송 통신대학교	청소년교육과 청소년교육과(석사)	서울특별시 종로구 대학로 86 Tel: 1577-9995
32	한국복지 사이버대학	청소년복지 상담학과	경상북도 경산시 남천면 남천로 746-10
33	한국 체육대학교	생활체육대학 스포츠청소년지도학과	서울특별시 송파구 양재대로 1239 Tel: 02) 410-6752
34	한남대학교	사회문화대학원 청소년지도학과(석사)	대전광역시 대덕구 한남로 70 Tel: 042) 629-7227
35	한려대학교	청소년복지학과	전라남도 광양읍 한려대길 94-13 Tel: 061) 760-1117
36	한서대학교	일반대학원 아동청소년복지학과 (석 · 박사) 인문사회학부 아동청소년복지학과	충청남도 서산시 해미면 한서1로 46 Tel: 041) 660-1144
37	한세대학교	치료상담대학원 상담학과 아동청소년 상담전공(석사)	경기도 군포시 당정동 604-5번지 Tel: 031) 450-5114
38	호서대학교	문화복지상담대학원 청소년문화 상담 학과(석사) 일반대학원 청소년문화상담학과 (석 · 박사) 인문대학청소년문화 상담학과	충청남도 아산시 배방읍 호서로 79번길 20 Tel: 041) 540-5114

자료: 여성가족부(2013), 청소년백서.

3) 세계청소년연구개발협의회(WARDY)

세계 각국의 청소년에 대한 연구 및 개발관련 기관 간의 협의회로 세계청소년연구개발협의회(World Association of Research and Development Youth: WARDY)가 구성되어 운영 중이다.

이 협의회의 설립목적은 세계 각국의 청소년연구개발기관 간 정보와 학술교류 확대를 통하여 서로 협력함으로써 청소년 건전 육성 및 연구에 도움이 될 뿐 아니라, 21세기에 추구되어야 할 지구촌공동체의 이상을 실현하는 데 크게 기여하는 것이다.

세계청소년연구개발협의회의 주요 사업은 첫째, 청소년연구 및 개발에 관한 공동사업 추진, 둘째, 청소년 및 청소년 전문가의 상호방문 추진, 셋째, 청소년 관련 국제학술회의 등을 통하여 회원국 간의 상호 교류와 연대 강화, 넷째, 청소년 관련 정보와 자료의 상호 교환 등이다. 주요 사업의 추진실적으로는 국제심포지엄과 공동연구를 들 수 있다.

1997년 6개국 8개 기관이 가입한 이후, 2013년 기준 총 10개국 13개 기관이 세계청소년개발협의회에 참여하고 있다.

[표 5-5] **세계청소년연구개발협의회 회원 현황**

국가	기관명	주소	홈페이지	전화번호
한국	한국청소년정책연구원(National Youth Policy Institute)	서울특별시 서초구 태봉로 114	www.nypire.kr	82-2-6913-8910
영국	영국국립청소년청 (The National Youth Agency)	17-23 Albion Street, Leicester LEI 6GD	www.nya.org.uk	44-1-16-285-3700
호주	청소년연구센터(Youth Research Centre)	Youth Research Center Faculty of Education University of Mebourne Victoria 3010 Australia	www.yarn.edfac.unimelb.edu.au	61-3-8344-9633

국가	기관명	주소	홈페이지	전화번호
싱가포르	국립청소년청(National Youth Council)	113 Somerset Road National Youth Centre, Singapore 238165	www.nyc.gov.sg	65-6-734-4233
중국	중국청년정치학원(Chinese Youth University for Political Science)	100089 25 Xisanhuan Beiu, Haidian District, Beijing, China		86-10-8856-7
	중국상해청년관리간부학원(Shanghai Youth Administration Official College)	No.574 West Jiangwan Road, Shanghai, China		86-21-6540-5700
일본	일본청소년연구원(Japan Youth Reasearch Institute)	15, Kasumigaokacho. Shinjuke-ku, Tokyo 160, Japan	www1.odn.ne.jp/youth-study	81-3-3475-2535
	일본청소년연구원(Japan Youth Research Institute)	15, Kasumigoakacho. Shinjuku-ku, Tokyo 160, Japan	www1.odn.ne.jp/youth-study	
	게이오대학21세기연구소(KeioUniversity 21COE-CCC)	6th Floor, Mita Toho Building 3-1-7 Mita, Minato-ku Tokyo 108-0073, Japan		81-3-5427-1045
사우디아라비아	국립청소년연구센터(National Center For Youth Studies, King Saud University)	PO. Box75148, Riyadh, 11578, Kingdom of Saudi Arabia	www.ncys.ksu.edu.sa/eng	966-1-467-0381
핀란드	핀란드연구네트워크(The Finnish Reasearch Network)	The Finnish Youth Research Society Olympiastadion Etelaarre 00250, Helsinki, FINLAND	www.alli.fi	358-0-348-24323

국가	기관명	주소	홈페이지	전화번호
독일	포츠담대가족아동연구소(Potsdam University Family-Children Research Center International Council on National Youth)	Burgwal 15, 16727 Ober	www.sturzbecher.de	49-(0)3304-397010
미국	아이오와대국립가족자원센터	University of Iowa School of Social Work 100 Oakdale Campus, W206 OH Iowa City, IA 52242-5000	www.uiowa.edu/~nrcfcp	1-319-335-4965
	뉴욕아동환경연구그룹(Children's Environments Reasearch Group)	365 Fifth Avenue New York, NY 10016, United States	www.cergnyc.org	1-212-817-1902
말레이시아	사회과학연구원(Institute for Social Science Studies)	43400 UPM Serdang, Selangor Darul Ehsan, Malaysia		60-3-8947-1865

자료: 한국청소년정책연구원(2013).

4. 국제청소년 기구

1) 경제협력개발기구(OECD)

경제협력개발기구(Organization for Economic Cooperation and Development: OECD)는 회원 각국의 상호 정책조정 및 협력을 통해 경제사회발전을 공동으로 모색하고 나아가 세계 경제문제에 공동으로 대처하기 위한 정부 간 정책연구 협력기구이다. OECD의 목적 및 정책방향은 규약 제1조에 따라 ▲ 회원국의 경제성장과 금융안정의 촉진, ▲ 세계경제발전에 기여, ▲ 개발도상 국가의 건전한 경제성장에 기여, ▲ 다자주의와 무차별주의에 입각한 세계무

역의 확대 기여 등으로 요약된다.

우리나라는 1996년 12월에 29번째 회원국으로 가입하였고, 2013년 기준 34개 국가가 회원국으로 가입하여 활동하고 있다. 조직으로는 최고 의사결정기구인 각료이사회(Ministerial Council Meeting: MCM)를 비롯해, 상주대표이사회, 정책대화기구인 부문별 26개 전문위원회와 사무국 등으로 구성되어 있다.

이 중 청소년정책의 시행과 유관된 위원회는 고용노동사회위원회와 교육정책위원회이다. 고용노동사회위원회는 주요 사업으로 전통적으로 이민정책 분야(국제이주 전망 발간, 이민자 및 자녀의 노동시장 통합 연구, 이민의 재정적 측면 분석 등)와 복지 및 사회통합 분야(인구변화에 대응한 사회적 보호시스템의 개선 연구, OECD 사회지표 및 가족 데이터베이스 발간, 소득분배 및 분배에 관한 보고서 발간, 양성평등 연구 등)를 다루고 있다. 최근에는 2012년 5월 MCM의 결정에 따라 고용노동사회위원회가 기존 OECD 여성고용정책선언(1980년)을 바탕으로 권고안을 마련하는 등 양성평등 및 교육, 창업 등에 주된 관심을 기울이고 있다.

2) 유엔

유엔(United Nations: UN)은 1985년을 세계청소년의 해로 결의하면서 각 회원국이 청소년정책을 국가정책의 우선순위로 두어야 한다고 권고한 바 있다. 당시 유엔은 청소년의 연령을 15~24세로 정의하고, 청소년을 '어른이 될 세대, 미래를 이끌어갈 세대'만이 아닌 지금 현재 살아 있고 일을 하며 가정과 공동체, 사회와 경제에 기여하는 현 세대의 중요한 일부로 간주할 것을 권고하였다. 유엔의 청소년관련 정책 방향 및 이념은 1995년 세계청소년의 해 10주년을 기념하여 채택한 「The World Programme of Action for Youth to the Year 2000 and Beyond」와 1998년 8월 세계 150개국 청소년리더, 청소년단체 대표 등이 참석하여 포르투갈 브라가에서 열린 제3회 UN 세계 청소년 포럼에서 채택된 「Braga Youth Action Plan」, 1998년 8월 158개국 청소년업무담당 장관, 관련 국제기구 및 민간단체 대표 등이 참석하여 리스본에서 열린 제1회 청소년업무담당 장관 회의에서 채택한 「Lisbon Declaration on Youth Policies and Programmes」과 2000년 9월 밀레니엄 서미트에서 채택된 「새천년개발목표(the Millennium Development Goals: MDGs)」에 나타나 있다.

3) 유네스코(United Nations Educational, Scientific and Cultural Organization: UNESCO)

유네스코, 곧 유엔교육과학문화기구는 교육, 과학, 문화 등 지적 활동분야에서의 국제협력을 촉진함으로써 세계평화와 인류발전을 증진시키기 위해 만들어진 유엔 전문기구이다. 2011년 12월 기준 195개 정회원국과 8개 준회원국이 가입되어 있고 우리나라는 1950년 6월 14일 가입하였다.

유네스코가 청소년문제와 교육에 관심을 갖게 된 것은 1962년 제12차 유네스코 총회와 밀접하다. 당시 세계는 제2차 세계대전의 종결 이후 아시아, 아프리카 등에서 식민지였던 여러 나라들이 새로 독립국으로 탄생하였고, 과학기술과 교통, 미디어의 발달은 전례 없는 정보와 개인의 교류를 가져왔다. 1962년 제12차 유네스코총회는 이 같은 변화 속에서 과거의 전통과 단절되면서 새로운 사회에서 아직 제자리를 찾지 못하는 청소년문제해결방안과 청소년교육의 새로운 방향을 모색하고자 국제청소년회의를 개최하기로 결정하였다. 1964년 프랑스 그레노블에서 열린 국제청소년 회의는 청소년문제에 대한 최초의 국제회의였다. 이 회의에서 각국은 청소년에 대한 관심과 투자가 사회발전의 필수요소임을 확인하고 청소년활동을 진흥하기 위한 일련의 권고문을 채택하였다. 동년 10월에 열린 유네스코총회는 이 권고문을 받아들여 청소년의 학교 외 교육(out of school education)에 초점을 맞추고 회원국들이 청소년에게 관심을 갖고 회원국 실정에 맞는 청소년활동을 전개할 것을 결의하였다. 이후 청소년은 여성, 아프리카 등과 함께 유네스코 주요 활동분야의 하나로 자리매김하였으며, 유네스코는 청소년이 문제해결의 대상이 아니라 주체임을 명시하고자 '청소년과 함께, 청소년을 위해(Acting with and for Youth)'를 기본 방향으로 설정하고 다양한 청소년사업을 전개하였다.

우리나라에서의 유네스코 활동은 유네스코 한국위원회(Korea National Commission for UNESCO)를 중심으로 이루어진다. 유네스코 한국위원회는 유네스코 헌장에 따라 우리나라에서의 유네스코 활동을 촉진하고, 유네스코와 대한민국 정부, 교육 · 과학 · 문화 등 관련 분야 전문기관 · 단체 간의 연계협력을 원활하게 하기 위하여 '유네스코활동에 관한 법률'에 의해 설립되었다. 유네스코 한국위원회 역시 유네스코의 정책방향에 부응해 1960년대부터 한국의 청소년 및 학생문제에 천착해 왔다. 1960년대 청소년문제연구협의회 및 유네스코 학생활동지도교수 협의회창설을 주도하였으며, 1967년 유네스코학생협회 출범, 1977년 유네스코청년원(경기도 이천)을 설립하면서 청소년은 유네스코 한국위원회의 주요사업으로 자리 잡았다.

유네스코 한국위원회의 청소년관련 주요 사업은 교육, 자연과학, 인문사회과학, 문화, 정보 · 커뮤니케이션, 청년 등의 분야에서 각각 아동, 청소년, 청년을 대상으로 하는 다양한 교육, 활동프로그램으로 진행되고 있다. 그러나 대체로 청소년사업 및 정책은 청년 분야에 집중되어 있다(여성가족부, 2013).

제2부

청소년지도방법의 실제

제6장 청소년지도자의 이해

1. 청소년지도사

1) 청소년지도사의 자격변화

청소년지도사 자격제도는 청소년지도사 양성체제를 확립된 청소년기본법 제정과 그 이후 세 번의 개정을 통하여 변화되어 왔다고 할 수 있다. 1993년에는 사전연수제도가 특징인 청소년지도사 자격제도가 청소년기본법에 근거하여 처음 시행되었고, 1999년 이후에는 청소년기본법개정을 통하여 청소년지도사 응시자격의 개방과 전문성 강화를 특징으로 하는 자격제도가 운영되었다. 2005년 청소년기본법 개정 이후에는 전문선택영역 등의 정비와 검정과목 이수자의 필기시험 면제를 특징으로 하는 자격제도가 운영되어 현재에 이르고 있다.

각 시기별로 특징을 살펴보면, 1993년도의 청소년지도사 자격제도는 청소년지도사 양성체계의 도입단계로, 청소년기본법에 의해서 양성기관으로 지정받은 기관에서 청소년지도사 이수과정을 수료한 후 또는 대학에서 청소년(지도)학과를 졸업한 후 자격검정시험을 합격한 경우에 청소년지도사 자격을 취득할 수 있었다. 그러나 이 양성체계에서는 사전 이수과정 운영으로 인한 자격검정 응시기회의 제한, 이론중심의 교과 운영으로 인한 현장 기능습득의 한계 등 문제가 있었다(조아미 · 박정배 · 이진숙, 2012; 모상헌 · 이진숙, 2014).

1999년도 개정 이후 청소년지도사 자격제도는 청소년지도사 양성체계의 개방화와 전문선택 영역의 추가를 통한 전문화 단계라 할 수 있다. 국가 차원의 규제완화를 위해 일정한 자격요건을 갖춘 자에게 응시기회를 개방하기 위해 1993년 이후 시행되어 오던 사전연수

제도를 폐지하였으며, 청소년지도사의 전문성 강화를 위해 2, 3급 청소년지도사에게 전문선택과목을 이수할 수 있도록 하였다. 하지만 이론중심의 자격검정 시험과목 운영으로 인한 현장 지도업무 수행의 어려움과 비전문성, 검정과목의 적합성 문제, 전문선택 영역 과목의 검정방법의 부적절성 등의 문제가 있었다(조아미 · 박정배 · 이진숙, 2012; 모상헌 · 이진숙, 2014).

2005년 개정 이후 청소년지도사 자격제도는 그동안 청소년지도사 자격제도의 혼란과 유사 자격현장 종사자 간의 형평성을 고려하여 전문선택영역의 폐지와 검정과목 이수자의 필기시험 면제를 특징으로 하고 있다. 1999년 청소년기본법 개정 당시 청소년지도사의 전문성 강화를 위해 도입되었던 전문선택영역 검정방식의 어려움, 시험문제의 변별력 및 과목 간 난이도 조절의 문제점 등을 이유로 폐지되었다. 이 기간부터 청소년지도사 자격검정과목은 전문선택과목을 폐지하고 모두 필수과목만으로 운영하게 되었는데, 1급 5개 과목, 2급 8개 과목, 3급 7개 과목이었다. 청소년기본법 경과규정에 의해서 2008년 1월 1일부터는 대학에서 자격검정과목을 전공으로 이수한 자의경우에는 필기시험이 면제되었다(조아미 · 박정배 · 이진숙, 2012). 2005년 청소년기본법 개정 당시검정과목 이수자의 현장실습 의무화 등의 전문성 강화를 위한 방안을 마련하는 것을 전제조건으로 하였으나 현재까지 시행되지 못하고 있으며, 청소년지도사 1, 2, 3급 검정과목 간에 상호 중복되고 모호한 점들이 발견되는 등의 문제점이 지적되고 있다(여성가족부 · 한국청소년활동진흥원, 2015).

2) 청소년지도사 자격검정제도 관련법

(1) 청소년지도사 자격검정제도 관련법

- 청소년기본법

제21조(청소년지도사)

① 여성가족부장관은 청소년지도사 자격검정에 합격하고 청소년지도사 연수기관에서 실시하는 연수과정을 마친 사람에게 청소년지도사의 자격을 부여한다.

② 여성가족부장관은 청소년지도사 자격검정에 합격한 사람의 연수를 위하여 필요한 경우에는 대통령령으로 정하는 바에 따라 청소년지도사 연수기관을 지정할 수 있다.

③ 다음 각 호의 어느 하나에 해당하는 사람은 청소년지도사가 될 수 없다.

1. 미성년자, 피성년후견인 또는 피한정후견인
2. 파산선고를 받고 복권되지 아니한 사람
3. 금고 이상의 형을 선고받고 그 집행이 끝나거나 집행을 받지 아니하기로 확정된 후 2년이 지나지 아니한 사람
4. 금고 이상의 형을 선고받고 그 집행유예의 기간이 끝나지 아니한 사람
5. 법원의 판결 또는 법률에 따라 자격이 상실되거나 정지된 사람

④ 제1항에 따른 청소년지도사의 등급, 자격검정, 연수 및 자격증 발급 절차 등에 필요한 사항은 대통령령으로 정한다.[전문개정 2014. 3. 24.]

- 청소년기본법 시행령

[시행 2015. 5. 4.] [대통령령 제26223호, 2015. 5. 1., 일부개정]

여성가족부(청소년정책과, 02-2100-6236)

제3장 청소년지도자

제18조(청소년지도자의 자질향상 등)

① 국가와 지방자치단체는 청소년업무를 담당하는 소속 공무원이 청소년업무에 관한 자질을 갖추도록 하여야 한다.

② 여성가족부장관은 법 제20조에 따라 청소년지도자의 자질과 전문성을 향상시키기 위하여 청소년 관련 단체 · 기관 및 대학 등에서 운영하는 청소년지도자 연수과정의 경비 일부를 지원할 수 있다.

③ 제2항에 따른 경비의 지원은 연수시간이 40시간 이상인 연수과정을 대상으로 한다.

④ 제3항에서 규정한 사항 외에 제2항에 따른 경비의 지원에 필요한 사항은 여성가족부령으로 정한다.[전문개정 2011. 11. 18.]

제19조(청소년지도사의 등급)

법 제21조에 따른 청소년지도사(이하 "청소년지도사"라 한다)의 등급은 1급, 2급, 3급으로 구분한다.[전문개정 2011. 11. 18.]

제20조(청소년지도사의 자격검정)

① 청소년지도사의 자격검정은 여성가족부장관이 실시한다. 다만, 여성가족부장관이 필요하다고 인정하는 경우에는 다음 각 호의 기관에 위탁하여 실시할 수 있다.

1. 청소년 관련 전문기관
2. 「한국산업인력공단법」에 따른 한국산업인력공단

② 청소년지도사 자격검정의 등급별 응시자격 기준과 자격검정의 과목 및 방법은 각각 별표 1 및 별표 2와 같다.

③ 별표 1의 청소년지도사 자격검정 응시자격 기준에서 2급 청소년지도사의 응시자격 기준 제1호 및 제3호와 3급 청소년지도사의 응시자격 기준 제1호에 해당하는 사람에 대해서는 해당 등급의 청소년지도사 자격검정 필기시험을 면제한다.

④ 제1항부터 제3항까지에서 규정한 사항 외에 청소년지도사의 등급별 자격검정에 필요한 사항은 여성가족부령으로 정한다.[전문개정 2011. 11. 18.] [제목개정 2015. 5. 1.]

제21조(청소년지도사연수 및 자격증발급)

① 제20조에 따른 청소년지도사의 자격검정에 합격한 사람에 대한 연수는 청소년지도사의 등급별 또는 대상 특성별로 나누어 실시한다. 다만, 등급별 또는 대상 특성별 인원과 연수 내용 등을 고려하여 통합하여 실시하는 것이 효율적이라고 인정되는 경우에는 통합하여 실시할 수 있다.

② 제1항에 따른 연수는 30시간 이상으로 하며, 청소년지도사로서의 자질과 전문성을 함양할 수 있는 내용으로 실시한다.

③ 청소년지도사 연수 실시기관의 장은 연수의 기간 · 장소 · 내용 · 방법과 그 밖에 연수에 필요한 사항을 연수 실시 30일 이전에 공고하여야 한다.

④ 여성가족부장관은 제1항에 따른 연수를 마친 사람에게 등급별로 청소년지도사 자격증을 발급한다.

⑤ 법 제21조 제2항에 따른 청소년지도사 연수기관은 「청소년활동진흥법」 제6조에 따른 한국청소년활동진흥원으로 한다.

⑥ 여성가족부장관은 예산의 범위에서 제5항에 따른 한국청소년활동진흥원에 연수에 필요한 경비의 일부를 지원할 수 있다.[전문개정 2011. 11. 18.]

제5장의 2 보칙〈신설 2012. 1. 6.〉

제37조의 2(고유식별정보의 처리)

여성가족부장관(제20조 제1항 및 제23조 제1항에 따라 여성가족부장관의 권한을 위탁받은 자를 포함한다), 지방자치단체의 장(해당 권한이 위임 · 위탁된 경우에는 그 권한을 위임 · 위탁받은 자를 포함한다), 「청소년활동진흥법」 제6조에 따른 한국청소년활동진흥원 또는 「청소년복지 지원법」 제22조에 따른 한국청소년상담복지개발원은 다음 각 호의 사무를 수행하기 위하여 불가피한 경우 「개인정보 보호법 시행령」 제19조 제1호에 따른 주민등록번호가 포함된 자료를 처리할 수 있다.〈개정 2012. 7. 31.〉

1. 법 제20조에 따른 청소년지도자의 양성과 자질향상에 관한 사무
2. 법 제21조에 따른 청소년지도사의 자격검정, 연수 및 자격증 교부 등에 관한 사무
3. 법 제22조에 따른 청소년상담사의 자격검정, 연수 및 자격증 교부 등에 관한 사무
4. 법 제48조의 2에 따른 청소년 방과 후 활동 지원에 관한 사무[본조신설 2012. 1. 6.]

제6장 벌칙

제38조(과태료의 부과기준)

법 제66조 제1항 및 제2항에 따른 과태료의 부과기준은 별표 6과 같다.〈개정 2012. 12. 20.〉 [전문개정 2011. 11. 18.]

청소년기본법 시행규칙[시행 2015. 5. 4.] [여성가족부령 제69호, 2015. 5. 4., 일부개정]

제2조(청소년지도자 연수과정 지원)

영 제18조 제4항에 따라 청소년지도자 연수과정의 운영에 대한 지원을 받고자 하는 청소년관련 단체 · 기관 및 대학 등의 장은 연수개시 30일 전까지 다음 사항을 기재한 서류를 여성가족부장관에게 제출하여야 한다.〈개정 2005. 4. 27., 2008. 3. 3., 2010. 3. 19., 2015. 5. 4.〉

1. 연수목적 및 과목
2. 교과 과정표 및 그 설명서
3. 연수기간 및 장소
4. 연수인원 및 강사현황
5. 연수에 소요되는 경비에 관한 예산명세서
6. 그 밖에 연수에 관한 참고사항

제3조(청소년지도사 자격검정 응시원서)

청소년지도사 자격검정에 응시하고자 하는 자는 별지 제3호 서식의 청소년지도사 자격검정 응시원서에 응시자격을 증명할 수 있는 서류를 첨부하여 영 제20조 제1항의 규정에 의한 청소년지도사 자격검정을 실시하는 기관(이하 "청소년지도사 자격검정기관"이라 한다)의 장에게 제출하여야 한다.〈개정 2015. 5. 4.〉

제4조(청소년지도사자격검정의 실시 등)

① 청소년지도사 자격검정기관의 장은 청소년지도사 자격검정을 연 1회 이상 실시한다. 다만, 여성가족부장관은 청소년지도사의 수급계획상 필요하다고 인정하는 경우에는 이를 조정할 수 있다.〈개정 2005. 4. 27., 2008. 3. 3., 2010. 3. 19.〉

② 청소년지도사 자격검정기관의 장은 제1항의 규정에 의한 자격검정을 실시할 때에는 검정 실시 90일 전에 일시 · 장소 · 검정과목 · 검정방법 그 밖에 자격검정에 관하여 필요한 사항을 「신문 등의 진흥에 관한 법률」 제9조 제1항에 따라 전국을 주된 보급지역으로 등록한 일반일간신문과 청소년지도사 자격검정기관의 홈페이지 등에 공고하여야 한다.〈개정 2010. 8. 17., 2012. 12. 20.〉

제5조(청소년지도사자격검정합격결정 등)

① 1급청소년지도사 자격검정은 필기시험에서 매 과목 100점을 만점으로 하여 매 과목 40점 이상, 전과목 평균 60점 이상 득점한 자를 합격자로 한다.

② 2급 · 3급청소년지도사 자격검정은 다음 중 어느 하나에 해당하는 자로서 면접시험에 합격한 자를 합격자로 한다.

1. 필기시험에서 매 과목 100점을 만점으로 하여 매 과목 40점 이상, 전 과목 평균 60점 이상 득점한 자
2. 영 제20조 제3항의 규정에 의한 필기시험을 면제받은 자

③ 제2항의 면접시험은 다음의 사항에 관하여 평가한다.

1. 청소년지도자로서의 가치관 및 정신자세
2. 예의 · 품행 및 성실성
3. 의사발표의 정확성 및 논리성
4. 청소년에 관한 전문지식과 그 응용능력
5. 창의력 · 의지력 및 지도력

④ 필기시험에 합격하고 면접시험에 불합격한 자에 대하여는 다음 회의 시험에 한하여 필기시험을 면제한다.

⑤ 그 밖에 시험에 관한 방법 · 채점기준 등은 여성가족부장관이 정하여 고시한다.〈개정 2005. 4. 27., 2008. 3. 3., 2010. 3. 19.〉

제6조(청소년지도사자격증의 교부 등)

① 영 제21조 제4항의 규정에 의한 청소년지도사 자격증은 별지 제4호 서식에 의한다. 〈개정 2015. 5. 4.〉

② 「청소년 기본법」(이하 "법"이라 한다) 제21조 제1항에 따른 청소년지도사 연수기관(이하 "청소년지도사 연수기관"이라 한다)의 장은 별지 제5호 서식에 의한 청소년지도사자격증교부대장에 청소년지도사 자격증의 교부 사실을 기록 · 관리하여야 한다.〈개정 2010. 8.

17., 2015. 5. 4.〉

③ 청소년지도사 자격증을 교부받은 자가 그 자격증을 분실하거나 청소년지도사 자격증이 헐어 못쓰게 된 때에는 별지 제6호 서식에 의하여 청소년지도사 연수기관의 장에게 재교부를 신청할 수 있다. 이 경우 자격증이 헐어 못쓰게 된 때에는 그 자격증을 첨부하여야 한다.〈개정 2010. 8. 17., 2015. 5. 4.〉

제10조의 2(청소년지도사보수교육 등)

① 법 제24조의 2 제1항에 따라 다음 각 호의 기관 또는 단체에 종사하는 청소년지도사는 2년(직전의 교육을 받은 날부터 기산하여 2년이 되는 날이 속하는 해의 1월 1일부터 12월 31일까지를 말한다)마다 20시간 이상의 보수교육을 받아야 한다.

1. 법 제3조 제8호에 따른 청소년단체 중 여성가족부장관이 정하여 고시하는 단체
2. 「청소년활동진흥법」 제7조에 따른 지방청소년활동진흥센터 및 같은 법 제10조 제1호에 따른 청소년수련시설

② 제1항에 따른 교육대상자 중 다음 각 호의 어느 하나의 사유에 해당하는 사람은 그 사유가 종료된 연도의 다음 연도 말까지 보수교육을 받아야 한다. 이 경우 다음 연도에 보수교육을 받으려는 사람은 별지 제8호의 2 서식의 청소년지도사 보수교육 연기신청서에 연기 대상자임을 증명할 수 있는 서류를 첨부하여 제4항에 따라 보수교육을 위탁받은 기관 또는 단체의 장에게 제출하여야 한다.

1. 「병역법」에 따른 병역의무 수행, 질병, 해외체류 또는 휴직 등 부득이한 사유로 해당 연도에 6개월 이상 업무에 종사하지 아니한 경우
2. 그 밖에 불가피한 사유로 제1항에 따른 보수교육을 받기가 곤란하다고 여성가족부장관이 인정하는 경우

③ 제1항에 따른 보수교육 대상자가 종사하는 기관 또는 단체의 장은 매년 12월 31일까지 제4항에 따라 보수교육을 위탁받은 기관 또는 단체의 장에게 다음 연도의 보수교육 대상자 명단을 제출하여야 한다.

④ 법 제24조의 2 제3항에 따라 여성가족부장관은 청소년지도사 보수교육을 「청소년활동진흥법」 제6조에 따른 한국청소년활동진흥원 또는 청소년육성에 관한 업무를 전문적으로 수행하는 기관 · 단체(이하 "활동진흥원 등"이라 한다)에 위탁한다.

⑤ 보수교육의 교육과목, 교육방법 및 그 밖에 보수교육을 실시하는 데 필요한 사항은 여성가족부장관의 승인을 받아 활동진흥원 등의 장이 정한다.[본조신설 2012. 12. 20.]

제10조의 4(보수교육계획 및 실적보고 등)

① 활동진흥원 등의 장 및 청소년상담원의 장은 매년 1월 31일까지 해당 연도 보수교육 계획서를, 매년 2월 말일까지 전년도 보수교육 실적보고서를 각각 여성가족부장관에게 제출하여야 한다.

② 활동진흥원 등의 장 및 청소년상담원의 장은 보수교육을 받은 사람에게 별지 제8호의 4 서식의 청소년지도사 보수교육 이수증 및 별지 제8호의 5 서식의 청소년상담사 보수교육 이수증을 내주어야 한다.[본조신설 2012. 12. 20.]

제10조의 5(보수교육관계서류의 보존)

활동진흥원 등의 장 및 청소년상담원의 장은 다음 각 호의 서류를 3년 동안 보존하여야 한다.

1. 보수교육 대상자 명단(대상자의 교육이수 여부가 명시되어야 한다)
2. 제10조의 2 제2항 및 제10조의 3 제2항에 따라 해당 연도에 보수교육을 받지 아니한 사람의 명단
3. 그 밖에 이수자의 보수교육 이수 · 연기 또는 면제를 확인할 수 있는 서류[본조신설 2012. 12. 20.]

제13조(수수료)

① 법 제62조 제1항의 규정에 의하여 징수하는 청소년지도사 및 청소년상담사의 자격검정 수수료는 실비 등을 고려하여 여성가족부장관이 정하여 고시한다.〈개정 2005. 4. 27., 2008. 3. 3., 2010. 3. 19.〉

② 법 제62조 제1항의 규정에 의하여 청소년지도사 및 청소년상담사의 연수과정 수수료는 여성가족부장관이 실비 등을 고려하여 청소년지도사 연수기관의 장 및 청소년상담사 연수기관의 장과 협의하여 정하고 이를 고시한다.〈개정 2005. 4. 27., 2008. 3. 3., 2010. 3. 19., 2010. 8. 17.〉

③ 제2항의 규정에 의한 수수료는 청소년지도사 연수기관 및 청소년상담사 연수기관에 납부한다.

출처: http://yworker.youth.go.kr.

3) 청소년지도자

"청소년지도자"는 청소년기본법에 의한 청소년지도사 및 청소년상담사와 청소년시설·청소년단체·청소년관련기관 등에서 청소년육성 및 지도업무에 종사하는 자를 총칭한다.

(1) 청소년지도사 응시자격

급격한 사회변화에 따라 심각해지고 있는 청소년문제를 적극적으로 해결하고 체계적인 청소년활동을 위해서는 청소년수련활동에 대한 전문지식과 지도기법 및 자질을 갖춘 청소년지도자의 양성이 필요하다. 청소년지도자의 체계적이고 전문적인 양성을 위해 청소년기본법에서는 청소년지도사 양성 및 배치에 관한 내용을 규정하여 1993년부터 국가공인 청소년지도사를 양성해 오고 있다.

청소년지도사는 1, 2, 3급으로 구분되며, 청소년 관련분야의 경력·기타 자격을 갖춘 자로서 자격 검정에 합격하고 소정의 연수를 마친 자에게 국가자격을 부여한다. 청소년지도사는 청소년수련활동(프로그램, 사업)을 전담하여 학생, 근로, 복무, 무직청소년 등 전체 청소년의 신체단련, 정서함양, 자연체험, 예절수양, 사회봉사, 전통문화활동 등을 지도한다. 청소년지도사의 등급별 자격검정에 응시할 수 있는 자격기준은 아래와 같다.

[표 6-1] 청소년지도사 자격검정의 등급별 응시자격 기준

[별표 1] 〈개정 2015. 5. 1.〉

청소년지도사 자격검정의 등급별 응시자격 기준(제20조 제3항 관련)

등급	응시자격 기준
1급 청소년지도사	2급 청소년지도사 자격 취득 후 청소년활동 등 청소년육성업무에 종사한 경력이 3년 이상인 사람
2급 청소년지도사	1. 대학 졸업(예정)자 또는 이와 같은 수준 이상의 학력이 있는 사람으로서 2급 청소년지도사 자격검정에 필요한 과목 모두를 전공과목으로 이수한 사람 2. 2005년 12월 31일 이전에 대학을 졸업하였거나 이와 같은 수준 이상의 학력을 취득한 사람으로서 별표 1의 2에 따른 과목을 이수한 사람 3. 대학원의 학위과정 수료(예정)자로서 2급 청소년지도사 자격검정에 필요한 과목 모두를 전공과목으로 이수한 사람 4. 2005년 12월 31일 이전에 대학원의 학위과정을 수료한 사람으로서 별표 1의2에 따른 과목 중 필수영역 과목을 이수한 사람 5. 대학 졸업 또는 이와 같은 수준 이상의 학력이 있다고 다른 법령에서 인정받은 후 청소년활동 등 청소년육성업무에 종사한 경력이 2년 이상인 사람 6. 전문대학 졸업 또는 이와 같은 수준 이상의 학력이 있다고 다른 법령에서 인정받은 후 청소년활동 등 청소년육성업무에 종사한 경력이 3년 이상인 사람 7. 3급 청소년지도사 자격 취득 후 청소년활동 등 청소년육성업무에 종사한 경력이 2년 이상인 사람 8. 고등학교 졸업 또는 이와 같은 수준 이상의 학력을 인정받은 후 청소년활동 등 청소년육성업무에 종사한 경력이 8년 이상인 사람
3급 청소년지도사	1. 전문대학 졸업(예정)자 또는 이와 같은 수준 이상의 학력이 있는 사람으로서 3급 청소년지도사 자격검정에 필요한 과목 모두를 전공과목으로 이수한 사람 2. 2005년 12월 31일 이전에 전문대학을 졸업하였거나 이와 같은 수준 이상의 학력을 취득한 사람으로서 별표 1의2에 따른 과목을 이수한 사람 3. 전문대학 졸업 또는 이와 같은 수준 이상의 학력이 있다고 다른 법령에서 인정받은 후 청소년활동 등 청소년육성업무에 종사한 경력이 2년 이상인 사람 4. 고등학교 졸업 또는 이와 같은 수준 이상의 학력이 있다고 다른 법령에서 인정받은 후 청소년활동 등 청소년육성업무에 종사한 경력이 3년 이상인 사람

비고

1. 청소년활동 등 청소년육성업무 종사경력의 인정 범위와 내용은 여성가족부장관이 별도로 정하여 고시한다.
2. 2급 청소년지도사 자격증을 소지하고 대학원에서 1급 자격검정에 필요한 과목을 전공과목으로 이수한 석사학위 소지자 또는 박사학위 소지자는 각각 2년 또는 3년의 경력을 가진 것으로 인정한다.
3. 제18조에 따른 청소년지도자 연수 등 청소년육성 관련 연수 또는 교육을 받은 경우 그 내용에 따라 점수로 환산하여 청소년지도사 자격 취득에 필요한 청소년활동 등 청소년육성업무 종사경력으로 인정할 수 있다. 이 경우 연수 및 교육을 받은 사람의 경력환산 점수는 여성가족부장관이 별도로 정하여 고시한다.
4. 고등학교, 대학, 전문대학 및 대학원이란 각각 「초·중등교육법」 제2조 제4호에 따른 고등학교, 「고등교육법」 제2조 제1호·제4호에 따른 대학·전문대학, 「고등교육법」 제29조에 따른 대학원을 말한다.

출처: 한국청소년활동진흥원(http://yworker.kywa.or.kr).

[표 6-2] **청소년지도사 검정과목 및 검정방법**(청소년기본법시행령 제20조 제2항 관련)

구분	검정과목	검정방법	
1급 (5과목)	청소년연구방법론, 청소년 인권과 참여, 청소년정책론, 청소년기관운영, 청소년지도자론	주·객관식 필기시험	(면접 없음)
2급 (8과목)	청소년육성제도론, 청소년지도방법론, 청소년심리 및 상담, 청소년문화, 청소년활동, 청소년복지, 청소년프로그램 개발과 평가, 청소년문제와 보호	객관식 필기시험	면접 (3급 청소년지도자 자격증 소지자는 면접시험 면제)
3급 (7과목)	청소년육성제도론, 청소년활동, 청소년심리 및 상담, 청소년문화, 청소년지도방법론, 청소년문제와 보호, 청소년프로그램 개발과 평가	객관식 필기시험	면접

출처: http://yworker.youth.go.kr.

※ 청소년기본법시행령 제20조 제3항에 의거, 검정과목 전공이수[졸업(예정)자 대상] 관련으로 응시 자격요건을 갖춘 자는 필기시험에 한해 면제되며, 면접시험은 응시해야 함.

(2) 청소년지도사 양성실적 및 배치기준

청소년지도사 양성은 여성가족부 주관으로 한국산업인력공단에 위탁하여 자격검정을 실시하고 자격검정에 합격한 자에게 한국청소년활동진흥원에서 연수를 실시한 후 청소년지도사 자격증을 교부하고 있다. 청소년지도사 양성계획에 따라 1993년부터 2012년까지 1급 청소년지도사 1,470명, 2급 청소년지도사 19,645명, 3급 청소년지도사 8,977명 등 총 30,092명의 국가공인 청소년지도사를 배출하였다. 2012년도에는 총 3,262명의 청소년지도사를 배출하였는데, 이 중 여성이 2,642명으로 81.0%를 차지하고 있으며 1급은 8명, 2급은 2,502명, 3급은 752명 등이었다.

청소년기본법에 따르면, 청소년시설과 단체에는 일정한 기준에 의하여 청소년지도사를 배치하여야 한다. 청소년시설별 청소년지도사 배치기준은 [표 6-3]과 같다.

[표 6-3] **청소년시설의 청소년지도사 배치대상 및 배치기준**(청소년기본법 시행령 제25조 제2항 관련)

청소년수련시설

배치대상	배치기준
청소년수련관	1급 청소년지도사 1명, 2급 청소년지도사 1명, 3급 청소년지도사 2명 이상을 두되, 수용인원이 500명을 초과하는 경우에는 500명을 초과하는 250명당 1급, 2급 또는 3급 청소년지도사 중 1명 이상을 추가로 둔다.
청소년수련원	2급 청소년지도사 및 3급 청소년지도사를 각각 1명 이상을 두되, 수용정원이 500명을 초과하는 경우에는 1급 청소년지도사 1명 이상과 500명을 초과하는 250명당 1급, 2급 또는 3급 청소년지도사 중 1명 이상을 추가로 둔다. 지방자치단체에서 폐교시설을 이용하여 설치한 시설로서 특정 계절에만 운영하는 시설의 경우에는 청소년지도사를 두지 않을 수 있다.
유스호스텔	청소년지도사를 1명 이상 두되, 숙박정원이 500명을 초과하는 경우에는 2급 청소년지도자 1명 이상을 추가로 둔다.
청소년야영장	청소년지도사를 1명 이상 둔다. 다만, 설치·운영자가 동일한 시·도 내에 다른 수련시설을 운영하면서 청소년야영장을 운영하는 경우로서 다른 수련시설에 청소년지도자를 둔 때에는 그 청소년야영장에 청소년지도사를 별도로 두지 않을 수 있다. 국가, 지방자치단체, 그 밖에 공공법인이 설치·운영하는 청소년야영장으로서 청소년 수련거리의 실시 없이 이용 편의만 제공하는 경우에는 청소년지도사를 두지 아니할 수 있다.
청소년문화의집	청소년지도사를 1명 이상 둔다.
청소년특화시설	2급 청소년지도사 및 3급 청소년지도사를 각각 1명 이상 둔다.

※ 비고: 청소년수련시설은 「청소년활동진흥법」 제10조 제1호에 따른 청소년수련시설을 말한다.

청소년 단체

배치대상	배치기준
청소년단체	청소년회원 수가 2천 명 이하인 경우에는 1급 청소년지도사 또는 2급 청소년지도사 1명 이상을 두되, 청소년회원 수가 2천 명을 초과하는 경우에는 그 초과하는 2천 명마다 1급 청소년지도사 또는 2급 청소년지도사 1명 이상을 추가로 두며, 청소년회원 수가 1만 명 이상인 경우에는 청소년지도사의 5분의 1 이상은 1급 청소년지도사로 두어야 한다.

자료: 여성가족부.

(3) 청소년지도사의 보수교육

청소년기본법 제24조 2에 근거하여 2013년부터 보수교육 의무화를 시행하였다. 청소년 시설 및 청소년단체에서 청소년육성업무에 종사하는 청소년지도사는 역량강화 및 자질향상을 위해 2년에 1회 20시간 이상의 보수교육을 받아야 한다. 보수교육 대상기관에 종사하는 청소년지도사 등록인원이 3,224명으로 2013년 10월말 기준 1,456명이 교육을 수료하였다.

4) 청소년상담사

(1) 청소년상담사의 정의 및 응시자격

[표 6-4] 청소년상담사 등급별 자격검정 응시자격의 기준

[별표 3] 청소년기본법 시행령 제23조 제2항 관련

청소년상담사 자격검정의 등급별 응시자격 기준

등급	응시자격 기준
1급 청소년 상담사	1. 대학원에서 청소년(지도)학·교육학·심리학·사회사업(복지)학·정신의학·아동(복지)학 분야 또는 그 밖에 여성가족부령으로 정하는 상담 관련 분야(이하 "상담관련분야"라 한다)의 박사 학위를 취득한 사람 2. 대학원에서 상담관련분야의 석사학위를 취득한 후 상담 실무경력이 4년 이상인 사람 3. 2급 청소년상담사로서 상담 실무경력이 3년 이상인 사람 4. 제1호 및 제2호에 규정된 사람과 같은 수준 이상의 자격이 있다고 여성가족부령으로 정하는 사람
2급 청소년 상담사	1. 대학원에서 상담관련분야의 석사학위를 취득한 사람 2. 대학 또는 다른 법령에 따라 이와 동등한 학력을 인정받는 기관에서 상담관련분야 학사학위를 취득한 후 상담 실무경력이 3년 이상인 사람 3. 3급 청소년상담사로서 상담 실무경력이 2년 이상인 사람 4. 제1호부터 제3호까지에 규정된 사람과 같은 수준 이상의 자격이 있다고 여성가족부령으로 정하는 사람
3급 청소년 상담사	1. 대학 및 「평생교육법」에 따른 학력이 인정되는 평생교육시설의 상담관련분야 졸업(예정)자 2. 전문대학 또는 다른 법령에 따라 이와 동등한 학력을 인정받는 기관에서 상담관련분야 전문학사를 취득한 사람으로서 상담 실무경력이 2년 이상인 사람 3. 대학 또는 다른 법령에 따라 이와 동등한 학력을 인정받는 기관에서 학사학위를 취득한 후 상담 실무경력이 2년 이상인 사람 4. 전문대학 또는 다른 법령에 따라 이와 동등한 학력을 인정받는 기관에서 전문학사학위를 취득한 후 상담 실무경력이 4년 이상인 사람 5. 고등학교를 졸업하고 상담 실무경력이 5년 이상인 사람 6. 제1호부터 제4호까지에 규정된 사람과 같은 수준 이상의 자격이 있다고 여성가족부령으로 정하는 사람
비고 1. 상담 실무경력의 인정 범위와 내용은 여성가족부장관이 별도로 정하여 고시한다. 2. 고등학교, 대학, 전문대학 및 대학원은 별표 1의 비고 제4호와 같다.	

출처: 여성가족부.

청소년상담사 자격증은 상담관련분야를 전공하고 상담실무 경력이나 기타자격을 갖춘 자로서 자격검정에 합격하고 소정의 연수를 마친 자에게 부여하는 국가자격증이다. 청소년상담사는 국가차원의 청소년상담 관련 기관인 한국청소년상담복지개발원, 시 · 도 및 시 · 군 · 구 청소년상담복지센터, 초 · 중 · 고 · 대학교의 학생상담소, 청소년수련관, 사회복지관, 청소년쉼터, 청소년관련 복지시설, 경찰청이나 법무부 등 청소년업무 지원부서, 사설 청소년상담실, 아동청소년대상 병원, 일반청소년관련 사업체, 근로청소년관련 사업체 등에서 청소년상담업무에 종사한다. 청소년상담사 자격검정 등급별 응시자격 기준과 자격검정과목 및 방법은 앞의 [표 6-4]와 같다.

(2) 청소년상담사 양성체계와 배치

청소년상담사의 경우, 여성가족부의 주관으로 한국청소년상담복지개발원과 한국산업인력공단에 위탁하여 자격검정을 실시하고 자격검정에 합격한 자에 대하여는 실무능력 향상을 위해 100시간 이상 의무 연수를 실시하며, 지역 청소년상담복지센터와 청소년쉼터 등의 청소년복지시설에 배치 · 활용된다.

가. 필기시험 과목(청소년기본법 시행령 제23조 제2항)

구분	시험과목		검정방법	
	구분	과목	필기	면접
1급 청소년상담사 (5과목)	필수 (3과목)	상담자 교육 및 사례지도 · 청소년관련법과 행정 · 상담연구방법론의 실제	필기시험 (과목당 30문항)	면접
	선택 (2과목)	비행상담 · 성상담 · 약물상담 · 위기상담 중 2과목		
2급 청소년상담사 (6과목)	필수 (4과목)	청소년 상담의 이론과 실제 · 상담연구방법론의 기초 심리측정 평가의 활용 · 이상심리	필기시험 (과목당 30문항)	면접
	선택 (2과목)	진로상담 · 집단상담 · 가족상담 · 학업상담 중 2과목		

구분	시험과목		검정방법	
	구분	과목	필기	면접
3급 청소년상담사 (6과목)	필수 (5과목)	발달심리 · 집단상담의 기초 · 심리측정 및 평가 · 상담이론 · 학습이론	필기시험 (과목당 30문항)	면접
	선택 (1과목)	청소년이해론 · 청소년수련활동론 중 1과목		

※ 비고: 청소년 관련법이란 「청소년기본법」, 「청소년복지지원법」, 「청소년보호법」, 「아동 · 청소년의 성보호에 관한 법률」, 「청소년활동진흥법」, 「학교폭력예방 및 대책에 관한 법률」, 「소년법」을 말하며, 그 밖의 법령을 포함하는 경우 여성가족부장관이 고시.

※ 시험과목 중 법령관련 출제 기준일은 시험 시행일(2014. 3. 29) 기준임.

나. 시험시간(청소년기본법 시행령 제23조 제2항)

구분	필기시험				면접 시험
	교시	시험과목	입실 시간	시험 시간	
1급 청소년상담사 (5과목)	1교시 (필수)	상담자 교육 및 사례지도 · 청소년관련법과 행정 · 상담연구방법론의 실제	9:00까지	9:30~ 11:00 (90분)	1조당 10~ 20분 내외
	2교시 (선택)	비행상담 · 성상담 · 약물상담 · 위기상담 중 2과목	11:50까지	12:00~ 13:00 (60분)	
2급 청소년상담사 (6과목)	1교시 (필수)	청소년 상담의 이론과 실제 · 상담연구방법론의 기초 심리측정 평가의 활용 · 이상심리	9:00까지	9:30~ 11:30 (120분)	
	2교시 (선택)	진로상담 · 집단상담 · 가족상담 · 학업상담 중 2과목	11:50까지	12:00~ 13:00 (60분)	
3급 청소년상담사 (6과목)	1교시 (필수)	발달심리 · 집단상담의 기초 · 심리측정 및 평가 · 상담이론	9:00까지	9:30~ 11:30 (120분)	
	2교시 (필수 및 선택)	학습이론(필수) · 청소년이해론 · 청소년수련활동론 중 1과목(선택)	11:50까지	12:00~ 13:00 (60분)	

다. 필기시험 합격(예정)자 기준 등

필기시험은 매 과목 100점을 만점으로 하여 매 과목 40점 이상, 전 과목 평균 60점 이상을 득점한 자를 필기시험 합격예정자로 결정한다. 필기시험 합격예정자는 한국산업인력공단에 응시자격 서류를 제출하여야 하며, 정해진 기간 내에 응시서류를 제출하지 않거나 심사결과 부적격자일 경우 필기시험을 불합격 처리한다. 필기시험 합격예정자 중 응시자격 서류심사에 통과한 자를 필기시험 합격자로 발표한다.

(3) 청소년상담사 배치기준

개정된 청소년기본법에 따르면, 배치대상 청소년시설에는 일정한 기준에 의하여 청소년상담사를 배치하여야 하며, 청소년상담사 배치기준은 다음과 같다.

[표 6-5] 청소년상담사 배치기준(청소년기본법 제25조 제2항 관련)

배치대상 청소년시설	배치기준
가. 「청소년복지 지원법」 제29조에 따라 특별시·광역시·도 및 특별자치도에 설치된 청소년상담복지센터	청소년상담사 3명 이상을 둔다.
나. 「청소년복지 지원법」 제29조에 따라 시·군·구에 설치된 청소년상담복지센터	청소년상담사 1명 이상을 둔다.
다. 「청소년복지 지원법」 제31조에 따른 청소년복지시설	청소년상담사 1명 이상을 둔다.

출처: 여성가족부.

2. 청소년지도자의 이해

1) 청소년지도사의 역할

청소년지도사는 청소년지도의 전문화와 과학화를 신장시키기 위하여 어떠한 역할을 수행해야 하는가?

첫째, 전문가로서의 역할이다.

청소년지도사는 자신이 맡은 지도활동에 대한 전문적인 지식과 기술을 습득한 전문가여야 한다. 이를 위해서 전문적이고 체계적인 교육과 훈련을 받아야 하며, 필요한 자격도 습득하여야 한다. 또한 전문가로서의 지도사는 능력과 자질 면에서뿐만 아니라 청소년지도에 자신의 모든 노력을 투자하여 종사하는 상근 지도사로서 청소년지도를 직접 담당하는 사람이어야 한다. 그 밖의 모든 역할들은 전문가로서의 역할을 수행하기 위한 하위 역할이라고 할 수 있다.

둘째, 프로그램 설계자 또는 개발자로서의 역할이다.

청소년지도사는 청소년들의 특성과 요구를 분석하고 이에 기초하여 지도목표를 설정하고 학습경험을 선정 및 조직하며, 평가하는 등의 전체 지도과정을 보다 체계적으로 설계하고 실제 프로그램을 개발할 수 있는 전문가여야 한다. 청소년지도는 형식적인 학교교육과는 달리 문서화된 교육과정이나 프로그램이 양적으로 매우 부족한 상태이며, 기존의 프로그램 또한 질적인 면에서 전문성과 구체성이 매우 취약한 실정이다. 청소년지도사는 그들의 전문성과 창의성을 발휘하여 보다 체계적인 프로그램을 보다 많이, 보다 우수하게 설계하고 개발할 수 있어야 한다.

셋째, 촉진자로서의 역할이다.

여기서 촉진자라 함은 청소년의 개인적 성장을 지원하고 그들의 문제해결과 의사결정 과정을 조력하며, 합리적인 사회적응 과정을 촉진시켜 주는 것을 의미한다. 다시 말하면, 청소년들의 개별성과 자율성, 다양성을 존중함으로써 그들의 잠재 가능성을 최대한 활성화시키는 것이라고 할 수 있다.

넷째, 지역사회 지도자로서의 역할이다.

청소년의 문제행동이나 심리적 부적응에 대해 과거에는 청소년의 개인적인 성격결함이나 개인의 생활사적 문제와 관련하여 원인을 찾고자 하였지만, 최근의 많은 연구자들은 사회의 구조적 문제와 관련하여 그 원인을 탐색하는 경향이 높아지고 있다. 사회의 비합리적인 제도나 경쟁적으로 타락해 가고 있는 주변환경, 혼탁하고 부정적인 가치관 등은 청소년들을 강력하게 위협하고 있다. 청소년지도사는 지역사회 내 이러한 요인들을 개선하고 수정 · 발전시키는 데 선도적인 위치에 있어야 한다. 이를 위하여 청소년지도사는 사회의 갖가지 문제에 대해 비판적 안목을 가져야 하며, 지역사회를 선도하고 교육하는 데 앞장서야 한다. 즉, 사회환경과 문화를 주도하는 성인들을 대상으로 한 교육과 계몽활동, 가족상담을 비롯한 부모교육, 사회기관 간의 협력과 조정활동 등을 지속적이고 전문적으로 수행해 나가야 할 것이다.

다섯째, 과학자 및 예술가로서의 역할이다.

청소년지도사는 과학자와 예술가의 특성을 통합하고 조화할 수 있는 사람이어야 한다. 과학자에게는 객관적이고 분석적인 안목과 합리적인 태도, 경험적이고 귀납적인 연구방법 등을 크게 요구하고 있는 반면, 예술가에게는 창의성과 즉흥성, 조화성, 다양성들을 크게 요구하고 있다. 청소년지도사는 청소년들의 욕구와 특성뿐만 아니라 사회의 요구와 기관의 목적, 상황, 교육실태 등을 정확하고 객관적으로 파악하고 분석할 수 있어야 한다. 또한 프로그램 설계와 개발과정에서 구체적이고 명세적인 지도목표를 설정하고 학습경험을 선정하여야 하며 프로그램의 운영과 실행, 그리고 평가전략을 체계적으로 수행해 나가야 한다.

2) 청소년지도자의 자질

청소년들을 실제 지도할 때 청소년지도자들의 헌신과 지도 능력이 매우 중요한 부분을 차지하게 된다. 청소년지도자들의 지도행위는 청소년 활동의 핵심이라 할 수 있다. 청소년지도자의 자질은 다음과 같다(류동훈 · 이승재: 2005).

첫째, 청소년지도자는 모든 청소년들의 발달 가능성을 인정하고 늘 긍정적인 태도를 가져야 한다. 즉, 인간에 대한 무한한 교육의 가능성을 인정하고 가르치는 일에 힘써야 한다. 청소년지도자들은 인간 잠재력에 대한 무한한 가능성에 대한 사실을 깨닫고 그 개발에 헌신할 줄 알아야 한다.

둘째, 청소년지도자는 청소년을 지도하는 일에 긍지와 보람과 자부심을 가지고 미래의 희망들을 지도하는 그 자체에서 기쁨과 즐거움을 얻을 수 있어야 한다.

셋째, 청소년지도자는 투철한 자기철학과 자기중심이 있어야 하며 그것은 이기적이 아니라 애타적이어야 한다. 따라서 청소년지도자는 자기 자신과 이 사회가 어디로 나아가야 하는지에 대한 소신과 분명한 자기 철학을 가지고 있어야 한다.

넷째, 청소년지도자는 항상 공부하고 끊임없이 노력하여 자기성장에 깊은 관심을 가져야 한다. 진리를 깨닫기 위해 노력해야 하며 더 좋은 교수법개발을 위해서 끊임없이 배우는 자세를 가져야 한다.

다섯째, 청소년지도자의 전문성 강화이다. 현 세기는 경제와 문화를 비롯한 사회 전 분야에 걸쳐 세계화가 빠른 속도로 진행되고 있다. 청소년들이 전 세계적 차원에서 경쟁하고 협동할 수 있는 세계시민으로서의 자질을 갖추는 것이 중요하게 되었다. 이런 맥락에서 청소년지도자는 청소년을 세계시민으로 성장시키는 데 중요한 역할을 담당하고 있다. 따라서 청소년지도자의 세계화는 필연적이며, 이에 대한 전문역량을 성장시켜야 한다. 지난 몇 년간 정부 주도의 국제교류는 청소년지도자 중심이 아닌 청소년 중심의 국제교류가 대부분이었다. 향후 청소년지도자를 대상으로 하는 국제적 훈련교류도 조속히 이루어져야 할 것이다.

제7장 청소년지도과정의 이해

1. 청소년지도의 이해

1) 청소년지도의 특징

청소년지도란 청소년의 전인적 성장과 잠재력의 긍정적인 신장, 사회의 적응 및 사회공동체의식을 함양하고자 하며, 더 나아가서 청소년들의 자립과 지체, 위기를 극복하도록 지도하고 현대를 사는 청소년들에게 올바른 성장과 창조적 희망을 심어주며, 사랑과 관심으로 조력하고 지도하는 데 있다. 그러므로 청소년지도의 특징에서 평가는 효과성(effectiveness)과 효율성(efficiency), 그리고 매력성(appeal)을 준거로 하게 되며, 조력(help)이란 올바른 방향으로 나아가도록 지도하고 합리적인 선택을 하도록 돕는 것을 의미한다. 그러므로 봉사한다, 지원한다, 촉진한다 등의 의미를 지닌 말로서 청소년지도는 지시, 통제, 감시, 훈련 등의 개념과 대치가 되는 것이다. 그러므로 청소년지도는 체계적으로 설계된 프로그램을 근거로 전문 청소년지도사에 의해 수행되는 지원 및 조력의 과정이라고 할 수 있다(한상철, 2007).

첫째, 청소년지도는 청소년 개개인의 다양한 욕구와 사회적 요구를 반영한다. 이는 개인의 욕구충족과 사회 및 기관의 목적 달성을 동시에 고려하는 것으로, 이를 기초로 지도목표를 설정하게 된다.

둘째, 청소년지도는 지도목표를 갖는 의도적인 활동이다. 따라서 무의도적이거나 반의도적인 교육과는 구별된다.

셋째, 청소년지도는 지도목표, 내용선정 및 조직, 실행계획, 평가의 전 과정이 체계적인 프로그램에 근거하여 이루어지므로 계획적인 활동이다. 청소년지도는 프로그램 중심의 경험학습이며 개발되는 프로그램의 성격과 종류에 따라 다양한 유형으로 구분되는데, 청소년 활동 영역에 포함되는 청소년 자아계발지도, 문화활동지도, 놀이 및 여가지도, 자연체험활동지도, 문제행동지도, 봉사활동지도 등으로 나누어질 수 있다.

넷째, 청소년지도는 청소년의 자발적인 참여를 전제로 한다. 학교나 가정 또는 사회기관 등에 의해 강제적 또는 반강제적으로 동원된 학생들을 대상으로 하는 훈육 및 행사활동은 엄격한 의미에서 청소년지도라고 보기 어렵다. 자발적인 참여에 의한 지도야말로 지도의 효과성과 효율성을 극대화할 수 있으며, 진정한 의미의 청소년지도가 가능하다고 할 수 있다.

다섯째, 청소년지도는 청소년 전문지도사에 의한 활동이다. 그들은 이러한 경험을 통해 보다 성숙하고 가치 있는 한 사람의 성인으로 성장해 나갈 것이다. 따라서 청소년지도 과정에는 청소년들의 특성을 합리적으로 조력하기 위한 전문지도사를 필요로 한다.

여섯째, 청소년지도는 지속적인 활동이다. 지금까지 대부분의 청소년지도는 일회성의 행사중심으로 이루어져 왔다고 해도 과언이 아니다. 사회기관 또는 학교차원에서 동원된 학생들을 대상으로 얼마만큼의 예산에 따라 한시적으로 운영되어 왔던 것이다. 청소년지도는 행사 중심의 일회성 활동이 아니라 지속적인 활동이며, 피드백을 통해 계속적인 개선과 발전을 지향해 나가는 활동이다.

일곱째, 청소년지도는 청소년들의 다양한 활동을 조력하는 과정이다. 여기서 과정이란 청소년지도가 의도한 목표의 성취 정도에 초점을 두는 것이 아니라 지도행위 자체에 초점을 두며, 평가를 통한 피드백과 계속적인 수정 및 개선을 전제로 하고 있음을 뜻한다.

2) 청소년지도의 원리

청소년지도의 기본원리는 청소년지도의 철학적인 준거를 제공해 주고, 지도활동을 효과적으로 수행할 수 있게 하는 기초를 제공해 준다는 점에서 중요한 의미가 있다(김종옥 · 권중돈, 1995; 73-76; 한상철 등, 2001, 재인용).

첫째, 개별성의 원리로 각 개인의 고유한 상이성을 인정해 주어야 한다.

청소년들은 그들의 특성, 발달, 성장환경 등에 있어서 다양한 차이가 있으며, 이에 따라 그들의 욕구 또한 매우 다양하다. 따라서 각 개인의 고유한 특성과 욕구를 인정하고 수용할 수 있도록 다양한 프로그램과 지도방법이 마련되어야 할 것이다.

둘째, 자율성과 창의성의 원리이다.

청소년들은 누구로부터의 간섭이나 통제를 거부하고 기성세대나 고정된 사회관습에 반항하고자 하는 발달적 특성을 지니고 있다. 자율성은 창의성과도 직접적인 관련성을 갖는 것으로, 그들에게 자율성을 최대한 허용해 준다면 청소년이야말로 세상을 창조하고 개척해 나갈 수 있는 선도자가 될 것이다.

셋째, 전인성의 원리이다.

청소년지도는 청소년들의 전인적 성장을 지원하고 조력하는 방향으로 이루어져야 한다. 전인성이란 인지적 · 정의적 · 신체 기능적 특성의 조화로운 발달을 의미한다. 청소년지도에서 전인성의 원리는 청소년을 한 사람의 완전한 인격체로, 그리고 전체론적인 존재로 인정함으로써 실현가능하다.

넷째, 체험성의 원리이다.

청소년은 근본적으로 활동적이다. 즉, 정적인 존재가 아니라 동적인 존재이다. 그러므로 청소년지도 또한 설교적이나 이론적인 방법이 아니라 활동적이고 체험적인 방법으로 이루어져야 한다. 청소년지도는 청소년 스스로 공동체의 삶과 문화적 양식 및 규범, 생활기능 등을 직접 체험할 수 있도록 계획해 나가야 한다. 이러한 체험 중심의 지도는 청소년들에게 그들의 존재가치를 인식시켜 주고, 현실적인 감각과 실생활에 대한 적응능력을 발달시킬 뿐만 아니라 그들의 참여 동기를 유발하고 지속시켜 나가는 데 크게 기여할 것이다.

다섯째, 동기유발의 원리이다.

청소년지도는 청소년들의 자발적인 참여가 이루어지지 않으면 아무런 의미가 없다. 자발적인 참여는 일차적으로 청소년지도기관과 관련 단체의 적극적인 홍보와 유인정책, 제도적 지원이 이루어져야 하겠지만, 청소년지도프로그램에 참여한 청소년들이 지도활동 경험을 통해 만족감과 유의미감을 가질 때 가장 효과적으로 이루어질 수 있다.

동기유발을 위해서는 청소년지도활동 또는 프로그램의 내용이 청소년들에게 주의를 끌 수 있고 흥미를 유발할 수 있으며, 가치로움과 유의미감을 주고 만족감을 줄 수 있어야 한다. 이것은 결코 쉬운 일이 아니며, 전문적이고 체계적인 계획과 연구에 의해서만 가능할 것이다. 그리고 지도자의 적극적인 지도 자세와 사명감 및 헌신적인 봉사정신이 요구되기도 한다.

3) 청소년지도방법의 이론적 기초

청소년지도사가 청소년지도 활동을 실제로 전개해 나아갈 때, 프로그램을 실행하든지, 어떤 청소년집단을 대상으로 전개하든지 간에 기본적인 원리들이 필요하다. 여기에 제시된 일곱 가지의 기본 원리들은 청소년지도의 전개과정에서 공통적으로 적용된다(한국청소년개발원, 2006: 27-30).

첫째, 청소년지도방법은 청소년의 자발적이고 자기주도적인 참여촉진과 학습활동에 초점이 맞추어져야 한다. 이 과정은 눈에 보이는 결과가 나타나든 것이 아니지만, 청소년지도의 성패를 결정하는 주요 요인이 될 수 있으므로 매우 주의를 기울여야 할 부분이다. 학습자가 스스로 학습활동에 자발적으로 참여할 것을 결정하지 않았더라도 외부적인 압력에 의해 참여했을 수도 있는데, 이러한 경우에도 학습활동을 계속하는 동안에 스스로 자발적으로 참여하고 자기주도적으로 학습할 수 있도록 지도해야만 한다.

둘째, 청소년지도방법은 청소년과 참가자의 상호학습 효과를 증대시키는 데 초점이 맞추어져야 한다. 앞에서 밝힌 자발적 학습 및 자기주도 학습에 대한 지도방법은 다분히 개인적인 접근이라 할 수 있다. 이러한 개인적 접근을 통하여 형성된 학습자 각자의 학습욕구는 비슷한 학습욕구를 가진 타인과의 적절한 조화와 경험의 나눔 속에서 보다 극대화시킬 수 있다. 집단적 지도방법에 있어서 각 개인의 학습은 집단적인 경험을 통해 증가되고 효율화되지만, 실제로 학습하는 주체는 여전히 개인 각자라는 것이다.

셋째, 청소년지도방법은 수련활동이 전개되는 현실성을 고려하여 적절한 지도방법을 적용할 수 있어야 할 것이다. 학교교육의 교육과정이 삶의 현장과 매우 유리되어 있다는 점이다. 이는 소위 검치 호랑이 교육과정(the saber-toochcurriculum)이라는 말로 표현되기도 하는데, 현실에서 필요한 내용을 학교에서 가르치는 것이 아니라 항상 어느 정도의 시간적 간격을 두고 뒤떨어져 있다는 것이다. 청소년지도에서 이 원리가 주는 중요한 시사점은, 학교교육에서 오랜 기간 동안 일방적으로 적용되어 왔던 고전적 강의 일변도의 지도방식에서 탈피하여 청소년들이 친밀감을 느낄 수 있는 신기술을 적용하는 지도방식을 찾아야 할 것이라는 점이다.

넷째, 청소년지도방법은 다양한 방법을 융통성 있고 조화롭게 활용하는 지도방법에 초점을 맞추어야 한다, 앞에서 지적한 바와 같이 강의방식은 현실성이 부족하다. 하지만 상황에 따라서는 여전히 고전적 강의방식이 다른 방식에 비해 효과적일 경우가 있다. 그러나 이 방식을 대부분의 학습에 적용하는 데에는 무리가 따른다. 어느 한 방식이 어느 특정한 경우에 효과적이라 할지라도 학습자 특성의 다양성을 고려하여 한 가지 이상의 방식을 효과적으로 조합하여 사용하는 것이 학습효과를 높일 수 있다.

다섯째, 청소년지도방법은 능률적이고 효과적인 지도방법에 관심을 기울여야 할 것이다. 아무리 좋은 방식이라 할지라도 그 방식이 현실적으로 적용 불가능하거나, 비용이 많이 들 경우에는 다른 접근방식을 찾아야 한다. 청소년지도방법을 결정할 때 항상 차선적 대안을 고려해야 한다는 것이다. 이를 위해 청소년지도사들도 보다 많은 지도방법과 접근방식을 숙지하고 있어야 할 것이다.

여섯째, 청소년지도방법은 청소년과 참가자의 참여를 촉진시키는 데 초점을 맞추어야 할 것이다. 계획단계에서부터 실천단계 및 평가에 이르기까지 참가자인 청소년들이 일부 또는 전 과정에 걸쳐 참여하도록 해야 한다. 예를 들면, 지도자가 일방적으로 환경교육을 실시하는 것이 아니라, 청소년들 스스로가 환경의 중요성을 인식하고 환경교육을 위한 프로그램을 계획해서 스스로 실천하고 그 결과를 평가하도록 하는 것이다.

일곱째, 청소년지도방법은 유희 · 오락적 기능을 발휘할 수 있는 지도방법이 활용되어야 할 것이다. 학습행위는 딱딱하고 지루하다고 생각하는 것이 일반적이다. 청소년지도의 이러한 고정관념을 넘어서야만 한다. 재미있고 지루하지 않은 방법으로도 얼마든지 어려운 내용을 학습할 수 있다는 자신감을 불어넣어 주어야 한다. 이 경우에는 지루한 학습의 중간 중간에 레크리에이션 시간을 삽입하는 방식이 있고, 역할연기(role play)와 같이 학습자 스스로 역할극에 참여하여 이를 통하여 학습할 수 있도록 하는 방식도 가능하다. 단, 이 방법의 적용에 유의해야 할 사항은 유희나 오락적 방식이 단순한 재미로 끝나지 않도록 지도자가 항상 유념해야 한다.

4) 청소년지도의 내용의 구성

우리나라 청소년들에게 건전한 발달과 성장을 위한 지도에는 창조적인 변화를 추구하고 출생부터 성인으로 독립할 때까지, 의존에서 자립에 이르기까지 인지적, 신체적, 직업적으로 다양한 교육을 통한 지원을 받아야 한다. 청소년지도 시 요구되는 청소년지도의 내용에는 대체로 다음과 같은 것들이 포함된다(최윤진, 1997).

첫째, 사회성지도이다. 사회성지도는 개인의 책임, 자립과 협조, 공중도덕과 사회참여 등에 관련된 태도를 청소년이 획득하도록 돕는 것으로 정신건강의 정진을 위한 조력, 자립정신과 사회참여, 사회봉사 정신의 육성은 물론 사회참여활동, 말씨, 듣는 방법, 발표능력 등까지도 포함한다.

둘째, 도덕성 지도이다. 도덕성 지도의 목표를 크게 나누면 세 가지이다. 우선 일상생활의 영역에서 사회의 건전한 향상이나 발전을 위하여 인간으로서 바람직한 생활태도와 행동양식을 학생들에게 고양시키는 것이다. 학생들이 일상생활의 기본적인 행동양식을 보다 잘 이해하고 관습화함과 더불어 시간과 장소에 알맞게 적절한 행동을 할 수 있도록 한다. 인격의 존엄, 인간애 등에 기반이 되는 인간존중 정신을 기르고 개인의 자성, 개인과 개인, 개인과 집단, 집단과 집단 간의 인간관계를 중심으로 인간존중 정신을 바르게 행할 수 있는 판단력, 태도를 기른다.

셋째, 진로지도이다. 진로지도는 학생이 걷게 되는 인생에서 늘 현재보다 나은 생활을 목표로 하여 진행시키는 것이지만 일반적으로 말할 때 학교에서 행해지는 진로지도는 어느 고등학교에 진학할 것인가, 어느 대학으로 입학할 것인가 등의 진로선택으로 제한되어 실시되고 있다. 진로지도가 학생의 미래를 전망하는 생활지도로 이루어지고 장기간에 걸쳐 이루어지기에 청소년지도론에서는 이에 따른 전문적 지식이 요구된다.

넷째, 보건지도이다. 보건지도는 건강에 대한 지도, 안전에 대한 지도, 그리고 성에 대한 지도 등으로 구성된다. 건강유지는 질병과 상해로부터 일어나는 것뿐만 아니라, 신체적 정신적으로 자신이 지닌 능력을 최대한으로 발휘하는 것까지를 포함한다. 그러므로 건강지도에는 신체적 건강과 정신건강 문제도 포함된다. 나아가 건강의 유지와 증진을 목표로 하는 적극적인 단련도 포함된다. 안전에 대한 지도에서는 교통안전에 대한 지도 등이 중시된다. 교통규칙 학습의 문제, 스스로 자신의 안전을 지키는 자립적 태도의 문제, 피해자만이 아니라 가해자가 되지 않도록 하기 위한 지도 등이 포함된다. 성에 대한 지도 역시 인격의 완전성과 풍요로운 인간 형성을 목표로 하는 관점으로 처리되어야 한다. 동시에 인간의 성에 관한 인식을 깊게 하고, 성에 관한 건전한 태도와 행동을 익히게 함으로써 가정과 사회의 일원으로서 필요한 성에 관한 기초적인 사항을 습득하도록 도와주는 것이 청소년지도론에서는 중요한 과제 중의 하나이다.

여섯째, 여가지도이다. 여가지도는 학생들에게 여가의 중요성을 깨닫게 하고 다양한 여가활동 가운데 자신에게 가장 적합한 것을 선택하여 여가를 그 자신이 이용하도록 만드는 데 있다. 여가는 학생들이 자유로이 사용할 수 있는 시간이지만 이것은 단순히 오락시간과 기분전환 시간이 아니라 인간성을 풍요롭게 하기 위한 귀중한 시간이다. 내일을 위해 활력을 축적하고 스스로를 한층 높여 충실한 역할을 할 수 있도록 하는 일이다.

일곱째, 국제교류지도는 청소년들에게 국제화 시대에 걸맞은 지구촌의 의미, 지구환경 보존의 의미 등을 일깨워 주기 위해 필요한 활동과 그에 관련된 방법, 기술을 가르치는 일이다.

2. 청소년지도과정

1) 사전단계

(1) 지도목표의 설정

청소년지도의 가장 우선적인 과제는 지도목표를 설정하는 일이다. 지도목표는 청소년지도의 일반적인 목적, 프로그램 목표, 단시지도 목표 등의 위계로 구분될 수 있다. 다양한 위계적 수준의 목표들은 다음과 같은 두 가지 공통적인 기능을 갖는다(이희도 등, 1996).

첫째, 지도목표는 청소년지도의 지침이 되고 평가의 준거가 될 수 있도록 구체적이고 명세적이어야 한다. 목표는 지도의 방향을 안내하는 기능과 학습경험선정의 기준으로서의 기능, 그리고 평가준거로서의 기능을 갖는다. 따라서 구체적이고 명세적인 형태로 진술될 때 목표의 기능을 충실하게 수행할 수 있다.

둘째, 지도목표는 청소년들에게 의미 있는 것이어야 한다. 목표의 의미성이란 청소년의 현재 준비도에 비추어 볼 때 성취 가능해야 한다는 점을 포함하고 있다. 만일 청소년이 지도목표의 중요성과 필요성을 의심하거나 인정하지 않을 경우 지도의 효과를 최대화하기란 불가능하다.

(2) 청소년 특성의 진단

청소년의 특성은 크게 지적 특성과 정의적 특성으로 구분될 수 있다. 지적 특성은 청소년 개인이 지도 장면에 끌어오는 지적 성질을 띤 과거 학습의 누적적 총체를 지칭한다. 이 속에는 지능, 적성, 인지양식(cognitive style), 선행학습 등이 포함한다. 이것을 개념상 일반 지적 행동, 특수 지적 행동, 준 일반 지적 행동으로 나누어 볼 수 있다(이희도 · 한상철 등, 1996).

일반 지적 행동은 청소년지도의 거의 모든 영역에 영향을 줄 수 있다고 상정되는 고도로 일반화된 지적 능력이며, 이것은 대부분 생애 초기에 일찍이 형성된 능력이라고 할 수 있다. 대표적인 예가 지능과 언어 능력이다. 예컨대 8세 이전에 개인이 개발 가능한 지능의 거의 80%가 결정되며, 언어능력 또한 비슷한 발달 경향을 보인다.

특수 지적 행동은 청소년지도의 특정 수련과제와 밀접히 관련된 선수학습 능력이라고 할 수 있다. 컴퓨터 지도활동에 앞서 청소년들이 갖고 있는 컴퓨터에 대한 사전정보나 처리 능력이 특수 지적 행동이다. 일반 지적 행동은 일반 지적 행동과 특수 지적 행동의 중간쯤에 속하는 능력으로, 일반적이지는 않지만 대부분의 영역에 영향을 미치고, 그렇다고 구체적으로 어떤 분야에 관련된 특수한 능력이 아닌 것을 지칭한다. 대표적으로 독해력과 수학 능력을 들 수 있다.

정의적 특성은 지적 특성보다 정의하기 훨씬 어려운 복합개념이다. 흔히 이것을 총칭하여 동기(motivation)라는 용어로 표현하기도 하지만, 이보다 더 구체적이고 조작적이라고 말할 수 있다. Bloom(1976)은 이를 흥미, 태도, 자아관의 복합체라고 정의하고 있는데, 이 정의 또한 구체적이기는 하지만 정확한 개념이라고 보기 어렵다.

정의적 특성의 발달은 특수한 것에서 점차 일반적인 것으로 형성된다. 따라서 청소년지도활동에서 청소년들이 특정 프로그램에 대해 보다 긍정적인 흥미와 태도를 갖도록 지도하는 것은 그들의 일반 정의적 특성을 변화시키는 중요한 요소가 된다. 자신들의 생활을 그들 스스로 재미없고 무미건조한 것으로 지각하고 있는 청소년들에게 청소년지도활동이 매우 유익하고 가치 있는 것이 될 수 있다는 것은 그들의 흥미와 태도, 자아개념 등을 보다 긍정적으로 변화시킬 수 있다는 신념 때문이기도 하다.

(3) 집단구성

청소년지도는 대부분 집단을 통해 이루어진다. 청소년지도에 앞서 지도사는 청소년 개인이 지닌 의도나 개인적 속성 등에 기초하여 집단을 구조화하고 집단의 크기와 형태를 결정하여야 한다.

① 집단의 동질성과 이질성

청소년들의 개인적 특성이나 지도활동에 참여하는 개인적 목적 및 관심사, 연령과 발달

수준, 성, 사회 문화적 배경 등에 따라 집단의 성질을 결정하여야 한다. 즉, 개인적 특성이나 목적의 유사성이 높은 집단을 동질적 집단이라고 하고, 이와 반대의 집단을 이질적 집단이라고 하는데, 지도목표에 따라 적합한 집단의 성질을 결정하여야 한다. 동질적 집단의 경우에는 청소년들의 목적과 관심사, 연령을 비롯한 제반 특성 등이 유사하기 때문에 집단활동에서 문제를 공유하기가 용이하고 구성원 간의 의사소통이 촉진되며, 관계형성이 용이한 장점이 있다. 반면에 이질적 집단은 구성원 상호 간의 활동이 활발하게 이루어질 수 있다는 장점이 있다.

② 집단의 구조화

청소년지도사는 청소년의 욕구충족과 지도목표 성취를 위하여 청소년의 행동특성에 기초하여 특정한 청소년을 적절히 혼합하여 집단을 구성할 필요가 있다. 즉, 지도사는 집단 내에서 청소년들 간의 상호작용을 촉진시키고 결속력을 증진시킬 수 있는 능력을 지닌 청소년들을 선별하여 각 집단에 의도적으로 포함시킬 필요가 있다.

③ 집단의 규모

지도사는 청소년지도의 목표, 청소년의 욕구, 과업성취에 필요한 조건 등을 고려하고 소집단과 대집단의 장단점을 면밀히 검토하고 집단의 규모를 결정하여야 한다. 일반적으로 지도목표의 범위가 좁아서 성원의 문제영역이 구체화되어 있는 경우에는 소집단이 적절하고 그 반대의 경우에는 대집단이 적절하다.

④ 개방집단과 폐쇄집단

집단구성 시 지도사의 또 한 가지 고민은 지도활동 중에 새로운 구성원을 받아들이는 개방집단의 형태를 취할 것인지, 아니면 기존의 청소년만으로 집단활동을 계속해 나가는 폐쇄집단의 형태를 취할 것인지를 결정하는 일이다.

개방집단은 새로운 구성원으로부터 새로운 아이디어나 자원을 얻을 수 있고 집단의 영속성을 유지할 수 있는 장점이 있으나, 집단 정체감의 상실과 지도력의 결여 등으로 인하여 집단의 안정성을 유지하기 어려운 단점도 지니고 있다.

폐쇄집단은 집단 결속력이 높고 구성원의 역할이나 규범이 안정적이며, 구성원 간의 협력이 잘 이루어지는 장점이 있으나, 새로운 사고나 가치의 유입이 어려우므로 집단적 사고에 빠질 위험이 있고, 구성원에 대한 순응의 요구가 많아질 수 있다는 단점이 있다.

(4) 지도환경의 준비

사전단계에서는 앞으로 이루어질 청소년지도활동에 대비하여 물리적 환경을 준비하고 소요 재원을 조달하는 등의 지도환경을 준비하여야 한다. 물리적 환경의 준비과정에는 회합실의 크기, 밝기, 소리, 냉난방, 의자 및 가구의 배열, 분위기 창출 등을 포함한다. 회합실의 크기는 청소년의 참여와 행동에 영향을 미치므로 집단의 규모를 고려하여 적절한 크기의 회합실을 마련하여야 한다.

그리고 토론을 위주로 집단에서는 편안한 소파나 의자 등을 준비하여 비공식적 분위기를 조성해 줄 필요가 있으며, 공식적 과업을 수행하는 집단인 경우에는 테이블이나 작업대 등을 준비해 둘 필요가 있다. 지도사는 청소년지도에 소요되는 비용을 계산하여야 하며, 어떤 방법으로 이 비용을 조달할 것인지에 대해 관심을 가져야 한다. 청소년지도의 소요 예산을 추정하는 과정에서 전화비, 복사비, 다과비 등의 잡비는 충분하게 책정하는 것이 좋다. 그리고 재정조달 방법을 강구하기 위해서는 후원기관의 재정적 후원 정도, 기관의 전체적인 재정상태 등을 평가해야 하며, 후원기관의 지원이 부족할 경우 모금이나 다른 후원기관의 확보 등 다양한 재원조달 방안을 검토해 보아야 한다.

2) 초기단계

청소년지도가 본격적으로 시작되는 초기단계에서 대부분의 청소년들은 새로운 사람이나 장면과 첫 대면을 경험하게 된다. 이들 청소년들은 집단에서의 적절한 의사소통 또는 반응

양식에 대해 확신이 없기 때문에 스스로 불안해하거나 어색한 기분을 갖게 된다. 다른 어떤 단계에서보다 지도사의 전문적인 지도기술이 더 많이 요구되는 단계라고 할 수 있다.

(1) 친밀감 조성

청소년지도가 시작되었을 때 지도사는 무엇보다 청소년 상호 간의 소개와 기타 활동(예: 간단한 레크리에이션, 신뢰감 확립 활동 등)을 통하여 친밀감과 안락한 분위기를 조성하여야 한다. 친밀감 조성활동(rapport)은 첫 대면에서의 긴장감이나 어색함을 깨뜨리고 상호 신뢰감을 발달시키는 데 크게 기여할 것이다. 친밀한 관계 속에서 생산적이고 건설적인 인간관계가 이루어지고 합리적인 문제해결을 할 수 있으며, 의미 있는 삶을 계획하고 실천할 수 있게 된다. 이것이 곧 자기성장(self-growth)이며, 청소년지도의 궁극적인 목적이라고 할 수 있다.

친밀감 조성을 위해 지도사는 상호 소개과정에서 청소년 상호 간의 공통적 특성과 관심사를 연결시켜 주고 이에 대해 토론할 수 있도록 격려해 주는 것이 좋다. 집단에서 활용할 수 있는 소개방법으로는 순번제, 변형 순번제, 문제교환방식, 1급비밀 방식, 보물찾기 방식, 가족유산 방식 등이 있다. 이러한 소개방법 중에서 가장 일반적으로 사용되는 것이 차례대로 돌아가면서 자신을 소개하는 순번제이다. 첫 대면에서의 소개는 자칫 피상적인 수준으로 그칠 우려가 있다. 따라서 지도사는 먼저 자신에 대한 소개를 함으로써 청소년들에게 모델링이 될 필요가 있다.

그리고 친밀감 형성을 위해 초기단계에서 간단한 레크리에이션과 친교 프로그램을 도입하는 것도 의미 있는 지도활동이 될 것이다.

(2) 동기유발

청소년지도의 성패는 청소년들의 자발적이고 적극적인 참여에 의해 결정된다고 해도 과언이 아니다. 실제로 지도활동 장면에 청소년들을 동원할 수는 있지만, 그들에게 억지로 의미 있는 경험이나 학습을 시킬 수는 없다. 그들의 지도활동에 대한 동기(motive)가 형성되어 있지 않다면 아무리 우수한 프로그램이나 열성적인 지도사도 속수무책일 수밖에 없으며, 이런 상황에서 지도활동의 효과를 기대하기란 무리이다.

청소년지도사는 지도활동이 시작됨과 동시에 다양한 자극을 사용하여 참여 청소년들의 지도활동에 대한 동기를 유발시켜야 한다. 이것은 청소년지도의 매력성과 참여에 대한 의지를 높여줄 뿐만 아니라 지도활동에 대한 주의집중을 촉진시켜 줄 것이다. 주의집중은 학생들에게 단순히 주목을 요구함으로써 이루어지는 것이 아니라 지도사의 청소년 간의 인간관계, 즉 친밀성을 전제로 활동에 대한 동기를 부여함으로써 가능하다.

동기유발 및 주의집중 방법은 언어를 통한 방법, 몸짓을 통한 방법, 교구나 교편물을 이용하는 방법, 활동을 통한 방법 등이 있다. 그리고 동기유발의 원리로는 흥미의 원리, 변화의 원리, 다양성의 원리를 들 수 있다. 즉, 주어진 과제 또는 프로그램이 청소년들에게 흥미 있어야 하고 계속적인 변화를 추구해 나가야 하며, 그리고 다양한 자극들로 구성되어야 한다는 것이다.

(3) 지도목표의 통지와 한계 설명

구체적인 목표는 지도의 방향을 제시하고 지도방법을 결정하게 하며, 학습자들에게 동기를 유발하도록 하는 등의 효과가 있다. 따라서 청소년지도사는 사전에 설정된 구체적 목표를 구두로 통보하거나 칠판 등을 활용해 공지함으로써 청소년들이 이를 분명히 이해하고 내면화할 수 있도록 하여야 한다.

한계 설명에서는 지도활동 기간 동안 관련 기관이 제공하는 서비스나 지원의 내용 및 제약사항 등을 알려줌으로써 구성원들에게 기관에서 제공해 줄 수 있는 요인과 제공해 줄 수 없는 요인 등에 대하여 명확하게 인식하도록 해주어야 한다. 그리고 지도사 자신이 청소년들을 위해서, 그리고 기관의 입장에서 어떤 기능과 역할을 할 것인지에 대해서도 설명해 주어야 한다. 또한 지도활동의 운영과 관련해서 활동기간, 빈도, 장소, 준비사항, 유의점 등에 대해 설명하고 안내해 주는 것도 이 단계에서 이루어져야 한다.

(4) 선수학습 또는 경험의 재생

청소년지도의 과제가 특히 위계적이고 지도가 지난 시간이 지도내용과 연속성이 있을 때 선수학습 또는 경험을 재생하도록 하는 것은 지도활동의 효과를 높이는 데 매우 중요하다. 선수학습이나 경험의 재생은 청소년들을 대상으로 한 질문을 통해 이루어질 수도 있고 지도자의 간단한 설명이나 요약으로 이루어질 수도 있으며, 차트나 유인물, 그 밖의 교수매체를 통해서도 가능할 것이다.

(5) 자극의 제시

지도 활동에 대한 전반적인 설명이나 개요 제공, 실제 사례나 구체적인 모형 제시, 활동내용과 관련된 에피소드나 인물사, 배경 이야기(behind story) 등을 소개하는 것을 말한다. 이러한 내용들은 청소년들에게 본 활동에 대한 추론을 가능하게 하고 동기를 촉진시키는 등의 효과를 갖는다. 따라서 청소년지도사는 활동내용을 분석하고 연구하는 것만으로 충분하지 않으며, 사전에 이러한 자극들을 충분히 수집하고 정리해 두어야 한다. 무엇보다 지도사의 창의적인 아이디어와 교양적 소질이 크게 요구되는 부분이라고 할 수 있다.

3) 중간단계

청소년지도활동의 중간단계는 복잡하면서도 역동적인 성격을 띠고 있으므로 청소년지도사의 입장에서 볼 때, 이론과 경험의 조화가 필요하고 인내와 관용이 요구되며, 때로는 청소년과의 맞닥뜨림도 필요하다.

(1) 중간단계의 성격

청소년지도활동의 중간단계는 갈등 및 통합단계와 목적 성취를 위해 노력을 경주하는 문제해결 단계로 구분할 수 있다. 청소년지도의 초기단계를 거쳐 중간단계에서 청소년지도활동이 어느 정도 안정화되면 청소년들은 자신들의 요구사항을 충족시키기 위하여 활동을 재구성하려고 시도한다. 이 과정에서 청소년들은 이전보다 더 많은 권력을 행사하고 보다 높은 지위를 확보하기 위해 경쟁하며 지도사에게 도전하기도 한다. 따라서 청소년들 간에, 그리고 청소년과 지도사 간에 갈등이 일어난다.

청소년지도사는 이 과정에서 갈등이 심화되고 또 다른 문제행동으로 발전되지 않는 한, 이를 부정하거나 차단하려고 노력하기보다 갈등을 있는 그대로 인정해 줄 필요가 있으며, 청소년들로 하여금 스스로 갈등을 해결해 나갈 수 있는 방법 및 전략을 터득할 수 있도록 조력해 주어야 한다. 갈등에 직면했을 때 대부분의 청소년과 지도사는 이를 억제하거나 회피해 버리는 경향이 있으나 그것은 이후 사회생활에서 계속될 수 있는 갈등에 효과적으로 적응할 수 있는 합리적인 방법이 되지 못한다. 그러므로 청소년들이 대인 간 갈등에 직면했을 때 이를 적극적으로 해결할 수 있는 자세, 즉 타협과 양보 등의 전략을 사용할 수 있도록 안내해 주어야 한다.

(2) 지도사의 개입전략

청소년지도사는 지도활동 과정에 적절한 수준으로 개입하여야 한다. 즉, 지도사는 청소년의 주체적인 지도활동이 보장될 수 있도록 하기 위하여 후원자적이고 격려자적인 자세로 개입하여야 한다. 그러므로 항상 깊은 관심과 적절한 자극을 제공하여야 하지만, 지도사가 모든 것을 주도해 나가야 한다는 강박관념으로부터 과감히 탈피할 수 있어야 한다. 이를 위하여 청소년지도사에게 요구되는 기법은 다음과 같다.

① 주의집중 기법

지도활동에 대한 청소년들의 주의집중은 도입단계에서부터 전개와 정리단계에 이르기까지 지속되어야 한다. 이 기법은 언어 및 비언어적 행동을 통하여 청소년의 말이나 행동에 관심을 기울이고, 이에 대하여 이해의 감정을 전달하는 방법이다. 이것은 청소년의 지도활동에 대한 참여를 증진시키고 청소년과 지도사 간의 관계를 촉진시키며, 청소년 간의 수용과 결속을 증진시키게 될 것이다. 지도사의 주의집중 기법으로 청소년의 말을 반복하거나 다른 말로 표현하는 것, 청소년의 감정 기저에 감정이입으로 반응하는 것, 청소년이 이야기할 때 눈을 맞추는 행동 등이 포함된다.

② 초점유지 기법

청소년지도의 특정 부분에 초점을 두게 함으로써 관련성이 없는 부분에 대한 의사소통을 감소시키고 문제를 계속적으로 탐색하게 하는 기법이다. 이를 위해 지도사가 사용할 수 있는 기법으로 명확화, 특정 의사소통의 반복, 토론범위의 제한, 의사소통 내용의 요약과 세분화 등이 있다.

③ 상호작용지도 기법

청소년지도사는 청소년지도에 영향을 미치는 특정한 행동을 이끌어 낼 수 있어야 한다. 그리고 상호작용을 특정 방향으로 인도하기 위하여 활동에 방해가 되는 의사소통을 제한 또는 차단하여야 하고, 참여도가 낮고, 소외된 청소년의 의사소통을 격려하여야 하며, 한 청소년의 의사소통을 다른 성원들과 연결시켜 주어야 한다. 이것은 역기능적 하위집단의 발달을 억제하고, 특정 문제에 대한 탐색 및 해결을 위한 상호작용을 증진시키며, 개방적 의사소통을 촉진시킬 수 있다.

④ 지두활동 참여촉진 기법

청소년지도사는 침묵하거나 소외되어 있는 청소년들을 활동에 적극적으로 참여시켜야 한다. 이를 위해 그들에게 직접적인 방법으로 활동에 참여할 것을 요구할 수도 있고 특정한 내용에 대한 의견을 물어볼 수도 있으며, 활동에 대한 개인적 느낌이나 활동에 대한 앞으로의 기대를 질문을 통해 물어볼 수도 있다.

⑤ 개인 내적 수준에의 개입

청소년지도사가 청소년의 내적 변화를 일으키기 위해서는 먼저 사고, 감정, 행동의 특성과 그 연관성을 파악하여 사고와 신념의 합리성을 분석하고, 왜곡되거나 비합리적인 신념을 변화시킬 수 있도록 지도하여야 한다. 개인 내적 수준의 변화를 일으키기 위한 개입 기법으로는 인지 재구조화법, 인지적 자기 지시법, 사고 중단법, 재정의법, 인지적 심상법, 점진적 이완법, 체계적 둔감법 등이 있다.

⑥ 대인관계 수준에의 개입

대인관계 수준의 변화를 일으키기 위해서는 관찰학습이나 역할연기를 활용할 필요가 있다. 관찰학습은 지도사나 보조 지도사가 여러 가지 대인관계 상황을 설정해 두고, 각 상황에 따라 적합한 인간관계 행동을 보여줌으로써 청소년들이 그 행동을 관찰하고 모방하도록 하여 종국에는 이를 내면화하도록 하는 방법이다.

역할연기(role play)는 어떤 특정한 사회적 상황을 가정하여 실제로 사회적 역학을 수행하게 함으로써 청소년의 대인관계에 대한 인식과 이해를 증진시키는 방법이다. 이 방법은 안전한 집단 환경 속에서 닥쳐올 행동을 미리 연습할 수 있는 기회를 제공함으로써 행동의 변화를 유도하기 위한 것이다. 역할극에서 활용할 수 있는 기법과 즉석면접, 독백, 보조자아, 거울기법, 공유 등의 보완적 역할극 기법이 있다.

⑦ 청소년 환경 수준에의 개입

청소년이 자신을 둘러싼 사회 · 심리적 환경이나 물리적 환경을 수정할 수 있도록 지도하기 위한 것이다. 청소년을 특별한 자원과 연결시키거나, 청소년의 사회적 관계망을 수정하고 확대하거나, 청소년의 행동에 대해 환경에서 제공해 오던 보상이나 처벌 등의 강화물을 수정하거나, 청소년의 목적성취를 촉진시킬 수 있는 물리적 환경을 계획하는 기법 등이 이에 포함될 것이다.

4) 종결단계

종결단계에 이르면 청소년들은 친숙하게 지내던 동료들과 분리되고 활동장소를 떠나 현실장면으로 되돌아가게 된다. 종결이 가까워지면 지도활동에 대한 참여도가 낮아지고 집단의 결속력이 저하되며, 집단의 사회적 통제기제가 약화된다. 이러한 상황에서 청소년지도사는 마지막까지 참여도와 결속력을 유지시키면서 지도활동 전반에 대하여 점검하고 평가해야 하며, 지도과정에서 청소년들이 경험했던 모든 것들을 그들의 일상생활에 적용하고 일반화할 수 있도록 지도해야 한다. 그리고 청소년들 또한 개인적 평가와 더불어 자신의 일상생활을 새롭게 설계하는 일에 몰두해야 한다.

(1) 지도사의 과업

① 수행유도

청소년들이 학습한 내용을 완전히 자신의 것으로 이해하고 내면화하며, 실생활에 적용하고 일반화하는 데 목적이 있다.

② 피드백 제공

청소년들이 새롭게 획득한 행동의 정확성을 판단하고, 특히 부정확한 행동에 대해 그 원인을 분석하고 올바른 해결책을 유도한다.

③ 수행평가

청소년들의 수행이 지도목표에 어느 정도 일치하는지 여부를 확인하여 청소년들에게는 교정적 피드백을 제공하고, 지도사에게는 다음 지도의 질적 개선을 가져오기 위한 것이다.

청소년지도활동 전반을 평가할 수 있는 가장 직접적인 방법은 지도사의 관찰이다. 이외에도 청소년의 자기관찰과 모의검증, 집단 외부인의 보고, 표준화된 평가도구를 이용하는 방법 등을 고려할 수 있다.

청소년집단에 대한 평가기법으로는 의미미분기법, 상호작용과정분석기법, 사회측정법(sociogram), 체계적 중다수준 집단관찰기법 등을 들 수 있다.

④ 파지 및 전이

청소년들이 지도를 통해 학습하고 수행한 내용을 오랫동안 기억하도록 하기 위하여 반복 연습이나 심상을 해 보도록 하고, 획득한 학습내용의 일반화 가능성을 증진시키기 위하여 이를 새로운 장면이나 상황 또는 유사 영역에 적용해 보도록 한다.

⑤ 종결감정의 처리

청소년지도를 종결할 때 청소년들은 성취감, 유능감, 자부심, 만족감, 지배감 등 긍정적 감정을 경험할 수도 있고 부정, 분노, 슬픔, 거부, 정의감 등 부정적 감정을 경험할 수도 있다. 뿐만 아니라 활동 종결 시에 청소년들은 긍정적인 감정과 부정적인 감정 사이를 오가는 양가감정(ambivalance)을 경험하기도 한다. 그러므로 지도사는 청소년들의 긍정적인 감정을 보다 강화하고 부정적인 감정을 적절히 해결할 수 있도록 지도하여야 한다.

⑥ 추후지도의 안내

청소년지도활동은 일회 또는 한 과정을 통해 완결되는 것이 아니라, 일상생활 중에도 계속되어야 함을 강조한다. 뿐만 아니라 지도활동 기간 중에 경험한 내용의 지속적인 효과를 보고하도록 하고, 지도활동의 문제점이나 상쇄효과에 대해서도 피드백을 제공해 주도록 요구한다. 그리고 언제나 청소년지도활동이나 새로운 프로그램에 다시 참여할 수 있음도 설명한다.

(2) 평가의 의미

청소년지도사는 청소년의 성취 정도와 행동발달을 측정하고 평가하여야 한다. 그러나 지도의 목표가 복잡해지고 청소년의 수가 점차 증가됨에 따라 지도활동을 평가하는 문제는 더욱 어렵게 되었으며, 더 많은 전문성을 요구하게 되었다.

따라서 평가를 정의하는 문제만 하더라도 많은 변화와 발전과정을 거쳐 왔다고 말할 수 있다. 여기서 대표적인 몇 가지 정의를 통해 평가의 개념을 보다 명확하게 제시하고자 한다.

Cronbach(1963) 등에 의하면, 평가란 한마디로 행동변화의 증거를 수집하는 과정이라고 할 수 있다. 이 정의는 첫째, 평가란 교육프로그램 개발 및 개선의 기능을 지니고 있으며 둘째, 정보자료는 학습자의 목표성취, 목표 자체의 타당성, 교육 프로그램의 타당성과 비용, 그것이 이해 당사자에게 주는 영향 등으로 확대된다는 점을 강조하고 있다.

평가(evaluation)의 개념적 · 실제적 발전은 측정(measurement)운동에서부터 비롯되었다. 측정이란 어떤 대상이나 사상(events)에 수치를 매기는 과정으로 Thorndike의 유명한 명제, 즉 '존재하는 모든 것은 양으로 존재한다. 양으로 존재하는 것이라면 측정할 수 있다'는 것이 그 출발점이라 할 수 있다. Thorndike 이전에는 인간의 정신능력처럼 가시적이지 않은 특성에 대해 그것을 질적인 변인으로만 생각하였을 뿐 수량화할 수 있다고는 전혀 생각하지 못했다. 그러나 20세기 이후 인간의 정신능력에 대한 측정운동이 본격화됨에 따라(예: 지능검사와 성격검사 등의 개발) 인간의 정신능력을 보다 과학적으로 분석하고 해석하게 되었다.

측정운동은 인간 정신능력에 대한 과학적이고 객관적인 연구를 활성화시킴으로써 교육과 심리학의 과학화를 촉진시켰다. 그러나 측정은 교육적 가치판단을 배제하고, 교육의 진정한 효과를 도외시하고 있으며, 집단 내 개인차에 대처할 수 있는 구체적인 처치방법에 대해 관심을 갖지 않는 등의 문제점을 내포하고 있다. 이러한 한계점은 어떤 사상(events)에 대한 정확한 측정과 더불어 합리적인 평가관을 수립함으로써 극복할 수 있을 것이다.

평가란 한마디로 행동변화의 증거를 수집하는 과정이며, 증거는 양적인 것뿐만 아니라 질적인 것까지를 포함한다. 그리고 질적 · 양적 증거는 행동의 변화, 즉 교육목표의 달성도와 목표달성 과정에 관한 것이며, 이러한 증거는 곧 다음 교육을 위한 의사결정의 기초자료로 활용된다. 다시 말하면, 교육목표 달성도에 대한 양적 분석과 질적 분석을 통하여 교육의 계속적인 개선을 이루어 나가는 과정이라고 할 수 있다. 이러한 관점에서 볼 때 평가 자체가 청소년들에게 시련과 중압감, 불안감을 조성하는 것은 아니다. 평가는 청소년의 학습과 발달을 지원하기 위한 것이고, 더욱 적절하고 효과적인 교육의 방법을 탐색하고 처치하기 위한 것이며, 청소년과 지도자 모두에게 적절한 피드백을 제공하기 위한 것이다(한상철, 2007; 275-299).

제8장 청소년지도방법의 원리

1. 자율참여 원리

1) 자율참여의 필요성

청소년지도방법에서 자율참여의 원리는 청소년 스스로가 청소년활동 참여의 주체가 되어 자신의 활동목적을 달성하도록 하는 원리이다. 즉, 청소년 스스로 청소년활동의 필요성과 중요성을 인식하고, 자신의 의지에 따라 자발적으로 활동을 선택하여 결정하며, 나아가 청소년활동에 적극적이고 능동적으로 참여하도록 하는 것이다. 청소년들의 자발적이고 능동적인 참여를 유도하고 촉진하는 것은 청소년활동의 효과를 증진할 뿐만 아니라, 향후 청소년활동에 대한 지속적인 참여를 유발하는 동안(motive)이 되기 때문에 청소년지도활동을 전개해 나갈 때 중요하게 다루어져야 한다.

자율과 참여중심의 청소년지도방법은 청소년활동을 청소년활동의 진정한 주인인 청소년에게 돌려주는 것에서부터 시작한다. 즉, 공급가 중심의 구조화된 청소년지도에서 수요자 중심의 유연한 청소년지도로의 패러다임의 전환이 전제되어야만 가능하다. 그리고 청소년들은 자율적이지 못한 채 교육적 개입에 의존하여 끌려가는 피동적 존재가 아니라, 청소년활동에 자발성을 갖추고 주체적인 학습활동을 전개하는 능동적인 존재이며, 다양한 활동참여를 통해 지속적으로 자신을 진화시켜나가는 존재로 이해되어야 한다. 또한, 청소년기관이나 단체들은 청소년에게 활동프로그램을 제공함으로써 소년들의 요구를 충족시켜 주는 일종의 서비스 기관으로 이해되어야 한다.

2) 자율참여의 의미

자율참여란 자율(autonomy)과 참여(participation)의 합성어이다. 따라서 자율참여의 개념을 이해하기 위해서는 자율과 참여의 개념에 대한 고찰이 우선적으로 필요하다. 본 절에서는 자율과 참여의 개념정의를 통해 자율참여의 개념을 조작적으로 정의하고자 한다.

(1) 자율의 의미

자율(autonomy)이란 문자 그대로 자기규제(self-rule), 자기통제(self-government)를 의미한다. Dearden(1972)에 따르면, 자율은 고대 그리스 도시국가들이 특성을 기술하기 위해 최초로 사용되었다. 즉, 고대 그리스 도시국가의 시민들이 정복자나 최고 권력자의 통제가 아닌 자기 자신의 독자적인 규율에 따라 자유롭게 생활하고 있는 모습을 묘사하기 위해 사용된 'autonomia'라는 용어에서 그 유래를 찾아볼 수 있다. 그 이후 자율의 개념은 자치도시국가(self-governing city-state)의 특성뿐만 아니라 인간 개개인의 특성이나 성향을 설명하는 용어로도 사용하게 되었다. 이러한 맥락에서 볼 때, 일반적으로 자율적인 사람이란 자신의 행위나 삶의 방식에 대한 결정권이 타인이나 외부권력에 있는 것이 아니라 자기 자신에게 있는 사람이라고 할 수 있다.

자율적인 학습자가 되기 위해서는 자신의 생각과 행동을 제약하는 외적구속과 간섭으로부터 자유로워야 하며, 일관된 생각과 행위를 할 수 있게 하는 투철한 개인적 가치관과 신념을 갖추어야 한다. 이와 관련하여 Patridger(1979)는 자율성의 전제조건으로 선택의 자유(freedom of choice), 합리적 사고능력(rational reflection), 의지력(strength of will) 등 세 가지를 제시하였다. 즉, 선택의 과정에서 신체적·심리적 구속이나 간섭으로부터 자유로워야 하고, 자신의 행위에 대한 정당한 이유, 자신이 결정한 생각을 행동으로 실천할 수 있는 의지력, 자신이 결정한 생각을 행동으로 실천할 수 있는 의지력을 갖추어야만 한다는 것이다. Candy(1991)는 이상의 세 가지 전제조건을 확대하여, 자율적인 학습자로 인정받기 위한 조건을 다음과 같이 여섯 가지로 제시하였다.

첫째, 자신의 학습목적과 학습계획을 스스로 결정할 수 있어야 한다.

둘째, 자신의 생각과 행동에 대한 선택의 자유(freedom of choice)를 누릴 수 있어야 한다.

셋째, 다양한 대한들에 대해 스스로 판단할 수 있는 이성적 사고능력(capacity forrational feflection)을 갖추고 있어야 한다.

넷째, 자신이 선택한 행위를 두려움 없이 의연하게 실행할 수 있는 의지와 능력을 갖추고 있어야 한다.

다섯째, 학습과정에서 나타나는 도전과 좌절, 참여와 중도포기 등의 일련의 행위들을 통제할 수 있는 자기억제능력을 갖추고 있어야 한다.

여섯째, 자기 자신을 자율적인 사람이라고 생각하는 자아개념을 가지고 있어야 한다.

이와 같은 여섯 가지 특징들은 학습상황에서 이상적인 자율성의 특징들을 나타내는 것으로서, 모두 아니면 전무(all or nothing)의 것이 아니라 정도의 문제이며, 학습자 개개인의 특성과 학습상황에 따라 상이하게 나타날 수 있다. 따라서 학습자의 자율성을 촉진할 수 있도록 학습활동을 설계하기 위한 체크리스트로 활용될 수 있다(candy, 1991).

결과적으로, 청소년지도에서 자율이란 청소년이 이성적 사고에 기초하여 자신의 학습활동에 대한 의사결정을 스스로 내리며, 자신이 선택한 행위를 자유의지에 따라 의연하게 실행하는 것이라고 정리할 수 있다.

(2) 참여의 의미

청소년 참여는 청소년지도에서 매우 중요한 관심사로 대두되고 있는 용어이다. 왜냐하면, 청소년지도는 계획된 활동에 대한 청소년들의 참여를 기본전제로 하기 때문이다. 뿐만 아니라 청소년활동 프로그램을 제공하는 기관의 입장에서 볼 때, 잠재적 학습고객인 청소년들의 참여가 이루어지지 않는다면 프로그램의 목적을 달성할 수 없을 뿐만 아니라 기관 자체도 존속될 수 없게 된다. 특히 전통적인 학교교육과는 달리 청소년기관의 학습자들은 대부분 자발적인 참여자이기 때문에 청소년지도에 있어서 참여는 가장 핵심적인 주제라고 할 수 있다.

참여의 사전적 의미는 참가하여 관계하는 것을 의미한다. 교육학적으로는 학습하려는 사람들이 사회적, 문화적 제활동에 일정기간 동안 계속해서 참가함으로써 제반활동을 경험적으로 이해하는 것이다. 따라서 청소년참여는 청소년지도의 대상이 되는 다양한 영역의 활동에 청소년들이 참가하여 상호작용함으로써 경험을 공유하는 일련의 과정이라고 할 수 있다.

참여(involvement)란 청소년들이 활동프로그램에 등록하여 역할을 부여받고 주어진 역할을 수행하는 것을 의미한다. 참획(empowerment)이란 청소년들이 특정사안에 대해 의사결정까지 행할 수 있는 참여 정도를 의미한다.

Hart(1992)는 청소년의 참여형태를 ① 조작(manipulation), ② 장식(decoration), ③ 명목주의(tokenism), ④ 제한적 위임과 통지(assigned but informed), ⑤ 상이와 통지(consulted and informed), ⑥ 성인주도(adult initiated), ⑦ 청소년주도(young person initiated), ⑧ 동등한 파트너십(equal partnership)의 여덟 단계로 구분하였다.

첫째, 조작(manipulation)은 청소년들이 활동내용에 대해 전혀 이해하지 못한 채 청소년지도자의 지시에 일방적으로 따르는 상태를 말한다.

둘째, 장식(decoration)은 청소년들의 참여가 피상적으로 이루어지는 것으로 노래하기, 춤추기 등과 같이 청소년활동에 장식품이나 액세서리처럼 활용되는 상태를 말한다.

셋째, 명목주의(tokenism)는 청소년들의 의견이나 생각을 표출하게 하지만, 청소년활동에 전혀 영향을 미치지 못하는 상태를 말한다.

넷째, 제한적 위임과 통지(assigned but informed)는 제한적으로 청소년들에게 역할이 부여되며, 그 과정을 통해 활동의 궁극적인 목적이나 필요성을 이해하게 하는 것을 말한다.

다섯째, 상의와 통지(consulted and informed)는 청소년활동이 청소년지도자에 의해 설계되고 운영되지만, 청소년들의 생각이나 의견이 비중 있게 고려되는 상태를 말한다.

여섯째, 성인주도(adult initiated)는 청소년활동이 청소년지도자에 의해 주도되지만 모든 의사결정이 청소년과 같은 공유되는 상태를 말한다.

일곱째, 청소년주도(young person initiated)는 청소년활동이 청소년 자신에 의해 주도되며,

활동진행과 관련된 주된 아이디어들이 청소년으로부터 나오는 상태를 말한다.

여덟째, 동등한 파트너십(equal partnership)은 청소년활동에 대한 아이디어들이 청소년에 의해 시작되며, 청소년활동의 실행과정에 청소년지도자를 파트너로 참여시키는 상태를 말한다.

이상의 논의를 통해볼 때, 청소년지도에서의 참여는 청소년들이 청소년활동에 참가하여 상호작용으로써 경험을 공유하는 일련의 과정이라고 할 수 있다. 그리고 활동에 관여하는 수준에 따라 참여의 유형은 다양한 형태로 나타날 수 있다.

(3) 자율참여의 의미

자율참여는 자기결정성(self-determination)과 자기경영성(self-management)의 의미와 연계하여 논의될 필요가 있다. 예컨대, 자율참여는 청소년활동에 대한 참가여부가 외부의 간섭이나 통제가 아닌 청소년 스스로에 의해서 결정되는 것만을 의미할 수도 있다. 그러나 자기경영성의 의미와 연계할 때의 자율참여는 청소년활동의 진행과정과 절차에 대해 청소년들이 스스로 통제하는 자기주도적 활동까지도 포괄할 수 있기 때문이다.

자기결정성은 선택(choice)과 관련된 것으로서, 여기에는 활동참가여부뿐만 아니라 자신이 참여할 활동내용, 활동방법, 참여수준 등 청소년활동 전반에 대한 의사결정을 모두 포괄하는 개념이라고 할 수 있다. 따라서 자율참여는 청소년활동 참가여부를 청소년이 스스로 결정하는 것까지도 포괄하는 광의적인 개념이라고 할 수 있다.

자기 경영은 통제(control)와 관련된 것으로서, 자신의 청소년활동 진행방법 및 절차를 청소년들이 스스로 통제하는 자기주도적 학습의 의미를 내포하고 있다고 할 수 있다.

자율참여는 청소년활동 참가여부를 청소년이 스스로 결정하는 것뿐만 아니라 청소년활동에 참가한 이후의 활동진행과정 전반에 대한 의사결정을 청소년들이 스스로 결정하는 것까지도 포괄하는 광의적인 개념이라고 할 수 있다.

3) 자율참여의 의의

청소년프로그램에서 청소년참여의 중요성은 크게 두 가지 측면에서 논의될 수 있다. 하나는 청소년 참여가 프로그램 개발 및 운영의 기본원리로서 당연시되는 부분이고, 또 하나는 최근의 사회적 변화에 따라 청소년참여가 더욱 강조되고 있는 측면이다.

우선, 청소년참여가 청소년프로그램 개발 및 운영의 기본원리로서 강조되고 있다는 점에서 논의될 수 있다. 이는 프로그램의 전반적인 과정에 프로그램의 주체인 청소년 참여가 당연하다는 것을 강조하는 관점이다. 특히, 청소년들의 직접적인 체험활동을 강조하는 청소년프로그램은 청소년들이 활동의 주체로서 프로그램에 적극적으로 참여(involve)하고 행함(doing)으로써 새로운 경험을 체험한 후에 자신들의 체험을 공유하고 자신만의 경험세계로 새롭게 조직하여 내면화 · 일반화시켜 일상생활 속에서 자연스럽게 적용할 수 있다는 특성을 가지고 있다(권일남, 1998). 청소년프로그램의 특성상 프로그램운영에서 청소년 자신의 주체적인 역할이 매우 중요한 요소가 되며, 이를 위해서 청소년들의 요구와 흥미에 맞는 프로그램을 개발하고 청소년들이 활동주체가 되는 방식으로 운영되어야 한다.

반면, 청소년참여의 중요성은 사회적 변화의 측면에서 논의될 수 있다. 지금까지의 사회적 변화를 통해 볼 때 청소년세대는 여러 가지 측면에서 문화적 변화를 가져올 것으로 예상할 수 있으며, 이러한 청소년문화의 변화는 곧 청소년활동 프로그램의 개발과 운영의 전반적인 과정에서의 변화를 동시에 요구하게 될 것이다. 그리고 그러한 변화의 핵심이 바로 청소년의 주체적인 참여라는 것이다. 이러한 변화의 양상은 다음과 같이 정리해볼 수 있다(김정주 · 김혁진 외, 2002).

첫째, 온라인과 오프라인의 결합에 의한 새로운 대중적인 문화가 확산되고 있다는 점이다. 정보문화의 일반적 변화 양상은 온라인과 오프라인의 통합과 교류이며 청소년문화는 그 양상을 대표적으로 보여줄 것이고, 이를 통해 개인적 관심사에 의해 분리되었던 문화는 교류되는 결합되면서 대중화될 것으로 보인다.

둘째, 개성에 바탕을 둔 퓨전문화가 만들어지고 있다는 점이다. 규격화와 획일화가 거부되는 다품종 소량 생산의 시대가 찾아오면서 개인은 더욱 개성화되고 청소년문화는 양상

자체를 단정 짓기 어려운 현상을 나타낼 것이다. 그러나 동시에 다양한 개성들이 정보매체의 통합에 의한 생활양식의 변화 속에서 이질적인 문화가 통합되는 퓨전(fusion)현상이 확산될 것으로 예상된다.

셋째, 개인을 중시하되 새로운 공동체를 만드는 문화가 확산되고 있다는 점이다. 즉, TV 영상과 PC영상이 결합되고 다양한 네트워크 영상세대로 질적인 변화가 오게 될 것이다. 쌍방형이란 일방적으로 정보를 습득하는 것이 아니라 함께 만들고 자신의 정보를 제공하는 특징을 가지며, 대화가 공동체 형성의 기본 요소로서 더욱 중요해질 것이다.

넷째, 정치적인 관심보다는 개인적으로 좋아하는 일에 대한 사회적 관심을 중시하는 문화가 형성되고 있으며, 사회참여의 방식도 스스로의 흥미와 자원에 의한 방식으로 변화되고 있다는 점이다.

다섯째, 스스로의 참여를 통해 만들어 가는 문화가 중시되고 있다는 점이다. 청소년들의 선택의 기준은 옳고 그름보다는 좋음과 싫음으로 변하고 있으며, 도덕적인 기준을 거부한다는 것이 아니라 하기 싫은 것을 분명히 표현하는 점이 강조되고 있다. 하기 싫은 것은 거부하지만 스스로 원해서 하고 싶은 것은 매우 적극적으로 참여하는 양상이 확산되고 있다. 이러한 변화의 흐름을 통해 청소년문화는 감각적 디자인의 영상세대, 쌍방형 네트워크의 세대, 자율과 창조의 세대, 개성에 바탕을 둔 퓨전문화의 세대로서의 문화적 특징을 갖게 될 것으로 보인다.

또한 자율과 창조의 세대인 청소년을 위한 시설공간은 성인들에 의해 기획되고 일방적으로 주어지는 프로그램보다는 청소년들의 참여를 기반으로 청소년지도자들의 전문성과 청소년들의 자발성이 화학적으로 결합하여 운영되는 프로그램을 요구하게 될 것이다. 즉, 청소년시설 운영은 물론 청소년프로그램의 기획과 운영에서 청소년참여가 중요해질 전망이다.

4) 자율참여의 특징

청소년의 자율참여는 여러 가지 형태로 나타날 수 있다. 일반적으로, 청소년들이 자신이 경험하게 될 활동프로그램에 대한 모든 결정권을 스스로 갖게 될 때를 가장 최고의 자율참여의 단계로 생각할 수 있다. 즉, 청소년활동에 대한 참여여부, 활동프로그램 진행방법의 결정, 활동프로그램의 참여유형 결정, 활동프로그램의 환경조직 결정 등 다양한 의사결정과정에 청소년들이 스스로 참여하고, 최종적인 의사결정권을 갖는 것을 가장 이상적인 자율참여의 형태라고 할 수 있다.

Zimmerman(1994)에 따르면, 학습자가 자신의 학습활동을 스스로 선택하고 통제하는 자기규제적 학습(self-regulated learning)은 다음과 같은 네 가지의 특징을 지닌다.

첫째, 학습자에게 자신이 학습에 참여할 것인지, 그렇지 않을 것인지를 선택할 수 있는 기회가 부여된다는 점이다.

이는 학습동기와 관련된 것으로, 자기규제적 학습자는 타인 의존적인 학습자에 비해 보다 내재적으로 동기화(intrinsically motivated)되어 있다는 것을 의미한다. 그리고 이러한 학습동기는 학습자의 학습목적(learning goals)이나 자기효능감(self-efficacy), 가치(value) 등에 의해 발생된다.

둘째, 학습자에게 자신이 선호하는 학습방법을 선택할 수 있는 권한이 부여된다는 점이다. 이는 학습방법과 관련된 것으로서, 자기규제적 학습자는 자신이 계획한 학습방법에 보다 의존한다는 것을 의미한다. 따라서 자기규제적 학습상황에서 학습자는 효과적인 학습전략을 사용할 수 있으며, 학습에 대한 두려움을 경감시키기 위한 이완전략을 활용하기도 한다.

셋째, 학습자에게 자신이 선택한 학습행위를 스스로 모니터링(self-monitorign)하고, 스스로 자신의 행동을 조절(self-modulating)할 수 있는 기회가 부여된다는 점이다.

이는 학습자가 자신의 학습수행 과정을 통제하기 위한 조건으로서, 자신의 학습행위의 결과를 스스로 인식하게 해주는 것을 의미한다. 여기에 자신의 행동에 대한 가치판단(self-judgement)과 행위통제(action control), 자율의지(volition)의 과정이 포함된다.

넷째, 학습자에게 자신의 학습환경(물리적, 사회적)을 선택하거나 통제할 수 있는 기회가 부여된다는 점이다.

이는 학습자가 자신의 학습을 지지 · 지원 · 촉진하도록 학습환경을 설계할 수 있게 해주는 것을 의미한다. 따라서 자기규제적 학습상황에서 학습자는 자신의 학습능력과 수준에 맞도록 학습환경을 구조화하기 위해서 풍부한 학습자원을 가지고 있어야 하며, 학습환경에 민감하게 반응할 수 있어야 한다.

청소년지도에서 청소년참여는 청소년과 지도자 간의 파트너십(youth-adultpartnership)을 통해 프로그램의 계획, 실행, 평가 등 프로그램 운영 전반에 대한 의사결정을 공유하는 것이라고 할 수 있다. 청소년-지도자 파트너십은 기존의 청소년-지도자의 관계에서 벗어나 청소년과 지도자가 강력한 공동체를 이룸으로써 함께 일하고(work together), 권한을 공유하고(sharing power), 서로에게서 배우는 것을(learning each other) 의미한다(Justinianno & Scherer, 2001). 즉, 청소년과 지도자 모두가 제안하고 의사결정 할 수 있는 기회를 가지며, 각각의 기여를 가치 있게 인정하는 것을 말한다. 특히 청소년-지도자 파트너십은 청소년들이 당면하는 문제(issue)나 청소년들에게 영향을 미치는 프로그램과 관련하여 청소년지도자가 청소년들과 완전하게 파트너십의 관계를 갖는 것을 강조한다.

성공적인 청소년-지도자 간의 파트너십 형성을 위해서는 ① 파트너십의 명확한 목적이 있어야 하고, ② 의사결정 권한을 공유하여야 하며, ③ 조직의 최고층까지 각종 사업에 청소년참여를 기꺼이 수용할 수 있어야 하고, ④ 청소년과 성인이 각각의 역할에 대해 명확히 이해하고 있어야 한다(Advocate for youth, 2001).

5) 자율참여의 이상적 모델: 활동몰입

청소년활동 프로그램에서 청소년의 긍정적인 자율참여의 유형은 크게 세 가지로 구분하여 제시할 수 있다(Wlodkowski, 1999).

첫째, 의지+성공활동에 참여하고, 청소년활동에서 성취감을 경험하게 된다. 또한 자율의지와 성공적인 조건이라고 할 수 있다.

둘째, 의지+성공+가치(volition+success+value)유형이다. 이 유형은 자신이 학습하고 싶은 것을 성공적으로 학습할 뿐만 아니라 자신이 학습하고 있는 것에서 가치를 발견하게 된다. 따라서 청소년활동 참여자는 자신이 참여하고 있는 활동프로그램에 신중을 기하게 되며,

그로부터 의미를 발견하게 된다.

셋째, 의지+성공+가치+즐거움(volition+success+value+enjoyment)의 유형이다. 이 유형의 청소년은 자신에 참여하며, 즐거운 감정을 가지고, 성공적으로 배우는 학습자이다.

몰입경험(flow experience)은 일상생활에서 우발적으로 일어나기도 한다. 그러나 몰입이 발생되도록 구조화된 활동(structured activity)이나 몰입을 경험할 수 있는 개인의 능력에 따라 더 자주 일어나기도 한다(Csikszentmihaly, 1990). 즉, 몰입의 발생은 활동의 구조와 개인적 능력에 따라 조절될 수 있다. 따라서 청소년들이 활동프로그램에 참여하면서 몰입경험을 갖게 하기 위해서는 전략적인 노력이 필요하다.

한편, 불안감을 느낀 청소년이 불안감을 줄이기 위해 선택할 수 있는 방법은 크게 세 가지 방법이 있다.

첫째, 활동참여를 포기하는 방법, 둘째, 쉬운 과제로 되돌아가는 방법, 셋째, 어려운 과제에 맞게 자신의 능력을 향상시키는 방법이다. 물론 이론상으로 과제의 수준을 낮추면 몰입을 경험할 수 있겠지만, 현실적으로 수준 높은 과제를 지각한 청소년 참여자가 그 과제를 무시하고, 낮은 수준의 과제로 돌아간다는 것은 어려운 일이며, 결국 학습몰입을 경험하기 위해서는 자신의 능력을 향상시켜야 할 것이다.

이상의 논의를 종합해 볼 때, 활동몰입은 청소년들로 하여금 자신의 능력을 최대한 발휘하게 하고, 청소년프로그램에 참여하는 과정에서 즐거움과 행복감을 느끼게 하며, 자신의 능력을 지속적으로 향상시키게 하는 성장과 진화의 동력이라고 할 수 있다.

6) 자율참여의 방법

청소년지도의 과정에서 청소년이 참여할 수 있는 방법은 다양하다. 청소년수련시설에서 프로그램과 관련하여 청소년의 참여방법은 ① 프로그램 기획자, ② 프로그램 지도자, ③ 프로그램 평가자 등으로 참여할 수 있다. 좀 더 광범위한 의미에서는 청소년시설의 운영과 관련하여 참여할 수 있는 영역으로 ① 대표단, ② 청소년자문위원, ③ 운영위원 등 매우 다양한 형태로 참여할 수 있다(Jusinianno & Scherer, 2001).

첫째, 청소년들은 프로그램 기획자로 참여할 수 있다. 청소년들이 프로그램의 기획과정에 참여함으로써 프로그램의 비전과 목표설정에 기여할 수 있다. 또한 프로그램과 관련된 청소년의 요구의 확인, 실천계획과 일정의 개발, 자원봉사자 확보, 프로그램의 전개, 프로그램 성과의 평가 등에서 역할을 담당할 수 있다. 또한 지도자들과 공동으로 프로그램을 구상하고 적용함으로써 프로그램의 전개, 프로그램 성과의 평가 등에서 역할을 담당할 수 있다. 또한 지도자들과 공동으로 프로그램을 구상하고 적용함으로써 프로그램에 대한 주인의식과 성취감을 경험할 수 있게 된다. 청소년이 프로그램 기획자로서 참여할 수 있도록 하기 위해서는 참가희망자의 파악, 청소년 역할의 명료화, 청소년에 대한 기대와 책임의 규정, 참여에 필요한 일정 및 연락방법 등과 같은 사항에 대한 대처, 기획과정에 적극적으로 청소년을 개입시키기 등이 필요하다.

둘째, 청소년은 프로그램의 지도자로 참여할 수 있다. 청소년들이 자신이 갖고 있는 능력과 장점을 바탕으로 프로그램의 스태프나 또래지도자로 참여함으로써 커뮤니케이션과 리더십 기술을 개발하고 정교화할 수 있다. 청소년들도 적절한 훈련과 지원을 받으면 프로그램의 요구를 사정하고, 프로그램을 설계하고, 청소년이나 성인을 지도할 수 있다. 청소년들이 지도자로 참여할 수 있도록 하기 위해서는 지도자가 될 수 있는 잠재력을 가진 청소년의 파악, 훈련과 오리엔테이션 실시, 필요시 성인 파트너의 지정, 프로그램에 대한 연습과 피드백, 다양한 여러 청소년의 참여, 모범적인 지도자의 모델 따라 해보기 등 여러 가지 지원이 필요하다.

셋째, 청소년은 프로그램의 평가자로 참여할 수 있다. 청소년들은 설문조사의 실시, 면접조사의 실시, 조사결과의 정리 등과 같은 평가관련 작업에서 역할을 수행할 수 있으며, 프로그램의 효과성을 분석하는 데 기여할 수 있다. 이러한 활동으로 작문 능력이나 커뮤니케이션 능력을 개발할 수 있다. 또한 프로그램이 자체의 목적이나 목표를 달성했는지 여부를 이해하는 데 기여할 수 있다. 청소년들에게 프로그램 평가에 관한 고도의 전문성을 요하는 것이 아니므로, 청소년들의 참여를 유도하기 위해서는 참가대상자의 파악, 평가방법의 결정, 평가계획 수립, 참여청소년에 대한 교육, 라포형성(build rapport), 또래들에 대한 면접조사 실시, 필요시 자료처리에 대한 교육실시 등이 필요하다.

넷째, 청소년은 대표단으로 참여할 수 있다. 청소년 대표단은 특정 문제나 논점에 관계되는 조직이나 지역(geographic area)에서 열리는 청소년회의이다. 이 방법은 청소년들이 모여 중요한 논점(issue)에 관해 토론하고 실천할 수 있는 기회와 가능한 대안을 찾아보는 기회를 마련해 준다. 또한 다른 청소년들과 네트워킹 하며 다양한 생각과 자원을 공유하고, 청소년과 성인이 서로의 관점에 이해의 폭을 넓힐 수 있게 한다. 청소년대표단(youth summits)을 운영하기 위해서는 청소년참여자의 확보 및 위원회조직, 운영인력 및 시설공간 확보, 목적과 의제(agenda)의 설정, 예산계획의 수립, 사업의 실행, 다양한 홍보를 통한 공론화, 행사결과의 정리 및 평가, 다음 단계의 작업 확인 등의 절차가 필요하다.

다섯째, 청소년은 자문위원으로 참여할 수 있다. 청소년자문위원회는 청소년들로 구성된 집단으로, 특정 사안이나 프로그램 관련 의사결정 지원, 성인들로 구성된 집단에 대한 자문이나 통찰력 제공 등의 기능을 담당한다. 자문위원회는 다양한 형태로 구성될 수 있는데, 성공적인 자문위원회가 되기 위해서는 위원회의 목적, 역할, 구성원 등을 신중하게 고려해야 한다. 또한 청소년자문위원회를 구성하기 위해서는 조직과 성인들의 준비 정도 분석, 자문위원회의 체제(framework)구성, 필요 자원 확보, 성인 담당자 지정, 청소년과 성인 담당자의 역할과 책임의 명확화, 오리엔테이션과 훈련실시, 실행계획의 수립과 적용, 반성적 사고(reflection) 기회의 제공, 자문위원회 위원에 대한 인정감 부여 등이 필요하다.

여섯째, 청소년은 조직의 운영위원으로 참여할 수 있다. 청소년들에 대해 역량을 갖춘 자원으로 인식하고 조직 내에서 청소년의 의견을 존중하는 경우, 청소년들이 운영위원회나 이사회 등과 같은 의사결정기구에 참여하는 투표권을 행사할 수 있도록 하는 것이 가능하다. 이러한 운영위원회 참여는 청소년이 조직의 예산, 인사권, 선략 또는 사업계획 수립 등과 관련된 의사결정권을 공유하는 것을 의미한다. 청소년을 운영위원회에 참여시키는 것은 매우 중요한 역할을 담당하게 하는 것으로서 신중한 접근이 필요하다. 이를 실행하기 위해서는 다음과 같은 사항을 고려하여야 한다.

① 왜 청소년을 운영위원회에 참여시키는지를 명확히 하여야 한다. 청소년을 운영위원회에 참석시키는 것은 프로그램뿐만 아니라 조직 자체에도 영향을 미치게 된다. 따라서 청소년의 운영위원회 참여가 어떻게 조직에 도움이 되는지를 명확하게 하는 것이 필수적이다.

② 조직의 경영관리자로부터 지원을 얻어야 한다. 운영위원회 또는 이사회와 직원들이 추가적인 훈련이나 멘토링, 진행 등을 위해서 추가적인 시간과 비용이 필요하게 될 수 있다는 점을 확실하게 인식하여야 한다.

③ 청소년을 운영위원회에 지속적으로 참여시킬 수 있는 구조를 만들어야 한다. 이를 위해서 필요하면 정관이나 관련 규정을 변경하여야 하고, 운영위원들의 임무에 대한 명확한 검토가 필요하다. 또한 관련된 상위 법령들에 대한 철저한 분석과 정리가 필요하다.

④ 필요한 자원을 확보하여야 한다. 청소년들을 참여시키는 데에는 추가적인 비용이 필요할 수 있다. 특히 청소년은 운영위원으로 활동하는 데 성인들보다 더 많은 제한과 비용이 필요할 수 있다.

⑤ 청소년 참여자를 신중하게 선발하여야 한다. 조직이 지향하는 핵심적인 가치를 이해하고 있으며, 조직에 기여할 수 있는 청소년을 선발하여야 한다. 또한 이미 조직에서 서비스의 수혜자나 공급자로서 참여하고 있는 청소년을 찾는 것도 중요하다.

⑥ 참여 청소년에게 운영위원회 위원의 역할과 기대를 명확하게 전달하여야 하고, 동의서에 서명하도록 한다.

⑦ 운영위원회와 조직의 구조 및 정책 등에 대하여 참여청소년에게 오리엔테이션과 교육을 실시하여야 한다.

⑧ 청소년 참여자에 대한 지속적 지원이 필요하다. 청소년 운영위원에게는 회의 전 준비시간과, 회의 후 검토 시간이 필요하다. 운영위원회 위원과 직원들은 공식적이든 비공식적이든 청소년 운영위원에 멘토(mentor)역할을 수행하여야 한다.

⑨ 적어도 두 명 이상의 청소년을 참여시켜야 한다. 운영위원회에 한 명의 청소년만을 참여시키는 경우 명목적인 참여가 될 수 있다.

7) 자율참여의 촉진전략

청소년지도 현장에서 자율참여 접근방법의 원리가 적용되기 위해서는 청소년과 청소년지도 모두 변화해야 한다. 일반적으로 당면하는 문제는 청소년들의 학교생활과 관련된 시간 확보, 청소년들의 관심을 확보하고 유지하는 것, 교통편 등과 같은 참여에 따라 부수적으로 발생하는 문제가 있다.

이러한 문제점을 해결하고, 청소년-청소년지도자 간의 파트너십을 형성하기 위하여 청소년과 청소년지도자가 중요하게 고려해야 할 사항은 청소년-청소년지도자 간의 파트너십을 강화해야 한다는 점이다. 청소년의 자율참여 의지를 촉진하기 위해서는 일반적으로 다음과 같은 원칙들이 적용되어야 한다.

첫째, 청소년들에게 자신의 활동에 대한 책임감을 갖도록 해야 한다. 일반적으로 사람들은 자신이 하는 일에 대한 책임감을 가지고 있을 때 더욱 적극적으로 행동하는 경향이 있다. 따라서 청소년들에게 활동프로그램에 대한 책임감을 갖게 함으로써 보다 심화된 참여를 유도할 수 있다. 활동에 대한 책임감을 갖게 하기 위해서는 자신의 활동에 선택권을 부여해 주어야 한다. 그리고 자신의 활동내용을 설계하는 데 적극적으로 참여시켜야 한다. 따라서 청소년들이 활동프로그램에 대해 스스로 책임감을 갖게 하기 위해서는 청소년활동을 기획, 설계, 실행, 평가하는 과정에 청소년들을 참여시키는 것이 필요하다.

둘째, 청소년지도자는 일관성 있고 헌신적이어야 한다. 청소년지도자의 열정이란 자신이 지도하고 있는 활동프로그램에 가치를 부여하고, 헌신의 노력을 기울이는 태도를 말한다. 청소년지도자의 열정은 그 자체로 에너지이며, 청소년들의 흥미를 유발한다. 따라서 청소년지도자의 일관성 있는 열정과 헌신은 청소년의 참여동기에 강한 영향을 미치며, 감정적으로 고무된 활동 참여를 유발할 수 있게 된다.

셋째, 청소년들의 활동참여를 격려(encourage)하여야 한다. 학습자를 격려한다는 것은 학습자를 인간으로서 존중하고, 학습자의 노력을 믿고 신뢰하며, 학습자가 배울 수 있다는 것을 학습자에게 보여주는 교수자의 행위이다. 따라서 청소년들의 활동참여를 격려한다는 것은 청소년을 인격체로서 수용하고, 그들의 활동을 지원하고 있음을 의미한다. 그러나 청소년을 존중하지 않는다면 청소년에 대한 격려가 필요하다.

넷째, 청소년들에게 활동참여를 통해 얻을 수 있는 결과를 이해시켜야 한다. 청소년들이 교육활동에 참여하는 것은 활동참여를 통해 자신에게 유용한 무언가를 얻을 수 있는 기대수준 때문이라고 볼 수 있다. 예컨대, 청소년이 활동에 참여하여 아무것도 얻을 수 없다고 지각한다면, 그들의 자율참여의지는 감소될 것이다. 반면, 활동참여를 통해 자신에게 의미 있는 보상을 얻을 가능성을 확인하게 되면, 청소년은 활동프로그램에 흥미를 가지게 될 뿐만 아니라 활동프로그램에 적극적으로 참여하게 될 것이다. 따라서 활동프로그램을 통해 얻게 될 보상들을 분명하게 제시하고 인식시키는 것이 필요하다.

다섯째, 활동과제를 흥미롭고 이해하기 쉽게 제시하여야 한다. 활동내용에 대해 관심을 집중시키기 위해서는 청소년의 호기심을 자극(stimulating)하고, 흥미롭게 제시하는 것이 중요하다. 만약 활동내용에 흥미와 관심을 집중하지 않는다면, 학습이 일어나지 않을 뿐만 아니라 지루함(boredom), 피로함(fatigue), 주의산만함(distraction) 등이 발생하게 된다.

여섯째, 청소년지도자와 청소년 간에 상호 존중하고 친밀한 관계가 형성되어야 한다. 인간은 안전감(security)과 유대감(connectedness)의 욕구를 가지고 있으며, 이러한 욕구를 충족시켜주는 학습환경은 참여동기에 긍정적인 영향을 미친다(Deci et al., 1991). 청소년활동 프로그램에서 경험의 질(quality of experience)은 청소년지도자와 청소년 간의 상호작용을 통해 발생된다. 만약, 청소년지도자와 청소년 간에 상호 존중하고 친밀한 관계가 형성되지 않는다면, 청소년은 위협이나 굴욕감을 느끼지 않기 위해 자기방어기제를 사용하게 되며, 결과적으로 자신의 의견과 생각을 자연스럽게 표현할 수 없게 될 것이다. 반면, 청소년지도자와 청소년 간의 친밀한 유대관계가 형성되면, 청소년의 자신의 독특한 경험과 생각, 의견을 학습경험에 연계시킬 수 있게 되며, 보다 적극적으로 학습활동에 참여하게 될 것이다(Wlodkowski, 1999).

일곱째, 성공적인 활동수행을 청소년 자신의 능력, 노력, 지식에 귀인하여야 한다. 청소년활동에서의 성공적인 수행은 다양한 원인에 귀인시킬 수 있다. 그러나 그러한 성공을 청소년 자신의 능력, 노력에 귀인시키는 것은 학습자로서의 자기효능감과 유능감을 향상시키고, 자율참여의 의지를 향상시킬 수 있는 좋은 방법이 될 수 있다.

여덟째, 필요하다면 건설적인 비판(constructive criticism)을 하여야 한다. 건설적인 비판은 피드백과 유사한 형태이긴 하지만, 학습상황에서의 실수나 문제점을 부각시키는 데 한정된다는 특징을 지닌다. 건설적인 비판은 일반적인 비판과는 차별화된다. 즉, 건설적인 비판에서는 비난이나 혐오, 거부감의 표현이 제한된다. 그러나 건설적인 비판이 과용될 경우 오히려 청소년의 자율참여의 동기를 저하시키는 악영향을 미칠 수 있으므로, 빈번하게 사용하기보다는 효과적으로 잘 사용하는 것이 필요하다.

아홉째, 재미(fun) 있는 시간을 가져야 한다. 청소년들은 재미있는 것을 좋아한다. 지도자들은 대부분 교육적인 목적을 달성하기 위해서 신중해져야 한다는 것을 느끼게 되는데, 청소년들과 재미있는 활동을 하는 것이 오히려 더 효과적인 경우가 많다.

열째, 청소년들이 서로 의지할 수 있도록 해야 한다. 청소년들이 서로의 의견을 존중하고, 서로 도우며 의지할 때 비로소 자율적인 자치활동이 가능하며, 서로에게서 많은 것들을 배울 수 있다. 지도자는 청소년들 간의 관계를 형성할 수 있도록 도와주어야 한다. 청소년들 사이에 불건전한 경쟁이나 모욕적인 언행을 발견했을 때는 철저하고 단호하게 제지하고 서로에게 긍정적인 피드백을 줄 수 있도록 격려하여야 한다.

2. 심성계발의 원리

1) 심성계발의 필요성

(1) 심성계발의 의미

청소년지도방법에서 심성계발의 원리는 청소년활동 프로그램 참여를 통해 청소년들이 인간에 대한 이해의 폭을 넓히고, 주체성과 사회성, 긍정적 자아개념을 확립하도록 하는 원리이다. 심성계발이란 인간의 참된 본성을 의미하는 심성(心性)과 지능을 깨우쳐 열어주는 것을 의미하는 계발(啓發)의 합성어이다. 따라서 심성계발은 나 속의 나(심성)를 긍정적으로 이해하고 수용하게 하며, 자존감을 향상함으로써 긍정적인 삶의 태도를 형성하게 하는 것을 의미한다.

(2) 청소년과 자아정체감

청소년기는 자아정체감 형성의 결정적 시기(critical period)이다. 즉, '나는 누구인가?', '나는 어디서 와서 어디로 가는 존재인가?', '내가 나라고 말할 수 있는 것은 무엇인가?' 등과 같은 질문을 던지고 그 해답을 얻기 위하여 노력하는 시기이다. 청소년기에 자아정체감을 형성하지 못할 경우 청소년기를 비롯한 그 이후의 발달은 커다란 장애를 겪게 된다. 예컨대, 역할혼미를 겪고 있는 청소년들의 가장 큰 특징은 직업을 선택하지 못한다는 점과 추후의 교육을 성공적으로 수행하지 못한다는 점이다. 그리고 지속적인 역할혼미는 청소년들에게 부정적 정체감(negative identity)이나 반항적 정체감(anti identity)을 형성함으로써, 사회적으로 심각한 문제를 야기할 뿐만 아니라 결국에는 자기존재감 상실과 무가치감, 심각한 우울증 등으로 인하여 극단적인 자기파괴 행동을 선택하게 할 수 있다(한상철, 1998).

(3) 청소년지도과정과 심성계발

자기이해를 위한 방법에는 여러 가지가 있지만, 무엇보다도 생생한 인간관계 속에서 자기 자신에 대한 깊은 성찰이 중요하다. 즉, 또래집단이나 성인들과의 관계 속에서, 그리고 그들의 반응 속에서 자신의 가치에 대해 솔직하게 질문하며 자신의 욕구충족 방법을 수정하고 타인과 교감하는 법을 배워야 한다. 또한 지도자에 의해 제공된 방법 외에도 다른 사람에 의해 제공된 방법들을 어떻게 수용하며, 이에 자기 자신은 어떻게 행동해야 하는가를 배우는 것은 청소년들에게 가장 바람직한 수련활동이라 할 수 있다.

청소년지도의 과정에서 심성계발은 여러 가지 상황 속에서 다양한 만남을 통해 자신에 대한 통찰력을 민감하게 하고, 타인과의 상호작용 과정 속에서 인간성을 체험하게 하는 것이다. 또한 이러한 경험들을 서로 나눔으로써 청소년활동 프로그램에 참여하는 모두에게 자신의 진실한 모습을 발견하게 하고 자기성장을 추구하게 하는 것이며, 아울러 공동체의 중요성을 깨닫고 공동체의 발전을 도모하게 하는 것이다(유수현, 2001).

2) 심성계발 수련활동의 발전

(1) 심성계발훈련의 배경

심성계발훈련(또는 인간관계 수련활동)은 집단역동(group dynamics)과 같은 집단활동(group work)의 이론을 심리치료적인 목적에 응용하면서 시작되었다고 볼 수 있다.

2차 세계대전 이후 심리치료에 관심을 가진 많은 학자들은 집단을 활용하는 치료집단(therapeutic community)을 형성하여 그 집단의 구성원들이 상호작용하게 함으로써, 심리치료사들이 수행할 수 있는 것보다도 더욱 효과적인 치료요인으로 작용하도록 발전시켰으며(전성민, 1993: 이삼희, 1998), 이론적 배경을 중심으로 종래의 심리치료적인 입장에서 교육적 훈련에 중점을 두게 되었다.

집단이 중요한 수단으로 등장하므로, 지적학습보다는 정의적 학습에 치중하면서 행동화에 역점을 두는 인간관계수련활동의 기초가 마련된 것은 1946년 여름 코네티컷 주에서 열린 한 모임에서였다. 심리학자들과 연방정부의 관리들이 모여 정부가 지원해 주는 프로그램에 참여하는 회원들의 리더십을 발전시키는 것이 모임의 목적이었는데, 이 모임을 지도한 사람들은 중부 유럽 출신의 게슈탈트 심리학자로 미국 심리학계의 거장이라 할 수 있는 Kurt Lewin, Kenneth Benne, Leland Bradford, Ronald Lippitt 등이었다.

(2) 우리나라 심성계발훈련의 배경

인간관계 수련활동이 우리나라에 소개된 것은, 1971년 전라남도 광주에서 전남카운슬러협회가 주최한 4박 5일 일정의 국제 카운슬러 워크숍에서 일본카운슬링협회의 伊東(이토) 등이 Training Group에서 발전한 Learning Group 형식의 연수를 진행한 이후였다. 1971년

9월에는 한국카운슬러협회가 안양농민교육원에서 2박 3일 과정의 연수를 주최하였고, 동년 10월에는 서울특별시 교육원에서 5일간 하루에 3시간씩 워크숍을 갖기에 이르렀다.

한편 김려옥은 1973년 7월에 중학생 20명에게 2박 3일 심성훈련이라는 이름으로 T-그룹형태의 집단경험학습을 시도하였다. 이는 성인들의 T-그룹형태에 어떤 도구(프로그램)를 적용함으로써 인간 상호관계에 관심을 기울이고, 모든 사상에 대하여 탐구적으로 임하는 등의 차원 높은 경험을 기대하는 것이었다. 이에 학생들의 마음과 감성, 그리고 모든 잠재적 가능성을 유연성 있게 훈련하게 된다는 의미와 성인들의 인성개발 수련회와도 구별하고자 심성훈련이라는 명칭을 쓰게 되었다. 그 후 학생들(특히, 고등학교)로 하여금 훈련이란 어휘가 크게 저항을 준다는 점을 알게 되어, 모든 잠재적 성장가능성을 발전시키는 경험학습활동이 일정한 형태의 프로그램으로 운영되는 구조적 접근 인간관계훈련방법, 즉 심성계발 프로그램으로 부르게 되어 오늘에 이르고 있다(김려옥, 1993).

3) 심성계발 수련활동의 기본전제

(1) 심성수련활동의 세 가지 전제

일반적으로 심성계발 수련활동(또는 인간관계수련활동)이 발전되어온 과정이나 그 배경을 이루는 이론적 기초는 심리학에서 출발하여 많은 인접과학의 발전에 그 터전을 두고 있다. 그러나 여기서는 전반적으로 심성계발 수련활동에 직접적으로 관련된 세 가지 기본전제에 대해 검토하고자 한다(전성민, 1993).

첫째, 인간은 인간관계의 산물이다. 인간은 태어나면서 관계의 구조 속에서 살아간다. 사람됨은 이러한 관계구조 속에서 의미를 갖는다. Sullivan은 그의 성격이론에서 성격이란 순전히 가설 혹은 환상으로, 인간관계상황을 떠나서는 관찰 또는 연구될 수 없다고 주장하면서 성격이란 인간관계의 장에서 연속적으로 발생하는 다양한 과정의 역동적 중심이라고 하였다.

둘째, 모든 참 삶은 만남이다. 인간의 삶을 이해하는 데에는 여러 가지 방법이 있겠지만 그것을 만남의 과정으로 이해하거나 만남 자체로 이해할 수도 있다. 여기서의 만남은 단순히 스치는 관계의 만남이 아니라 열린 만남을 의미한다. 인간은 본질적으로 우주 만물과 함께 존재한다. 이를 Buber는 '모든 참 삶은 만남이다'라는 명제로 표현했다. 그는 관계를 '나와 너의 관계(I-thou relationship)'와 '나와 그것과의 관계(I-itrelationship)'로 나누고 인간의 본질적 관계를 설명하였다. 즉, 인간은 만남의 객체가 아니라 서로 주체적인 열린 존재로서 만난다. 그러한 만남을 통하여 인간의 주체적 삶을 실현한다는 것이다.

셋째, 집단이 작용한다. 2차 세계대전 이후, 미국과 영국을 중심으로 발전한 집단역학에 대한 이론은 인간의 심리치료를 목적으로 집단이 작용하게 만들었다. Lewin에 의하여 실험적으로 시도된 집단에 대한 연구는 집단이 그 집단에 속해 있는 개인에게 미치는 영향을 드러내주었다. 결국 집단은 집단응집력과 집단과정을 통하여 독특한 집단구조를 형성하게 되고 나름대로의 발전과정을 거친다. 이러한 집단에 속한 집단구성원은 집단 특유의 상호작용을 통하여 영향을 주고받게 되며 집단은 생활의 장으로 작용하게 된다.

(2) 심성계발 수련활동과 관련된 개념

① 인간성장(human growth)

심성계발의 궁극적 목표는 사람다운 사람이 됨에 있다. 사람답다는 것은 인격적 상호의존을 의미한다. 따라서 심성계발 수련활동은 인간성장에 그 목표를 두면서 인간적인 관계를 개발하고, 그 관계를 통하여 나와 세계의 관계를 정립해 나가면서 인간의 자아실현에 접근해 보자는 것이다. 인간성장과 관련된 차원과 범위는 비지시적(non-directive) 혹은 내담자 중심(client-centered)의 치료법으로 유명한 Rogers는 인간성장을 인간관계의 진실성에서 찾는다. 그는 이러한 진실성을 두 사람이 서로 접촉하려는 최소한의 자발성, 다른 사람의 의사를 받아들이는 능력과 자발성, 그리고 일정기간 동안 계속되는 접촉을 전제로 가정하고 있다. 따라서 완전한 조화가 이루어진 관계는 경험으로서의 개방, 방어성의 부재, 정확한 의식, 무조건적인 자애, 타인들과의 조화로운 관계를 통하여 완전한 기능을 하는 인간이 될 수 있도록 한다는 것이다.

② 자기노출(self-disclosure)

자기노출이란 자신의 생각, 감정, 경험 등 자기에 대한 정보를 남에게 알려주는 것을 말한다(설기문, 1998). 인간은 자기노출을 통하여 참다운 자기발견이 가능하며 친밀한 인간관계를 형성하고 유지할 수 있다. 바람직한 인간관계는 상호작용을 하는 두 사람 사이에 자신의 결점이나 단점을 포용할 수 있어야 한다. 이러한 자아노출의 기법을 청소년 개별상담에 적용할 수 있다.

- 각자 차이를 지닌 특정한 인간으로 대함(개별화)
- 부정적 감정을 자유롭게 표현하도록 도와줌(의도적 감정표현)
- 말로 표현되는 감정에 대해 정서적으로 적절히 반응(통제된 정서적 관여)
- 내담자의 장점과 약점, 긍정적 또는 부정적 감정 등을 있는 그대로 다룸(수용)
- 비심판적 태도 유지
- 내담자가 스스로 결정할 권리 보장(자기결정)
- 상담에서 나온 이야기에 대해 비밀을 지켜야 함(비밀보장)

③ 의사소통

자기노출은 의사소통을 통하여 가능하고 발전한다. 의사소통이란 한 사람이 다른 사람과의 관계를 발전시킬 수 있는 본질적인 과정이며, 자기세계를 넓혀 가는 방법이다. 심성계발 수련활동, 특히 인간관계 수련활동에서 의사소통은 단순히 정보의 교류로 끝나는 것이 아니라, 그것이 상호 간에 복합적으로 작용함으로써 서로에게 중요한 영향을 미치고 있음에 유의한다.

상호복합작용으로서의 의사소통은 첫째, 체계적(systematic)이다. 의사소통의 주체인 인간은 하나의 생명체계를 갖고 있다. 따라서 의사소통의 내용이나 행위는 내부적인 요인과 외부적인 요인이 상호 체계적으로 작용하여 나타나는 현상으로 보아야 한다.

둘째, 의사소통은 인간의 지각작용과 관계하고 있다. 지각이란 인간의 그의 주변세계부터 어떤 의미를 발견하기 위하여 사용하는 수단이다. 한 개인의 지각작용은 타인들과 공유할 수 없는 고유한 것이며 능동적이고 창조적이며 주관적이다. 인간의 의사소통은 이러한 지각작용에 중요한 영향을 받는다.

셋째, 의사소통은 의미를 창조한다. 인간의 의사소통을 통한 의미의 창조활동이야말로 문화창조 능력의 바탕이 된다. 이러한 의미들은 언어로 반영되고 인간의 의사소통을 더욱 발전시킨다.

넷째, 의사소통은 과정의 성격을 내포하고 있다. 인간의 의사소통은 시작도 끝도 없이 계속적으로 일어난다. 인간의 의사소통을 통하여 공감의 영역을 발견하고 그 영역을 확장시켜 나가는 것이 바로 인간관계수련활동의 목표가 되는 것이다.

4) 심성계발 프로그램의 목적 및 효과

(1) 심성계발 프로그램의 목적

심성계발 프로그램의 주된 목적은 청소년들이 청소년기의 발달적 요구에 응할 수 있도록 관계를 발전시키는 것이며, 자신을 보다 잘 이해함으로써 자아정체감을 확립할 수 있게 하고, 긍정적인 인간관계의 형성과 유지에 필요한 태도와 기능을 학습할 수 있는 계기를 제공해주는 것이라 할 수 있다(이삼희, 1998).

① 자아발견

- 자기의 생각, 느낌, 행동, 능력 등의 특징에 대하여 눈뜨게 한다.
- 자신에 대한 깊은 성찰과 자기개방의 필요성을 인식한다.
- 독자성, 창조성, 견해차, 장단점을 발견할 계기를 마련한다.
- 인간의 성실성, 인내성, 관용성을 경험하고, 공동사회 속에서 자기의 역할을 인식한다.

② 타인이해

- 사람들은 모든 면에서 나와 다른 독창적인 존재임을 이해하고 수용하게 한다.
- 타인을 신뢰하고 인간의 존엄성을 깨닫는다.

③ 관계개선

- 자기와 타인과 관계, 의사소통 및 집단의 형성과 발전 등에 대한 관심을 갖게 한다.
- 인간생활에서 의사소통의 중요성을 인식한다.
- 진정한 인간관계의 중요성과 수용적 자세를 가진다.
- 자기표현의 유연성과 다른 사람의 발표를 경청하는 태도를 기른다.
- 서로 신뢰하고 협동하며 상호관계를 좋게 한다.

④ 행동변화

- 있는 그대로의 나를 좋아하고 자아실현에 관심을 두며, 보다 현실적인 가치관이 형성되고 공동체 의식이 배양된다.
- 개인의 바람직한 성장에 도움이 된다.
- 협동정신과 질서의식을 기른다.
- 개방적인 사회성이 발달하여 친숙한 대인관계가 형성된다.
- 희생정신과 봉사정신을 배우고, 부모에 대한 사랑과 효심을 일깨운다.
- 여러 가지 가치와 규범에 기초하여 자신의 가치관을 확립한다.

(2) 심성계발 프로그램의 효과

청소년들이 심성계발 프로그램을 통해 얻게 될 직·간접적 효과를 살펴보면 다음과 같다(김려옥, 1993).

첫째, 인간의 무한한 가능성과 그의 평등함을 공감하게 된다. 청소년들은 구성원들과 각각의 장면에서 함께 활동함으로써, 인간은 본질적으로 무한한 발전 가능성을 지닌 존재라는 점을 깨달을 수 있다. 또한 이와 같은 인간의 모습은 근본적으로 평등한 것임을 쉽게 발견할 수 있다.

둘째, 인간은 존엄한 존재임을 공감한다. 인간의 무한한 가능성을 경험하고, 그 가능성이 평등함을 이해함으로써 인간(자기와 타인)은 참으로 존중해야 할 존재임을 인식하게 된다.

셋째, 성취동기와 자기신뢰감이 증진된다. 인간의 가능성과 평등성, 그리고 존엄성의 발견을 통해 자신감이 생기게 되고 자기성장의 의욕이 일어나 자연히 성취동기가 또한 높아지게 된다. 이는 곧 긍정적 자아개념 형성을 통해 자기신뢰감으로 연결된다.

넷째, 개척정신이 신장된다. 긍정적 자아개념으로 성취동기와 자기신뢰감이 증진되며, 주체성과 창조성의 발휘는 자기 자신의 생활을 개척하는 의욕으로 발전하게 된다.

다섯째, 정서순화의 방법을 체험한다. 인간이 지니는 장 · 단점과 능력 및 태도 등은 그의 인간됨이 전부가 아니고 일면임을 이해한다. 즉, 분열적인 인간 이해보다 통합적인 이해를 하게 된다. 따라서 인간에 대한 이해의 폭이 넓어지고 품성의 계발과 정서순화의 방법을 경험한다.

여섯째, 의사결정과 유연성을 기른다. 자신이 지니고 있는 잠재능력을 여러 장면에서 여러 가지로 용이하게 나타낼 수 있기 때문에 은연중에 의사결정 훈련을 하게 된다. 따라서 자기 자신을 극복하는 유연성을 기를 수 있다.

일곱째, 참된 자유의 생활을 경험한다. 참된 자유는 외적, 제도적 자유가 아니며, 마음의 참된 자유는 인간이 자기 자신에게 가장 정직할 수 있을 때 찾는 것임을 알게 된다.

여덟째, 인간의 정의 · 감정 · 경험의 관계를 이해한다. 인간의 정의(情意)는 감정과 가장 밀접한 관계에 놓여 있으며, 이러한 감정에 크게 영향을 주는 것은 자기의 경험임을 이해한다. 즉, 경험 학습은 어떠한 태도를 스스로 결정하는 감정의 상태를 좌우하는 열쇠임을 깨닫게 된다.

아홉째, 학습을 생활화할 수 있게 된다. 심성계발 프로그램의 경험은 학습하는 방법의 학습(learning how to learn)의 경험이 된다. 따라서 자연에 대한 관찰력과 인식 범위가 커진다. 즉, 학습의 생활화(learning by doing)를 통해 때와 장소에 제한 없이 생활 속에서 항상 스스로 흥미 있게 자기 성장의 학습을 용이하게 한다.

열째, 원만한 인간관계를 이루게 된다. 심성계발 프로그램은 인간관계 학습으로서, 의사소통의 듣기 · 말하기 · 쓰기 · 읽기 등의 훈련과 함께 인격존중의 태도가 함양된다. 이러한 사회성의 개발로 인하여 대인관계의 개선능력이 생기며, 주체성이 확고해짐과 아울러 자율성과 책임감이 커지게 된다.

열한째, 자기일치를 이루게 된다. 심성계발 프로그램은 한 개체로서의 인간이 겪는 생각(판단)과 마음(느낌), 그리고 신체(행동) 간의 상호 갈등을 통합해 주는 자아일치(정신 통일)를 위한 학습방법으로서도 효과가 큰 혁신적인 현장 교육이다.

열두째, 자연과 사물의 소리를 들을 수 있는 능력이 개발된다. 심성계발 프로그램을 통해 자연과 친근해지고 사물을 아끼는 마음이 구성원 전부에게 싹트게 된다. 즉, 타인의 강요 없이 자연과 사물을 애호하는 사람이 될 수 있다. 자연과 사물을 애호하는 마음은 시간을 아끼는 마음으로까지 발전한다. 성취의욕은 근면한 태도로, 자율정신은 자조적인 생활인으로 발전하게 하며, 구성원 전원 참가의 훈련은 근면, 자조, 협동적인 태도를 신장시킨다(『청소년지도방법론』, 2006).

5) 심성수련 프로그램 진행방법과 청소년지도자의 자질

(1) 인간관계프로그램의 청소년지도자의 자질

인간관계프로그램 진행 시 청소년지도자의 자질과 자세는 집단에 큰 영향을 준다. 청소년지도자에게 필요한 자질과 자세는 다음과 같다(김려옥 · 허판예, 1992).

인간에 대한 선의와 관심, 자신에 대한 각성으로 실수나 실패의 가능성에도 불구하고 새로운 행동을 모험적으로 시도할 수 있는 사람이어야 한다. 또한 청소년지도자는 실수했거나 실패했을 때, 자신의 지각이나 육감이 부정확하다고 판명되었을 때, 그것을 스스로 솔직히 인정할 수 있는 용기도 가져야 한다. 그리고 창의적이면서 모든 일에 주도적인 입장을 취해야 한다. 끊임없이 새로운 방법을 고안하기 위하여 기존의 방법들에 의문을 제기하고, 가능한 한 자신과 타인과 새로운 경험들에 개방적이 되도록 힘써야 할 것이다.

심성계발 프로그램을 진행하는 일은 보람되고 즐거울 수도 있으나, 때로는 힘이 들고 고달프기도 하다. 그렇기 때문에 청소년지도자는 어떠한 압력에도 버텨나갈 수 있는 끈기를 가져야 한다. 심성계발 프로그램지도자들은 참가자들로 하여금 고조된 긴장을 해소하기 위해서도 웃음이 필요하다. 청소년지도자는 먼저 자신의 전공교과나 취미에 관계없이 다방면의 서적을 많이 읽고 분위기를 밝고 유쾌하게 만들 줄 알아야 한다.

(2) 프로그램 진행의 원리

청소년지도자는 심성계발 프로그램을 진행하는 데 있어 다음과 같은 원리를 익힐 필요가 있다.

① 집단에 관한 실천적 가설의 신봉

집단경험학습을 진행하려 할 때 먼저 집단에 관한 몇 가지 실천적 가설을 믿고 임해야 한다.

- 청소년지도자는 집단 응집을 도모하여 방어적 억압이 감소되는 안전한 심리적 풍토에서 사람들은 타인이나 자기에 대한 즉각적인 감정을 표현하는 경향이 있다.
- 그러한 풍토에서 사람들은 타인이나 자기에 대한 즉각적인 감정을 표현하는 경향이 있다.
- 상호신뢰의 풍토는 진실한 감정을 표현하는 자유로부터 형성되고 발전한다.
- 개인의 방어적 억압이 감소하면 태도나 행동의 변화를 두려워하지 않게 된다.
- 집단은 집단 자체의 잠재력과 구성원 개인들의 잠재력을 반전시키는 촉진적 풍토를 스스로 지니고 있다.

② 집단 분위기 조성의 기능

집단경험학습에서 집단의 분위기를 바람직하게 조성하는 것은 기본적으로 가장 중요한 문제이며, 그 책임은 전적으로 청소년지도자에 달려 있다. 특히 유의할 점은 다음과 같다.

- 너무 의도적인 장면구성은 하지 않는 것이 좋으며 모든 생각, 계획, 결정 등을 청소년지도자가 독점하는 것을 피해야 한다.

- 개인들의 자기표현에 대하여 주의 깊고 민감하게 경청하고 적절하게 때맞추어 반응하여야 한다.
- 개인들의 고통이나 기쁨을 심리적으로 항상 함께하고 또 반응하여야 한다.
- 항상 명랑하고 활기 있는 분위기를 유지하기에 유의할 것이며, 두려움 없이 실수도 하고, 불만 없이 회복할 수 있도록 너그러운 풍토 마련에 힘을 쓴다.
- 관심의 표시는 공평하게 하고 차별대우나 편정을 두어서는 아니 된다.
- 사람을 믿고 있다는 것을 실제로 보여 주면, 그것이 바로 청소년지도자에 대한 신뢰로 되돌아오고 분위기 자체도 그렇게 발전한다.

③ 집단과 개인의 수용

수용이라 함은 상대방을 해석하거나 평가하지 않고 있는 그대로 받아들인다는 뜻이다. 그것은 찬성이나 동조와는 분명히 구분된다. 모든 인간관계에서도 상대방을 있는 그대로 수용한다는 것은 관계를 원만하게 하는 요소를 작용하지만, 특히 본 프로그램 진행에 있어서 그것은 절대적인 요건이 된다. 집단과 개인을 수용하기 위해서는 상당한 인내심이 필요하며, 지도적이고 교훈적인 입장을 완전히 벗어버릴 수 있어야 가능하다. 이를 구체적으로 살펴보면 다음과 같다.

- 개인들의 참가 태도가 마음에 들지 않더라도 기다리는 마음으로 지켜보며, 서둘러 진행하려고 성급하게 굴지 말아야 한다.
- 얼른 납득이 안 가는 일이 있더라도 자기 마음대로 의심하고 추측하고 해석을 내리는 것은 금물이다.
- 개인이나 집단에 매우 바람직하지 못한 일이 일어났어도 그것을 바로 평가하고 판단하는 일이 있어서는 아니 된다. 집단경험학습에서는 어떠한 사태나 상황이 벌어지더라도 집단이 성실한 태도로 임하기만 한다면 그것을 학습적인 가치로 이용할 수 있다는 것이 청소년지도자의 생각이어야 한다.

④ 지성보다는 감성에 초점을 둔다.

대개의 지도자들은 감정 표현보다는 지성적인 논리의 전개를 선호한다. 따라서 감정을 억제하는 데 익숙하고 타인의 감정 역시 대수롭지 않게 여기는 경우가 많다. 그러나 집단 경험학습 진행에는 감정 표현이 절대 불가결의 조건이 된다. 따라서 프로그램 청소년지도자는 이 면이 핵심이 됨을 잊어서는 안 된다. 즉 청소년지도자는 여러 가지 방법으로 각 개인들의 자유로운 감정 표현을 조장하여야 한다. 그와 동시에 자기감정에도 충실하여 수시로 솔직한 자기표현을 아끼지 말아야 한다.

⑤ 청소년지도자는 촉진자인 동시에 참가자이다.

이와 관련하여 청소년지도자가 견지하여야 할 내용을 제시하면 다음과 같다.

- 학습의 장면에서 집단에 대해서뿐만 아니라 개개인에게도 어떠한 특정의 목적을 가지고 진행해서는 안 된다.
- 청소년지도자는 집단을 어떤 일정한 방향으로 의도적으로 몰고 가거나 조작하거나 규제하려 들지 않아야 한다.
- 집단의 성공이나 실패를 어떠한 극적인 일로 단정 짓지 않는다.
- 어떤 한 가지 방법을 유일 불변의 진리처럼 생각하지 않아야 한다.
- 행동의 동기나 원인에 해석을 내리지 않는다.
- 청소년지도자가 참가자들에게 영합하거나 그들을 방임하여서는 안 된다.

3. 문제해결원리

1) 문제해결방법

문제해결학습(problm solving learning)이란 문제를 매개로 하여 문제를 바르게 해결할 수 있는 능력을 기르기 위한 학습형태이다. 즉, 문제를 반성적 사고에 의하여 의혹이나 곤란을 제거하고 현실과 가능 사이에 대립을 없애며 조화적인 통일을 얻는 것을 말한다.

문제해결 학습방법은 Dewey가 체계화한 진보주의 교육철학의 교수방법으로서 제시된 것이며, 이는 학습자가 일상생활에서 부딪치는 문제를 스스로 해결해 나가는 능력이 길러짐으로써 사회에서 살아갈 수 있는 힘을 함양할 수 있게 된다는 것이다. 문제해결 학습법은 다른 말로 문제법이라고도 한다. 이것은 아동들에게 어떤 문제를 주고 그 해결과정을 통하여 지적, 태도적, 기술적 학습을 시키는 방법을 말한다. 문제해결 학습법의 주안점은 문제해결 능력을 함양시키는 데 있다.

2) 문제해결의 과학적 체계 7단계

① 1단계: 문제인식단계

만약 어떤 분야에서 성공하기를 원한다면, 자신이 봉착한 문제들을 무시하지 말고 필연적으로 해결해야만 한다는 적극적인 자세를 가져야 한다. 문제해결과 의사결정을 위한 첫 번째 단계는 자신이 해결해야 하는 문제가 눈앞에 있음을 현실로 받아들이는 것이다. 우선 문제의 본질을 이해하기 위해 스스로에게 질문해 보라. 내가 해결하려고 시도하는 문제는 무엇인가? 내가 이루고자 하는 목표는 무엇인가? 내가 그 문제를 충분히 이해하고 있는가? 나에게 필요한 행동은 무엇인가? 나아가 이러한 과정을 간단하게 메모하거나 기록하는 것은 문제를 정확하게 인식하는 데 매우 도움이 될 것이다.

명심해야 할 것은 모든 문제가 다 부정적이지는 않다는 사실이며, 어떤 경우라도 두 가지 혹은 그 이상의 것들 사이에서 선택할 수 있는 가능성이 있다는 것이다.

② 2단계: 대안을 결정하기

대안은 문제 상황을 해결하기 위해 할 수 있는 행동과정이다. 반드시 그 문제에는 수많은 가능한 대안들이 있을 것이다. 그러므로 마지막 결정을 내리기 전에 심사숙고할 필요가 있다. 대안 결정 시 자신의 처지와 관련이 있거나 비슷한 경험이 있는 사람들의 의견을 듣는 것도 도움이 될 수 있다.

어떤 대안은 개인적인 문제일 때 당신에게 직접적으로 영향을 줄 수도 있고, 혹은 집단의 문제일 때 많은 사람들에게 충격을 줄 수도 있음을 감안하라. 다시 한 번 강조하지만, 뚜렷한 문제해결 의지를 가지고 가능한 대안들의 목록을 작성해 보는 것은 큰 도움이 될 것이다.

③ 3단계: 정보를 수집하기

가능한 대안들의 목록을 작성했다면, 다음 단계로 그것과 관련 있는 정보수집이 필요하다. 실질적인 정보를 찾아보라. 단지 자신의 순간적인 견해나 감정에 의하여 성급하게 결정을 이끌어 내면 결정에 대해 후회할지도 모른다. 실제적이고 객관적인 정보를 수집하는데 다음과 같은 질문에 적합한 대답을 해 보라. 내가 각각의 대안에 대해 무엇을 알아야 하는가? 어떤 재료나 정보가 대안의 도구로 필요할 것인가? 얼마의 가격이 소요될 것인가? 먼저 활용 가능한 대안인가? 이러한 질문에 적절한 답변을 찾아내기 위하여 과학적이며 체계적인 연구보고서를 검토하는 것도 한 가지 방법이 될 수 있다.

④ 4단계: 대안을 평가하기

대안을 위한 다양한 정보를 수집했다면, 문제해결의 장점이나 단점, 혹은 이익과 손해를 평가해 볼 필요성이 있다. 또한 각각의 대안을 채택해서 발생할지도 모르는 새로운 문제점들을 감안해 보아야 한다.

⑤ 5단계: 실행 가능한 해결책 선택하기

선택된 대안들에 대한 평가를 바탕으로 대안들에 대한 우선순위를 정하고, 그중에서 가장 실용적이면서 효과적으로 문제를 해결할 수 있는 대안을 선택해야 한다.

⑥ 6단계: 선택을 실행하기

한편, 일단 행동의 방향 혹은 원칙을 결정하면 그 원칙에 따르면 된다. 이미 결정한 해결책을 실행하지 못한다면, 이것을 위해서 사용되었던 시간과 에너지를 낭비하게 되는 셈이다. 두말할 필요 없이 해결을 위해 협조하거나 본인과 함께 일할 수 있는 사람을 적극적으로 찾아야 한다.

⑦ 7단계: 결과를 평가하기

문제해결 및 의사결정 과정은 제시된 문제의 해결 전에는 끝나지 않는다. 문제의 해결, 동일한 문제의 연속적 발생, 새로운 문제가 발생할 때 비로소 그 전의 문제가 해결되었다고 할 수 있다. 해결방법이 좋은 결정이었는지 평가해 보고 더 나은 해결방법이 있다고 판단되면 결정을 취소하고 새롭게 시작하게 된다.

문제해결 및 의사결정을 하는 전체적인 과정을 배우고 연습하는 단계는 더 좋은 문제해결사 혹은 의사결정자가 되는 데 도움이 되며, 자연스럽게 더욱 훌륭한 리더가 될 수 있는 자질을 함양할 수 있도록 도움을 줄 것이다. 이상에서 제시된 문제해결 단계가 전적으로 모든 상황을 해결하기에는 무리가 따를지도 모른다. 그렇지만 이 같은 단계를 조심스럽게 따라가게 되면, 주어진 시간 내에 할 수 있는 가장 좋은 선택과 결정을 내렸다는 것을 확신할 수 있다. 첫 번째 결정이 잘되지 않았다 해도 다시 시작하는 것을 두려워하지 말아야 한다. 실수로부터 배우고 더욱 발전할 수 있다. Edison은 백열등을 발명하기 위해 수없이 많은 실수를 했고, 발명하는 데 더 많은 시간을 투자하였다. 그는 실패에 실망하기보다는 그 과정을 통해 지식을 더 많이 축적하는 데 초점을 맞추었다. 만족스러운 결과를 얻기 위해서는 포기하지 않고 계속해서 노력해야 한다는 것을 알았기에 위대한 발명가가 되었다.

3) 문제해결 학습과정

어떠한 의미에서 보면, 우리의 삶은 항상 문제들 사이에 둘러싸여 있고 그 문제들을 해결하는 연속적 과정이라고 생각되기도 한다. 이러한 문제들은 사회가 단순하고 변화가 적은 시기에는 성인들이 전달한 지식으로 어느 정도 해결할 수 있었으나, 새로운 문제에 부딪쳐야 하는 극심한 사회변화가 이루어지는 오늘날의 사회에서는 각자가 자신에게 부딪친 사태들을 가장 현명하게 해결할 수 있는 능력을 가져야 한다. 이러한 능력을 배양시킬 수 있는 학습방법이 곧 문제해결 학습법이다. 이 방법에 의한 전개 과정은 다음과 같이 5단계로 설명할 수 있다.

- 제1단계: 문제의 선정

이 단계에서는 학습자 자신이 그 문제를 충분히 의식하고 있어야 한다. 학습자 자신이 문제를 발견하기도 하고 또 교사가 제시할 때는 충분히 설명하여 학습자가 문제를 파악하도록 해야 한다.

- 제2단계: 해결방법의 계획

결정된 문제를 해결하기 위해서 그 문제의 성질에 따라 해결방법이나 과정을 분담하여 수집한다.

- 제3단계: 자료모집

계획에 따라 문제에 관련된 자료를 조사하고 문헌이나 실험, 실측 등의 방법을 통해 수집한다.

- 제4단계: 활동의 전개

이 단계는 실제로 활동하는 단계로서 모집한 자료를 이용해 관측, 실험, 조사연구를 하여 문제나 의혹을 해결하는 실제 활동을 한다. 이때는 학습자가 중심이 되어 자주적인 활동을 한다. 교사는 학습자의 활동을 뒤에서 보조해 준다.

- 제5단계: 결과의 검토

활동에 대한 결과를 검증하는 단계로서, 그 결과를 다시 재검토하면서 응용도 해보고 나아가 재인식한다. 그리고 확인된 결과가 성공했을 경우에는 발표를 하게 되고, 더욱 고차적인 다음의 발전을 예상하게 되는 것이다.

4) 집단문제해결 방법

문제해결 단계를 통한 진행에 따르면 집단의 다양한 수준을 육성하거나 중요성에 대안을 이끌어 내는 몇 가지 대안을 선택해야 한다. 그 방법이 효과적으로 수행되기 위해서는 문제 및 의사결정 과정에서 집단원이나 소집단의 열린 생각을 적극적으로 수용해야 한다는 점을 잊지 말아야 한다.

(1) 전통적인 방법

전통적인 방법은 그룹 토론으로, 해결방법을 몇 사람이 제안한 의견 중에서 다수결로 결정하는 방식이다. 전통적인 방법의 문제점은 다수의 인원이 의견에 반대하게 되면 폐회할 수 있다(예: 51 대 49%)는 점이다.

(2) 브레인스토밍 방법

브레인스토밍은 집단의 일원들이 평등하게, 어떠한 평가도 받지 않고 자유롭게 수많은 대안을 제시하는 것을 말한다. 이 방법은 집단의 일원이 여러 가지 아이디어를 생각해내는 데 격려가 된다.

(3) 델파이 기법

집단의 의견을 조정 · 통합하거나 개선하기 위한 방법으로, 형성적 평가에서 유용하며 목표의 설정, 측정 가능한 목적의 연결 및 규준 설정이 가능하다. 의견이 다양할 때는 욕구나 우선순위를 확인하고 서열화하는 데 이 기법을 쓸 수 있다. 설문에 대한 반응을 매번 수집 · 요약하며 그것을 다시 표본 개인들에게 알려주는데, 이에 따라 개인들은 자신의 견해나 평정을 수정해 간다. 익명을 보장받을 수 있어 쉽게 반성적 사고를 하게 되며, 새로운 의견이나 사상에 대해 솔직해질 수 있다. 이 기법은 의견의 합치가 초보적인 것일 뿐 반드시 최상의 것은 아니며, 도표작성 등에 힘도 적지 않게 든다는 단점이 있다.

(4) 여론 방법

그룹 전체가 실제 해결안에 동의해야 이루어지는 방법으로, 결정에 심사숙고할 시간이 없거나 그룹의 화합이 최우선적인 목적일 때 특별히 효과적이다. 여론 방법은 그룹 내에서 자신의 생각을 자유롭게 표현할 수 있는데, 그룹의 모든 아이디어를 재고하여 토론의 초점을 맞추며 제시된 아이디어는 정식의 투표를 통해 등급을 나눈다. 토론의 기본은 그룹에서 실제적으로 받아들일 수 있는 아이디어를 주지시키는 동기라고 할 수 있다. 결론이 만장일치로 결정되는 것은 아니지만, 그룹의 수많은 의견을 받아들이기 때문에 실현 가능성이 높아진다는 점이 중요하다.

(5) 구조적 그룹형성 방법

구조적 그룹형성 방법이란 조직화된 선거 방식을 통해 평가 대안을 산출하는 과정으로, 투표를 거쳐 결정된 다섯 개의 아이디어를 주제로 토론과 또 다른 아이디어의 제안이 이루어진다.

제9장 청소년진로지도

1. 진로지도에 대한 이해

1) 진로교육의 필요성

(1) 청년 취업난 심화와 진로교육의 요구

우리나라의 대학 진학률은 높은 교육열로 인해 1980년 중반에 이미 30%를 넘었고, 1995년에는 51.4%, 2000년에는 68%, 2005년에는 82.1%로 정점을 보이기에 이르렀으나, 최근 노동시장의 변화와 대졸자 취업률이 50%대로 떨어지면서 2010년 이후 다소 하락하는 모습을 보이고 있다.

또한, 청년들의 노동시장 진입의 어려움은 국가공무원 시험의 높은 응시율에서도 확인할 수 있다. 9급 공무원 선발 경쟁률 추이를 보면 2,000명 내외를 모집하는 시험에 해마다 15만~20만 명이 응시하고 있는 실정이다.

[표 9-1] 9급 공무원 선발 경쟁률 추이

구분 \ 연도	2006	2007	2008	2009	2010	2011	2012	2013
선발예정인원	2,900	2,888	3,357	2,320	1,706	1,529	2,180	2,738
응시인원(천 명)	187.6	186.5	164.8	138.9	151.8	143.7	157.1	204.6
경쟁률	64.7	64.6	49.1	59.9	89.0	94.0	72.1	74.8

자료: 한국행정연구원(해당 연도), 행정공공데이터베이스.

뿐만 아니라 대학 진학 후 초기 노동시장 진입이 어려워지고 실패하는 비율도 높아지면서 아예 대학 졸업 시기를 늦추는 등의 새로운 경향과 함께 개인의 진로역량 개발에 대한 수요가 늘 것으로 예상된다. 이는 대학생 평균 졸업 소요기간으로도 추정할 수 있는데, 우리나라 대학생(4년제)의 평균 졸업 소요기간은 2013년 현재 5년 3개월로 나타나고 있다.

[표 9-2] 대학(4년제) 졸업 소요기간 추이

구분 \ 연도	2007	2008	2009	2010	2011	2012	2013
전체	61	62	63	63	63	63	63
남자	76	76	77	78	77	77	76
여자	51	52	52	53	53	54	53

자료: 통계청(각 연도), 경제활동인구조사.

(2) 저출산 시대와 진로교육의 요구

현재 우리나라의 출산율은 1983년 2.1명 이하로 하락한 이래 저출산 현상이 지속화되어 학령인구의 감소가 본격화하고 있다. 그러나 저출산에도 불구하고 우리나라 학부모의 교육열은 여전히 높은 수준을 유지하고 있으며, 오히려 저출산에 따라 자녀에 대한 교육기대수준은 더욱 높아지고 있어 진로교육의 수요에 반영될 것으로 여겨진다.

(3) 입시경쟁의 심화와 진로교육의 요구

학교교육의 입시경쟁 심화가 급속도로 진행됨에 따라 공교육의 파행적 운영과 사교육의 확산, 중도 탈락자 양산 등 여러 가지 사회적 · 교육적 문제가 대두되고 있다. 입시를 겨냥한 과도한 '점수 경쟁'은 교육을 국어, 영어, 수학 등 주요 교과목 중심 지식 전달로 치닫게 하고 있다. 이는 체력 저하 및 행복도 하락으로 이어지고 있고, 학생들의 창의력 등 미래지향적 능력의 저하로도 이어지고 있다(임언, 2012).

[그림 9-1] 한국 어린이-청소년 행복지수

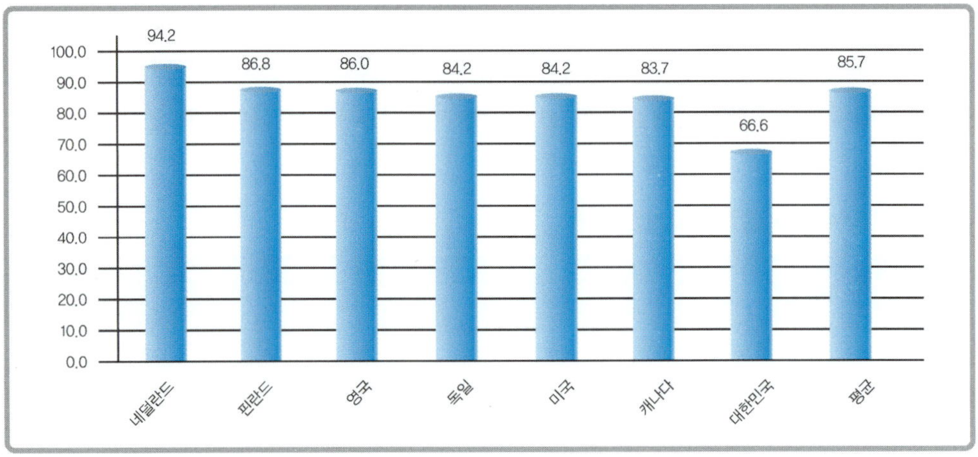

자료: 염유식 외(2013), 2013년도 한국 어린이-청소년 행복지수 국제비교연구 조사결과보고서.

[그림 9-2] 학업 중단 이유(복수 응답)

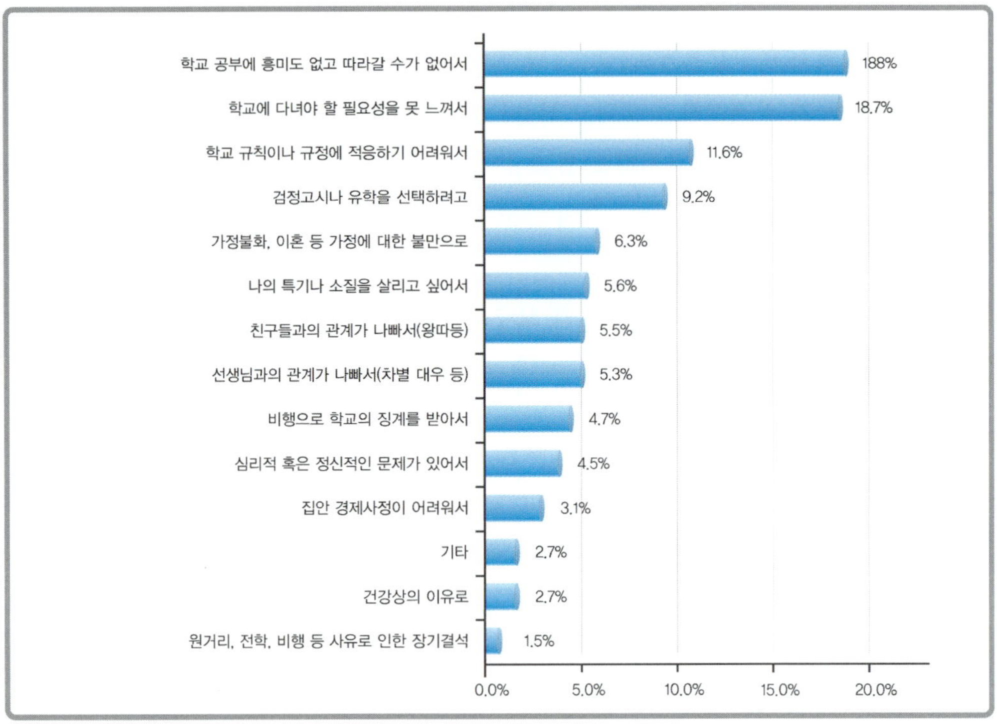

주: 복수응답 결과를 100% 기준으로 다시 산출한 결과표임.
자료: 윤철경 외(2013), 학업중단 학생 종단정책 연구. p.28-29.

또한 학업 중단 청소년 문제 역시 입시 위주의 현행 공교육 체계와 깊은 관련이 있으며, 장기적으로는 사회적 비용 발생으로 이어지게 될 전망이다. 교육부 통계로 학업 중단 청소년은 매년 6만 명 이상 발생하고 있으며, 한국청소년정책연구원은 전체적인 수를 약 28만 명으로 추정한 바 있다.

[그림 9-3] 가구 소득수준별 학생 1인당 월평균 사교육비 추이(만 원)

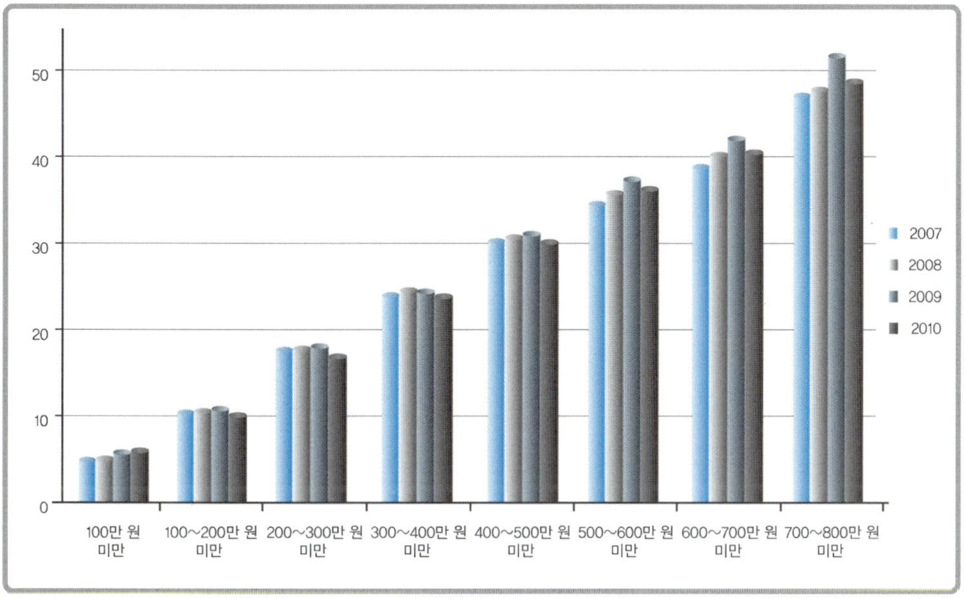

자료: 통계청(각 연도), 사교육비 조사 결과.

사교육의 확산은 '점수' 위주의 대학입시 제도가 낳은 부산물이며, 현재의 공교육 파행 운영의 반면교사로서 시사하는 바가 작지 않다. 우리나라의 경우 학업성적 상위 20%의 학생(5분위)이 가장 많은 사교육에 노출되고 있으며, 성적이 낮을수록 사교육 비중이 작아져, 학업성적과 사교육 참여 간에 정(positive)의 상관관계를 보이고 있다.

입시 위주의 교육구조로 말미암은 사교육이 확산됨으로써 새로운 사회적 비용이 발생하고 있으며, 공교육 활성화 전략의 일환으로 진로교육 수요가 커질 것으로 예상할 수 있다. 공교육과 달리 사교육은 그야말로 사적 영역이고 비용부담의 능력에 따라 취사선택하게 되므로 결과적으로 빈익빈 부익부를 반영하게 된다.

(4) 학생 구성의 특화 · 다양화와 진로교육의 요구

초 · 중등 단계 학생의 구성이 다양화 · 다변화되는 측면은 저출산으로 인한 학령기 학생 인원의 감소와 더불어 우리나라 교육의 중요한 변화 요소이다. 국내 거주 외국인이 전체 인구의 2.8%인 1,445천 명에 이르고, 귀화 혼인여성의 비중이 점점 높아지고 있어 다문화 자녀의 비율은 계속 증가할 것으로 예상된다. 다문화가정 학생은 2006년 9,389명에서 2012년 46,954명으로 5배 이상 늘었으며, 다문화가정 학생 비율은 전체 학생 대비 0.7%이다([그림 9-4 참고]). 장애를 가진 특수교육 대상자 학생층도 과거와 달리 일반교육에 통합되는 비중이 높아지고 있어 학교교육의 주요 구성층을 이루고 있다. 다문화자녀 및 특수교육 대상자에 맞는 특화된 교육수요는 진로교육에 있어서도 특화된 형태의 접근을 요구하게 되었다.

특화된 진로교육의 수요는 도시-농어촌 지역 간의 간의 격차가 커지고 있는 농어촌 지역 학생이나 인문 · 자연계열이 아닌 예체능계열 혹은 직업계열에 속하는 학생들의 경우에도 해당된다. 2000년대에 들어 12년간, 학교 수와 학급 수, 그리고 학생 수 및 교원 수 등에서 도시-농어촌 지역 간의 교육격차는 [그림 9-5]와 같은 추이를 나타내고 있다.[4] 지난 12년 동안, 학생 수 격차는 66.8%에서 69.1%로 2.3%가 벌어지고 있고, 학급 수 격차는 56.2%에서 60.2%로 4.0%, 교원 수 격차는 53.0%에서 59.1%로 5.9%가 더 벌어지고 있다. [그림 9-6]은 예체능 계열 고졸자 수 및 대입자 수 추이를 나타낸 것으로, 해마다 예체능계 대학에 입학하는 학생들 중 약 7만 명가량은 고교과정에서 예체능계가 아닌 일반 고등학

4) 도시 농어촌 지역 간 학교 수 비중 차이는(도시지역 학교 수 - 농어촌지역 학교 수)/전체 학교 수로 나타나며 나머지 학급 수, 교원 수 및 학생 수도 마찬가지 방식으로 도출.

교를 졸업하고 있다. 예체능계열 학생들을 대상으로 하는 특화된 교육의 수요가 공교육 차원에서 더욱 커질 것으로 파악할 수 있다.

[그림 9-4] 다문화가정 초·중·고 학생 수

(단위: 명)

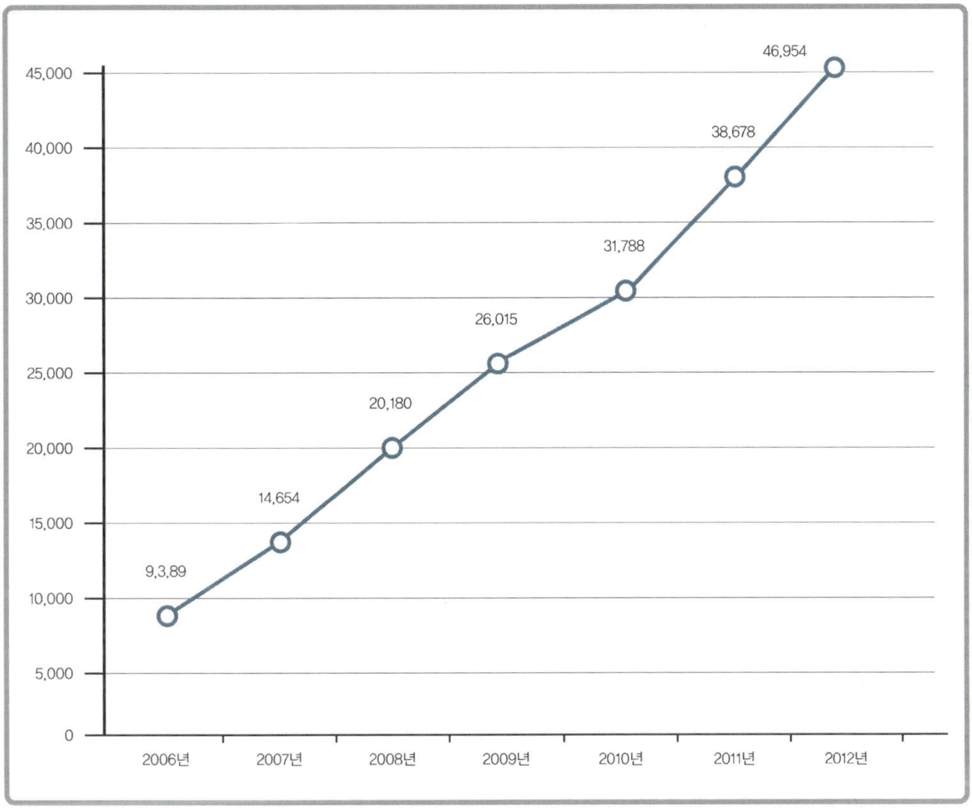

출처: 교육과학기술부 보도자료(2012. 9. 17.). 교육과학기술부(2013b), 특수교육 통계.

[그림 9-5] 도시-농어촌 지역 간 교육 격차 현황 추이

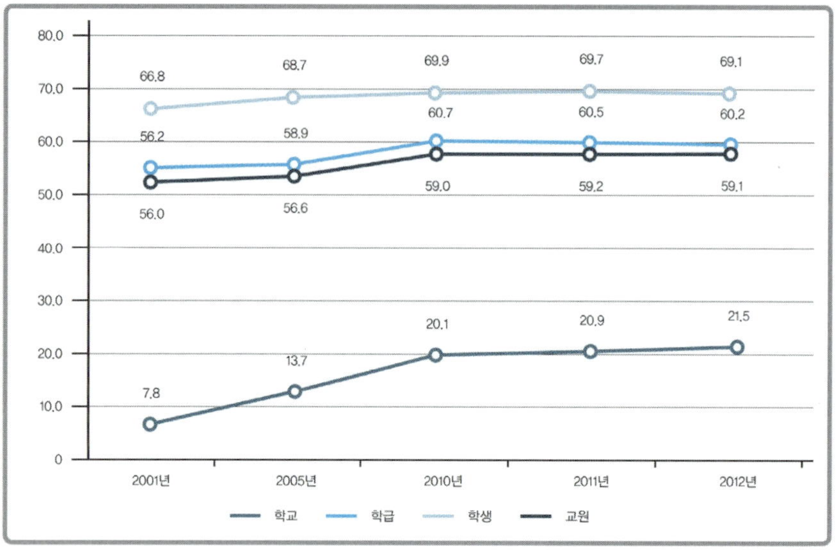

자료: 한국교육개발원(연도별), 교육통계DB.

[그림 9-6] 예체능계열 고졸자 수 및 대입자 수 추이

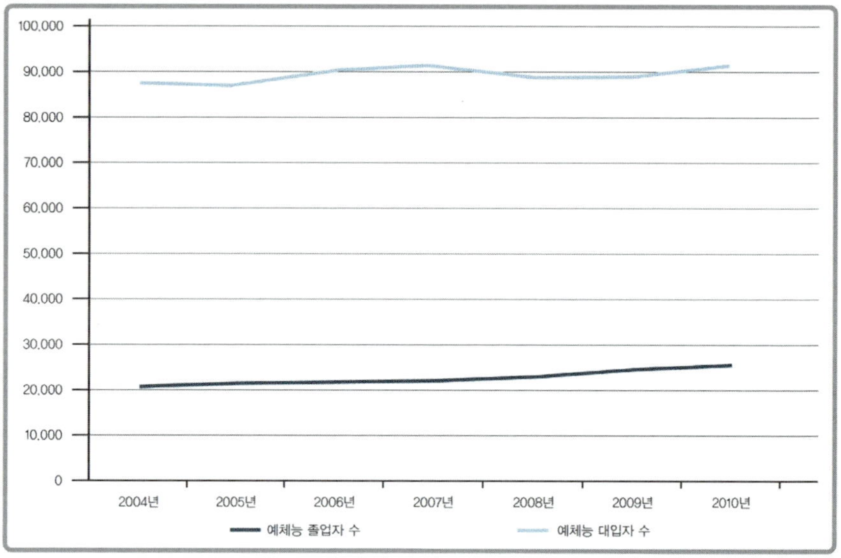

주: 2010년 이후 예체능계열은 특목고로 분류되어 졸업자 수가 통계에 포함되지 않음.
자료: 한국교육개발원(연도별), 교육통계DB.

(5) 진로교육정책의 강화

교육을 둘러싼 내외적 환경변화에 능동적으로 대응하기 위하여 정부는 꿈과 끼를 살리는 행복교육을 표어로 자유학기제 등 다양한 공교육 강화정책을 제시하고 있다. 자유학기제는 '지식을 주입'하는 데 급급한 '시험 위주의 강의식 교육'이 아니라 '토론 · 실습 · 체험 등 다양한 자율적 체험활동'을 강화함으로써 '꿈과 끼'를 찾을 수 있는 교육체질 형성의 핵심적 수단이다. '맞춤형 진로설계' 정책 역시 학생 개인의 자유로운 진로탐색과 스스로의 진로 설정을 도와줄 수 있는 학교교육과정으로 현재의 교육체질을 반추해 보고 문제를 찾으며, 또한 새로운 교육과정을 재구조화하는 정부의 핵심적인 정책수단으로서 제시되고 있다.

① 학생 개인 맞춤형 진로설계 지원

정부는 국정과제의 하나로 '학생 개인 맞춤형 진로설계 지원'을 제시하고 있으며, 교육부는 2013년 진로교육 활성화 방안으로 이를 중심으로 정책을 수립 · 추진하고 있다. 교육부의 세부 정책 내용은 중 · 고교 진로진학상담교사 선발 · 배치, 모든 중 · 고생 연 2회 이상 진로심리검사 및 진로상담 제공, 학교 진로교육 프로그램의 체계적 제공, 중 · 고교 단계 각 1회 이상 직업체험 필수화, 시 · 도교육청에 진로체험 지원시스템 구축, 학부모 진로 역량 강화 등 다양한 정책을 제시하고 있다.

정부는 학교 현장의 진로교육에 대한 요구 및 인적 인프라 구축을 위하여 2011년부터 진로진학상담교사를 학교에 배치하고 있다. 진로진학상담교사는 학교 진로교육을 총괄 · 기획하고 진로수업, 진로체험, 진로검사 및 상담 활동 등을 수행하고 있다. 2012년까지 학생 수 100명 이상의 모든 고등학교에는 진로진학 상담교사가 배치되었으며, 중학교에는 72%가 배치되었다.

[표 9-3] 2011~2013년 진로진학상담교사 배치 현황(2012년 9월 기준)

구분	중학교			고등학교			계		
	공립	사립	합계	공립	사립	합계	공립	사립	합계
2011년	-	-	-	1,000	500	1,500	1,000	500	1,500
2012년	712	32	744	288	468	756	1,000	500	1,500
2013년	1,000	500	1,500	-	-	-	1,000	500	1,500
2014년	760	123	883	-	-	-	760	123	883
총 배치인원	2,472	655	3,127	1,288	968	2,256	3,760	1,623	5,383

자료: 교육과학기술부(2013a), 개인맞춤형 진로설계 지원을 위한 2013년도 진로교육 활성화 방안.

(6) 자유학기제 실시

그동안 학교 진로교육은 과학기술의 발전과 직업세계의 급격한 변화에 대비하여 학생들을 진로 개척자로 양성하고자 국가 교육과정 속에서 창의적 체험활동의 진로활동, 선택 교과「진로와 직업」등을 포함하면서 강화되었고, 인적 · 물적 진로교육 인프라 확충을 위한 진로교육정책들이 추진되었다. 그러나 입시 위주의 교육 풍토로 인하여 전국적으로 학교 교육과정 전반에 걸친 진로교육은 거의 이루어지지 못했다. 반면, 2013년에 도입된 자유학기제는 중학교 한 학년 한 학기 동안 학교 교육과정 전반에 걸쳐 진로교육을 실현할 수 있다는 점에서 학교 진로교육 측면에서 중요한 의미를 갖는다.

자유학기제는 입시에 대한 부담 없이 학생들에게 적성과 소질을 탐색하고 고민할 수 있는 계기를 마련해 주려는 취지에서 도입되었다. 자유학기제는 학습자 중심의 교육과정, 현실세계의 지식을 교과 내용에 접목하는 교육과정 등을 통해 행복한 학교생활, 꿈과 끼 찾기, 창의성과 인성, 자기 주도 학습능력 등의 배양에 그 목적이 있다.

이러한 자유학기제의 정신과 철학은 학생들을 꿈과 끼를 살리는 진로 개척자로 양성하고자 하는 진로교육의 목표와 맥을 같이하며, 자유학기제의 확산과 안정적 정착을 위해서는 진로교육 인프라 확충이 매우 중요하고 필요하다.

2016년 자유학기제 전면 시행을 앞두고 학교 교육과정의 틀과 콘텐츠(진로 탐색과정)의 변화를 제대로 담아내기 위해서는 자유학기제의 도입 현황과 과제, 그리고 진로교육 인프라 확충 현황과 과제를 살펴볼 필요가 있다.

현 정부 출범 이후에 추진된 자유학기제 및 진로교육 인프라 확충 등과 관련된 정책들을 살펴보고, 꿈과 끼를 살리는 창의 인재 양성을 위해 추진되어야 할 자유학기제와 진로교육 인프라 확충 촉진 정책 과제를 제시하고자 한다.

2) 진로지도 프로그램의 특징

진로지도 프로그램은 자기이해 증진, 일과 직업에 대한 올바른 이해 증진, 직업세계에 대한 이해 증진, 합리적인 의사결정 기술의 증진이라는 진로지도의 기본 목표를 달성할 수 있도록 고안된 다양한 형태의 프로그램을 지칭하는 것으로, 프로그램이 목표로 하는 특정 방향 및 적용 대상에 따라 그 내용과 방법이 달라진다. 가령, 진로인식단계에 해당하는 초등학생 시기에는 특정 직업의 선택보다는 학생 개개인의 흥미와 적성 등을 발견하고, 다양한 직업에 대한 이해를 통해 긍정적인 자아개념을 형성하고 직업의 소중함을 깨달을 수 있도록 지원하는 프로그램이 더욱 적절하다. 이에 비해, 진로탐색단계에 해당하는 중학생 시기에는 진로인식단계에서 더 나아가 직업을 분류하고 주요 직업군을 탐색하는 가운데, 잠정적인 진로방향 설정과 의미 있는 의사결정을 내릴 수 있도록 지원하는 프로그램이 요구된다.

진로지도 프로그램의 특징을 몇 가지로 정리하면 다음과 같다. 첫째, 진로지도 프로그램은 진로교육의 이론과 현장의 요구를 기반으로 개발되어 프로그램 참여자들이 공통적으로 필요한 요구를 채울 수 있도록 구성되어야 한다. 둘째, 진로지도 프로그램은 기존의 교과서나 프로그램과는 다른 참여자 중심의 활동 내용으로 이루어져 있다. 셋째, 진로지도 프로그램은 참여자 스스로 판단하고 행동하는 능력을 키울 수 있도록 직접적인 활동과 발표, 토의 중심의 진행 방식으로 구성되어 있다. 넷째, 다양한 주제, 방법 및 관점을 적용함으로써 여러 교과 학습 및 창의적 체험활동 등 학교 장면에서뿐만 아니라 다양한 기관 및 상황에서 활용할 수 있도록 이루어져 있다. 다섯째, 진로지도 프로그램은 자기이해 증진, 일과 직업에 대한 올바른 이해 증진, 직업세계에 대한 이해 증진, 합리적인 의사결정 기술에 관한 내용을 유기적으로 묶어서 사용할 수 있지만, 이와 동시에 각 하위영역 및 단위 프로그램별로 따로 내용을 구성하여 활용할 수 있다. 여섯째, 진로지도 프로그램은 학생들이 쉽게 흥미를 가질 수 있고, 쉽게 배울 수 있는 다양한 지도방법을 활용한다. 마지막으로, 진로지도 프로그램은 처음 프로그램을 활용하는 진행자일지라도 프로그램의 내용과 진행 과정을 쉽게 파악하여 진행할 수 있도록 구체적인 지침과 내용을 포함한다.

3) 직업선택 시 고려사항

청소년들은 입시교육 체제 속에서도 자신의 미래를 위해 다양한 진로교육과 체험을 원하는 것으로 나타났다. 청소년위원회와 (사)한국청소년재단 청소년인턴십센터는 2005년 한 해 동안 청소년들을 위한 직업능력강화 프로젝트를 진행하면서 향후 청소년 교육의 발전적 방향을 모색하기 위한 일환으로 중고생 1,719명을 대상으로 설문조사를 실시하였다. 미래 직업선택을 위하여 하고 싶은 것이 무엇인가 하는 질문에 청소년 90% 이상이 관심 직업영역 직업체험(91%), 인턴활동 · 실습 체험(90%), 적성 · 흥미검사(96%) 등을 '매우 하고 싶다' 또는 '하고 싶다'라고 응답했다. 이러한 욕구에 비해 진로지도를 받은 경험은 37%(남학생 30%, 여학생 45%)에 그쳤으며, 진로지도를 받은 학생의 경우도 진로검사 및 상담 32%, 진학지도 32%, 직업정보 27% 순으로 나타나 아직까지 진로교육이 소극적인 검사 및 상담, 진학 지도 수준을 넘지 못하는 현실을 그대로 반영하였다.

추가로 한국과 일본의 여학생 747명을 대상으로 실시한 비교 조사에서는 한국과 일본 공통적으로 미래의 직업선택에 영향을 미치는 인물 및 환경으로 부모(일본 51%, 한국 41%)의 영향이 가장 크다고 응답하였다. 한국의 경우 두 번째로 영향을 미치는 대상으로 미디어 매체(19%)를 꼽은 반면, 일본은 4%에 그쳤다(한국청소년재단 청소년인턴십센터).

① 적성

적성이란 구체적인 일에 대한 성공 가능성을 예언해 줄 수 있는 것으로, 어떤 일에 알맞은 적응 능력 혹은 소질이라고도 한다. 자기 적성을 파악하여 거기에 맞는 직업을 선택하면 내면적 만족감이 증가되어 일에 대한 능률이 오를 수 있다. 만약 적성에 맞지 않는 직업을 택했을 경우 만족감이 덜하게 될 가능성이 높고 그로 인해 일의 능률이 향상되지 않을 수 있으므로, 자신의 적성에 걸맞은 일이 무엇인지 파악해야 한다. 그러나 오로지 적성만이 성공적인 직장생활을 결정하는 요소라고는 볼 수 없다. 적성을 발견하는 것도 중요하지만 그 적성을 잘 개발해 주는 것이 더 중요하다고 할 수 있다.

② 흥미

흥미는 적성과는 달리 어떤 사물에 대한 관심이나 취미를 의미한다. 따라서 흥미는 적성과는 달리 일시적일 수도 있고 아동기와 청소년기에는 수시로 변하기 때문에 일정 기간이 지나면 싫증을 느끼기도 한다. 대다수의 청소년들은 TV 속 연예인이나 전문직 종사자, 대기업 사원 등 인기 직종을 선호하는 경향이 있다. 청소년들이 흥미만으로 직업을 선택하는 것은 신중하게 고려되어야 한다.

③ 성격

성격 특성도 직업의 선택과 적용에 영향을 미치기 때문에 직업선택 시 고려해야 할 사항이다. 성격은 자신이 근무하게 될 직장 내에서 적응을 잘할 수 있을지 없을지의 여부에 영향을 미치는 중요한 요인이며, 주어진 업무를 충분히 해낼 수 있는 능력이 있다 할지라도 직장 내 동료들과의 관계가 원만하지 못하면 성공적으로 적응하기 어려울 수도 있다. 사회성이 높은 사람의 경우 사람들과 접촉이 많은 직업을 선택하는 것이 좋은 반면, 사려가 깊은 사람의 경우 사람들과 접촉이 많은 직업보다는 주어진 과제를 개인적으로 성취할 수 있는 직종을 택하는 것이 바람직하다.

④ 성취동기

성취동기란 도전적이고 어려운 과제를 해냄으로 만족을 얻으려는 기대이며, 학습과 진로에 가장 밀접한 관계를 맺고 있는 동기이다. 성취동기가 높은 학생은 일반적으로 더 많은 것을 성취하게 되지만, 누구나 눈에 띄게 실제적인 성취를 이루는 것은 아니다. 사실상 성취는 성취동기뿐만 아니라 여러 다른 요인에 의해 결정되는 것이기 때문에, 성취동기 한 가지만이 성취를 결정한다고 보기는 힘들다.

2. 진로발달이론

1) Ginzberg의 진로발달이론

청소년들의 진로의식은 신체적 변화를 비롯한 심리사회적 변화의 영향으로 연령단계별로 상이한 특성을 보인다. 진로발달이론의 대표적 학자인 Ginzberg에 따르면, 청소년의 진로 및 직업선택은 발달과정상에서 수행되는 발달과제이며, 단기간에 이루어지는 의사결정이 아니라 개인의 가치관, 정서적 요인, 교육기회와 성과, 성취도 등으로부터 영향을 받아 이루어진다. 또한 개인의 흥미, 능력, 욕구, 현실과의 타협을 통해 이루어지는 불가역적인 현상이다. Ginzberg는 청소년의 진로의식을 환상기, 잠정기, 현실기로 나누어 설명하고 있다(Zunker, 2002). 먼저, 제1단계인 환상기(fantasy period)는 12세까지의 시기로, 개인의 욕구와 충동이 진로선택과 동일시되며, 본인이 원하기만 하면 무엇이라도 될 수 있다고 여기는 단계이다. 제2단계인 잠정기(tentative period)는 12~18세에 해당하는 시기로 개인의 욕구, 능력, 가치관 등이 진로선택과정에 감안되며, 현실적인 요인들이 적절하게 고려되지 않기 때문에 잠정적인 특징을 보인다. 이 시기는 네 가지 하위단계, 즉 흥미가 직업선택의 기초가 되는 흥미단계(12~13세), 능력이 진로계획에 고려되는 능력단계(14~15세), 흥미와 능력을 컨트롤하면서 가치가 직업선택과정에 고려되는 능력단계(16~18세), 위의 세 가지 하위단계에서 고려되는 모든 요인이 전부 고려하여 진로선택을 하게 되는 전환단계(18세경)로 구분된다.

그리고 마지막 단계인 현실기(realistic period)는 18~20세 전반기에 해당하는 시기로, 이 시기 청소년은 자격요건, 교육경력 등과 같은 현실적 요인과 개인적 요인 간의 타협을 하며, 현실적인 진로선택을 하게 된다. 그러나 Ginzberg는 청소년들이 20대 초반 또는 중반까지는 최종적인 진로선택을 해야 한다는 종래의 주장을 수정하여, 개인의 직업생활과 상호 공존하는 것으로 언제라도 진로선택과 변경이 가능하다고 주장한다.

[표 9-4] Ginzberg의 청소년의 진로의식 발달단계

발달단계	하위단계	연령	특징
환상기	-	12세 이전	욕구와 충동이 진로선택에 반영되는 시기이며, 자신이 희망하면 어떠한 직업도 가질 수 있다고 믿는다.
잠정기	흥미단계 (interest stage)	12~13세	흥미가 진로선택의 기초가 된다.
	능력단계 (capacity stage)	14~15세	진로계획에 능력을 고려하나 불안전하기 때문에 진로 및 직업선택은 감정적인 성격이 강하다.
	가치단계 (value stage)	15~17세	진로 및 직업선택과정에 가치적인 요소가 고려된다.
잠정기	전환단계 (transition stage)	18세경	진로 및 직업선택에 흥미, 자신의 능력, 가치 등을 고려하기는 하지만 현실적인 요인에 대한 고려가 충분하지 못하기 때문에 잠정적이다.
현실기	모색단계 (exploration stage)	18~20대 초반	진로 및 직업선택을 모색하는 시기로 직업에 관한 정보를 수집, 조사하여 진로선택에 고려한다.
	구체화단계 (crystallisation stage)		진로 및 직업선택이 구체화되어, 타협도 중요한 요인으로 작용한다.
	특정화단계 (specification stage)		진로 및 직업선택을 위한 의사결정이 이루어지며, 직업 세계로 이행한다.

자료: Zunker(2002).

[표 9-5] super의 청소년의 진로의식 발달단계

발달단계	하위단계	연령	특징
성장기 (growth stage): 타인과의 관계학습	환상기	4~7세	욕구가 지배적이며 환상적인 역할연출이 중시된다.
	흥미기	7~11세	흥미가 진로목표 및 내용 결정에 주요 결정요인이 된다.
	능력기	11~14세	진로선택에서 능력을 중시하며 직업훈련 자격요건을 고려한다.
탐색기 (exploration stage): 희망직업 기회발견	잠정기	14~18세	욕구, 흥미, 능력, 취업기회 등을 고려하기 시작하며 토론, 경험 등을 통해 잠정적인 진로선택을 한다.
	전환기	18~21세	취업 혹은 취업에 필요한 교육이나 훈련을 받으며 자아개념 실천과 현실적 요인을 중시하게 된다.
	시행기	22~24세	적합하다고 생각하는 직업을 선택하고 선택한 직업에 종사한다.

자료: 한국청소년정책연구원(2011), 지역사회 청소년 진로체험 활성화 및 연계협력 방안 연구.

2) Super의 진로발달이론

Super(1981)는 '진로상담'을 일의 세계에서 적절히 융화된 자신의 역할상과 자아상을 발전·수용하여 그것을 현실에 비추어 검토해 보고, 자신이 만족하고 사회에 이익이 되는 현실로 전환하도록 개인을 도와주는 과정이라고 규정하고 있다. 그는 청소년기의 진로발달단계를 성장기와 탐색기로 구분하고 성장기는 환상기(4~10세), 흥미기(11~12세), 능력기(13~14세)로, 탐색기는 잠정기(15~17세), 전환기(18~21세), 시행기(22~24세)로 구분하였다.

첫 번째 단계인 성장기(0~14세)는 가정과 학교에서 주요인물과의 동일시를 통해 자아개념을 발달시키며, 초기(4~10세)에는 환상, 욕구가 지배적이나 사회참여와 현실검증이 증가함에 따라 흥미와 능력을 중요시하게 된다. 두 번째, 탐색기(15~24세)에는 학교생활, 여가활동, 일을 통해서 자아를 검증하고 직업을 탐색하게 되며, 진로를 선택하는 과정에 따라 그 안에서 잠정기, 전환기, 시행기의 3단계로 구분한다. 잠정기는 진로선택에 욕구, 흥미, 능력, 가치, 직업적 기회 등을 고려하여 잠정적인 진로를 선택하며, 전환기는 현실적 요인을 중시하여 취업을 하거나 취업에 필요한 교육과 훈련을 받는 단계이다. 시행기는 자신에게 적합한 직업을 최초로 선택하는 단계라 할 수 있겠다. 세 번째 단계, 확립기(25~44세)에는 자신에게 적합한 분야를 발견해서 영구적인 위치를 확보하기 위해 노력하는 시기로 시행기와 안정기로 분류할 수 있다. 시행기는 최적의 일을 발견하기 위해 노력하는 시기이고, 안정기는 안정된 진로를 유지하기 위해 노력하는 시기이다. 네 번째 단계인 유지기(45~64세)는 정해진 직업에 정착하고, 이를 유기하기 위해 노력하는 단계이며, 마지막 은퇴기(65세 이상)에는 정신적, 신체적으로 힘이 쇠약하면서 은퇴를 하고, 다른 활동을 탐색한다고 할 수 있다.

3. 청소년진로정책의 현황

1) 진로지도 프로그램 유형

1990년 중반 이래 지금까지 많은 진로지도 프로그램이 개발 · 활용되고 있으며 프로그램의 양적인 면에서의 증가만큼이나 질적인 면에서의 성장 또한 급속하게 이루어져 왔는데, 특히 청소년을 대상으로 한 진로지도 프로그램은 정부 연구기관 및 지자체, 각급 학교를 중심으로 개발되어 프로그램의 목적과 대상에 따라 다양한 방식으로 활용되고 있다. 진로지도 프로그램의 유형은 크게 학교 교실 내에서 이루어지는 교실형 진로지도 프로그램과 직업체험활동 과정에서 이루어지는 체험형진로지도 프로그램으로 구분할 수 있고, 실제 교육 현장에서는 청소년을 대상으로 한 이들 두 가지 유형의 프로그램을 종합적으로 활용함으로써 보다 효과적인 진로교육을 제공할 수 있다(고용노동부, 2013).

① 교실형 진로지도 프로그램

교실형 진로지도 프로그램은 학교 교실 내에서 수업시간 또는 방과 후 활동과 방학기간을 통해 진로관련 다양한 정보와 의사결정 기술 등 학생들의 진로발달을 지원하도록 설계된 다양한 형태의 집단프로그램을 의미한다.

체계적인 개발과정을 거쳐 교육현장에 보편적으로 보급된 대표적인 교실형 진로지도 프로그램으로는 학교급별 진로지도 프로그램(CDP)이 있다. 현재 학교급별 진로지도 프로그램(CDP)은 초등학교 진로지도 프로그램(CDP-E), 중학교 진로지도 프로그램(CDP-M), 고등학교 진로지도 프로그램(CDP-H), 특성화고 진로지도 프로그램(CDP-V), 대학 진로지도 프로그램(CDP-C), 총 5종의 프로그램으로 개발하여 현장에서 활용되고 있다. 각 프로그램은 공통적으로 도입부, 자신에 대한 이해, 직업세계에 대한 이해, 교육세계에 대한 이해, 진로의사결정, 진로계획 및 준비라는 여섯 개의 단원으로 구성되어 있다.

[표 9-6] **학교급별 진로지도 프로그램(CDP)의 영역 및 내용**

구분	초등학교	중학교	고등학교	대학교
Ⅰ. 도입부	- 삶에서 일이 중요한 이유 - 프로그램 안내	- 삶과 직업 - 프로그램 안내	- 행복한 삶의 조건 - 진로와 직업선택 - 프로그램 안내	- 삶, 직업, 진로의 의미 - 프로그램에 대한 자세한 안내
Ⅱ. 자신에 대한 이해	- 흥미, 성격, 가치관 등을 활동 위주로 제시 - 직접 느낄 수 있는 놀이 중심	- 자기 이해와 진로 - 심리검사를 통한 자기 이해 - 나의 이해 종합	- 적성, 흥미, 성격, 가치관 등을 검사 위주로 제시 - 현실여건을 고려한 종합적 자기 이해	- 성장과정, 적성, 흥미, 성격, 가치관, 환경 등을 고려하여 자신의 특성에 맞는 직업 찾기
Ⅲ. 직업세계에 대한 이해	- 일의 의미와 직업의 소중함 - 직업에 대한 성편견 - 다양한 직업세계 이해	- 직업의 의미, 종류와 특성 - 미래의 직업세계 이해 - 직업관과 직업윤리	- 직업세계의 탐색 - 희망직업목록에 대한 정보수집 - 합리적인 직업관 - 성공한 직업인	- 직업 및 노동시장 - 직업정보와 자격정보
Ⅳ. 교육세계에 대한 이해	- 학교의 단계와 종류 - 공부와 직업의 관계 - 직업세계에 대한 관심 제고	- 효과적인 학습기술 - 상급학교에 대한 이해 - 평생교육의 필요성 이해	- 직업과 관련학과 및 교과 - 학습기술 - 평생교육과 직업	- 평생직업과 평생학습

구분	초등학교	중학교	고등학교	대학교
V. 진로의사 결정	- 자신의 의사결정 방식 - 합리적 의사결정 - 진로의사결정 연습하기	- 의사결정유형 이해 - 합리적 의사결정 - 절차를 익히고 연습하기	- 자신의 의사결정 유형 - 합리적 의사결정 연습 - 희망직업 및 희망학과 선택	- 합리적 의사결정 절차 - 잠정적 직업결정 - 최종 직업선택
VI. 진로계획 및 준비	- 교육계획서 작성 - 직업계획서 작성 - 미래 상상하기	- 진로계획 세우기 - 진로 준비하기	- 자신의 미래 설계 - 자기표현법 익히기	- 진로준비계획 - 자기PR 능력 개발 - 면접준비

[표 9-7] **학교급별 진로지도 프로그램(CDP)의 구조**

<table>
<tr><th colspan="2">구분</th><th colspan="2">초등학교</th><th colspan="2">중학교</th><th colspan="2">고등학교</th></tr>
<tr><td colspan="2">프로그램명</td><td colspan="2">CDP-E: 꿈 가꾸기</td><td colspan="2">CDP-M:
진로정보탐색여행</td><td colspan="2">CDP-H: 진로모의주행</td></tr>
<tr><td colspan="2">강조점</td><td colspan="2">일에 대한 긍정적인 태도·가치 함양을 통한 꿈 가꾸기</td><td colspan="2">다양한 일, 직업, 교육세계 탐색</td><td colspan="2">진로탐색을 통한 잠정적 진로설계 능력 함양</td></tr>
<tr><td colspan="2">시수</td><td colspan="2">총 34차시</td><td colspan="2">총 34차시</td><td colspan="2">총34차시</td></tr>
<tr><td rowspan="3">내용 영역</td><td>도입부</td><td>일과 삶의 보람
프로그램 안내</td><td>1</td><td>삶과 직업
프로그램 안내</td><td>1</td><td>행복한 삶의 조건
진로와 최적의 직업선택
프로그램 안내</td><td>2</td></tr>
<tr><td>자기 이해</td><td>흥미와 장점 탐색
성격과 적성 탐색
성에 대한 가치관
가치관 탐색
나의 가족
나의 발전
나의 이해 종합</td><td>10</td><td>자기이해와 진로
심리검사를 통한 자기이해
중요 타인/ 환경의 이해
나의 이해 종합</td><td>8</td><td>적성과 진로 탐색
흥미와 진로 탐색
성격과 진로 탐색
현실적 여건과 진로
종합적 자기이해와 진로</td><td>6</td></tr>
<tr><td>교육 세계</td><td>학교의 종류와 기능
공부와 직업의</td><td>4</td><td>상급학교의 이해
학습기술
평생교육</td><td>6</td><td>관련학과 및 교과
나의 학습습관
효과적인 학습전략
효과적인 시험전략
나의 시간관리
진로개발과 평생학습</td><td></td></tr>
</table>

구분		초등학교		중학교		고등학교	
	직업 세계	일의 의미 직업의 소중함 직업의 역할 일할 땐 이런 마음 일 편견 버리기 우리가족이 하는 일 다양한 직업세계 직업사전 만들기 직업세계 탐방 미래의 직업세계	10	직업의 의미 직업의 종류와 특성 직업현장 체험 산업발달에 따른 직업변화 성역할 변화 바람직한 직업윤리 바람직한 직업관	9	직업세계의 탐색 희망 직업세계의 정보수집 합리적인 직업관 성공적인 직업인 직업윤리 직업과 자격증 직업세계의 변화 인재상 변화 직업기초능력 개발	
	의사 결정	나의 의사결정 방법 합리적 의사결정법 직업탐색 연습 나의 진로탐색 연습	7	의사결정유형 이해 합리적 의사결정법 나에게 적합한 직업 탐색	6	· 나의 의사결정 탐색 · 나의 의사결정 보완 · 진로의사결정 연습 · 나의 희망직업 선택 · 나의 희망학과 선택	
	진로 계획	내가 희망하는 직업분야의 직업인 탐색하기 나의 미래 상상하기	2	나의 진로계획 세우기 나의 진로준비	4	장 · 단기 진로설계도 작성 나의 이미지 만들기 효과적으로 말하기 자기소개서 작성 이력서 작성하기	

② 체험형 진로지도 프로그램

체험형 진로지도 프로그램이란, 학생들이 학교의 울타리를 벗어나 일의 현장에서 체험을 함으로써 다양한 일의 세계를 탐색 및 파악하고, 그 체험을 통하여 자신의 특성을 이해하고, 자신에게 적합한 직업을 선택하며, 선택한 직업을 실질적으로 준비할 수 있는 지식 · 기술 및 태도를 습득할 수 있도록 지원하는 프로그램에 해당한다. 이와 같은 체험형 진로지도 프로그램은 광의의 개념과 협의의 개념으로 구분된다. 광의의 개념으로서의 체험형 진로지도 프로그램에는 직 · 간접적인 직업체험 프로그램 모두가 포함되고, 협의의 개념에서는 직접적인 직업체험 프로그램에 국한된다.

2) 청소년 진로직업정책의 현황

(1) 청년고용촉진 대책 수립

1997년 IMF 외환위기 이후 정부는 청년실업 해소를 위해 시기별 청년고용 상황에 적절하게 대응하는 종합대책, 부문별 대책을 수립하여 시행하였다. 2003년에는 일자리 창출, 산학협력, 해외취업 등 장단기 대책을 종합한 '청년실업종합대책'이 수립되었고, 2005년에는 학교-노동시장 간 이행 원활화에 중점을 둔 '청년고용촉진대책'이 추가적으로 마련되었다.

2006년에는 청년실업 해소를 위해 해외취업을 강화하기 위한 정책적 노력의 일환으로 '해외취업촉진대책'이 마련되었다. 2009년에는 글로벌 금융위기로 촉발된 경기불황으로 인해 청년고용 상황이 악화되었으며, 이에 따라 청년실업자의 급격한 증가를 방지하기 위해 재정을 투입하여 일자리를 확대하는 '청년고용 추가대책'이 발표된 바 있다. 또한 2009년 말 전반적인 경기가 회복되어 고용 상황도 조금씩 나아졌음에도 불구하고, 청년들의 안정적 일자리에 대한 쏠림현상이 계속해서 심화될 것을 우려하여 비상경제대책회의에서 '청년 · 중소기업 미스매치 해소대책'을 보고, 2010년부터 본격적으로 시행하였다. 또한, 2010년 10월에는 향후 2년간 청년친화적 일자리 7만 개 이상 창출 등을 골자로 하는 청년 내일만들기 1차 프로젝트를 발표하였으며, 2011년 5월에는 2차 프로젝트를 발표했는데, 고용노동부와 교육과학기술부 간의 경계를 뛰어넘어 청년이 노동시장에 진입한 후 교육과 훈련을 통해 자기계발과 재도약 기회를 충분히 갖도록 지원하는 데에 중점을 두고 있다. 2013년 10월에 청년고용촉진특별법을 개정하여 2014년 1월부터 3년 동안 한시적으로 공공기관 등에서 신규직원을 채용할 때 청년 미취업자를 정원의 3% 이상으로 의무적으로 고용하도록 하였다.

(2) 직업탐색 · 취업지원 프로그램 운영 확대

고용부 고용지원센터에서는 청소년들의 근로의욕을 향상하고 올바른 직업탐색 기회를 제공하며 취업을 효율적으로 지원하기 위해 한국고용정보원에서 개발한 CAP+, 성취프로그램, 취업희망 프로그램, 올라 프로그램, 취업캠프 등을 운영하고 있다.

청소년 직업체험학습프로그램인 잡스쿨(Job School)은 중 · 고생을 대상으로 운영되는 2일짜리 프로그램이다. 첫날은 진로특강을 듣고, 둘째 날은 직업과 관련된 대학 학과와 산업 분야의 직업현장을 방문한다. 특히 보호관찰소 등 취약계층 청소년을 대상으로 하는 잡스쿨은 한국고용정보원에서 별도로 운영하고 있다.

청년 직장체험프로그램(1~6개월)은 직업현장에서 직접 일 경험을 쌓으면서 자신에게 맞는 진로를 탐색하고 직업 능력을 배양하도록 하는 취지로 운영되고 있다. 2012년부터는 청소년들의 건전한 직업관 형성과 진로 및 직업선택을 지원하기 위해 직업체험을 할 수 있는 한국잡월드를 개관하여 운영하고 있다. 초 · 중 · 고등학생, 교사 및 학부모를 대상으로 직업세계에 대한 탐색과 체험이 이루어지고 있다.

(3) 직업진로지도 내실화

고용노동부에서는 청소년의 건전한 직업관 형성과 알맞은 직업선택을 지원하기 위해 직업심리검사를 비롯한 직업진로지도서비스를 제공하는 한편, 청소년들의 진로교육을 담당하는 교사, 진로진학상담교사, 취업지원관, 직업상담원, 커리어코치 등의 전문성을 향상시키기 위한 교육을 제공하고 있다.

또한 전국 고용센터와 워크넷에서는 각종 직업심리검사 서비스를 받을 수 있는데 이 검사는 한국고용정보원이 개발한 것으로 청소년 및 청년용 직업심리검사 14종[초등학생 진로인식검사, 청소년 직업흥미검사, 자가탐색형, 청소년 직업흥미검사, 청소년 적성검사(중/고), 청소년 직업인성검사(중 1~고 2), 청소년 진로발달검사(중 2~고 3), 직업가치관검사(중 3~), 학과(전공) 흥미검사(고 1~고 3), 창업진단검사, 영업직무 기본역량검사]을 비롯하여, 만 18세 이상의 청년을 위한 직업선호도검사, 직업적성검사, 구직욕구진단검사, 구직효율성검사, 창업진단검사, 영업직무 기본역량검사, IT 직무기본역량검사, 직업전환검사 등이 포함되어 있다.

[표 9-8] 청소년용 직업심리검사 활용 현황

연도	직업적성검사	직업흥미검사 등	계
2002	173,121	225,687	398,808
2003	189,495	250,132	439,627
2004	228,866	384,395	613,261
2005	247,333	304,028	551,361
2006	253,709	321,631	575,340
2007	200,100	252,862	452,962
2008	132,114	237,445	359,559
2009	133,085	189,960	323,045
2010	153,820	394,630	548,450
2011	341,301	1,219,934	1,561,235

자료: 고용노동부 · 한국고용정보원(2012).

[표 9-9] 성인용 직업심리검사 활용 현황

연도	직업선호도검사		직업적성 검사	구직효율 성검사	구직욕구 진단검사	창업진단 검사	직업전환 검사 등	계
	S형	L형						
2002	131,370	76,914	12,043	2,156	17,270	1,740	1,802	243,295
2003	98,710	69,839	11,022	1,837	12,363	935	336	193,771
2004	159,315	89,724	26,833	5,605	9,798	19,199	8,043	308,719
2005	97,400	80,604	17,679	2,064	23,586	1,647	692	222,980
2006	117,028	87,636	23,547	2,289	5,865	2,504	1,194	240,063
2007	80,207	78,713	15,457	1,334	5,123	842	79	181,755
2008	134,200	93,843	41,887	6,323	16,333	6,272	6,158	243,295
2009	145,582	121,953	117,524	19,889	30,385	8,610	9,528	245,297
2010	148,558	142,173	142,277	19,512	24,592	9,503	16,418	503,033
2011	172,328	182,342	149,230	21,816	31,328	9,050	17,123	583,217

자료: 고용노동부 · 한국고용정보원(2012).
주: 만 18세 이상의 청소년은 성인용 직업심리검사를 실시함.

『진로와 직업』 교과서는 초등학교와 중학교용으로 2003년도에 개발 · 보급되었으며 지속적으로 개정(초등 2007년 개정, 중학교 2011년 개정)되고 있으며, 고등학교 교과서는 2010년 개발 보급되어 학교 현장에서 활용되고 있다. 진로지도 프로그램(CDP)은 초 · 중 · 고 · 특성화고 · 대학교 등 각 학교에서 수업시간에 활용할 수 있도록 개발된 한 학기용 자료로서 총 5종으로 개발 · 보급되었으며, 교사용 매뉴얼과 학습자용 워크북, 수업진행용 슬라이드 등으로 구성되어 있다.

카드형태의 직업진로교육 매체인 '직업카드' 역시 전국 고용센터와 학교에서 청소년 진로지도를 위해 활용되고 있으며, 온라인 콘텐츠도 개발되어 청소년워크넷 사이트에서 활용되고 있다. 또한 직업진로지도 접근성 강화를 위해 자기주도적 진로학습이 가능한 사이버진로교육센터(http://cyber-edu.keis.or.kr)를 개원하여 이력서 작성과 면접 준비에 필요한 강좌 등 온라인 학습을 제공하고 있다.

청소년에 대한 진로지도와 취업지원 활동을 펼치고 있는 초 · 중등학교 교사 및 대학 취업 관계자와 취업지원관, 담당공무원, 커리어코치, 민간 직업상담원 및 취업알선원 등 직업진로지도 관련 직무전문성 강화를 위해 1999년부터 직업지도 담당자 교육을 실시하고 있다.

(4) 직업정보의 수집 제공

한국직업정보시스템(KNOW)은 정보기술의 급격한 발전과 지식기반 사회로의 이행에 따라 직업세계에서 요구하는 직업정보를 종합적으로 수집 · 관리하고 사용자가 쉽게 접근할 수 있도록 하기 위해 개발되었다. 또한 직업에 대한 이해를 높이고 종합적인 직업정보를 제공하기 위해 한국직업전망, 한국직업사전, 학과정보, 신생 및 이색직업 등 초등학교에서 성인까지의 수요자 맞춤형직업정보자료도 발간하여 각급 학교 및 공공기관 등에 보급하고 있다. 이밖에도 2011년부터 청소년들의 진로선택을 지원하기 위하여 대학 학과정보 동영상을 제작하여 온라인을 통해 제공하고 있다.

(5) 정보화 기술을 활용한 온라인 취업지원 확대

1998년 11월 이후 인터넷 방식의 워크넷(Work-Net, www.work.go.kr) 시스템을 구축하여 고용지원센터, 지방자치단체 등의 취업 업무에 활용하는 한편 온라인을 통해 구인·구직자에게 직접 일자리정보, 직업정보 등 고용정보를 제공하고 있다.

2008년에는 정보화 기술의 발전과 인터넷의 보급에 따라 워크넷 시스템을 개편하여 청년층의 취업지원을 위한 온라인 고용정보서비스를 강화하였다. 특히 2009년에는 온라인을 통해 기업들의 채용대행을 지원할 수 있는 e-채용마당 시스템을 구축하였다. e-채용마당은 기업에게는 채용에 따른 비용, 인력, 시간을 절감시키면서 우수한 인재를 채용할 수 있도록 지원해 주는 한편, 구직자에게는 우수기업체의 취업기회를 확대하는 효과를 가진다.

2011년부터는 공공부문 민간부문 일자리 정보를 통합 운영하고 있으며, 2012년부터는 차세대 워크넷종합고용서비스를 실시하고 있다(여성가족부, 2013).

3) 진로교육 인프라현황

진로교육 인프라는 진로교육을 실시하기 위한 학교 안팎의 유·무형의 기초적인 시설(환경)을 의미하며, 법·제도적 측면과 인적·물적 측면에서 살펴볼 수 있다.

첫째, 진로교육에 관한 법은 2011년부터 「진로교육법」 마련을 추진하여 2012년에 구체적인 시안을 마련, 2012년 국가 차원의 학교급별 진로교육을 어우르는 목표 체계로 「학교 진로교육 목표와 성취기준」이 마련되었다(진미석 외, 2012). 학교 진로교육 지표조사는 우리나라 학교 진로교육의 현황과 미래를 가늠할 수 있는 중요한 통계자료이다.

둘째, 진로교육의 인적 인프라에는 진로진학 상담교사, 학부모 진로코치단 등이 있으며, 자유학기제의 도입과 교장, 교감, 교원에 대한 진로교육 연수를 통해 인적 기반을 구축하고 있다. 학교 진로교육 전담 인력인 진로진학 상담교사는 2012년 교육부의 배치 계획 발표 후, 선발·양성을 거쳐 2014년 기준 전국적으로 총 5,208명이 활동하고 있다. 진로진학 상담교사 배치 학교는 2014년 기준 중·고등학교 5,520개교(전체 중등학교의 94.5%)이다.

학부모 진로코치단은 정부에서 양성과 활용계획을 수립하여 모든 학교에 학부모 진로코치단을 구성함으로써 학부모의 진로교육 참여를 확대하고 있다. 2013년 학부모 진로교육 아카데미는 4,000강좌에 33만 명의 학부모가 참여하였고, 학부모 진로코치 5만 명을 양성하였다. 학부모 진로코치는 진로진학 상담교사의 진로교육 활동을 지원하는 등 학교 진로교육을 위한 지원 인력으로 기여하고 있다. 이외에 교장, 교감 및 일반 교원을 위한 진로교육 연수가 실시되고 있으며, 중학교 학교장 대상 자유학기제 정책 설명회가 개최되었다(교육부, 2013. 2. 27.).

셋째, 진로교육의 물적 인프라는 온라인으로 종합 진로직업 정보망 커리어넷[5](웹, 모바일웹 · 앱), 진로와 직업 스마트북(스마트폰, 태블릿 PC 등), 워크넷, 진로체험 정보망 '꿈길', 팟캐스트 진로정보 진로레시피, 진로멘토링[6] 등이 있다. 진로교육 콘텐츠는 2012년 55종이 개발 · 보급되었으며, 2013년에는 진로수업 동영상, e-진로채널 등 18종의 콘텐츠가 개발 · 보급되었다. 오프라인 물적 기반으로는 학교 진로교육 프로그램(School Career Education Program: SCEP), 초 · 중 · 고 전환기 맞춤형 진로교육 프로그램(School Transition Program) 등이 개발 · 보급되었다. 그리고 학부모 대상 진로교육 정보 소식지인 ≪드림레터≫가 2012년부터 현재까지 제작되어 시 · 도교육청 및 일선 학교에 보급되고 있다.

넷째, 진로체험 활성화를 위한 협의체는 진로교육의 인적 · 물적 기반을 형성하는 데 영향을 미친다. 진로체험은 학생들이 가장 선호하는 진로활동으로, 자유학기제의 도입과 더불어 학교 진로교육을 위해 진로체험처에 대한 요구가 급증하였다. 교육부는 진로교육 전문기관[7]과 협의체 운영 및 공동사업을 추진하고, 중앙행정처 · 청[8]의 자유학기제 체험 인프라 구축을 위한 업무 협약을 체결하였다.

---

5) 커리어넷은 2013년 신규 가입자 수 90만 명, 누적 회원 수 약 700백만 명으로 진로정보, 진로심리검사 및 진로상담서비스 등을 제공하고 있다.

6) 농 · 산 · 어촌을 지원하기 위한 원격 화상 진로멘토링.

7) 한국직업능력개발원, 한국대학교육협의회, 한국청소년정책연구원, 한국교육학술정보원, 한국과학창의재단, 중소기업중앙회 등이 있다.

8) 법제처, 국가보훈처, 경찰청, 소방방재청, 문화재청, 농촌진흥청, 산림청, 중소기업청 등 8개.

[표 9-10] 진로교육 인프라 현황

구분	세부 내용
법 · 제도적 인프라	• 「학교 진로교육 목표와 성취기준」 마련(2012) • 「진로교육법」 시안 마련(2012), 2014년 현재 법으로 제정되지는 못함
인적 인프라	• 진로진학 상담교사 - 2012년 교육부의 배치 계획 발표 후, 선발 · 양성 - 2014년 5,208명 활동, 중 · 고등학교 5,520개교(전체 중등학교의 94.5%) 배치 • 학부모 진로코치단 - 2013년 진로교육 아카데미에서 학부모 진로코치 5만 명 양성 • 교장, 교감, 일반 교원에 대한 진로교육 연수
물적 인프라	• 2012년 55종 진로교육 콘텐츠 개발 · 보급 • 2013년 18종 진로교육 콘텐츠 개발 · 보급
진로체험 활성화를 위한 협의체	• 한국과학창의재단 - 2012년 진로체험 기관 3,868개, 2013년 4,500개의 기관 참여 유도 • 시 · 도교육청 - 2012년 4,700개 체험처 발굴 - 2013년 진로직업체험지원센터 구축 · 운영 • 지역교육지원청 - 진로체험 운영위원단 구성 · 운영 ※ 진로교육 담당 장학사, 진로진학 상담교사, 지역인사, 학부모 진로코치 등 참여 • 시도별 진로체험처 발굴을 위한 「매칭시스템」 구축, 직업체험 프로그램 정보 제공

4. 청소년 진로지도의 과제

첫째, 지역 및 단위 학교에 미치기까지 지속적인 진로교육 인프라 확충이 필요하다. 이를 위하여 새로운 진로교육 자원을 지속적으로 발굴하는 한편, 진로교육 인프라에 대한 지역, 학교, 개인 간 접근성과 활용성을 제고하기 위하여 기존 진로교육 자원들을 종합적으로 제공하는 연계 사업[9]이 추진되어야 한다. 청소년의 진로 탐색 및 선택을 지원하는 주요 사이트[10]는 원스톱 회원 가입과 서비스 이용 시스템을 갖출 필요가 있다.

9) 진로영상통합시스템 API 연계: 교육부, 한국직업방송 및 한국직업능력개발원에 의해 구축된 진로영상 종합 제공 및 활용 시스템으로 2014년 5월에 마련 · 운영되고 있다.

수요자 중심의 진로교육 인프라 구축을 위해 한국진로교육지표조사를 개편하여 학생, 학부모, 교사, 단위 학교 등 수요자의 진로교육 인프라에 대한 의견을 수렴하고 이를 정책에 반영하는 기능을 강화할 필요가 있다. 또한, 진로진학 상담교사 중 각 영역에 적성과 전문성이 있는 교사가 중앙부처, 시 · 도교육청, 전문기관 등과 지역 및 단위 학교 사이에서 학교 현장에 필요한 진로교육 인프라를 구축하는 코디네이터로 역량을 발휘할 수 있도록 진로교육 인력의 활용 방안을 마련하고 추진할 필요가 있다.

둘째, 진로체험 활동을 학교급별로 차별화하되 연계 · 심화되도록 하며, 지역 내 학교 간 진로체험 시기의 공유와 조정이 가능하고 직 · 간접 진로체험에 대한 다양한 방법과 모델을 적용하도록 해야 한다. 학교 내 진로체험 운영팀을 조직하고, 진로체험 보조인력 채용 및 자원봉사 인력[11]을 활용하는 한편, 민간 진로교육 인프라에 대한 진단과 인증을 통해 진로체험, 진로캠프, 진로박람회 개최 등에 민간기관의 참여를 내실화할 필요가 있다.

셋째, 자유학기제, 진로체험 교육 기부 등을 포함한 진로교육에 대한 대국민 홍보를 지속적으로 강화하고, 진로교육 인프라에 대한 학교장의 리더십 및 학교 내 구성원 간 인식도 제고되어야 한다. 중장기적으로 교원 및 예비 교원을 대상으로 진로교육 인식 및 역량을 제고할 수 있어야 한다. 교장 · 교감 자격 연수, 교과 교사 연수 등에 진로교육 과목을 포함하고, 사범대학교 및 교육대학 교육과정에 진로교육 과목을 포함하는 한편, 교육대학원 수준의 진로교육 대학원 과정을 개설할 필요가 있다(정윤경, 2014).

10) 진로직업 정보망 커리어넷, 한국대학교육협의회 대학입학상담센터, 한국전문대학교육협의회 입학정보센터 등.
11) 지역사회 연계를 위한 민간비영리단체(NPO: Nonprofit Organization) 자원봉사 코디네이터 역할 부여.

제3부

청소년활동지도의 실천

제10장 청소년지도자의 지도력

청소년들이 자라나는 가정과 학습현장에서 성공한 사람들의 이야기를 수없이 많이 듣게 된다. 하지만 성공한 사람들의 이야기를 많이 듣는다고 해서 긍정적 영향을 받게 되는 것은 아니며, 성공한 사람이 긍정적 영향력의 지도자라고도 볼 수 없다. 그렇기 때문에 청소년기에 자신을 변화시킨 영향력 있는 지도자가 누구인가는 매우 중요하다. 이 시기의 청소년들은 어떤 계기를 통해 자신들의 삶이 새롭게 전환되는 동기를 부여받으면서 삶이 얼마나 많이 변화되는지를 직접 경험하게 된다. 그러므로 청소년지도자의 지도력은 매우 중요한 가치가 있다. 이로써 리더십에 관한 연구는 사회과학 제 분야에서도 활발하게 연구되어 온 주제로서, 조직의 책임성이 증가되면서 더욱 성공적인 관리와 조직운영을 위해 매우 중요한 요소 중 하나로 인식되고 있다.

1. 리더십에 대한 이해

1) 리더십의 개념

리더십 연구는 20세기 초반부터 과학적으로 연구되기 시작한 이래, 조직행동 분야에서 중요한 연구주제로 취급되어 왔으며, 그 개념에 대한 수많은 정의와 다양한 이론을 등장시키면서 발전되어왔다.

그동안 리더십에 관한 학자들의 대표적인 정의들을 살펴보면 다음 [표 10-1]과 같다.

[표 10-1] 리더십 개념에 대한 정의

학자	정의
Hemphill & Coons (1957)	한 집단의 활동을 공유된 목적으로 인도하는 특정한 개인의 행동
Tannenbaum, Weshler & Massarik(1961)	구체적인 목표나 목적을 달성하기 위하여 특정한 상황 내에서 커뮤니케이션 과정을 통해 행사되는 사람들 간의 영향력 행사 과정
Fleishman(1973)	어떤 목표나 목표들의 달성을 향하도록 의사소통 과정을 통하여 개인 간에 영향력을 행사하려는 의도
Stogdill(1974)	사람들이 기대하고 상호작용을 하는 데 대해 구조를 만들어 내고 유지시키는 것
Rauch & Behling (1984)	조직화된 집단의 활동에 영향을 미쳐 목표달성으로 이끄는 영향력 행사 과정
Bass & Stogdill (1990)	어떤 주어진 상황 속에서 목표설정이나 목표를 성취하기 위하여 개인 혹은 집단의 활동에 영향을 미치는 과정
Locke (1991)	다른 사람들로 하여금 공동의 목적을 달성하기 위해 움직이도록 유도하는 과정
Schein (1992)	문화의 굴레에서 벗어나 적응성이 훨씬 강한 진화적인 변화과정을 시작할 수 있는 능력
Rost (1993)	자신들의 공유하고 있는 목적이 반영된 실질적인 변화를 이끌어내려는 의도를 가지고 이루어지는 리더와 추종자들 간의 영향력 행사 관계
Yukl (1998)	어떠한 집단이나 조직의 한 구성원이 사건에 대한 해석, 목표와 전략의 선택, 업무활동의 조직, 목표를 달성하고자 하는 사람들의 동기유발, 협력관계의 유지, 구성원들의 기량과 자신감의 개발, 집단이나 조직 외부 사람들로부터의 지원과 협력 확보 등에 영향력을 행사하는 과정

이렇게 리더십의 정의에 대한 다양성에도 불구하고, 일반적으로 리더십이란 한 집단 내에서 두 사람 이상이 상호작용하는 과정에서 나타나는 것이며, 리더는 부하들이 열성적으로 목표달성에 참여할 수 있도록 의도적으로 영향력을 행사하려고 하는 과정이라고 설명할 수 있다. 리더십은 리더라는 특정한 개인에 국한된 사항이 아니라 조직의 어느 계층에서나 존재할 수 있는 것이다.

2) 리더십의 속성(강용규 외, 2007)

효과적인 리더가 되기 위한 속성으로는 지속성, 시간관리, 타협, 유연성, 창의성 등이 있으며, 각각의 속성에 대하여 간략하게 살펴보고자 한다.

(1) 지속성(persistence)

유능한 리더는 생각이 깊고, 효과적인 계획을 수립하며, 적절한 제안을 구성원들에게 제시하기도 한다. 또한 계획된 목표를 달성하기 위하여 지속적으로 업무를 수행한다. 결단력 있는 리더는 바람직한 결과를 도출하기 위하여 용기와 신념, 자신감을 가져야 한다. 즉, 지도자에게는 바람직한 결과를 성취하기 위해 쉽게 포기하지 않으며 변화에 맞서 나가는 끈기가 필요하다.

(2) 시간관리(time management)

합리적인 리더는 시간의 가치를 인식하고 그 역동성을 이해하며, 조직구성원 각자의 개별적 능력을 증진시키기 위하여 시간을 활용할 수 있어야 한다. 뿐만 아니라 타인의 시간도 존중할 줄 알며, 업무를 계획할 때 생산성 및 효율성을 고려하여 신속하게 업무를 수행하도록 한다.

(3) 타협(compromise)

합리적인 리더는 자신이 모든 문제의 해결책을 갖고 있다고 생각하지 않는다. 상황이 심각할 때 폐쇄적인 방식으로 업무를 처리하는 것이 아니라 상대방을 비롯하여 조직구성원 모두의 의견을 경청하여 결정을 내리도록 한다. 구성원들과 의견 대립이 있다 할지라도 무시하는 것이 아니라 관점이 다를 수 있음을 인정하여 필요하다면 타협할 수 있는 관용적인 자세를 갖추어야 한다. 리더는 원칙을 갖고 있되 충분히 융통성을 발휘하여 조직 내에서 원만한 인간관계를 형성할 수 있도록 한다.

(4) 유연성(soft touch)

리더는 조직의 목적과 욕구, 정책 범위 내에서 구성원들에게 가능한 많은 자유를 허용하고, 일방적 지시보다는 자유로운 의견 제시와 토론을 통해 더 나은 방안을 강구할 수 있도록 해야 한다. 조직의 발전은 리더의 효과적인 정책 수립으로 이루어지기도 하지만, 구성원 전체의 합치된 의견을 통한 사기 진작, 참여에 대한 동기부여로 더욱 발전하게 된다.

(5) 창의성(creativity)

창의성은 독창적인 방법으로 사고하고 행동하는 데 필요한, 조직의 발전에 중요한 요소임에도 불구하고 조직이라는 유기체 속에서 자칫 관료적인 속성에 의하여 매너리즘에 빠지는 경향이 있다. 그러므로 창의성을 중시하는 리더는 구성원 스스로가 자발적으로 도전정신을 가질 수 있도록 인센티브를 제공해야 한다. 조직은 창의성이 존재함으로써 미래에 대한 도전과 비전을 통하여 발전할 수 있는 동력을 갖게 된다.

3) 리더십의 유형

Carlisle(1987)은 조직체의 권위가 어떻게 사용되느냐에 따라 리더십의 유형을 세 가지 범주로 분류하고 있다(강용규 외, 2007에서 정리; 신복기 외 2007에서 정리).

(1) 지시적 리더십

지시적(directive) 리더십은 명령과 복종을 강조하는 리더십 유형으로 구성원에 대하여 보상과 처벌(reward & punishment)의 연속선에서 통제하고 관리한다. 장점은 통제와 조정이 쉽고 정책집행에 일관성이 있다. 또한 신속한 의사결정이 가능하여, 위급한 상황에서 보다 효과적이라고 할 수 있다. 그러나 지시적 리더십은 일방적인 나머지 구성원의 사기(morale)를 저하시키며, 구성원 상호 간에 적대감 및 갈등, 소외감을 조장하거나 유발시키는 단점이 있다.

(2) 참여적 리더십

참여적(participative) 리더십은 리더가 정책결정을 할 때 조직구성원의 의견을 경청하고, 결정과정에 참여시키는 리더십 형태이므로 민주적 리더십이라 할 수 있다. 이와 같은 리더십 형태는 구성원에게 적극적인 동기와 사명감을 부여하여 조직의 목표를 자신의 발전과 동일하게 인식하도록 한다. 조직의 발전 자체가 구성원 자신의 발전이므로 업무수행능력도 뛰어나며, 리더와 구성원 간의 의사소통 경로가 개방되어 있어 다양한 정보교환이 가능하고 정책결정과정상에서 나타날 수 있는 오해와 불신을 제거할 수 있다. 단점은 참여에 시간이 걸리고 긴급한 결정을 할 경우에는 어렵다는 것이다.

(3) 위임적 리더십

위임적 리더십은 방임적(laissez-faire) 리더십이라고 하며, 대부분의 의사결정권을 구성원들에게 위임하는 형태이므로, 구성원 스스로가 조직의 목표를 계획하고 수행해 나간다. 따라서 특정 과업해결을 위한 전문가 중심조직에 적합할 수 있다. 장점으로는 구성원들은 조직의 규칙이나 정책을 위반하지 않는 범위 내에서 자유재량권을 행사할 수 있다는 점이다. 그러나 위임적 리더십의 형태에서 리더는 자문기관의 역할만을 할 뿐 지시 및 감독 등과 같은 절차적인 일처리를 하지 못함으로써, 내부에서 발생하는 의사소통상의 갈등과 분쟁을 쉽게 조정하지 못하는 단점이 있다.

2. 리더십의 종류

1) 전통적 리더십이론

리더십 연구는 1900년대 초부터 활발하게 진행되어 현대까지 이어지고 있으며, 그 노력의 결과로 다양한 리더십 이론들이 존재한다. 이 같은 다양성에도 불구하고 수많은 리더십 이론들이 탐구한 공통적인 주제는 사회조직이나 집단의 목적을 보다 효율적으로 달성하기 위해 필요한 '이상적인 리더십'이 과연 무엇인가를 규명하는 데 있었다(김형식 외, 2007; 강용규 외, 2007; 신복기 외 2007).

(1) 특성이론

리더의 개인적 특성에 초점을 두어 성공적 리더의 특성과 자질을 탐구한 가장 초기의 리더십이론으로 이 이론은 어떤 자질을 갖춘 리더가 갖추고 있으면 효과적인 리더가 될 수 있다는 이론이다. Stodgill(1974)은 1900년대 초부터 1970년대 초까지 수행된 287개의 리더십 연구에 대한 고찰을 통해 성공적 리더의 특성을 신체적 특성, 성격, 지능, 사회적 배경, 사회성 및 과업관련 태도의 여섯 가지 범주로 구분하여 제시하였다. 이와 같은 범주의 규정을 통해 Stodgill은 성공적 리더의 특성과 자질을 성공적이지 못한 리더들과 비교하였다. 그에 따르면, 성공적 리더는 지능이 높고, 주도적이며, 자신감이 있고, 활력이 강하고 아울러 과업과 관련된 지식을 충분히 소유하는 특징을 보인다는 것이다.

그러나 이 이론은 성공적 리더의 자질과 특성을 지나치게 광범위하게 규정함으로써 성공적인 리더의 특성을 명확하게 제시하지 못했으며, 리더가 하위자의 행동에 영향을 미치기 위해 보여줄 행동유형을 알려주지 못한 점 등은 한계점으로 지적되고 있다.

(2) 행동주의 이론

특성이론의 한계를 극복하기 위해 시도된 방법이 리더의 행동과 행태에 초점을 둔 방법인 행동주의 리더십이론이다. 이 접근방법에서는 리더의 다양한 행동을 관찰하고 비슷한 성향의 행동을 몇 개의 범주로 분류하여 리더십 유형(leadership styles)으로 개념화한 후, 어떤 형태의 리더십 유형이 리더십의 효과성을 좀 더 높일 수 있는가에 대해 초점을 두었다([그림 11-2] 참조). 즉, 성공적인 리더는 어떤 사람인가라는 질문에서 성공적인 리더는 주로 어떤 행위를 하는가에 초점을 둔 이론이다. 대표적인 행동주의 리더십 이론으로 Lewin 등의 리더십이론, 오하이오대학교의 리더십이론 및 관리격자이론 등을 들 수 있다.

① Lewin 등(1939)의 이론

행동주의적 접근방법을 처음으로 시도한 연구로서 Lewin 등이 아이오와(Iowa)대학교에서 수행한 리더십 연구를 꼽을 수 있다. 이들은 리더십 유형을 세 가지로 구분하여 각각의 유형이 추종자에게 미치는 영향력을 규명하려 했던 최초의 연구로서 그 의의가 크다.

- 독재형(autocrat): 구성원에 대한 지시행위 중심
- 민주형(democratic): 구성원의 참여를 촉진하는 행위 중심
- 자유방임형(laissez-faire): 지시, 촉진행위 모두를 사용하지 않음

② 오하이오(Ohio)대학교의 리더십이론

행동주의적 접근방법의 대표적 이론은 오하이오대학교에서 수행된 배려(consideration)와 업무선도(initiating structure) 중심의 리더십이론이다. 이 연구에서 추종자들에게 리더의 행동을 기록하게 하여 총 1,800개 정도의 행위를 수집하고, 다시 150개의 행위로 간추렸다.

배려행동이란 구성원에 대한 관심과 우호, 신뢰, 지지 등 구성원의 복지를 위한 부분에 관심을 나타내는 행동유형을 의미하며, 업무선도 행동이란 리더가 조직의 목표를 달성하기 위해 조직원들에게 업무를 할당하고 의사전달의 통로를 확립하여 업무성과를 평가하는 행동을 말한다. 오하이오 연구는 배려행동과 업무선도 행동을 조합하여 높을수록 구성원들의 성과가 만족을 높일 수 있는 이상적인 리더십으로 규정하였다. 그러나 이 이론에 대한 검증을 시도한 후속연구에서는 각각의 리더십 유형과 집단구성원의 만족감의 관계 및 집단의 과업성과에 대한 명확한 상관관계가 밝혀지지 않음으로써 각각의 리더십 유형의 효과성을 보여주는 것에는 큰 한계를 보였다(Korman, 1966).

③ 관리격자이론(managerial grid theory)

또 하나의 대표적인 행동주의적 접근방법은 Blake와 Mouton(1978)의 '관리격자이론'이다. 이 이론은 관리격자(managerial grid)를 활용하여 사람에 대한 관심과 생산에 대한 관심

의 두 가지 요인을 토대로 리더십 이론을 전개하였다.

여기서 사람에 대한 관심은 리더십 행위의 초점이 리더와 추종자 간 관계의 질(質) 향상에 맞춰진 것을 의미한다. 아울러 추종자와 추종자 관계의 질을 향상시키는 것도 리더의 중요한 행위로 보았다. 반면, 생산에 대한 관심은 리더십 행위가 조직 또는 집단의 목적 달성에 초점을 두기 때문에 목표 달성을 위한 지시적인 행위를 위주로 표출된다는 것이다. 이와 같은 사람에 대한 관심과 생산에 대한 관심의 두 가지 요소를 기초로 5개의 상이한 리더십 유형을 제시하고 있다.

- 강제형 리더십 유형: 높은 생산관심과 낮은 사람관심의 리더십 유형으로서 극단적으로 목적과 임무달성에 초점을 두며 철저한 지시와 통제를 통하여 생산성 향상을 강조한다.
- 팀 지향적 리더십 유형: 높은 생산의 관심과 높은 사람관심의 리더십 유형으로서 목적과 임무달성을 강조하는 동시에 추종자의 참여를 강조하는 리더십 유형이다.
- 무관심형 리더십 유형: 낮은 생산관심과 낮은 사람관심의 리더십 유형으로서 리더의 역할수행을 위해 최소한의 노력을 기울인다.
- 호인형 리더십 유형: 낮은 생산관심과 높은 사람관심의 리더십 유형으로서 목적과 임무의 달성보다는 추종자들과의 관계설정을 강조하는 리더십 유형이다.
- 중도형 리더십 유형: 보통의 생산관심과 보통의 사람관심 리더십 유형으로서 추종자의 욕구만족과 목적에 따른 임무의 달성을 균형적으로 추구하는 리더십 유형이다.

관리격자 이론은 상황적 요인을 배제한다면, 높은 생산관심과 높은 사람관심의 팀 지향적 리더십 유형이 집단의 생산성과 집단구성원의 만족을 위하여 가장 이상적임을 주장한다. 그러나 이 이론의 타당성 역시 후속연구에서는 많은 지지를 받지 못하였다. 그럼에도 불구하고 이 이론이 제기하는 높은 생산관심과 높은 사람관심의 리더십 유형은 이 이론이 제기될 당시에 많은 경영자 및 리더들에 의해 가장 효과적인 리더십 유형으로 인식되기도 하였다.

(3) 상황이론(situational theory)

1960년대 말부터 1970년대에 이르기까지 행동 이론의 한계를 인식하고 새로운 리더십 연구를 진행하면서 등장한 상황이론은, 특정 상황에 따라 리더십의 효과성이 다르게 나타나며, 성공적 리더십도 조직이나 집단의 상황에 따라 상이할 수 있음을 전제로 한다.

대표적인 상황리더십이론들로 Fielder의 이론, 경로-목표이론 및 Hersey와 Blanchard의 이론을 들 수 있다.

① Fielder의 상황론적 리더십이론

상황론적 리더십 이론은 Fielder(1967)에 의해 체계화되었는데 그에 따르면 가장 이상적인 리더십은 조직환경의 특성 및 리더-추종자의 관계 등 조직의 특수한 상황에 따라 다르다는 것이다. Fielder는 상황적 특성을 다음의 세 가지 요인으로 제시하였다.

• 리더-추종자의 관계　　• 과업구조　　• 리더 영향력

이 세 가지 요인의 상호작용으로 인해 리더는 때로는 호의적(favorable)이거나 또는 비호의적(unfavorable)인 상황을 맞게 되는데 Fielder는 업무중심적(task-oriented) 리더십유형이 두 가지 상황 모두에서 상대적으로 효과적일 수 있다고 주장한다. 또 호의적이거나 비우호적인 상황이 아닌, 다시 말해 명백한 특성을 보이지 않는 중도적인 상황일 경우에는 추종자 중심의 리더십이 더욱 효과적이라고 규정하였다. 이 이론은 최초의 상황론적 리더십으로서의 가치가 크지만 많은 비판을 받기도 하였다. 한 예로, Fielder가 주장하는 것처럼 리더십과 상황적 요인이 서로 독립적이 아닐 수도 있다는 비판이 강하게 제기되기도 하였다.

② 경로-목표이론

House는 오하이오대학교의 동기부여에 관한 기대이론 모델을 가미한 경로-목표모형을 제시하였다. 이 이론은 경로의 명확화, 욕구 충족, 목표 달성을 주요 변수로 하고 있으며, 상황에 따라 효과적인 리더십의 패턴이 달라진다는 전제를 가지고 있다.

이 이론은 사회조직이나 집단의 목표성취를 위해 가장 중요한 요인은 추종자의 동기(motivation)라는 가설을 기초로 한다. 따라서 리더의 핵심적인 역할은 추종자의 동기를 높이는 데 있다. 이 이론은 효과적인 리더십의 제시를 위해 다소 복잡한 이론적 과정을 제시함으로써 현실적용에 어려움이 있으나, 추종자의 동기를 강화하기 위해 리더가 관심을 가져야 할 요인을 비교적 명확히 제기한 것에서 그 의의를 찾을 수 있다.

이 이론은 리더들이 상황에 따라 자신의 리더십 형태를 바꿀 수 있을지에 대해서는 많은 의문이 제기되고 있으며, 또한 이 모형은 많은 변수들을 포함하고 있기 때문에 쉽게 검증할 수 없다는 한계점이 있다.

2) 최근의 리더십이론

Bass는 리더십 연구를 지배해 온 기본적인 구조를 융합하여 리더십을 설명하는 설문항목의 범주화와 이를 이용한 실증분석 결과, 리더십을 구성하는 차원을 조건적 보상, 예외에 의한 관리, 카리스마, 개별화된 배려, 지적자극 및 분발고취로 분류하고, 이를 다시 거래적 리더십과 변혁적 리더십으로 분류하였다.[12)]

(1) 거래적 리더십(transactional leadership)

거래적 리더십에 관한 연구는 Burns와 Bass에 의해 주로 다루어져왔다. Burns(1978)[13)]에 의하면 거래적 리더십이란 리더와 하위자 간의 교환관계와 관련된 것으로, 하위자의 이해관계를 자극하여 영향을 미치는 리더십을 말한다. 즉, 리더가 지시하거나 기대하는 바에 하위자가 순응하는 대가로 임금인상이나 특권을 부여받는 식의 리더십 과정을 의미한다.

한편 Bass(1985)는 앞에서 말한 바와 같이 Burns보다 심층적인 수준에서 거래적 리더십과 변혁적 리더십을 구분하였다.

---

12) Bass, B. M.(1990a), Bass & Stogdill's Handbook of Leadership, New York, NY: The Free Press, p.11.
13) Burns, J. M.(1978), op. cit., NY: Harper & Row.

Bass(1985)에 의하면 거래적 리더십의 내용은 다음과 같은 두 가지 하위차원으로 구분될 수 있다.

① 조건적 보상(contingent reward)

리더 자신이 규정한 수준의 성과를 하위자가 달성했을 때 보상을 제공하는 것을 말한다. 리더가 많은 권한을 보유하고 있고 하위자가 보상을 얻기 위해서는 리더에게 의존해야만 하며, 보상을 가져다주는 성과가 하위자의 기량이나 노력에 의해 달성될 수 있고, 성과가 정확하게 측정될 수 있는 경우에는 리더의 조건적 보상 행동은 가장 큰 효과를 거둘 수 있다. 그러나 시간상의 압박, 긍정적 강화(positive reinforcement)의 효과에 대한 불신, 기량이나 자신감의 부족 등으로 말미암아 조건적 보상은 충분히 활용되지 못하고 있다.

② 예외에 의한 관리(management-by-exception)

예외에 의한 관리는 하위자의 성과가 계획된 수준에 이르지 못할 것으로 판단될 때에만 리더가 개입하는 것을 의미한다. 리더의 개입이 때로는 부정적인 피드백(negative feedback)이나 처벌을 수반하는 경우도 종종 있다.

(2) 변혁적 리더십(trandsformational leadership)

변혁적 리더십은 조직구성원에게 고도의 전문성이 점점 더 많이 요구되며, 조직구조가 간소화 · 탈계층화 · 수평화되고, 개인의 자율성과 창의성이 중시되는 오늘날의 기업 환경에서 그 어느 때보다도 조직구성원의 역량이 확대되고 있다. 변혁적 리더십은 이러한 시대적 요구에 가장 부합되는 이론으로 리더십 이론 중 가장 큰 관심을 받고 있다.

Bass(1985)는 변혁적 리더십을 구성하는 차원으로 다음을 제시하고 있다.

① 카리스마(charisma)

Bass가 다루고 있는 카리스마적인 리더는 강한 자신감을 지니고 있으며, 타인에게 영향력을 행사하고자 하는 욕구가 강하고, 뛰어난 커뮤니케이션 기량을 지니고 있다. 또한 목표를 이념적인 형태로 전환하여 명확히 제시할 수 있고, 자신이 성공할 수 있는 사람이라는 이미지를 구축하며, 직접적인 행동을 중시하고, 자신이 제시한 사명을 달성하도록 하위자의 동기와 정서를 불러일으키는 능력을 가지고 있다. 카리스마적 리더는 하위자의 정서를 고양시킴으로써 태도 및 행동의 변화에 대한 하위자의 저항을 감소시키며, 하위자의 자신감과 기대감을 굳건하게 만들어준다. 카리스마적 리더는 조직의 모든 계층에서 발견될 수 있지만, 상위 계층에 속한 리더일수록 조직구성원에게 두드러지게 인식됨으로써 하위 계층의 리더보다 카리스마적 리더로 지각될 가능성이 높아진다.

② 개별화된 배려(individualized consideration)

개별화된 배려는 리더가 하위자의 욕구에 개인적인 관심을 보이고, 하위자를 신뢰·존중하며, 책임감을 고취함으로써 하위자가 학습하는 것을 돕고, 하위자를 육성하도록 멘토링(mentoring)해주는 것과 관련이 있다. 하위자를 개별적으로 배려해주는 리더는 하위자 각각에 대해 깊은 통찰력을 지니고 있고, 하위자들의 자기유능감(self-efficacy)을 증진시키기 위해 노력하며, 하위자의 리더십 역량을 배양시킨다.

③ 지적인 자극(intellectual stimulation)

이는 리더가 새로운 아이디어를 유입함으로써 하위자에게 도전감을 느끼게 하고 익숙한 문제에 대해 새로운 방식으로 생각해 볼 수 있도록 자극하는 것을 말한다. 하위자를 지적으로 자극시키는 리더는 현 상황의 문제점을 자신이 규정한 미래에 대한 비전의 관점에 대비시킨다. 지적인 자극을 활용하는 리더는 하위자로 하여금 당면한 문제에 대해 새로운 방법으로 생각하게 하며, 하위자가 예전에는 전혀 의심치 않고 받아들이고 있던 사항에 대해 다시 한 번 돌이켜보게 한다. 또한 하위자가 특정한 사항에는 관심을 보이고 다른 사항은 무시하도록 유도하며, 복잡하게 얽혀 돌아가는 사건을 단순화시켜서 현실을 보다 이해하기 쉽게 만들어준다.

④ 분발고취(inspiration)

이는 카리스마와 밀접한 관련이 있기 때문에 카리스마의 하위요인(subfactor)으로 간주되기도 한다.

Bass는 리더십 연구를 지배해 온 기본적인 구조를 융합하여 리더십을 설명하는 설문항목의 범주화와 이를 이용한 실증분석 결과, 리더십을 구성하는 차원을 조건적 보상, 예외에 의한 관리, 카리스마, 개별화된 배려, 지적자극 및 분발고취로 분류하고, 이를 다시 거래적 리더십과 변혁적 리더십으로 분류하였다.[14)]

[표 10-2] **거래적 리더십과 변혁적 리더십의 특성비교**

구분	구성요인(차원)	특성
거래적 리더십 (transactional leadership)	조건적 보상 (contingent reward)	노력과 높은 성과에 대한 보상을 교환 조건으로 계약
	예외에 의한 관리 (management-by-exception)	규칙이나 기준을 이탈하는가를 관찰하고 기준에 부합되지 않을 경우에만 개입함
변혁적 리더십 (transforming leadership)	카리스마(charisma)	하위자에게 비전과 사명감을 제공하고 자긍심을 고취시키며 하위자들로부터 존경과 신뢰를 받음
	개별화된 배려 (individualized consideration)	하위자에게 개별화된 관심을 보여주고, 하위자를 독립적인 존재로 대우하며 지도하고 조언해 줌
	지적자극 (intellectual stimulation)	이해력과 합리성을 드높이고 사려 깊은 문제해결을 하도록 촉진시킴
	분발고취 (inspiration)	기대가 크다는 것을 전달하고 노력을 집중시키기 위해 상징물을 활용하고 중요한 목적을 명료하게 표현함

자료: Bass, B. M.(1990b), "From Transactional to Transformational Leadership: Learning to Share the Vision." Organizational Dynamicd, vol.18, Winter, p.22를 수정.

14) Bass, B. M. (1990a), Bass & Stogdill's Handbook of Leadership, New York, NY: The Free Press, p.11.

(3) 셀프리더십

셀프리더십은 우리들 자신에 대해 영향을 미치기 위해 사용되는 행동, 사고방식 및 감정 등에 초점을 맞춘 일련의 광범위한 전략이다. 자신들의 생활을 스스로 통제할 수 있는 자율권이나 책임이 주어진다면, 부하들이 도전에 대응하기 위해 구체적으로 책임 있게 무엇을 할 수 있을 것인가에 대한 전략을 제시하는 것이 셀프리더십이다. 즉, 조직에서 장기적으로 탁월성을 성취하는 데 필요한 헌신이나 열정을 끌어내기 위해서는 각자의 내면에 있는 셀프리더십의 잠재 능력을 밖으로 끌어내면 된다고 보는 것이다. 외적 통제나 보상을 통하여 조직에 대한 몰입과 헌신을 끌어내려고 하지 않고 각자의 내면에 셀프리더십의 역량이 있고 자율적으로 자기실현을 하려는 의지와 능력이 있다고 본다.

셀프리더십은 상사가 부하 직원에게 지시하고 영향을 미치는 일반적인 리더십과는 다르게 직원 스스로가 자기에게 영향을 미치는 과정으로 설명할 수 있는데(Manz, 1986), 일반적이고 전통적인 리더십과 셀프리더십의 차이점을 [표 10-3]에서 설명하고 있다.

[표 10-3] 전통적 리더십과 셀프리더십의 비교

전통적 리더십	셀프리더십
외부관찰	자기관찰
이미 주어진 목표	자기 설정목표
외부강화	자기강화
외부보상	일 자체의 자연적 보상
외부로부터의 문제해결	스스로의 문제해결
외부로부터의 직무할당	스스로의 직무할당
외부로부터의 과업계획	스스로의 과업계획
부정적 관점	긍정적 관점
조직의 비전에 의존	직원이 창조한 비전에 헌신

출처: 김연선(2008), 셀프리더십이 팀웍과 자기효능감, 직무만족, 조직몰입 및 직무성과에 미치는 영향, 세종대학교 대학원 박사학위 논문.

① 셀프리더십의 핵심 전략

리더십 전략에는 효과적인 행동을 위한 행동적 전략과 효과적인 사고와 태도를 위한 인지적 전략, 그리고 내적 보상을 활용하는 전략이 있다.

- 첫째, 행동전략

Manz(1998)는 사회학습이론에 근거하여 셀프리더십의 행동 지향적 전략을 제안하였는데, 행동 지향적 전략이란 사람은 자신과 타인의 행동과 그 결과를 관찰하고, 행동을 하는 이유와 목적을 스스로 인식하며, 행동을 변화시키는 것을 말한다. 이러한 행동 지향적 전략에는 자기설정 목표, 단서 관리, 예행연습, 자기관찰, 자기보상, 자기처벌 등이 있다.

- 둘째, 인지전략

효과적인 사고와 태도를 위한 인지적 전략은 인지적 평가이론에 근거하는 것으로, 개인이 자신의 사고 패턴을 어떻게 건설적으로 관리할 것인가에 대한 전략이다.

행동의 습관을 개발하는 것처럼 사고방식에도 습관을 개발할 수 있다. 도전을 통해 사고 패턴이 일과 삶에서 자신의 개인적 효과성을 증진시키는 방향으로 나아가도록 관리되어야 한다.

- 셋째, 내적 보상전략

셀프리더십의 중요한 또 하나의 측면은 일 자체에서 나오는 잠재적인 내적 보상 또는 자연적 보상을 활용하는 데 있다. 내적 보상전략은 인간이 자율적이고 긍정적인 존재라는 가정에서 출발하고 있다.

즉, 인간은 자신이 좋아하는 일이나 활동을 수행할 경우, 그 자체를 수행한다는 자체만으로 행복을 느끼며 만족한다는 것이다. 자신의 노력에 대한 건설적인 사고와 감정을 끌어내기 위해 내적 보상을 활용하는 방법에는 과업의 자기 재설계와 작업환경 여건의 재설계 등이 포함된다.

② 셀프리더십의 개발방법

- 첫째, 모범 보이기

모범 보이기(modelling)는 다른 사람의 행동을 관찰함으로써 행동이 학습되는 과정이다. 전형적인 모범 보이기를 통한 학습은 비체계적이고 우연하게 이루어진다. 모범 보이기의 기본적 특성은 셀프리더십에 관한 학습이 셀프리더십의 실제적인 체험에 의해 일어나는 것이 아니라 다른 사람, 특히 자기보다 상위직의 셀프리더십을 관찰함으로써 일어난다는 점이다.

- 둘째, 목표 설정

구체적인 목표 설정을 하게 되면, 일반적으로 목표가 없거나 애매한 목표를 설정한 것보다 더 높은 결과를 얻게 된다. 중간 정도의 어려운 목표는 일반적으로 쉬운 목표나 불가능한 목표보다 더 높은 업적으로 이어진다는 것이다. 그리고 목표 설정 과정에 참가하게 되면 목표 달성을 위한 자발적인 노력이 증대된다. 슈퍼리더는 자기 스스로 목표를 설정하여 모범을 보임으로써 부하들의 목표 설정을 고무하고 촉진하게 된다.

- 셋째, 보상

대부분의 경우 조직에서 주는 보상에 관한 전통적인 시간은 그 과업과 관련된 목표 행동에 초점을 맞추는 경향이 있다. 즉, 업적에 따라 주로 물질적 보상을 사용한다. 그러나 부하들이 셀프리더십을 발휘하도록 지도하는 것이 슈퍼리더의 목적이므로 슈퍼리더십의 필수적 요소는 부하들이 자신들에게 스스로 보상하는 방법을 가르치고, 또 그의 직무 속에 내적 보상을 주입해 넣도록 가르치는 것이다. 그러므로 슈퍼리더는 자신이 자신에게 주는 보상과 내적 보상을 강조하고 상대적으로 외부에서 주는 보상을 덜 강조한다.

- 넷째, 긍정적 사고 패턴

건설적이고 긍정적 사고 패턴도 셀프리더십의 필수적 요소이다. 부하들은 고용 초기 단계에서 자신들에 대하여 긍정적으로 생각하지 않고 의심과 불안과 자신에 대한 신뢰가 결여되어 있는 경우가 많다. 이때 리더의 긍정적인 평가는 부하의 건설적이고 긍정적인 사고 패턴을 위한 효과적인 방편이 될 수 있다(조윤정, 2012).

3. 청소년지도자의 리더십

1) 섬김의 능력 향상

Rovert K. Greenleaf(1970)의 '서번트 리더십(Servant leadership)'이란, 리더를 다른 사람에게 봉사하는 하인(servant)으로 생각하고, 구성원을 섬김의 대상으로 보아 명령과 통제로 일관하는 자기중심적 리더가 아닌 신뢰와 믿음을 바탕으로 개방적인 가치관을 지닌 리더로 보았다. 따라서 그는 서번트 리더십을 '타인을 위한 봉사에 초점을 두며 종업원, 고객 및 공동체를 우선으로 여기고 그들의 욕구를 만족시키기 위해 헌신하는 리더십'이라고 정의하였다(『서번트 리더십』, James C. Hunter 저, 김광수 역, 시대의창, 2002).

Spears(1995)는 서번트 리더십을 모든 사람의 존엄성과 가치에 대한 믿음을 가지고 리더의 권력은 부하로부터 기인한다는 민주주의 원칙에 입각한 리더십이라고 정의한 바 있다.[15)]

(1) 서번트 리더(Servant leadership)의 특성

① 인내

위기 상황에서 수많은 충동을 억제하고 원칙적으로 대응할 수 있는 인내심 함양이 리더십의 본질이다. 서번트 리더는 인간관계의 인내와 자제를 중시하고 분노를 조절할 줄 알아야 하며, 조직 구성원들은 리더가 마음대로 대해도 되는 대상이 아니므로 직원들을 존중하면서 감정을 앞세우지 말고 올바른 방식으로 직원들의 잘못된 부분을 지적해야 한다.

---

15) Spears, L. C.(1995), Insights on Leadership: Service, Stewardship, Spirit, and Servant-Leadership, John Wiley and Sons, Inc.

② 친절

친절의 사전적 의미는 '타인을 향한 관심과 이해, 격려의 표현'이다. 그리고 또 한 가지는 '타인에 대해 예의를 갖추는 것'이다. 친절을 베풀기 위해서는 관심을 표현해야 하며 예의를 갖추어야 한다. 원만한 관계는 타인을 인정하고 격려하며 예의를 갖추는 데서 비롯된다. 모든 인간의 내면에는 인정받고자 하는 욕구가 숨어 있으므로, 친절은 인간의 욕구를 충족시킬 수 있는 중요한 속성이다.

③ 겸손

겸손이란 진실하고 가식이 없으며 거만하거나 뽐내지 않는 것이다. 겸손한 리더는 자신의 가치관과 도덕성에 부합하거나 옳은 일이라고 판단될 때에는 주어진 임무나 목표를 향해 강한 열정과 추진력을 보인다. 겸손한 리더는 자신에게 부족한 점을 있는 그대로 인정하고 자기 스스로를 비하하기보다는 이를 개선하기 위해 노력하기 때문에 열등감을 갖지 않는다. 겸손한 리더는 언제나 타인의 견해에 귀를 기울이고 반대 의견도 폭넓게 수용한다. 또한 겸손한 리더는 타인의 가치를 인정하고 스스로를 부각시키기 위해 애쓰지 않는 것은 자신이 누구인지 명확히 알고 있기 때문이다.

④ 존중

훌륭한 서번트 리더는 언제 어떤 경우든 주변 사람들을 소중한 존재로 대한다. 상대방에게 존중을 표현하는 가장 효과적인 방법은, 사람들에게 어느 정도의 책임을 위임함으로써 그들의 성장과 자기계발을 돕는 것이다. 적정 수준의 위임은 당사자의 능력과 기술을 인정하고 존중한다는 의미이다. 서번트 리더에게 모든 사람은 소중한 존재로 다만 직무와 책임의 차이, 그리고 그 책임의 달성 여부에 따른 시장의 보상 방식 차이가 있을 뿐이다.

⑤ 무욕

무욕이란 타인의 욕구를 충족시키는 것이다. 서번트 리더는 타인을 위해 봉사하고 희생해야 하며, 우리의 기대와 욕구보다 타인들의 최선을 기꺼이 추구하겠다는 의지가 필요하다. 서번트 리더십은 타인을 고치고 변화시키는 것이 아니라, 나 자신을 변화·발전시키는 것을 의미한다. 이는 우리 집 앞마당부터 깨끗이 치울 때 비로소 아름다운 거리가 만들어지는 것과 같은 이치이다.

⑥ 용서

용서는 적대감을 극복하는 것이다. 인간은 누구나 예외 없이 실수를 하게 마련이다. 그러므로 리더는 타인의 한계와 불완전함을 인정하고 인내하는 기술(습관)을 배양해야 하며, 아울러 사람들로 인해 상처받거나 낙담하면서 생겨나는 적대감을 극복하는 기술도 배워야 한다. 용서란 그릇된 행동이 낳은 결과를 당사자들과 충분히 이야기하면서 적대감을 조금씩 극복하는 과정을 말한다.

⑦ 정직

나 스스로는 물론 상대방을 속이지 않는 정직은 신뢰를 형성하는 가장 큰 요인이다. 정직한 리더와 일하는 사람들은 자신의 행동에 대해서도 무거운 책임의식을 느낀다. 직원들에게 책임의식을 부여하는 것은 리더의 몫이다.

⑧ 헌신

헌신은 선택에 충실한 것으로 정의되어 있다. 강한 의지와 헌신적인 노력 없이는 지금껏 언급한 모든 자질들이 아무런 의미가 없다. 최고의 서번트 리더는 자신의 선택을 충실히 실천하기 위해 노력하는 사람이다. 서번트 리더십은 개인과 조직 모두의 지속적인 성장을 위한 헌신과 열정을 요구한다. 약속을 준수하고 시작한 일을 마무리하려는 열정과 올바른 일을 추구하고 최선의 존재가 되려는 노력들이 서번트 리더십의 필요조건이다. 팀원들을 위해 묵묵히 헌신하는 것이야말로 서번트 리더십의 본질이다. 헌신이란 올바른 길을 추구한다는 도덕적 용기가 있을 때 비로소 가능하다. 도덕적 용기란 내면의 양심에서 울려나오는 소리를 듣겠다는 의지와 생소하고 개인적인 위험을 감수하더라도 올바른 일을 하겠다는 의지를 말한다. 또한 직원들이 올바른 행동을 하는 데 걸림돌이 되는 것들을 제거해주겠다는 단호한 결의도 여기에 포함된다.

⑨ 타인의 욕구 충족

서번트 리더는 타인의 욕구를 충족시킬 줄 알아야 한다. 이때 주의할 점은 타인의 욕구와 욕망을 명백히 구분할 줄 알아야 한다는 것이다. 서번트 리더는 일종의 봉사자이다. 그러나 타인의 욕구가 아닌 욕망을 충족시키는 리더는 봉사자보다는 노예에 가깝다. 욕구는 'Need'의 개념으로써 '인간의 진정한 행복을 위해 요구되는 물질적 또는 심리적 요구 조건'을 뜻한다. 욕구의 예는 '자아실현의 욕구', '의미와 대의를 향한 욕구', '존중 받고 싶은 욕구', '뛰어난 조직에 소속되고자 하는 욕구' 등으로 정신적 가치와 관련과 깊다. 반면 욕망은 'Want'의 개념으로써 '물질적 또는 심리적으로 특별한 중요성이 없는 단순한 바람 또는 희망'을 의미한다. 욕망의 예는 봉급, 승진, 휴가 등으로 물질적 가치와 관련된다.

⑩ 권위

권력의 정의는 '타인의 선택 여부와 상관없이 자신의 지위나 힘을 이용하여 타인이 자신의 의도대로 행동하도록 강요 또는 강제하는 능력'이다. 반면 권위는 '자신의 개인적 영향력을 통해 타인이 자신의 의도대로 기꺼이 행동하도록 하는 기술'을 뜻한다. 따라서 권력과 권위는 엄연히 다른 개념인데, 서번트 리더십은 이 중 권위에 기반하여 형성된다. 권력은 직함이나 지위 등으로부터 형성된다. 리더가 권력을 통해 조직 구성원들에게 영향력을 행사할 수 있는 것은 엄연한 사실이지만, 권위가 결여된 영향력은 일반적으로 오래 유지될 수 없다. 권력을 통해 장기간 지속되는 영향력은 리더와 조직 구성원 간의 기본적인 인간관계를 저해하기 때문이다. 이와 달리 권위는 타인의 욕구를 충족시키기 위한 '봉사'와 '희생'의 정신으로부터 형성된다. 권위를 바탕으로 한 리더는 조직 구성원의 건설적 발전을 위해 노력하고 이를 통해 조직 구성원은 리더의 인격체 자체에 대한 존경심을 갖게 된다. 따라서 권위를 매개체로 한 리더와 조직 구성원의 관계는 서로에 대한 신뢰를 바탕으로 하며 이러한 권위로부터 생성된 서번트 리더십은 조직 구성원에 대해 강하고 광범위한 영향력을 갖는다.

(2) 전통적 리더십과의 비교(정학범, 2010)[16)]

① 자원에 대한 인식

서번트 리더는 조직의 목적 달성에 가장 중요한 자원이 조직 구성원이라고 생각하며, 업무 추진 과정에서 자신은 구성원들의 성장을 도와주고 능력을 육성시킬 의무가 있다고 생각한다. 반면에 전통적 리더는 구성원을 자신이 활용할 수 있는 여러 자원 중 하나라고 여긴다. 이들은 과제를 우선적으로 보기 때문에 구성원들을 지시한 업무의 결과를 만들어 내는 대상이 될 뿐이다. 따라서 전통적인 리더는 일과 구성원과의 관계에서 일의 결과, 추진 과정 및 방법 등에 더 많은 관심을 가진다.

② 조직의 생산성 측정

서번트 리더는 조직의 생산성을 측정할 때 조직의 과업이 사람보다 먼저일 수 없다는 사람중심의 리더십 철학을 가지고 일의 결과와 함께 구성원들의 자발적인 행동의 정도를 평가한다. 전통적 리더는 인간보다는 과제중심의 관리에 치중하기 때문에 시간이나 경비, 또는 생산량 등 가시적이며 양적인 기준을 중심으로 평가한다.

③ 부하 직원에 대한 믿음과 임파워먼트

서번트 리더는 조직의 성장에 능동적인 직원들이 가장 큰 자산이라는 생각으로 그들의 능력을 믿고 업무와 관련된 그들의 판단을 존중하는 한편, 부하 직원들이 위임받은 권한을 행사하면서 업무를 추진할 때 부딪히는 문제들을 제거해 주기 위해 노력한다. 부하 직원들의 부족한 점을 보완 · 지원해 주거나 리더가 직접 코칭하기도 한다. 전통적 리더는 자신의 경험과 지식이 부하의 지식보다 우위에 있다고 생각하기 때문에 부하들을 자신의 틀에 가두려 한다. 그들은 부하들의 비판이나 반대의견을 무시하는 경향이 있다.

---

16) 정학범(2010), 서번트 리더십이 창의적 행동, 조직시민행동 및 조직몰입에 미치는 영향-상사신뢰의 매개효과와 일반적 자기효능감의 조절효과를 중심으로-. p.19-20.

④ 부하 직원에 대한 투자와 커뮤니케이션 방법

서번트 리더는 업무 현장을 돌아다니며 구성원들의 애로사항을 경청하고, 이를 해결하기 위하여 대부분의 시간을 할애한다. 서번트 리더는 목표수립 과정에서 부하와의 커뮤니케이션을 활성화시켜 크고 작은 정보를 모두 공유하는 반면, 전통적 리더는 상의하달식의 일방적 커뮤니케이션에 익숙해 있다.

[표 10-4] **전통적 리더십과 서번트 리더십의 비교**

범주	전통적 리더십	서번트 리더십
관심 영역	일의 결과	일 추진 시 장애요인
가치관	자기중심적	개방적
인재	여러 자원 중 하나	가장 중요한 자원
우선사항	과제가 우선	사람이 우선
관계	상명 하복	존중과 관심
추진 방식	자기 방식 강조	아이디어를 구함
생산성	시간과 경비, 생산량	부하들의 자발성 정도
시간관념	부족	창출
경쟁의 시각	내부 경쟁을 조장	지나친 개인 경쟁 경계
평가	최종 결과 중심	노력 정도에 대한 평가

출처: 장수용(2007), 서번트 리더십, 삼성경제연구소.

(3) 변혁적 리더십과의 비교[17)]

① 리더의 역할

서번트 리더는 구성원에 대한 봉사를 기반으로 구성원의 만족, 성장, 봉사의 몰입, 사회적 개선 등 정신적인 것을 생성하는 문화를 구축하는 것을 목표로 한다. 구성원에게 선을

17) 이영석, 「서번트 리더십의 특성 및 적용방안에 관한 연구」, 동의대학교, 2010.

제공하고 구성원들에게 최선인 것을 실행하므로 공동선을 추구한다. 변혁적 리더는 조직의 목표를 향한 구성원의 고취하여 목표와의 일치 노력의 증가, 만족도, 조직이 얻는 생산성 등 역동적인 문화를 형성한다. 또한 조직에 선을 제공하고 조직의 사명을 수행하기 위한 의지와 열정에 대한 동기부여를 한다.

② 구성원들의 반응

현명하고 자유롭고 자율적인 사람이 되는 것이 서번트 리더십이 이끄는 구성원의 모습이다. 리더의 섬김을 모방하여 상호 관계적인 힘을 만들어 낼 수 있다. 변혁적 리더십이 이끌어내는 구성원은 조직의 목표를 추구하는 것에 초점을 둔다. 고양된 동기와 추가적인 노력을 통해서 이러한 결과를 이끌어 낸다.

③ 리더의 카리스마

서번트 리더는 겸손과 정신적인 통찰력을 밑바탕에 두고 섬김에 초점을 둔 삶의 방식의 실행과 비전을 가지고 있으며 이를 통해 구성원의 자율성과 도덕적 발전, 구성원과 조직의 공동선 강화를 이끌어낸다. 변혁적 리더는 리더 훈련과 기술을 가지고 구성원들을 변화시켜 리더 혹은 조직의 목표달성, 구성원의 개인적 발전을 이끌어낸다.

[표 10-5] **변혁적 리더십과 서번트 리더십의 특성 비교**

범주	변혁적 리더십	서번트 리더십
이론의 본질	규범적	규범적
리더의 역할	조직의 목표를 향한 구성원의 고취	구성원에 대한 봉사
구성원의 역할	조직의 목표를 추구하는 것	현명하게 자유롭고 자율적인 사람추구
도덕성 요인	특별히 명시하지 않음	명시되어 있음
기대 결과	목표와의 일치, 노력의 증가, 만족, 조직이 얻는 생산선 등 역동적인 문화를 형성	구성원의 만족, 성장, 봉사의 몰입, 사회적 개선 등 정신적인 것을 생성하는 문화
동기부여	조직에 선을 제공, 조직의 사명을 수행을 위한 의지와 열정	구성원에게 선을 제공하고 구성원들에게 최선인 것을 실행하므로 공동선 추구

범주	변혁적 리더십	서번트 리더십
배경	개조/변화	정적인 외부환경
카리스마의 원천	리더 훈련과 기술	겸손, 정신적인 통찰력
상황	일방향적인 힘	상호관계적인 힘
카리스마적 재능의 본질	리더 혹은 조직의 목표 달성, 구성원의 개인적 발전	섬김에 초점을 둔 삶의 방식의 실행과 비전
부하들의 반응	고양된 동기, 추가적인 노력	리더의 섬김에 대한 모방
카리스마의 결과	리더 혹은 조직의 비전과 가치추구, 목표 달성, 구성원의 개인적 발전	구성원의 자율성과 도덕적 발전, 구성원과 조직의 공동선의 강화
개인 수준	지도를 희망 모델링	봉사를 희망 서번트
개인 간 수준	구성원을 고취시키는 리더	구성원에게 봉사하는 리더(상호관계)

자료: 이영석(2010), 서번트 리더십의 특성 및 적용방안에 관한 연구, 동의대학교, p.42-43.

(4) 서번트 리더십의 장점과 단점

① 장점

• 조직 개발에 헌신

이 리더십은 부하 직원을 지배하고 리더가 말하는 리더십 스타일에서 벗어나, 오히려 부하 직원을 최대한 활용하고 수행하도록 영감을 준다. 또한 이 리더십은 자신의 역할을 적극적으로 설정하고 수행하는 부하 직원을 격려한다. 서번트 리더십은 팀워크와 관계 구축에 큰 중요성을 차지하는데, 각 팀원 전문 지식보다는 계급 또는 제목을 기반으로 서로 다른 시간에 서로 다른 역할을 한다. 즉 서번트 리더십은 가치 기반 관리의 발전을 촉진하여 기업이 나아갈 수 있는 최대한의 상태를 만든다.

• 개인 능력의 극대화

서번트 리더십을 효율적으로 이용하면 각 조직원들이 자신의 독특한 기술과 경험을 최대한 활용할 수 있도록 도울 수 있다. 이는 조직에 결과론적 측면에서 이점을 발생시킨다. 그리고 조직원 모두가 어떠한 결정에 참여하도록 유도하여 각 조직원 스스로가 그들만의 핵심적인 수행 지표를 설립할 수 있도록 돕는다. 그리고 서번트 리더십을 사용하면 조직의 임무와 목표를 조직원들의 눈높이에서 정할 수 있어서 근로자가 자신의 능력을 최대한 효율적으로 활용하고 자신의 삶과 일에 균형을 가져올 수 있도록 설계할 수 있다[18)19)].

② 단점

- 권한의 부족

서번트 리더십은 업무에 있어서 조직의 전반적인 권한의 최소화시킨다. 따라서 각자 지위에서 서로에게 필요한 것을 제대로 요구하지 못하는 경우가 발생할 수도 있다.

- 업무 효율성 감소

서번트 리더십을 이용한 방법은 업무를 수직적 관계하에 효율적인 방식으로 처리하던 전통적 리더십에 비해 성과를 발하기까지 비교적 많은 시간이 걸린다[20)].

(5) 서번트 리더십의 필요성과 의의

현대사회가 지식기반사회로 접어들면서 지식, 즉 사람이 경제의 가장 핵심적인 자원이 되고 사회를 변화시키는 원동력이 되었다. 사람들에게 더 높은 교육수준을 요구하며, 정신적 만족과 삶의 질을 중시하는 경향으로 나아가고 있다. 이러한 경향으로 보아 직원 중심, 사람 중심의 서번트 리더십의 철학은 현대사회에서 가장 부합되는 리더십이라고 할 수 있다(장수용, 2007)[21)].

오늘날과 같이 급변하는 경영 환경에서 리더들은 보다 유연하게 대처할 수 있어야 한다. 이런 측면에서 최근 주목받고 있는 것이 서번트 리더십이다. 기업이 직면하는 경영환경이 끊임없이 변화하고 시장 경쟁이 치열해짐에 따라 리더십의 중요성이 점점 더 높아지고 있

---

18) http://www.mindtools.com/pages/article/newLDR_84.htm
19) http://changingminds.org/disciplines/leadership/styles/servant_leadership.htm
20) http://www.management-issues.com/opinion/6015/why-servant-leadership-is-a-bad-idea
21) 장수용(2007), 서번트 리더십, 삼성경제연구소.

다. 미국의 경영학자인 R. Waterman은 성과의 차이는 조직의 시스템과 제도가 아닌, 이를 조직화하고 운영해 나가는 리더십 역량 때문에 발생한다고 말한 바 있다. 즉, 조직 시스템이나 제도 등 외형적 모습은 누구나 쉽게 모방할 수 있지만, 이를 운영하는 능력인 리더십은 쉽게 모방할 수 없어 기업의 궁극적인 경쟁 역량이 된다는 의미이다. 리더십과 관련해서는 다양한 이론이나 개념들이 제시되어 왔는데, 그 가운데 최근 주목받는 것의 하나가 서번트 리더십(Servant Leadership)으로, 이는 현장 실무자들에게 권한과 책임을 위임하고, 업무를 잘 수행할 수 있도록 지원해 주는 리더십이다. 요즘과 같이 급변하는 경영 환경 속에서는 고객과 시장에 보다 유연하게 대처할 수 있어야 하는데, 이를 위해서는 중앙에서 부하들에게 명령하고 지시하는 기존의 전통적인 리더십 스타일보다 서번트 리더십과 같은 스타일이 더욱 요구되고 있으며, 중요해지고 있다. 이런 점에서 부하들의 자발적인 헌신과 참여를 이끌어 내고, 주인 의식과 책임감을 고취시키는 서번트 리더십은 경영자들에게 시사하는 바가 크다 하겠다(황인경, 2002)[22].

2) 동기부여의 능력 향상

동기(motiv)란 인간에게 어떤 행동을 불러일으키고, 그 행동을 지속시키는 활력을 부여하며, 특정한 목표를 이룰 수 있도록 행동에 방향성을 부여하는 내적인 힘을 가리킨다. 즉, 동기란 특정한 목표를 향해 행동하게 하는 내면적인 원동력이라 할 수 있다. 이러한 동기는 흔히 욕구(need), 충동(impulse), 본능(instinct)이라고 불리기도 한다(정진선 · 문미란, 2008).

이러한 동기를 유발시킬 수 있는 몇 가지 요인을 살펴보고자 한다.

① 보상과 칭찬

일반적으로 보상을 주는 것이 보상을 주지 않거나 무관심한 것보다 효과가 크다고 할 수 있다. 또한 보상이나 칭찬은 성공감을 주고 사회적인 요구를 충족시켜 주기 때문에 사

---

22) 황인경(2002), 「서번트 리더십」, 『LG경제연구원』, 경영정보.

기와 자신감을 높일 수 있어 효과적인 반면, 벌이나 질책은 자신감을 상실하게 하여 덜 효과적이다.

② 개인경쟁

인간 사회는 협동과 개인 경쟁으로 이루어진다. Maller는 6학년 학생을 대상으로 개인경쟁과 집단경쟁의 효과에 대하여 연구하였는데, 그 결과 개인경쟁이 더욱 효과적이었다고 한다. 그리고 일반적으로는 개인경쟁이 협동보다 더 좋은 성과를 올리는 경향으로 볼 때, 경쟁은 어린이나 청소년의 경우에, 또한 남녀 간의 경쟁이 동성 간의 경쟁보다 더 효과적이라고 한다.

③ 집단과 협동

어떤 일을 혼자 하는 것보다 여러 명이 함께 집단적으로 협력해서 협동할 때에 더 효과적이다. 집단 작업을 할 때 집단 내에서 다른 사람으로부터 작업 시간 등의 통제를 받게 되면서 집단 내에서 개인적 경쟁심이 작용하게 된다.

④ 성공경험 제시

어느 정도 자기의 목표에 대하여 성공 경험을 가지게 되면 동기가 유발되며, 성취 욕구를 만족시키게 된다. 반면, 포부수준은 높고 능력수준은 낮아 그 격차가 심해지게 되면 기대수준이 너무 높아 실패를 자주 경험하게 된다. 이럴 때, 욕구좌절을 일으키게 되고 용기와 자신감을 감소시키게 된다. 그러므로 개인의 능력을 고려하여 적절한 과제를 제시함으로써 성공경험을 많이 갖도록 하면 더 높은 수준의 동기를 유발할 수 있다.

⑤ 목적의 확인

행동의 목적을 안다는 것은 욕구를 유발하는 원동력이 된다. 자신이 하고 있는 일을 무엇 때문에 하는 것인지, 자신의 학습의 목표가 무엇인지를 알게 되면 동기 유발이 되므로 의욕을 잃지 않고 성과를 올릴 수 있다.

⑥ 결과의 확인

자신이 하고 있는 일이나 학습에 대한 결과는 인지도 작업의 효과에 많은 영향을 미친다. 다시 말하자면, 결과를 통해 자신이 얼마나 진보했는지를 아는 것은 동기유발에 도움이 된다.

3) 리더십 능력 향상

현대사회에서는 탁월한 지도력을 가진 있는 리더를 요구한다. 리더는 개인의 삶의 양식을 넘어서 집단의 삶의 양식에도 직 · 간접적으로 영향을 미치게 되는데 리더가 갖추어야 할 리더십의 덕목에는 다음과 같다.

① 용기와 결단력

용기와 결단은 리더의 자질 중 가장 중요한 것이다. 왜냐하면 리더의 용기와 결단력이 얼마나 뛰어난지 아닌지에 따라 조직의 운명이 달라지기 때문이다. 따라서 리더는 중요한 순간마다 매력적이고 감동적인 결단을 많이 내린다.

② 상황인식 능력과 위기관리 능력

리더는 어떤 문제가 발생했을 때 비전 제시 능력과 실천 방안 강구 능력보다 상황 인식 능력을 절대적으로 요한다. 위기를 극복하지 못하면 미래의 비전과 꿈을 가질 수도 꽃피울 수도 없기 때문이다.

③ 열정적인 근면과 성실

성공하는 리더는 보통 사람들과 다르게 쉼 없이 고민하고 노력하고 공부한다. 열정은 근면성과 관련이 있는 것으로 열정이 없으면 부지런하지 못하다. 열정이 있으면 행동의 민첩함과 느림에 상관없이 부지런하다고 보아야 할 것이다.

④ 신뢰성과 정직

신뢰성은 인간에 대한 믿음으로 언행의 일치이며 정직, 진실성, 성실, 진솔함 등과 밀접한 관련이 있는 리더의 중요한 자산이다. 신뢰는 리더십의 기초이며, 이는 유능함, 관계성, 인격이라고 할 수 있다. 신뢰는 정직에서 오고 정직은 도덕성에서 온다.

⑤ 적극성과 솔선수범

자기효능감과 내부 통제에 대한 강한 신념을 가지고 있으며 일의 발생을 수동적으로 기다리기보다는 능동적으로 주도성을 가지고 행동하는 것을 말한다. 가로막고 있는 장애 극복을 위한 방안을 단계적으로 조치하고, 다양한 원천으로부터 정보를 수집하며, 성패에 대한 책임을 기꺼이 수용하는 자세가 적극성이다. 다시 말하자면, 적극성이란 어떤 일에 임하는 솔선수범하는 행동이라고 할 수 있다.

⑥ 겸손과 자기반성

자신을 낮추는 것으로 끊임없이 자기반성을 하게 하는 겸손은, 리더가 독단적으로 권력을 남용하지 않도록 해 준다. 리더는 추진력을 발휘할 때에도 겸손과 반성을 전제하지 않으면 안 된다. 겸손과 끊임없는 자기반성이 없는 추진력은 무모할 뿐이다.

⑦ 비전

리더가 조직을 이끌기 위해 제시하는 비전(Vision)은 꿈이자 이상(理想)이라고 말할 수 있다. 비전이란 미래에 대한 올바른 방향과 목표를 의미하는데, 역사적으로도 비전 없는 국가나 조직은 망하기 일쑤였다. 개인 역시 마찬가지로, 비전이 없는 인생은 방향 없이 망망대해를 정처 없이 떠다니는 배와 같다.

따라서 국가든 조직이든 개인이든 미래에 대한 올바른 방향과 목표, 꿈을 명확하게 설정하지 않으면 결코 성공할 수 없다. 일찍이 Stephen Covey 박사는 “비전은 나침반의 자침이요, 리더십은 자침을 움직이는 지구의 자력과 같은 것”이라고 말한 바 있다. 비전은 조직 차원에서는 조직의 목표를 완수하기 위해서 필요하며, 개인 차원에서는 성공과 행복을 추구하기 위해서 필요한 것이다.

⑧ 공감력

공감력은 다양한 상황에서 다양한 인간들과의 상호 작용 경험을 통해서 배양된다. 이 공감력은 자연히 '의사소통능력'과 맞닿아 있다. 신호를 분석하는 일이기 때문이다. 하지만 이 신호를 언제나 합리적으로 이해해서도 안 되고 그렇다고 아전인수(我田引水) 격으로 해석해서도 안 된다. 한 인간이 공감을 얻기 위해서는 스스로 마음을 열고 많은 사람을 직접 겪어봐야만 한다. 이런 담금질의 과정에서 지치지 않으려면 공동체와 인간에 대한 강한 애정이 전제되어야 한다.

⑨ 분별력과 추진력

어떤 일을 이루어감에 따라 결정된 일에 대하여 문제와 사태를 파악하는 분별력이 있어야 하며, 집단과 공동체에서 팀원들을 이끌고 갈 수 있는 추진력을 보유해야 한다.

4) 문제해결향상 능력

청소년지도자는 청소년들로 하여금 장차 부딪히게 될 다양한 문제상황에서 슬기롭게 해결해 나갈 수 있도록 문제해결능력을 향상시킬 수 있어야 한다.

(1) 1단계: 문제인식단계

문제해결과 의사결정을 위한 첫 단계는 자신이 결정해야만 하는 문제를 실제 현실로 받아들이는 것이다. 과연 내가 해결하려고 하는 문제는 무엇인가, 내가 그 문제를 충분히 인지하고 있는가, 내가 그 문제를 해결하기 위한 내가 취해야 할 행동은 무엇인가 등에 대해서 스스로에게 질문해 보는 것이다.

(2) 2단계: 대안결정하기

해결해야 될 문제를 정확히 인식했다면, 다음 단계는 문제해결을 위한 다양한 대안들에 대한 결정을 하는 것이다. 문제를 해결하기 위한 다양한 대안들 가운데서 뚜렷한 문제해결 의지를 가지고 가능한 대안들의 목록을 작성해 보도록 한다.

(3) 3단계: 정보수집하기

문제해결을 위한 가능한 대안들의 목록을 작성했다면 다음 단계는 그 대안의 정보를 수집하는 일이다.

(4) 4단계: 대안평가하기

대안을 위한 다양한 정보를 수집했다면, 다음으로 문제해결의 장점과 단점 혹은 이익과 손해를 평가해 볼 필요성이 있다. 또한 각각의 대안을 채택해서 발생할지도 모르는 새로운 문제점들을 감안해 볼 필요가 있다.

(5) 5단계: 실행가능한 해결책 선택하기

선택된 대안들에 대한 평가를 바탕으로 대안들에 대한 우선순위를 정하고, 그중에서 가장 실용적이면서 효과적으로 문제를 해결할 수 있는 대안을 선택해야 한다.

(6) 6단계: 선택 실행하기

한편, 일단 행동의 방향 혹은 원칙을 결정하고 나면 거기에 따르게 된다. 이미 결정한 해결책을 실행하지 못한다면 이것을 위해서 사용되었던 시간과 에너지를 낭비하게 되는 셈이다. 그러므로 문제해결 방법을 위해 협조하거나 본인과 함께 일할 수 있는 사람을 적극적으로 찾아야 한다.

(7) 7단계: 결과평가하기

문제해결 및 의사결정 과정은 제시된 문제가 해결되기 전까지는 끝나지 않는다. 그것은 나의 문제가 해결되거나, 동일한 문제가 연속적으로 발생하거나 새로운 문제가 발생할 때 만이 비로소 그 전의 문제가 해결되었다고 할 수 있다.

제11장 청소년활동프로그램 지도

1. 청소년활동의 이해

1) 청소년활동의 의의

급변하는 현대사회에서 청소년활동이 청소년기의 가치관 형성에 어떠한 도움을 줄 수 있는지, 그 교육적 의의는 다음과 같다(청소년활동론, 한국청소년개발원, 1993, 최윤진 외).

(1) 공동체 유대감을 학습할 수 있다.

지식위주의 주입식 교육과 핵가족화로 인한 가족의 공동체 유대감의 소원함, 개인주의적 사고방식의 양산 등으로 인해서 오늘날의 청소년은 또래집단의 영향력이 커지고 다른 집단에서 생활하는 기회가 적다. 청소년활동은 바로 이러한 의미에서 성인이 되었을 때, 사회생활의 적응력을 향상시킬 수 있는 기회를 제공해 준다 하겠다.

(2) 자발적 활동체험을 한다.

오늘날은 핵가족화와 맞벌이 가족의 증가 등으로 말미암아 '과보호'되고 있는 실정에서 청소년들이 스스로 자립정신을 가지고 주도적으로 생활할 수 있는 능력이 결여되기 쉽다. 또한, 형제가 많았던 시대와 달리 1~2명 정도의 자녀를 낳기 때문에 청소년들은 공동체 생활의 규칙이 약해지기 쉽고 이로 말미암아 여러 가지 문제를 일으키기도 한다. 그러므로 청소년들이 이 사회에서 살아갈 수 있는 힘을 배우고 자주성이나 자발성을 획득하기 위해서는 스스로 살아갈 수 있는 능력이 필요하다. 그 능력은 경험을 통해서 터득할 수 있는데 청소년 활동의 그 의의가 있다고 하겠다.

(3) 사회적 적응력을 향상시킬 수 있다.

부모님 세대는 물질적으로 풍요롭지 못한 어려운 환경 속에서 살아왔다. 그렇기 때문에 자녀에게만큼은 최상의 교육은 물론 물질적으로도 많은 것을 누릴 수 있도록 해준다. 요컨대, 물질만능주의의 팽배는 이러한 사회적인 분위기가 조장한 것이라 해도 과언이 아니다. 청소년 자녀들에게 공동체의식이나 인성교육을 시키기보다는, 좋은 성적을 거두고 명문대학에 입학해 대기업에 취업하는, 소위 말하는 '성공'만을 주입한다. 그래서 청소년 자녀는 자신의 의사결정보다 부모의 요구에 부응하기 위해서 오로지 학교성적을 올리기 위해 애쓴다. 그 결과 가족 간의 화목이나 친구, 선후배와의 우애, 어른에 대한 공경은 점점 사라지고 경쟁심과 개인주의적 사고방식만 만연해져 공동체 의식이 결여되기에 이르렀다. 그로 인해 사회 부적응자가 생겨나고 강력범죄가 심심찮게 일어나고 있다.

청소년 활동은 자신의 권리 못지않게 타인의 권리도 그만큼 중요하다는 것을 스스로 배울 수 있도록 하는 것이 그 목적이다.

(4) 원만한 대인관계를 배우게 한다.

청소년들이 또래집단과의 상호교류를 잘하면 인간관계가 확대된다. 자기주장과 욕구가 확대되는 청소년들은 의견 조정의 미숙으로 인해 관계를 맺을 때 충돌을 겪기도 한다. 그렇기 때문에 청소년활동을 통해 문제의 갈등의 원인을 파악하여 자연스럽게 자기주장을 해결하는 방법들을 터득해 나갈 수 있다.

2) 청소년지도활동의 원칙

청소년 활동에서 청소년지도자와 청소년은 서로 공동체 의식을 가지고 역할분담도 이러한 시각에서 이해되어야 한다. 다음은 청소년지도 시 청소년활동의 원칙이다(남세진, 1986: 104-109, 한국청소년개발원, 36-38).

① 구성원 개개인은 고유한 특성을 가진 인격책임을 인정하고 이에 상응하는 행동을 해야 한다(집단구성원의 개별화).

② 집단은 각각 목적, 구성원의 수준 및 성격, 응집력, 구성원 간의 상호작용, 지도력 등 집단 내의 상이한 여러 요인들에 의해 고유한 특성을 이룬 유기체임을 인정하고, 집단별 특성에 따라 이에 상응하는 행동을 해야 한다(집단의 개별화).

③ 각각 고유한 장점과 단점을 가진 구성원의 있는 모습 그대로를 수용하고, 이를 청소년활동지도자의 가치체계에 입각하여 상정 · 평가한다.

④ 개인의 변화는 다른 사람과의 상호작용을 통해서만이 가능하고, 지도자는 구성원들과 원만한 인간관계를 맺음과 동시에 도움자의 관계를 맺는다.

⑤ 집단활동에서 구성원들 사이의 관계는 구성원과 지도자와의 관계 이상으로 중요하다. 따라서 지도자는 집단 내에서 구성원과 구성원들과의 관계가 원만하고, 건설적인 방향으로 진행되도록 돕는다.

⑥ 지도자는 집단과정에 개입하여 집단 내에서 발생하는 여러 가지 문제들에 대해 적절한 수정을 한다.

⑦ 집단의 모든 구성원은 각각 자기의 재능과 능력에 따라 활동에 참여하도록 함으로써 한 사람도 소외되는 일이 없도록 하며, 시간이 지남에 따라 이들의 참여폭이 넓어지고 자립적이 되도록 한다.

⑧ 지도자는 청소년활동의 주인공이 되어서는 안 된다. 구성원들이 협력하여 집단의 목표를 성취하고 발생되는 문제들을 자체적으로 해결할 수 있도록 돕는다.

⑨ 집단과정 속에서 구성원들 간에 연속적으로 발생되는 갈등을 토론과 협의를 통한 자

율적이고 민주적인 방법으로 해결해 나가도록 돕는다.

⑩ 구성원들이 새롭고 다양한 경험을 통하여 성숙한 대인관계를 성취할 수 있도록 기회를 제공한다.

⑪ 집단활동에서 각 개인과 전체적 상황에 대한 집단적 사정 · 평가에 의해 합의된 규칙과 제한을 엄격하게 준수한다.

⑫ 모든 집단활동은 구성원의 욕구와 흥미가 존중되고 이를 기초하여 이루어져야 한다. 아울러 집단의 목적, 진단, 평가도 이러한 원칙에 입각하여 진행되어야 한다.

⑬ 구성원 개개인의 욕구와 흥미, 집단의 목표를 동시에 달성하기 위한 과정에서 이루어지는 지도 · 감독은 계속적인 평가에 의해 이루어지는 것이다. 모든 평가는 지도자의 전유물이 아니라 지도자와 집단구성원들이 심의과정을 거치는 것이 이상적이다.

⑭ 청소년활동에서 지도자 자신은 가장 중요한 도구이다. 지도자가 인간의 존엄성에 대한 신뢰와 확신의 반석에 든든히 서서 이상에 열거한 원칙들이 그의 성품에 내재되어 있고 완성될 때, 그에게 속한 청소년 집단활동은 성숙하게 되는 것이다.

3) 청소년 방과 후 활동

우리나라는 아동복지법 제11조 아동종합실태조사의 법제화로 매 5년마다 조사를 실시하도록 되어 있는데, 2013년도에 실시한 아동종합실태조사는 2008년 실시한 바 있는 "한국 아동청소년 종합실태조사"의 후속조사로서 조사기간은 2013년 11월 8일부터 2013년 12월 15일까지 전국의 만 18세 미만 아동이 있는 가구를 대상으로 진행되었다.

조사 결과, 평일 방과 후 활동은 학원이나 과외와 같은 사교육을 통한 학습활동을 하는 경우가 전체 아동의 40.6%로 가장 높은 비중을 차지하였고, 방과 후 희망활동을 보면, 가장 높은 비중을 차지하는 것은 집에서 쉬기(30.2%)였으며, 다음이 친구들과 놀기(24.5%), 학원이나 과외를 희망하는 비율은 18.3%로 나타났다. 우리나라 아동의 방과 후 활동은 사교육 비중이 높았고, 방과 후 휴식시간이 부족하여 휴식에 대한 욕구가 높음을 알 수 있었다.

[그림 11-1] 아동의 방과 후 희망활동 대비 실제활동(%)

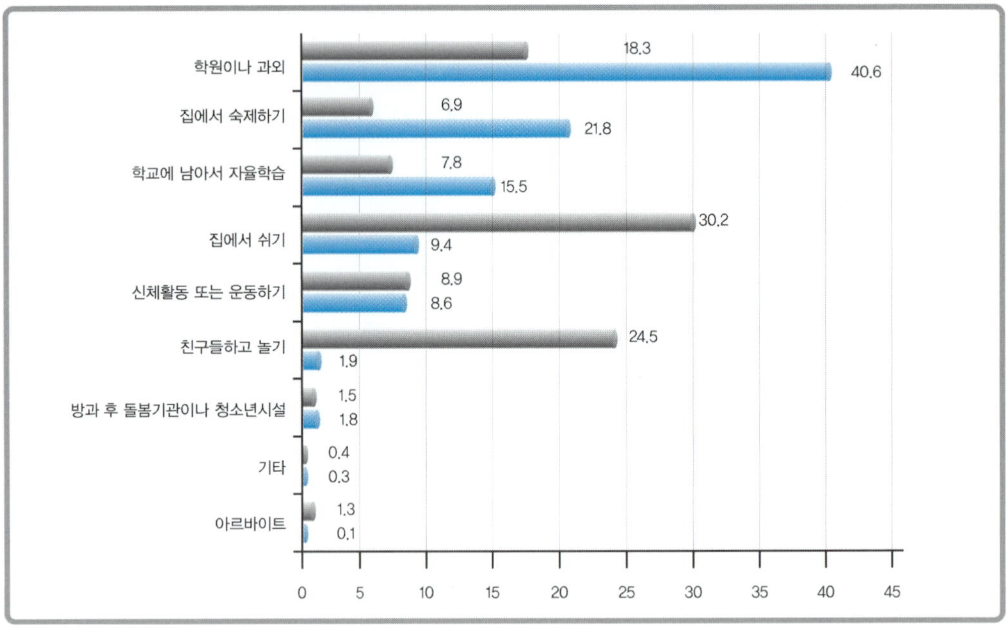

자료: 김미숙 외(2013), 아동종합실태조사.

또한 방과 후 나 홀로 실태조사 결과 아동의 1/5 이상(20.6%)은 방과 후 혼자 집에 있는 날이 3일 이상이었다. 특히 우리나라 아동 10명 중 1명 이상(10.5%)은 거의 매일 혼자 집에 있는 것으로 나타났다. 소득수준이 낮은 가구일수록, 농촌지역 아동일수록 오랜 시간 혼자 집에 있는 것으로 나타나 저소득 가구 대상, 농촌지역 대상의 방과 후 돌봄서비스 확충 및 개발이 요구되고 있다(보건복지부, 2013).

4) 청소년활동지도자의 개입

청소년활동지도자가 집단활동에 개입할 때에 갖추어야 하는 기본적인 자세들을 정리해 보았다.

첫째, 지도자 스스로 청소년 활동에 적극 참여해야 한다. 청소년들이 프로그램을 기획하고 준비하는 과정에서부터 진행 · 마감 · 평가하는 전 과정에 참여한다. 청소년들의 눈에 지도자가 위에서 군림하는 독재자로 보이거나, 반대로 이방인이라는 느낌을 주어서는 안 된다. 청소년들로부터 그들의 활동에 적극적으로 동참하는 동반자로 인정받는 것이 좋다.

둘째, 프로그램을 준비하면서 청소년들에게 필요한 도움을 주어야 한다. 어떠한 경우라도 지도자의 주장이 청소년들보다 우선시되어서는 안 된다. 개입 시 지도자는 의사를 하달하는 것이 아니라 질문하거나 의견을 제시하는 등 우회적인 방법을 사용한다.

셋째, 지도자는 개입 시에 반드시 문제점에 대한 정답을 제시해 주고 해결해 주어야 한다는 잘못된 생각과 부담감을 떨쳐버려야 한다. 또한 자신의 주장과 방법만을 고집하는 것 역시 금물이다. 원칙상 청소년들에게 정답은 존재하지 않는다.

넷째, 지도자는 활동과정에서 청소년들이 범하는 시행착오를 실패가 아니라 경험학습이 이루어지기 위한 필연적인 과정이라는 긍정적인 이해를 가지고 있어야 한다.

다섯째, 청소년활동지도자는 프로그램에 대한 연구를 계속함으로써 전문적인 자문에 응하고 자료제공을 할 수 있어야 한다.

여섯째, 지도자는 학부모나 학교 또는 지역사회 등에 청소년들이 어떤 활동을 하고 있는지 고지해줌으로써 이들과의 상호유대관계를 맺을 수 있도록 해야 한다.

일곱째, 지도자는 청소년활동의 전 과정을 기록 · 보관해 둠으로써 이를 평가의 기초자료로 삼는다(청소년활동론, 1993).

2. 청소년지도프로그램의 유형

1) 청소년지도프로그램의 특성

청소년프로그램은 프로그램의 개발주체, 내용 및 방법, 시간적 관점, 청소년지도자의 역할 등의 측면에서 몇 가지 특징을 갖는다(천정웅 외, 2011)[23].

첫째, 청소년활동 프로그램 개발은 관심 있는 사람 누구나 수행할 수 있지만, 주로 청소년단체나 기관에 의해 주도되고 있다.

둘째, 청소년활동 프로그램 개발은 다루는 내용이나 주제, 방법 등이 다양한 특성을 갖는다.

셋째, 청소년활동 프로그램 개발은 시간적으로 현재와 미래를 동시에 지향한다.

넷째, 프로그램 개발과정에서 청소년지도자의 역할이 학교에서의 교사보다 훨씬 크다는 특성을 갖는다.

다섯째, 청소년프로그램 개발은 청소년기관 및 단체의 성격, 프로그램의 유형, 프로그램의 단위, 참여자의 형태, 프로그램 개발자의 성향 등에 따라 다른 양상을 보인다.

2) 프로그램의 개발 주체에 따른 분류

(1) 국가 및 사회적 수준의 프로그램

국가 및 사회적 수준의 프로그램이란 국가가 청소년지도의 활성화를 위하여 정책적으로 개발 · 보급하는 프로그램을 말한다.

국가 수준 프로그램의 가장 대표적인 것은 1992년에 한국청소년개발원이 개발해서 보급하고 있는 청소년활동 프로그램을 들 수 있다. 이 프로그램에는 역사연극활동, 도시 · 농촌교환봉사, 호연훈련활동, 명절회기활동, 국토탐사활동들이 포함되어 있다. 이 밖에도 2001년도에 문화관광부와 한국청소년개발원에서 개발 보급한 각종 체험활동(자연생태지도, 자동차 이해 및 체험, 만화영화 제작활동, 인터넷신문 제작활동 등) 프로그램과 2002년도에 국립중앙청소년수련원에서 개발 보급한 프로그램(챌린지 어드벤처, 댄스 스포츠 등)도 역시 개발 주체자의 측면에서 볼 때 국가 및 사회적 수준의 프로그램이라고 할 수 있다.

---

23) 천정웅 · 오해섭 · 김정주 · 김민, 『청소년활동론』, 양서원. 2011.

국가 및 사회적 수준의 프로그램은 포함된 각각의 활동을 독립적인 프로그램으로 볼 수 있으며, 이 경우 전체는 청소년 교육과정으로 명명될 수 있다.

이들 프로그램은 각 지역의 청소년수련기관에서 활용될 경우 현장성이 떨어지는 문제점을 안고 있다. 예컨대, 프로그램이 지역성과 현시성 등을 충분하게 반영하지 못함으로써 문서로만 남아 있게 되는 문제가 있다.

(2) 기관 수준의 프로그램

기관 수준의 프로그램은 청소년단체나 시설 등에서 독자적으로 개발하는 사업적인 성격을 가진 프로그램을 의미한다. 예를 들면 청소년적십자의 각종 공중위생활동 프로그램, 라보의 다언어 가족활동 프로그램, 한국우주소년단의 실물모형제작활동 프로그램, 한국 청소년마을의 청소년가족 수련활동 프로그램 등이 이에 속한다. 기관 프로그램은 성격이 뚜렷하며 활동의 내용을 비롯하여 방법, 시기, 장소, 효과, 평가 등이 보다 명확하게 제시되어 있다. 그러므로 이들 프로그램들은 특징성과 구체성을 띠며, 평가는 프로그램의 의도가 청소년들에게 얼마나 효과적 · 효율적으로 전달되었는가에 기초한다. 최근 청소년지도 현장에서 프로그램의 중요성이 크게 강조되면서 각 기관과 시설별로 독자적인 프로그램을 개발 · 운영하려는 노력이 확산되고 있다.

(3) 교사 및 지도사 수준의 프로그램

교사 및 지도사 수준의 프로그램은 학교학습에서 말하면 단시 학습지도안과 같은 성질을 띤다. 청소년지도 현장에서는 청소년지도사가 기관의 독자적인 프로그램에 기초하여 한 단위의 활동을 전개하는 데 필요한 구체적인 활동계획을 수립하는 것을 말한다. 여기에는 내용뿐만 아니라 시간, 장소, 대상, 매체, 인적 자원 등 구체적인 모든 요소가 포함되며, 연극에서 각본을 만드는 것과 같이 지도자의 지도실제를 명시해야 한다.

예를 들면, 레크리에이션 프로그램, 친밀감형성 프로그램, 무인도탐사 프로그램, 전통생활용품조사 프로그램, 자동차 모형제작활동 프로그램 등을 들 수 있다. 이러한 프로그램은 대부분 일정한 단위시간 동안 청소년지도사의 지도과업과 청소년들의 구체적인 경험이 단계별로 제시되며, 청소년지도사의 입장에서 반드시 필요한 활동계획안이라고 할 수 있다. 그러나 현실적으로 기관 수준의 프로그램이 있는 경우에도 단위활동 프로그램은 마련해두지 않는 경우가 많으며, 설령 있다고 하더라도 구체적인 지도지침을 제공해 주지 못하는 다분히 일반적인 지도안만이 존재하고 있는 실정이다.

3) 프로그램의 구조화 정도에 따른 분류

(1) 구조화된 프로그램

구조화된 프로그램이란 프로그램의 목적 및 목표가 분명하고 이를 달성하기 위한 내용 및 경험이 적절하게 선정 · 조직되어 있으며, 지도방법과 절차, 매체 등이 합리적으로 계획되어 있고 평가전략과 피드백 과정까지도 명확하게 제시되어 있는 것을 말한다. 간단히 말해서 전문적이고 체계적인 프로그램이라고 할 수 있다.

최근에 기관 수준의 프로그램이나 상담 분야의 프로그램들에서 구조화된 프로그램의 형태를 찾아볼 수 있다. 목적 및 목표가 있고 지도내용과 방법이 구체적으로 제시되어 있으며, 진행순서와 단계별 지도활동이 구체화되어 있는 것을 말한다. 예를 들면, 각종 체험활동 프로그램, 놀이활동 프로그램, 여가활동 프로그램, 레크리에이션 프로그램, 자기성장 프로그램, 인간관계훈련 프로그램, 가치명료화 프로그램, 취업면접 프로그램, 불안감소 프로그램, 우울감소 프로그램, 부모교육 프로그램 등을 들 수 있다.

이들 프로그램은 대부분 그 분야의 내용 전문가에 의해 개발되고 있으며, 연속적인 활동으로 구성되어 있다.

(2) 비구조화된 프로그램

비구조화된 프로그램이란 단순한 행사 진행표나 일정표 등과 같은 것을 말하는데, 이들 대부분은 프로그램이 갖추어야 할 기본적인 요소가 부분적으로 또는 전체적으로 생략되어 있고, 기관 또는 실행자의 주관적 경험에 크게 의존하고 있다. 비구조화된 프로그램 또한 나름대로 가치가 있지만, 청소년지도의 전문성과 지속성을 확보하고 신장시키는 데는 적합하지 못하다고 할 수 있다.

프로그램은 청소년의 요구를 분석하고 지도활동의 문제점과 개선점을 파악하려는 의도가 내포되어 있지 않다. 다만 언제, 어디서, 무엇을 하겠다는 총체적인 일정만 소개되어 있을 뿐 누가 무엇을 어떻게 지도하고 또한 청소년들은 이를 어떻게 경험할 것인지가 구체적으로 포함되어 있지 않다. 따라서 청소년지도사가 바뀌게 되면 행사의 성격도 크게 달라질 수밖에 없으므로 청소년지도의 지속성을 보장할 수 없다.

4) 프로그램 구성범위에 따른 분류

(1) 단위 프로그램

단위 프로그램이란 어떤 하나의 내용을 한 번에 지도하기 위한 일회성의 프로그램으로, 학교학습과 관련하여 말하면 교사의 차시 학습시도안과 같은 성격을 갖는다. 이 프로그램은 비교적 짧은 시간에 달성해야 할 특정한 활동을 중심으로 구성되어 있다.

예를 들면, 실물모형 제작 프로그램(자동차, 비행기, 배 등), 단편적인 지역사회봉사 프로그램(청소하기, 위문활동, 한글간판 바로잡기 등), 견학 및 탐사활동 프로그램(고적답사, 박물관 견학, 무인도 탐사), 각종 레크리에이션 프로그램 등이 여기에 포함된다.

(2) 연속(단계적) 프로그램

연속 프로그램이란 한 주제를 여러 개의 내용으로 나누고 이를 일정한 순서에 따라 연결한 프로그램이다. 다시 말하면, 동일한 계열에 속하는 여러 개의 활동 프로그램들이 단일 목표를 달성하기 위하여 한데 모여서 이루어진 복합 프로그램을 말한다. 어느 한 프로그램의 활동결과는 반드시 다음 프로그램의 시작이 되도록 설계되며, 선후 활동내용 간에 종적인 체계를 이루면서 활동의 깊이와 넓이를 더하고 있다.

(3) 통합 프로그램

통합 프로그램(integrated program)이란 한 주제에서 세분화된 여러 활동이나 비슷한 성격의 활동들을 모아 한 체계 속에 적절하게 연결하여 하나의 활동을 묶어서 구성한 것이다. 통합 프로그램 역시 연속 프로그램과 같이 복합 프로그램의 한 방식이다. 그러나 연속 프로그램을 구성하는 각각의 내용은 그 자체로서는 미완성 결과물이지만, 통합 프로그램의 구성요소들은 서로 독립되는 개별 내용으로 서로 모순되지 않고 하나의 목표를 향해 효과적으로 결합하는 것이 특징적이다. 그러므로 통합 프로그램의 구성요소들은 종적인 체계를 이루는 연속 프로그램과는 달리, 수평적인 관계에서 서로가 서로를 보강하고 강화할 수 있도록 조직되어 있다.

(4) 종합 프로그램

종합 프로그램이란 부분별 프로그램이 각각 고유한 목표와 성격을 유지하면서 어떤 연결 원칙이나 공통적인 문제 또는 상호 관심 영역하에서 그 연계성을 합리적으로 종합한 총괄성을 가진 프로그램이다. 이는 마치 오케스트라처럼 여러 유형의 단위가 하나의 구조 속에서 각 활동을 다양하게 전개하면서 종합적인 기능을 하는 구조적 통합의 형태를 취한다. 이것은 국가 수준의 프로그램을 개발할 때 많이 적용되며, 관공서에서 대단위 규모의 행사나 이벤트를 기획할 때도 이러한 유형을 적용하는 경우가 많다.

이 유형의 프로그램은 비교적 편성규모가 큰 광역 프로그램으로서 주로 특정한 기간 동안 이루어지는 일정한 제목 중심의 행사형 프로그램들이 대부분이다. 가장 대표적인 프로그램으로는 한국청소년개발원에서 개발한 청소년수련광장을 들 수 있다. 다양한 기관에서 실시되고 있는 한국의 밤, 청소년 우정캠프, 청소년문화광장, 청소년연합 체육대회, 청소년 해양제전, 여름캠프활동, 춤과 놀이마당, 청소년 한강축제 등의 각종 행사 프로그램이 이에 해당한다.

5) 청소년지도내용에 따른 분류

일반적으로 청소년지도는 청소년들이 실생활에서 자발적으로 참여하여 이루어지는 모든 체험활동을 의미한다. 청소년지도의 영역은 청소년들의 생활 전체를 아우르는 포괄적인 것이어서 어떠한 기준도 이를 다 설명할 수 없다. 여기서는 우리나라에서 현재 실시되고 있는 청소년 활동 프로그램을 크게 여덟 가지로 구분하여 제시하고자 한다(한상철, 1997b/1998a).

(1) 자연체험활동 프로그램

청소년들로 하여금 자연을 이해하고 사랑하는 마음을 갖도록 하는 데 주목적이 있다. 자연탐사활동 프로그램(무인도탐험, 국토탐사, 강탐사활동 등), 자연을 가꾸고 보존하는 활동 프로그램(식목행사, 자연농장, 환경보전 등), 레크리에이션을 겸한 자연탐구 프로그램(자연관찰 하이킹, 청소년이동캠프, 고정야영활동) 등이 여기에 속한다.

(2) 체육활동 프로그램

청소년들의 신체적, 정신적 건강을 증진하는 데 목적이 있다. 각종 스포츠활동 프로그램(수영, 축구, 태권도, 등산, 피구, 발배구 등), 안정훈련 프로그램(응급처치, 안전사고 대비훈련 등), 영양 및 보건 프로그램(식단 짜기, 건강교양 등), 스포츠행사 프로그램(체육대회, 전국해양제전 등) 등이 이에 속한다.

(3) 예능활동 프로그램

청소년들이 예술활동에 대한 기본적인 소양과 안목을 갖추도록 할 뿐만 아니라 정서발달과 창조능력을 증진시키는 데 목적이 있다. 종합예술 프로그램(청소년 예능교실, 종합예술제, 문화광장 등), 음악활동 프로그램(즉석가요제, 음악감상회, 영상음악과의 만남 등), 문학활동 프로그램(동거교실, 미완성 문장 완성하기, 저자와 만남, 창작발표 등), 기타 활동(춤강연, 영화감상, 청소년디스코장, 앨범제작 · 교환 등)이 있다.

(4) 과학활동 프로그램

청소년들이 직접적인 관찰과 실험을 통하여 과학의 기초적인 지식과 원리를 습득하도록 하고, 여러 가지 과학적 현상에 대한 탐구 능력을 키우도록 하는 데 목적이 있다. 실험 및 실습활동 프로그램(컴퓨터 교실, 재미있는 곤충 기르기, 유료작물 조사활동 등) 관찰 및 탐사활동 프로그램(천체 관찰, 해양탐구활동, 내 고장 수질검사 등), 견학 프로그램(기상대, 자연학습장, 발명품전시회 견학 등), 과학공작 프로그램(모형자동차 만들기, 곤출표본 만들기, 대나무 헬리콥터 제작 등) 등이 있다.

(5) 봉사활동 프로그램

청소년들이 이웃, 지역사회와의 만남을 통해 향토애와 시민정신을 함양하도록 할 뿐만 아니라 일상생활에서 삶의 의미를 깨닫고 실천하도록 하는 데 목적이 있다. 시설봉사 프로그램(불우이웃돕기 바자회, 고아원이나 양로원 위문, 장애 청소년 위안행사, 각종 시설방문 육체적 봉사활동 등), 지역사회 봉사활동 프로그램(꽃길 가꾸기, 지역사회 청소활동, 교통지도 등) 등이 있다.

(6) 예절수양활동 프로그램

청소년들이 사회성원으로서 갖추어야 할 공동생활규범을 습득하도록 하는 데 주목적이 있다. 전통예절 프로그램(혼례 · 제례 · 상례 배우기, 전통다도 배우기, 명절 쇠기 활동 등), 가정생활예절 프로그램(존칭 및 호칭 익히기, 가정생활윤리, 청소년 가정상호방문 활동 등) 등이 있다.

(7) 전통문화활동 프로그램

청소년들에게 올바른 문화적 정체성을 형성시키고, 문화의 전달과 유지, 창조의 과정을 익히도록 하는 데 목적이 있다. 민속놀이 프로그램(풍물놀이, 차전놀이, 백중놀이, 강강술래 등), 향토민속 프로그램(고장의 인간문화재 조사, 역사의 증인과의 좌담회, 전통민속 생활용품조사 등), 문화유적탐사 프로그램(내 고장 사적지탐사, 유명사찰순례, 성곽탐사 등), 민속예술 프로그램(전통음악강습, 민요강습, 탈 만들기 등), 전통문화행사 프로그램(청소년 단오제, 청소년 민속예술캠프, 한국의 밤 등)이 있다.

(8) 자아계발활동 프로그램

청소년지도의 목적에 따른 분류, 청소년 활동주체에 따른 분류, 청소년 활동형태에 따른 분류, 청소년 활동방법에 따른 분류 등이 있다.

청소년지도프로그램 유형은 이 밖에도 다양한 기준에 의해 분류될 수 있는데, 지도 대상인 청소년집단의 유형에 따른 분류(예: 학생청소년, 근로청소년, 비행청소년, 무직 · 무진학 청소년프로그램), 청소년지도의 목적에 따른 분류(예: 지식과 정보습득, 가치관 및 태도의 변화, 기술이나 기능습득, 여가활동 프로그램), 청소년 활동주체에 따른 분류(지도자 중심, 청소년 중심, 지도자의 청소년 상호작용 중심 프로그램), 청소년 활동형태에 따른 분류(예, 단체활동, 교내 특별활동, 임의 여가활동, 동아리활동 프로그램), 청소년 활동방법에 따른 분류(개인활동, 소집단활동, 대집단활동 프로그램) 등이 있다.

3. 청소년지도프로그램개발의 개발

프로그램을 개발과정에서 여러 가지 형식의 모형들이 개발되어 왔는데, 한국청소년개발원(2009)은 프로그램 개발 통합모형을 체계화하여 다음과 같이 다섯 개의 과정으로 정리하였다(권일남 · 오해섭 · 이교봉, 2010).

1) 프로그램 기획

프로그램 기획이란 프로그램 개발에서 무엇을 할 것인가? 프로그램을 왜 개발해야 하는가? 프로그램 개발을 통해서 내놓을 혁신적인 결과물이 무엇인가? 프로그램 개발을 어떻게 할 것인가를 체계적이고 논리적으로 추진하는 것을 의미한다. 이를 위해서 추진팀 구성과 운영, 프로그램 개발의 타당성 분석과 같은 상황분석, 그리고 청소년 고객에 대한 분석 등의 내용을 수행해야 한다.

2) 프로그램 설계

프로그램 설계란 프로그램 기획단계에서 확인된 교육적 욕구와 필요를 기초로 프로그램 내용과 방법을 선정하고 조직하는 과정을 말한다. 프로그램 설계 시 고려해야 할 사항으로 첫째, 연령, 성별 등과 같은 참가자의 생물학적 특성분석, 둘째, 참가자의 교육수준, 선행경험 등과 같은 청소년참가자의 교육적 배경분석, 셋째, 청소년참가자의 신념 혹은 태도, 가치 등의 정의적 특성, 넷째, 참가자의 지각 및 운동적 특성분석 등이 고려되어야 한다.

3) 프로그램 마케팅

청소년시설 및 단체가 다양한 청소년활동 프로그램에 청소년들의 참여를 유도하기 위해 취해지는 여러 가지 조치를 포괄적으로 지칭하는 개념이다. 프로그램 마케팅의 기본 과정은 사명의 성립, 기회 및 위협 분석, 조직의 강점과 약점, 마케팅 목표의 설정, 마케팅 전략의 형성, 실행계획 형성과 실행, 피드백과 통제 등의 총 일곱 가지 과정을 거친다.

4) 프로그램 실행

프로그램 실행이란 성인 또는 참여자를 대상으로 전개되는 활동으로, 그 의미는 다음과 같다.

첫째, 프로그램 진행의 지도자는 성원들로 하여금 공동체를 형성할 수 있도록 지도한다.

둘째, 프로그램의 실행은 궁극적으로 참여자들의 성장과 발달을 촉진할 수 있어야 한다.

셋째, 프로그램의 실행은 많은 다양한 방법들이 함께 통합될 수 있어야 한다.

넷째, 프로그램 활동은 지도하는 일과 배우는 일이 통합된 하나의 과정으로 이해될 수 있어야 한다.

5) 프로그램 평가

프로그램의 평가는 프로그램의 장점을 판단하거나 결정하는 것이며, 프로그램의 효과 및 영향을 파악하고 판단하는 일이다. 또한 프로그램의 목적달성 정도를 확인하고, 프로그램에 대한 의사결정을 보조한다.

4. 청소년프로그램 지도

1) 인간관계수련활동

인간관계수련활동의 창시자인 Lewin은 집단역학의 기초적 연구와 그 원리에 따른 사회적·실험적인 행동연구에 주력하였고, 이를 통하여 협동적인 창조성 개발 이외의 집단학습방법을 발견한 후 인간관계의 실험실 훈련이라는 집단훈련의 방법을 고안하여 실험적으로 이행하기에 이르렀다. 한편, 이러한 인간관계수련활동이 우리나라에 소개된 것은 1971년도의 일로 한국카운슬러협회가 2박 3일의 일정으로 연수를 개최하면서부터이다.

2) 인간관계수련활동의 기본명제

첫째, 인간은 태어나면서부터 관계 속에서 살아가므로 인간 간 관계상황을 떠나서는 본질적으로 연구될 수 없다.

둘째, 인간의 삶은 그 자체가 '만남'이다. 즉, 인간은 만남의 객체가 아닌 만남의 주체가 되어야 하고 또 그러한 만남을 통하여 인간의 주체적 삶을 실현할 수 있다.

셋째, Lewin에 의하여 실험적으로 시도되는 집단에 대한 연구는, 집단이 그 집단에 속한 개인에게 미치는 영향을 나타내 주었다. 결국 집단은 집단응집력과 집단과정을 통하여 독특한 집단구조를 형성하게 되고 나름대로의 발전과정을 거친다. 이처럼 집단에 속한 집단구성원은 집단 특유의 상호작용을 통하여 영향을 주고받게 되며, 집단은 생활의 장으로 작용하게 된다.

3) 인간관계수련활동프로그램의 예

[표 11-1] **인간관계수련활동 프로그램의 예**

진전단계 전개과정		1. 나를 찾아서	2. 너와의 만남	3. 소중한 우리	4. 새로운 세계
도입 프로그램	도입과정	1) 별칭 짓기	2) 아! 반갑습니다		
	도입전용	2) 나는 누구인가	12) 선물 나누기	21) 원 안에 들어가기	38) 자연과의 대화
전개 프로그램	1. 과정	4) 나의 위치 5) 생애도표	13) 최근에 있었던 일 14) 원하지 않는 만남	22) 우리집 이야기 23) 말 전하기	31) 우리를 두렵게 하는 것들 21) 창문 열기
	2. 과정	6) 숨겨진 나 7) 나의 갈등	15) 신뢰의 산책 16) 경청과 대화	24) 지팡이 학습 25) 먹기 위해 사는가	33) 연상화 그리기 34) 아름다운 모습
	3. 과정	8) 나도 있어요 9) 요술상점	17) '나' 말하기 18) 몸으로·눈으로	26) 우리의 이익을 최대로 27) 누구를 선택할 것인가	35) 생애설계 36) 창작의 세계
	4. 과정	10) 가치관 경매 11) 자서전 쓰기	19) 종이로 자르기 20) 멋있는 사람	28) 역할극 29) 손거울	37) 세계는 하나 38) 2000년대의 삶
종결 프로그램	종결접근 종결과정				39) 내가 나에게 40) 촛불의식 41) 소감문 쓰기
도달점		나에 대한 소개·개방·이해·발견	상호존중 관계증진	공동체 의식 함양 협동 단결의 배양	창조력 개발 자아정체감 확립 조화로운 삶의 탐색

자료: 청소년활동론, 한국청소년개발원, p.178.

제12장 대상별 청소년지도방법

청소년지도는 학습지도기법과는 다른 접근이 필요하며, 청소년들의 다양한 특성과 성질을 이해하고 파악함으로써 다양한 학습요구에 부응하는 방법을 제공해 주도록 한다. 유·아동 때처럼, 수동적이고 추종적인 특성에서 벗어나 창의적인 창조성과 재능의 개발을 유도하는 동기유발의 기회를 제공하고 미래 지향적인 사고를 할 수 있는 접근이 필요하다. 따라서 실제적 경험을 통한 실천적 학습기법으로 유도하며 반성적 사고를 할 수 있도록 개인이나 집단에 따라 다른 대상별 접근이 이루어져야 한다.

1. 개인중심지도

청소년들은 심리적, 정신적으로 완전히 발달되지 않은 상태이기 때문에 때로는 미숙한 판단과 실수를 하기 쉽다. 그러므로 청소년지도자는 청소년의 성장발달을 돕고 부적응환경 및 각 분야의 활동 영역을 보완해 주면서, 인생의 올바른 방향을 설정할 수 있는 능력을 배양해 주어야 한다.

1) 개인중심지도방법의 목표

(1) 자신의 감정과 자극 및 통제기술의 개선이 필요하다.

청소년들은 쾌락적 충동의 감정과 신경질적인 사고가 해소되지 않는 낮은 자아개념과 내적 갈등으로 그들 안에 내재되어 있는 경우가 많다. 또한 자기 변화의 감정들을 수없이 경험하면서 자기 역할의 가능성에 대해서도 갈등하고 초조해 하며 불안감을 갖기도 한다. 때로는 고통을 피하고자 종종 자신이 정한 꿈과 상상의 세계 속으로 도피할 가능성도 높다. 그렇게 함으로써 그들은 대인관계에서 예상되는 불안, 공포, 고통, 분노들을 피하고자 한다.

지나친 도피는 종종 해결책보다는 문제를 야기하게 되는데, 청소년들이 자신의 감정과 자극의 개선하기 위한 통제 기술과 방법이 필요하다.

(2) 자아존중감과 또래 사이의 관계능력 개발이 필요하다.

청소년기 형식적 조작기의 사고기술은 청소년의 스트레스를 해결하기 위해 상상을 만들어 내는 중요한 역할을 한다. 그러므로 추상과 미래의 가능성을 다루는 능력, 자신의 생각을 객관적으로 다루는 능력은 전조작기의 단순하고 단조로운 상상에 새롭고 중요한 요소를 추가해 준다.

(3) 조직과 집단 사이의 질서유지능력 개발 필요

어떤 사람들은 자율성에 대해 타인으로부터 완전한 독립을 이루는 것이라 정의한다. 이 자율성은 청소년들의 반항과 동일하게 취급되기도 한다. 그러나 청소년기 동안의 자율성과 확립이라는 의미는 관계 내에서 독립성과 자기주도성의 획득을 의미한다. 자율적인 청소년은 스스로 의사결정을 통해 문제를 해결하고 행동하고, 옳고 그름의 원리에 대해 자신이 결정한 대로 삶을 유지하며 부모에게 감정적으로 덜 의존한다.

(4) 친교성의 확립 필요

친교성은 사람과 사람 사이에 진실한 관계를 유지하는 데 매우 밀접한 관계가 있다. 우정은 청소년들 사이에서 그들의 사회적 기술을 수용하고 그들과 함께 공정한 관계를 유지하는 첫 번째의 환경이다. 그것은 청소년 사이에서 그들의 관계를 어떻게 시작하고 유지하며 관계를 결정하고 사회적 기술을 수용하며 친밀하게 되는가를 배우는 능력을 말한다.

2) 개인중심 청소년지도방법 유형

개인중심의 학습은 다음의 네 가지 조건이 충족되어야 한다(청소년지도방법론, 2006).

첫째, 개인의 성숙에 필수적 요소인 자기주도성과 자발성을 가지기 위한 능력과 욕구 안에서 성장되어야 하며 그 능력은 가능한 한 빨리 개발되고 양육될 필요가 있다. 둘째, 학습자의 경험이 이를 지원하는 지도자의 전문성과 결합되어 향후의 풍부한 학습자원이 될 수 있도록 개발되어야 한다. 셋째, 개인이 일상생활을 수행하고 또는 그들의 삶의 문제를 보다 적절하게 해결해야 할 필요에 의해 제시되어야 한다. 교과지식을 축적하는 식의 학습지향은 학교교육에서 조건화된 결과라면, 청소년들에게는 경험을 통한 일을 성취하거나 문제를 풀어나가는 학습과제중심으로 조직화되어야 한다. 넷째, 개인중심의 학습은 학습자들이 존경에 대한 필요, 성취에 대한 갈망, 성장에 대한 강렬한 욕망, 성취만족, 호기심 등과 같은 내적 자극에 의한 동기화가 형성되어야 한다.

2. 집단중심지도

인간은 집단 내에서 사회의 한 구성원으로 태어나서 의미 있는 타인들과 상호작용하며 삶의 모든 기초적인 토대를 집단 안에서 영위한다. 실로 인간의 생활은 집단생활이라고 할 만큼 모든 인간관계는 집단을 통해서 이루어진다. 특히 청소년들에게 집단은 자기의 능력을 펼 수 있는 능력의 장이며 인격을 완성시키는 경험을 하게 하는 장이다. 즉, 집단은 청소년들의 사회화가 이루어지는 학습이 장이 된다. 집단지도자가 청소년들의 집단지도를 청소년활동에 적용하려고 하면 기본요건으로 지도의 주체인 청소년 집단지도자, 지도대상인 청소년집단, 지도내용인 프로그램, 그리고 지도활동의 장인 청소년기관이 필요하다.

1) 집단지도의 이해

(1) 집단지도의 의미(한국청소년개발원, 집단지도론, 1994)

청소년활동에서의 집단지도의 성격은 다음과 같다. 첫째, 집단지도는 집단경험을 통하여 집단구성원들의 공통된 목적달성과 함께 개개인의 필요와 욕구를 충족시키기 위한 수단으로서의 활동이다. 둘째, 집단지도는 집단역동이론을 바탕으로 한 집단의 사고과정을 방법상의 중책으로 하는 활동이다. 셋째, 집단지도는 집단 속에서 집단 내 구성원들 사이에 끊임없이 진행되고 있는 심리적 역동관계를 활용한다. 넷째, 집단지도는 집단성원의 공통적인 요구에서 출발한 집단 목표 또는 과제를 집단구성원들이 스스로 합리적이고 과학적인 방법으로 해결하게 한다. 다섯째, 집단지도는 전문가의 지도하에 이루어져야 한다.

(2) 집단지도의 기본원리

집단지도의 준거틀을 형성할 수 있는 지침이 되는 집단지도의 원리는 다음과 같다(김종옥, 권중돈, 1993: 73-76).

① 각 개인의 고유한 상이성에 대한 인정

지도자는 집단을 이름 없는 군중으로 취급해서는 안 된다. 그의 책임은 개인을 이해하는 것이며, 개인의 특수한 욕구, 집단 전체의 욕구, 집단이 속한 지역사회의 욕구에 근거하여 개인을 지도하는 것이다. 이 원리는 진단의 기법과 집단에서 개인에 초점을 맞추는 복합적인 기법 등을 포함한다.

② 다양한 특성을 지닌 집단을 하나의 집단으로 인정

지도자는 집단이 개인의 집합이 아닌 각기 특별한 성격을 지닌 유기체이며, 그 특수성은 접속력의 유형, 성원 간의 상호작용, 하위집단 또는 지도력의 향상과 결여 등이 포함된다는 것을 인식해야 한다. 이 원리는 집단을 진단하고, 그에 따라 활동하는 기법을 포함한다.

③ 개인은 고유한 장점과 단점을 가진 존재임을 진정하게 수용

집단지도자는 개인에 개입하고 개인을 존경해야 한다. 집단지도자는 각 개인의 행동이나 그 행동의 질을 있는 그대로 다 인정해야 한다는 것은 아니며, 실제로는 장 · 단점을 사정하기 위하여 어떤 가치체계를 이용하게 된다. 따라서 집단지도자는 그 개인의 한 측면만을 수용하는 것이 아니고 전체로서의 개인을 수용해야 한다.

④ 집단과정의 적절한 수정

집단과정은 집단성원 간의 상호관계, 하위집단형성, 결속력, 지도력 발달, 소외자 형성 등으로 나타난다. 집단지도자는 이러한 집단과정을 평가하고 집단과정에 따라 움직여야 할 경우와 후원해 주어야 할 때, 변화시킬 수 있도록 지도할 때를 인식할 수 있어야 한다.

⑤ 문제해결과정에 성원들이 직접 참여할 수 있도록 지도

집단지도자는 집단을 위해서 직접 그 문제의 해결사로 나서서는 안 된다. 집단지도자는 집단구성원들로 하여금 문제해결과정에 참여하도록 독려하고 집단 속에서 상호 간의 의사소통을 통해 문제를 해결할 수 있도록 지도해야 한다.

⑥ 개인과 집단발달에 대한 계속적인 평가

정기적으로 평가나 사정을 하는 것이 집단지도의 한 과정이며, 이것은 전문가의 노력을 의도적인 것이 되게 하고 융통성도 부여한다. 이 평가나 사정은 집단구성원들과 상의함으로써 개인이나 집단으로 하여금 자신들의 목표를 성취하는 방향으로 노력할 수 있도록 하는 기능이 있다.

2) 집단지도자의 이해

(1) 지도자의 품성

집단지도자가 지녀야 할 개인적인 품성으로는 다음과 같은 사항들이 있다(Corey & corey,

1977; Stogdill, 1974; Konopka, 1955).

첫째, 집단지도자는 그가 함께 일하는 집단과 집단구성원에 대하여 애정과 관심을 가져야 하며 그들을 원조하기 위해서 자신의 능력을 최대한 발휘해야 하고, 청소년의 눈높이에서 이해할 수 있는 안목도 동시에 가지고 있어야 한다.

둘째, 집단지도자는 자신을 개방하여 청소년들로 하여금 접근성이 용이하도록 해야 한다.

셋째, 집단지도자는 집단구성원들의 느낌에 대하여 민감성을 소지하고 있어서 그들과 원만한 관계를 유지해야 한다. 또한, 집단지도자는 집단구성원들의 행동이 다소 무의미하게 보이는 행동일지라도 그들을 수용할 수 있어야 한다.

넷째, 집단지도자는 자신에 대한 이해와 항상 새로운 것을 추구하려는 창의성과 의지를 바탕으로 사적차원의 감정이 아닌 집단 및 집단구성원들과 함께 공감, 공명의식을 가질 수 있어야 한다.

(2) 집단지도자의 능력

- 첫째, 상호관계 수립 기술 능력으로 확고한 전문가의 입장에서 청소년 집단과의 관계를 수립해 나가야 한다. 집단 내 각 개인이 서로를 받아들이고 서로 힘을 모아 청소년 활동을 수행할 수 있도록 지도해야 한다.
- 둘째, 집단상황 분석 기술 능력으로 집단지도자는 청소년들과 그들의 활동에 대한 관찰 및 경청을 통하여 집단활동의 발달단계, 청소년 집단욕구, 청소년 집단 구조 등을 파악하고 분석할 수 있어야 한다. 무엇보다도 청소년들이 자신들의 생각을 표명하고 집단이 가진 가능성과 한계를 인식할 수 있도록 지도해야 한다.
- 셋째, 집단감정 처리 기술 능력으로 지도자는 집단활동에 대한 자신의 감정을 억제할 줄 알아야 하고 위기상황에서도 객관성을 견지할 수 있어야 한다. 또한, 청소년들의 긍정적 또는 부정적 감정표현을 돕고 집단 간 갈등이 생겼을 때에도 청소년들 스스로 이를 분석 · 해결할 수 있도록 이끌어가야 한다.

- 넷째, 지역사회 자원 활용 기술 능력으로 집단지도자는 청소년들의 프로그램 활동에 도움을 주는 자료와 정보는 물론 인적 · 물적 자원을 발굴하고 이를 제공할 수 있어야 한다. 그리고 만약 집단활동 내에서 문제를 가진 청소년이 있을 경우에는 다른 기관에 활동을 소개해야 한다.
- 다섯째, 자료수집 및 평가기술 능력으로 집단지도자는 정확한 지도를 위해 필요한 자료와 정보를 수집 · 분석하고 해석하여 청소년활동을 보다 효율적으로 지도하는 데 활용해야 한다. 그리고 청소년활동 수행에 관한 기록은 평가 및 발전수단으로 활용할 수 있어야 한다(집단지도론, 한국청소년개발원, 1994: 80-81).

3) 집단지도 과정

[표 12-1] **단계별 청소년 활동지도 과정**

구분	포함되어야 할 내용
사전단계	• 활동의 목표설정 • 청소년들의 모집 • 청소년집단의 구성 • 활동환경의 준비 • 집단활동에 대한 승인 등 • 청소년들에 대한 오리엔테이션 • 잠재적 후원기관 및 청소년에 대한 사정
초기단계	• 안락한 활동분위기의 조성 • 집단의 구조화 • 집단목적의 설정 • 집단활동에 대한 동기와 능력의 촉진 • 활동목표와 집단의 기능에 대한 설명 • 과업목표와 집단유지목표 간의 균형유지 • 활동평가 등
중간단계	• 활동의 준비 • 활동의 구조화 • 청소년의 목적성취 지도 • 활동평가
종결단계	• 활동에 대한 의존성을 감소시킴 • 활동종결에 대한 감정을 처리할 수 있도록 지도 • 청소년이 미래에 대한 활동 참여계획을 수립할 수 있도록 지도 • 실행된 청소년활동에 대하여 총괄 평가

청소년 활동에 있어서 집단지도자는 집단구성원인 청소년들을 처음 만나는 것에서부터 시작하여 청소년 활동의 목적을 달성하고 집단활동을 종결하는 것으로 끝나는 일련의 과

정을 거친다. 청소년 활동을 지도하는 과정은 [표 12-1]과 같이 사전단계, 초기단계, 중간단계, 종결단계의 네 단계로 구분할 수 있다.

3. 집단지도의 실제

1) 토론·토의식 지도방법

토론·토의식 지도방법은 지도자와 청소년들이 토론이나 토의를 통하여 문제의식을 가지고 함께 생각하고 의견을 교환하기 때문에 토론에 참여한 참가자 스스로 자신의 문제를 이해하고 그 문제를 스스로 해결하도록 하는 방법이다(한국교육학회·사회교육연구회, 1988: 218). 즉, 토론·토의식 지도법은 집단과 집단이 가지고 있는 목표 사이에 유기적 연계를 보장하고 구성원 개개인이 가지고 있는 사고의 발현을 위해서 동기화를 추진하는 것이다. 이러한 토론·토의식 지도의 효율성을 높이기 위해서는 다음과 같은 지도원리가 필요하다(『청소년활동론』, 1993).

첫째, 집단구성원들의 상호작용이 유기적으로 그리고 지속적으로 일어나야 한다. 집단구성원들은 서로 적극적으로 직접 접촉하고 대면하여야 하고, 이러한 상호작용을 통하여 집단목표를 달성할 수 있어야 한다. 둘째, 집단구성원들은 그들의 집단을 구성하고 유지할 뿐만 아니라 자신들의 요구나 목표를 충족시킬 수 있는 얼마간의 공통된 목적과 목표를 갖고 있어야 한다. 셋째, 집단구성원들의 활동을 규제하는 나름의 규범이 있어야 한다. 집단 구성원들은 이 규범의 영역 안에서 서로를 인식하고 이해하며 서로에게 반응하도록 해야 한다. 넷째, 집단구성원에게는 집단 내에서 자신이 차지하고 있는 지위에 적합한 역할이 부여되어야 한다. 규범이 집단 전체에 대한 기대라고 한다면, 역할은 각 개인에 대하여 다른 구성원이 갖는 기대를 의미한다. 다섯째, 집단 구성원은 공동의 목표를 달성하기 위하여 서로를 받아들여 수용하고 협력하는 상호의존 의식을 가져야 한다.

2) 효과적인 토론 · 토의 다섯 단계

① 토론시작단계

인사, 토론 목적 소개, 일반적 토론 방법 결정 등에 대한 소개가 여기에 속한다. 먼저 자연스럽게 토론할 수 있는 분위기를 조성해야 한다. 왜냐하면 사람은 누구나 대화 및 토론할 수 있는 자질을 갖추고 있는데, 그러한 토론 능력 및 자질은 토론 분위기가 어떤지에 따라 자연스럽게 발휘될 수도 있고 그렇지 못할 수도 있기 때문이다. 그러므로 이때 토론 참여자가 서로 모르는 관계에 있다면 개인 소개가 있어야 한다.

② 확장단계

이 단계에는 진술과정이 포함되며, 자유스럽게 상대방의 의견을 충분히 듣게 된다. 여기서는 일반론이 많이 나오며 표현의 한계를 둘 필요가 없다. 그리고 주제를 분류하여 의견을 진술하도록 할 필요는 없으나 진술된 의견을 주제별로 모을 필요는 있다.

③ 정리단계

위의 두 단계에서 다양하게 토론된 내용들을 종합하여 중요한 주제 분야별로 분류하여 정리한다. 즉, 질문내용 등을 영역별로 묶어 나가며 질문이나 토론될 내용을 지도요원이나 교육참여자 간에 합의점을 찾도록 노력해야 한다.

④ 설명 및 생각 단계

지도자와 교육참여자가 토론내용을 구체적으로 다룸으로써 전체 토론과정 중 가장 많은 시간을 소요하게 된다. 교육참여자들이 토론의 방향을 잃고 엉뚱한 이야기하는 것을 삼가도록 해야 한다. 참여자 대부분 토론주제에 대하여 정신을 집중하고 많은 것을 생각하게 되어 시간 조정에 따라서 차이가 있기는 하지만, 참여자들이 피곤함을 많이 느끼게 되므로 여기서는 되도록 주제의 초점에서 벗어나지 않는 가운데 결론을 찾도록 한다.

⑤ 종합 및 토론 목적 달성

이 단계에서는 지금까지 토론된 내용 중에서 질문에 대한 답변 등 결론과 해답을 찾아 종합·정리하도록 한다. 사회자는 가능한 많은 토론자들의 의견이 종합 결론에 충분히 반영하고 종합 결론을 참여자가 모두 참여한 가운데서 찾도록 해야 한다.

3) 현장활동지도

청소년들의 현장활동체험은 학교교육을 보완하여 보다 더 다양한 사회·문화적 직접경험을 통해 사회생활을 조화롭게 할 수 있도록 도움을 준다.

(1) 현장견학 지도법

① 현장견학의 계획

견학장소 선정은 청소년들의 활동효과를 최대로 올릴 수 있는 곳으로 신중하게 선정해야 하며, 견학 전에 먼저 현장의 허락을 받아야 한다. 현장 관계자와의 긴밀한 협조를 토대로 출발부터 도착까지 체계적인 계획을 세워서 견학의 목적을 달성할 수 있어야 한다.

② 현장견학의 실시

지도자는 출발 전에 청소년 참가자들이 자신의 소지품을 점검하도록 하고 견학 목적에 대해 설명한다. 그리고 질서유지와 지도자의 지침에 대해서 주의를 준 후에, 참가자 명단을 점검한다. 또 견학활동 중에는 청소년들이 견학활동에 능동적이고 자발적으로 참여할 수 있도록 가능한 한 토론과 질의 시간을 많이 제공하여 동기를 유발한다. 견학활동이 끝나면 가능한 출발지에서 해산하는 것이 바람직하다. 이때 지도자는 출발 전의 인원과 비교하여 이상이 없는지를 다시 한 번 꼼꼼히 점검한다.

③ 현장활동 후의 지도

견학 후 빠른 시일 내에 견학의 성과에 대한 평가과정이 있어야 한다. 이때, 현장활동에의 경험을 상기시켜 자유로이 발표하도록 한 후에 기록으로 남겨 보관하도록 한다. 평가 내용은 다음과 같다.

첫째, 참가자인 청소년들이 어느 정도 현장여행 목표를 달성하였는가에 대한 정도

둘째, 관찰 및 의문사항에 대한 질의응답을 위한 주어진 시간의 정도

셋째, 청소년들이 피곤을 느끼는 정도

넷째, 현장여행에서 배운 내용을 실제 행동으로 옮기기를 다짐하는 관심의 정도

다섯째, 다음 현장여행의 계획에의 반영 정도

(2) 현장파견실습 지도의 실제

① 실습동의서 작성

현장파견실습 전에 지도자는 청소년의 보호자에게 실습동의서를 받아야 한다. 보호자는 청소년들이 실습하는 환경 등에 대하여 동의하고 현장주인과 지도자를 도와 청소년의 실습활동이 보다 더 가치 있는 일이 될 수 있도록 도와야 한다. 또한 지도자는 실습지 책임자의 의사를 최대한 존중하면서 실습하는 청소년들로 하여금 실습활동을 성실하게 마칠 수 있도록 청소년, 청소년의 보호자, 현장책임자와의 긴밀한 상호협동체제가 이루어져야 한다.

② 실습계획 작성

현장책임자와의 협조를 통하여 합리적이고 가치 있는 실습이 이루어질 수 있도록 목록을 작성한다.

③ 현장실습지 작성

청소년들은 매일 작업내용, 실습현황, 실습현장에서 일어난 일, 느낀 점, 실습과정에서의 유익한 점, 어려웠던 점, 건의사항 등의 내용을 기록한다. 이때 실습일지의 작성은 구체적이고도 간결해야 하며 보존을 위해서 규격화된 양식을 사용하는 것이 좋다.

제13장 청소년지도방법의 실천현장

1. 청소년자원봉사활동

청소년자원봉사는 학습을 통한 개인적인 만족감과 사회참여의 기회와 책임을 실천하는 활동으로, 배움을 통해 얻은 지식과 기술을 지역사회에 실천함으로써 그 지식과 기술을 보다 실제적인 것으로 만드는 데 중요한 의미를 갖고 있다.

청소년자원봉사는 개개인의 완전한 자유의지에 따른 자발적인 활동이라기보다는 교육적 지도활동으로, 1995년 5월 31일 교육개혁안을 통해 인성교육의 강화 일환으로 봉사활동을 권장하였다. 제7차 교육 과정에서는 봉사활동을 학교교육과정에 통합시켜 학생들의 임의 활동에만 맡기는 것이 아니라 학교가 조직적 · 체계적으로 개입하는 특별활동의 한 영역인 '학생봉사활동'으로 지도되고 있다.

아직 미성숙하고 성장과정에 있는 청소년들에게 봉사활동은 완전한 의미의 봉사활동이라기보다는 봉사활동을 통한 학습, 곧 "봉사학습(Service-Learning)"의 개념에서 시작된다. 봉사학습은 학습자의 주체성을 존중하고 올바르게 육성하기 위한 사회체험학습으로, 자아발견과 지역사회에 대한 이해가 학교교육의 중요한 한 영역이라면, 봉사학습의 궁극적인 목적은 '서로 돕는 법을 배우는 것'과 '교육과 체험을 통해 봉사활동의 자발성을 최대한 길러주는 것'으로 정리할 수 있다.

1) 청소년자원봉사지도자가 유의할 점

학생의 봉사활동의 경우 개개인의 자유의지에 의한 자발적 활동이라기보다는 교육적 지도·안내·평가 활동이다. 따라서 청소년의 봉사활동이 본래 추구하는 자발성과 교육적 지도의 측면이 갈등을 일으킬 수 있다. 청소년자원봉사활동지도 시 지도자가 유의해야 하는 사항은 다음과 같다(청소년지도방법론, 2006, 301-303; 승금희, 2005).

① 자신의 역할에 대한 분명한 이해

자원봉사자는 개인의 자격이 아닌 기관의 한 구성원으로 행동해야 하며 특히 자신이 해야 하는 일과 할 수 있는 일, 해서는 안 되는 일의 경계를 분명히 할 줄 알아야 한다. 자원봉사지도자는 이러한 점을 자원봉사 교육 시 분명하게 주지시켜 줄 필요가 있다.

② 청소년자원봉사자에 대한 지지

자원봉사지도자는 봉사활동청소년이 지금까지 어떤 노력을 해 왔으며, 자원봉사지도자에게 어떤 기대와 욕구를 갖고 있는지도 알아보아야 한다. 특히 자원봉사자인 청소년이 지금까지 한 노력에 대하여 칭찬을 통해 적극적으로 지지해 주는 것도 필요하다. 그리고 이때 칭찬은 행위의 결과에 대해서가 아니라 과정에 대한 평가의 칭찬이어야 한다. 이러한 태도는 청소년에게 비난과 지시를 하려는 것이 아니라 봉사에 대한 신뢰와 개방성을 갖게 하려 함이다.

③ 공동의 목표선정 및 대안선택

지도자와 자원봉사자인 청소년은 수평적이고 협력적인 관계이다. 따라서 지도자는 청소년의 욕구를 고려하여 서로의 역할과 공동의 목표를 정한다. 그런데 이 과정에서 청소년을 지도자의 눈으로 마음대로 평가하고 판단하거나 혹은 지나친 기대를 가지게 되면 오히려 이들의 자원봉사에 대한 효율성을 저하시킬 우려가 있다. 따라서 가능한 모든 결정은 청소년의 수준과 욕구에 맞추는 것이 필요하다.

④ 청소년에게 제공해 줄 사회적 자원 탐색

청소년 주위에 도움을 줄 자원이 있는지 탐색해 보고, 만약 내부적 자원이 없다면 지역사회에 있는 다양한 자원과 연결시킨다. 혼자서 해결이 어렵다면 주위와 의논하여 힘을 모은다. 이를 위해서는 자원봉사자가 자신의 한계를 잘 알아야 하며 지역사회 자원에 대한 정확한 정보가 필요하다.

⑤ 자원봉사 활동과정에서 안전문제 고려

청소년자원봉사활동 과정에서 가장 주의해야 할 부분이 안전과 관련된 부분이다. 되도록 활동 전 치밀한 계획을 세워 계획대로 진행하는 것이 좋으며, 활동을 하면서 생길 수 있는 안전사고에 대한 주의를 준다. 또한 개인적인 만남보다는 집단 속에서 함께 활동하는 것이 바람직하다.

⑥ 활동 시작 전 및 종료 후와 관련된 사항

활동 시작 전에는 반드시 이번 시간에 해야 될 활동에 대해 미리 계획 · 검토하여 준비해야 하며, 활동 종료 후에는 반드시 활동에 관한 기록을 남기고 활동 시 의문시되었거나 조정되어야 할 부분을 기관의 자원봉사담당자와 협의한다. 또한 활동에 대한 평가에는 지도자뿐만 아니라 청소년의 평가도 반영되어야 하며, 다른 자원봉사자와 서로의 느낌을 나누는 것도 중요하다.

⑦ 지속적인 자원봉사활동 독려

많은 청소년들이 봉사활동에 대한 참된 의미와 가치를 제대로 인식하지 못하고 입시를 위한 봉사활동이 수행됨으로 인하여 책임감도 부족하며, 적당주의나 편의주의적인 봉사활동을 하는 경우가 많다. 그리고 봉사활동참여가 지속적으로 이루어지지 않는다는 문제점도 있다. 더군다나 학생들의 봉사활동을 지역사회의 각종 시설이나 기관에서는 간혹 자원봉사청소년을 꺼리는 경향이 있다. 그러므로 프로그램의 기획단계에서부터 평가에 이르기까지 청소년 자원봉사교육의 전 과정에 대한 이해가 선행되어야 하고 봉사활동의 학습적 의미를 포함하는 등 전문성이 필요하다.

2) 청소년자원봉사활동 현황

2013년 지난 1년 동안 '자원봉사활동에 참여한 경험이 있다'고 응답한 13~24세 청소년은 54.7%로, 이 중 중학생은 93.7%, 고등학생은 95.4%이나 대학생은 29.6%로 중·고등학생에 비해 자원봉사활동 참여율이 매우 낮았다. 지난 1년간 자원봉사활동에 참여한 횟수는 평균 5.6회로 나타났으며, 자원봉사 활동 1회당 평균 4.2시간 참여하는 것으로 나타났다(통계청, 2014).

[표 13-1] **자원봉사활동 참여율, 참여횟수, 참여시간**

구분	참여자	참여횟수						참여시간					
		평균	아동, 청소년, 노인, 장애인, 재소자	환경보전, 범죄예방	국가 및 지역행사	재해지역, 주민돕기, 시설복구	기타	평균	아동, 청소년, 노인, 장애인, 재소자	환경보전, 범죄예방	국가 및 지역행사	재해지역, 주민돕기, 시설복구	기타
2011	55.1	4.9	4.9	2.9	2.5	2.4	4.4	4.3	3.8	3.2	4.4	4.6	3.5
2013	54.7	5.6	5.4	3.3	3.3	3.3	4.9	4.2	3.7	3.2	4.4	5.3	3.3
13~19세	80.1	5.4	5.0	3.2	3.0	2.5	4.9	4.1	3.6	3.2	4.3	4.1	3.1
20~24세	17.4	7.6	8.2	4.8	4.6	4.1	3.9	4.7	4.1	4.0	5.0	6.4	5.0
중학생	93.7	5.1	4.5	3.2	1.9	3.1	5.1	4.3	3.7	3.3	4.2	4.5	3.1
고등학생	95.4	5.5	5.2	3.2	3.9	2.2	4.9	3.9	3.5	3.0	4.1	3.4	3.1
대학생	29.6	7.2	7.5	4.3	4.8	4.2	3.2	4.9	4.1	4.3	4.9	6.6	4.4

자료: 통계청(각 연도), 사회조사.

3) 청소년자원봉사 프로그램 작성 및 지도방법의 예

청소년자원봉사 활동이 '봉사학습'으로서의 효과를 거둘 수 있기 위해서는 지도자가 프로그램의 초안(草案)을 작성할 때부터 세심한 고려를 해야 한다. 다음은 '장애인 편의시설을 통한 이동권 조사'의 프로그램 작성 과정이다(청소년자원봉사 프로그램 작성 지도방법, 2007).

(1) 프로그램 개요

'프로그램 개요'는 청소년자원봉사 프로그램의 전체적인 내용을 한눈에 파악할 수 있도록 하기 위한 내용을 중심으로 구성한다. '프로그램 개요'를 구성하는 요소는 활동명, 활동목표, 활동영역, 활동단위(인원), 활동시기(소요시간), 준비물 등이다.

① 활동명

함께 걷고 싶은 아름다운 길 장애인 편의시설을 통한 이동권 조사.

- 활동명은 청소년들이 제목만 보고도 '이런 활동을 하는구나.' 하고 바로 알 수 있거나, 해당 봉사활동의 내용과 특성을 잘 드러나도록 한다.
- 활동의 내용을 상징적으로 표현하거나, 청소년들의 신세대 감각을 호소함으로써 참여동기나 욕구를 높이고, 필요한 경우 적절한 부제(副題)를 활용하는 것도 좋은 방법이다.

② 활동목표

학습적 측면	- 비장애인이 잘 모르는 장애인 편의시설(점자블록, 리프트, 점자표지판, 시각장애인 음성 수신기 등)의 사진이나 가까운 주변의 건물을 이용한 편의시설 설치 및 이용방법의 습득 - 장애인 편의시설을 통한 장애인에 대한 올바른 이해와 장애인이동권의 중요성을 인식하고 소외되는 장애인의 아픔을 느낄 수 있도록 다양한 자료와 체험을 실시함 - 장애와 관련된 활동을 통해 어려움을 직접 느낌으로써 장애 친구에 대한 배려의 마음과 '애자' 등의 은어사용 금지 및 장애 친구에 대한 따돌림(왕따) 예방
봉사적 측면	- 장애인이동과 편의시설 조사를 통해 문제점을 분석하고 개선방안을 연구·조사하여 해당 관청에 시정요구를 하고 그에 따른 편의시설의개·보수 및 확산에 기여함 - 장애인 편의시설 개선을 통해 장애인들의 사회참여와 이동권 보장에 관한 폭넓은 이해를 통해 사실을 올바르게 인식함

③ 활동영역

- 활동영역은 일반적으로 사용하고 있는 봉사활동의 8대 영역을 중심으로 구분하여 기술한다. 만일 두 가지 이상의 영역이 걸친 활동이면 활동 영역을 모두 기술하며, 활동 내용을 중심으로 주된 활동 영역을 앞에 기술한다.
- 봉사활동의 영역은 다양한 준거에 따라 구분할 수 있으나, 가장 일반적으로 사용되는 구분방법은 아래와 같이 '8대 영역'으로 나눈다.

㉠ 캠페인 활동	㉡ 자선구호활동	㉢ 환경 · 시설 보전활동
㉣ 일손 돕기 활동	㉤ 위문 활동	㉥ 지도 활동
㉦ 지역사회 개발활동	㉧ 기타활동	

- 프로그램 작성 시 봉사활동 영역을 기술하는 이유는 각각 다른 영역의 봉사활동마다 독특한 특성을 가지고 있기 때문이다. 따라서 서로 다른 영역의 봉사활동에 참여할 때 청소년은 그 활동의 특성을 이해하고 활동준비를 해야 한다. 지도자는 영역별 활동 특성을 고려하여 해당 영역의 활동 특성에 맞게 청소년자원봉사 활동을 지도해야 한다.
- 지도자는 봉사활동의 '8대 영역'의 구분방법, 개략적 내용뿐만 아니라 영역별 특성과 지도의 중점에 대한 폭넓은 이해를 바탕으로 프로그램을 작성해야 한다.
- 기존의 청소년자원봉사 활동은 주로 청소, 업무 보조 등과 같은 단순 일손 돕기에 치우쳐 있어, '봉사학습'으로의 효과를 충분히 거두지 못하는 요인이 되어 왔다.

따라서 앞으로는 청소년들이 스스로 자신의 생활주변에서 문제를 파악하고 해결하는 주체로 활동영역을 넓혀 나갈 수 있는 '캠페인 활동', '지역사회 개발활동', '지도활동' 등과 같은 영역의 활동을 발굴할 필요가 있다.

④ 활동단위(인원)

- 활동단위는 개인, 모둠(소집단), 학급(중집단), 학년 또는 학교(대집단) 등으로 구분하여, 어떤 규모나 단위로 활동하는 것이 효과적인지를 고려한다.

- 활동단위와 함께 1회 활동 시 가장 효율적인 활동 인원수를 구체적으로 생각해보고, 참가할 청소년의 연령, 학교급, 성별 구성원에 대한 구체적인 편성도 필요하다.

⑤ 활동장소

- 활동이 실행되는 장소를 구체적으로 생각한다.
- 해당 프로그램을 진행하기 위한 적합하고 안전한 장소인지 사전에 면밀히 조사한다.
- 활동장소까지의 이동거리를 계산하여 활동시간과의 조화를 고려한다.
- 활동이 고정된 장소의 활동인지 이동하면서 진행되는 활동인지를 생각해 본다.
- 활동장소의 내 · 외부적 공간이나 규모, 장비의 활용에 따른 시설사용료 등을 사전에 점검한다.
- 활동에 따라 해당 관청(구청, 경찰서, 사업소, 담당기관 등)에 사전 승인이나 신고를 해야 하는지 확인한다.

⑥ 활동시기(소요시간)

활동시기(소요시간)	우천 등의 야외 조사가 어려운 경우를 제외하고는 연중 가능하며 1회 총 6시간(준비 2시간, 활동 2시간, 조사 분석 2시간)으로 진행되고 상황에 따라 6시간을 2회~3회로 나누어 진행 가능함

- 활동내용과 관련하여 적절한 계절, 날씨를 고려하고, 활동 특성과 관련하여 가장 효과적인 요일이나 하루 중의 시간대를 고려해야 한다. 활동하는 청소년이 대부분 학생인 점을 감안하여 학사일정과의 관련성을 파악하는 것도 중요하다.
- 활동의 집중도와 효과성을 고려하여 프로그램에 필요한 최소시간을 미리 정해두고, 활동하는 청소년의 연령과 활동시간을 고려하여 적절한 휴식시간도 배정한다.
- 봉사활동 실행에 따른 이동(버스, 차량 등), 식사시간의 인정은 지도자가 적절하게 판단하여 봉사활동 확인서를 발급하고 기본적인 방침은 해당 교육청의 지침을 따른다.

⑦ 준비물

준비물 (주최 측)	- 지도자: 사전답사를 통한 구역지도, 조사양식, 구급약, 편의시설 사진, 장애인 용품(휠체어, 흰 지팡이), 장애인관련 보도자료, 장애인에 관한 비디오, 활동조끼 - 공동준비물: 사진기 - 개인준비물: 필기도구

- 준비물은 지도자(주최 측) 준비물, 공동 준비물, 개인 준비물로 구분하여 기록한다. 필요하면 준비물 점검표(체크리스트 등)를 활용한다.
- 준비물에는 안전사고 예방이나 긴급 상황, 기상(우천, 눈 등)에 대비한 장비 및 물품을 꼭 포함한다.

2. 청소년수련활동지도방법

1) 청소년수련활동에 대한 이해

(1) 청소년수련활동의 중요성

① 다양한 청소년들의 욕구 충족

청소년들의 바람직한 욕구 해소를 위해 학교교육에 대한 달피, 폭넓은 교육체계와 교육관이 필요하며, 청소년들의 다양한 요구를 파악할 필요가 있다. 왜냐하면 청소년 활동은 청소년기의 급격한 신체적 변화와 발달로 인한 심리적 혼란과 정신적 불안정감을 극복하고 자아정체감을 발견하는 계기가 될 수 있는 활동으로써, 그들이 새로운 가치관을 정립하고 심리적 안정감을 발현하는 중요한 활동이기 때문이다.

② 건전한 인간특성의 육성

활동을 통한 청소년들의 건전한 육성은 일상생활 속에서 이루어지는 여러 경험들을 통해 심화되고 확대된다. 특히 청소년들은 새로운 것을 직접 보고 느끼는 과정을 통해 새로운 자아를 탐색하고 자신들의 내면에 존재하고 있는 능력을 계발하며, 그들만의 건전한 인간특성에 대한 의미를 더욱 확연히 드러내고 어려움을 극복하면서 건전한 인간특성을 기를 수 있게 된다.

③ 대안적 교육활동

오늘날 수련활동과 같은 체험교육이 청소년들에게 강조되는 중요한 이유는, 학교 중심 · 지식 위주의 획일적인 교육에서 벗어나 자신들이 처해 있는 여러 사회적 상황에서 문제해결을 위한 대안적 교육활동으로서의 의미를 가지고 있기 때문이다. 수련을 통한 학습활동은 청소년들이 인간다운 생활을 파괴하는 요인을 물리치고 이에 대응할 수 있는 에너지를 축적하여 청소년 본래의 생활 활력소를 함양하도록 하는 것이다.

④ 바람직한 사회구성원으로서의 성장

현대사회의 구조적 역할 측면에서 볼 때 청소년들이 보다 나은 인격을 연마하고 그들이 바람직한 사회구성원으로 성장할 수 있도록 청소년들의 자발적 참여를 통해 심신을 단련하고 자질을 개발하여 배움을 실천하는 수련활동의 기회가 매우 필요하다. 왜냐하면 청소년은 급격한 신체적 발달로 인한 역기능을 승화시킬 수 있는 활동을 요청하려는 요구가 강한 부류이기 때문에, 집단활동이 심리적 혼란과 정신적 불안정성을 극복하게 하고, 자아정체감을 발견하며, 자신의 문제를 해결할 수 있는 근거를 제공해 주고, 자아확립을 마련하는 데 도움을 줄 수 있기 때문이다(류동훈 · 이승재, 2005: 78-80).

(2) 청소년수련활동의 특성(류동훈 · 이승재, 2005; 권일남, 1988)

청소년들은 수련활동을 통해서 잠재되어 있는 자기 능력을 발견하고 그 능력을 신장시킬 수 있다. 청소년수련활동의 특성은 다음과 같다.

① 청소년활동은 집단 경험적 활동이다.

② 청소년수련활동은 청소년 중심의 활동이다.

청소년수련활동은 학교교육과는 달리 참여하는 모든 청소년들의 개인적 특성과 상황적 요소를 충분히 고려하여 참여자들에게 의미 있는 경험을 제공하여 준다. 수련활동은 지도자 중심에서 청소년 중심으로, 지식과 기능 중심에서 인간관계 중심으로, 과제수행 중심에서 문제해결 중심으로, 전문적 활동 중심에서 기초적이고, 보완적인 활동 중심으로, 획일성, 타율성, 수동성, 모방성 중심에서 융통성, 자율성, 능동성, 창의성 중심으로 수행하는 활동이라 할 수 있다.

③ 수련활동은 한 개인이 참여하는 개인적 활동이라기보다는 집단구성원들의 집단적인 활동이다.

청소년들은 집단의 상호작용 활동을 통해 의복, 언어, 행동양식, 태도, 의식 등에 지대한 영향을 주고받을 뿐 아니라 사회적 상황에 대한 대처방법과 방향제시 역할을 수행하기도 한다.

④ 청소년수련활동은 자발적 행동이다.

청소년수련활동은 참가자가 스스로 참여하여 자신의 활동을 선택하게 한다. 수련활동의 자발성을 강조하는 것은 자기 자신과의 적합성 여부를 스스로 선택하게 하는 데 의의가 있다.

⑤ 청소년수련활동은 체험적 활동이다.

수련활동은 참여자 자신이 실제로 보거나, 듣거나, 느끼거나, 만지거나, 활동하여 지금까지 경험해 보지 않은 일을 새롭게 실행하는 과정이다. 특히 자연체험의 기회가 적은 청소년들에게 인위적이고 도식화된 환경에서 벗어나 의도적으로 자연환경과의 만남의 장을 제공하여 줌으로써 보다 넓은 자연세계를 체험하게 해 주는 일은, 청소년의 건전한 성장과 발달에 매우 중요한 역할을 수행한다. 이러한 체험활동을 통하여 청소년들은 삶에 대한 새로운 인식과 이해를 높이게 될 것이며, 체험활동 속에서 획득한 지식과 기술은 청소년의 일상생활에 반영될 것이다.

⑥ 청소년수련활동은 탐구적이다.

탐구적 활동은 창의적인 생각을 하고 여러 방안을 궁리하며 자료와 정보를 수집 · 분석 · 판단하는 종합적인 과정이다. 그리고 반성적 사고, 비평적 사고, 귀납적 사고, 연역적 사고, 발전적 사고 등의 동의어로 사용되기도 한다.

⑦ 청소년수련활동은 모험적 활동을 의미한다.

수련활동은 모험적 활동이다. 도전과 모험을 통하여 개인적 성취감을 맛보고, 자신감을 고취시켜 함께 나누는 의식을 길러주고 집단 형성을 통해 기쁨과 만족감을 경험시켜 주는 활동이다. 모험활동은 정신적 단련을 통해 청소년들을 성숙하게 하고 공동체적 연대감을 형성시킨다.

⑧ 청소년수련활동은 목표지향적인 활동이다.

청소년의 균형 있는 성장을 위해 심신단련, 자질배양, 취미개발, 정서함양, 사회봉사 등이 체험을 통해 덕과 체를 함양하기 위한 구체적인 목표가 내재된 활동이다. 이는 청소년의 참여 면에서 자율성과 프로그램의 선택 자율성 모두를 포함한다.

⑨ 청소년수련활동은 자율적인 활동이다.

청소년들이 학업활동과 같이 의무적으로 해야 하는 것이 아니라 자유로운 선택에 의해 이루어지는 활동이다.

⑩ 청소년수련활동은 조직적인 특성을 갖는 활동이다.

수련활동 내용의 일관된 체계성과 수련활동 참가자의 집단성 등의 특성을 지닌 조직적인 활동이면서 체험적인 활동이다. 지식의 이해 및 획득 같은 교육활동과는 다른 영역으로서 체험을 통한 역동적인 활동이 강조된다.

(3) 청소년수련활동지도자에 대한 이해

① 청소년수련활동지도방법

청소년수련활동의 효율성을 높이기 위해서는 청소년과 청소년지도자와의 원활한 의사소통이 필요하다. 청소년수련활동은 현장감 있는 활동이기에 지도자와 청소년간의 상호작용은 중요하다. 이에 청소년수련활동 시 지도자가 고려해야 할 방법들은 다음과 같다.

- 첫째, 합리적인 수련활동지도계획 수립

수련활동 계획을 수립할 때에는 학생들의 욕구와 지역적 특성, 학교의 실정에 맞게 조정하고 재구성할 수 있어야 한다. 청소년기에는 개개인의 적성과 능력, 흥미에 따라 개인차가 뚜렷하게 나타난다. 그러므로 수련활동 계획을 수립할 때 청소년들의 욕구가 무엇인지를 이해하고, 수련활동의 목표, 프로그램, 지도방향, 시설 등이 적합한 것인가를 파악하여 수련활동의 내용 수준과 범위에서도 합리적인 조정을 통한 지도가 이루어져야 한다.

- 둘째, 실생활 중심의 지도

수련활동은 일상생활과 관련된 실생활 중심의 교육이기 때문에 실습, 관찰, 체험, 실기 등 활동 중심이 교육이 이루어져야 한다. 또한 청소년 자신의 적성과 흥미를 발견하도록 자발적인 학습이 이루어지도록 해야 한다.

- 셋째, 충분한 안전교육 실시

수련활동은 신체적인 운동을 수반하는 교육과정이기 때문에 항상 안전교육에 힘써야 한다. 특히 시설 · 기구의 사용 및 취급에서 시설의 효율적 활용과 사용 중의 안전 관리에 주의해야 한다. 수련활동 후 뒷정리도 교수학습과정에 포함하여 수련활동이 단지 육체적인 활동을 하는 것이 아니라 수련활동에 임하는 마음가짐을 바르게 기르도록 해야 한다.

• 넷째, 전인적 인격교육

수련활동에서 요구되는 자세는 인내심이다. 특히 수련활동을 통해 성취감을 느끼게 되고 이를 통해 탐구심, 자립심, 협동심 등을 기를 수 있다. 그러므로 수련활동은 단순한 체력 향상이나 레크리에이션의 과정이 아니라 전인적인 성장을 기르는 교육이라 말할 수 있다.

② 청소년수련활동지도의 기본 원리

청소년의 수련활동을 지도할 때 적용되는 기본 원리로는 다음과 같은 사항들이 있다(권이종 외, 2001, 재인용).

• 첫째, 청소년의 자기주도적 학습원리이다.

청소년수련활동의 주체는 바로 청소년 자신이다. 청소년수련활동은 타인의 강요에 의해서 이루어지는 것이 아니라 본인이 원하고 좋아하고 자발적인 선택에 의한 주체적 활동으로서 동기부여를 해 주어야 한다. 또한 결과의 평가에서도 자기 자신이 주도적으로 주체자가 되어 스스로 평가해 보는 것도 중요하다고 할 수 있다.

• 둘째, 다양성과 융통성의 원리이다.

청소년들은 다양한 특성과 욕구를 가지고 있다. 따라서 이드의 다양한 욕구를 충족시켜 줄 수 있는 다양한 프로그램의 제공도 필요하다. 또한 지도에 실제로 임할 때에는 청소년들에 대한 포용적인 자세와 융통성 있는 지도의 자세가 필요하다.

• 셋째, 상호학습의 원리이다.

청소년수련활동은 청소년 자신만의 한 방향이나 또는 청소년지도자만의 일방적인 입장이 아니라, 상호 의사소통을 통해서 서로의 생각과 문제 등을 이해하고 수용하는 상호보완적인 관계이다. 즉, 지도자와 구성원이 일체가 되어 활동을 해나가면서 서로 수직적이고 위계적 관계가 아닌 수평적이고 주체적이며 참여적인 관계하에서 상호경험을 공유하고 활동에 적극 참여해야 함을 의미한다.

- 넷째, 경험중심 원리와 활동중심 원리이다.

맹목적인 암기와 반복적인 인지학습과는 달리 청소년 스스로가 직접 행함으로써 배울 수 있는 체험중심의 교육이며, 실제 참여와 활동을 통해 자신의 태도와 가치관 및 의식을 함양하는 활동 중심 교육의 장인 것이다. 따라서 실습, 견학, 방문, 실제훈련활동 등과 같은 참여를 통한 활동 중심의 지도방법이 보다 강조되어야 한다.

(4) 청소년수련활동인증제

청소년수련활동인증제는 청소년활동진흥법 제35조에 따라 국가 및 지방자치단체 또는 개인 · 법인 · 단체 등이 실시하고자 하는 청소년수련활동을 인증하고, 인증수련활동에 참여한 청소년의 활동 기록을 유지 · 관리 · 제공하는 국가인증제도이다. 청소년수련활동이 공공성, 유익성, 안전성 등 최소한의 요건을 고려하지 않은 상태에서 운영됨으로 인해 씨랜드 화재 사건, 식중독, 성추행 등 각종 사건 · 사고가 빈번하게 발생되어 왔다. 특히 학교 주 5일 수업제 도입에 따른 청소년의 여가시간 증가 및 가족과 함께하는 체험활동 요구를 청소년수련활동 참여로 유도하고, 안전하고 신뢰할 수 있는 청소년수련활동 환경의 필요성이 대두되었다. 국가는 이러한 사회적 · 정책적 요구를 수용하여 청소년수련활동이 국민으로부터 안전하고, 신뢰받을 수 있는 환경에서 운영될 수 있도록 2006년 3월부터 청소년수련활동인증제도를 시행하고 있다. 청소년수련활동인증제의 특징은 청소년활동프로그램에 대한 사전인증으로 양질의 활동기회 및 프로그램을 제공할 수 있게 하고, 수요자인 청소년의 욕구가 반영된 활동프로그램을 제공하여 유용성, 공공성, 안정성을 강조하며, 인증 받은 활동에 참여한 청소년의 활동실적을 기록 · 관리함으로써 청소년들의 자기계발과 진로탐색에 필요한 자료로 활용될 수 있도록 지원하고 있다.

2) 청소년수련활동의 현황

청소년활동진흥법 제10조에서는 청소년활동시설의 종류를 청소년수련시설과 청소년이용시설로 구분하고 있다. 국가와 지방자치단체는 물론 법인, 단체 또는 개인 등의 민간분야도 활동시설의 설치와 운영이 가능하지만, 민간의 경우에는 시 · 군 · 구청장의 허가를 받아야 한다.

[그림 13-1] 청소년활동시설의 종류

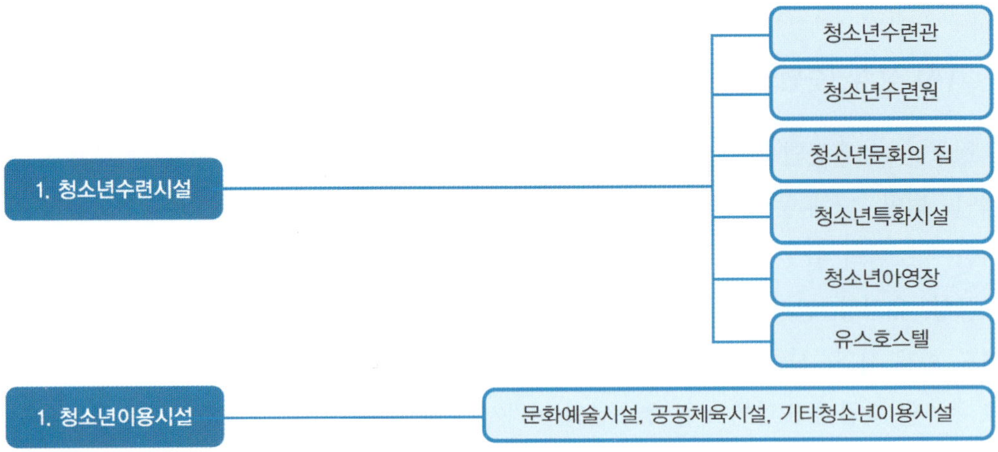

자료: 여성가족부(2013).

(1) 청소년수련시설 현황

청소년지도자의 지도하에 체계적이고 조직적인 수련활동을 실시하는 시설을 말한다. 청소년 수련시설은 기능이나 수련활동 및 입지적 여건 등에 따라 다양한 유형으로 구분된다. 이전에는 생활권 수련시설(청소년수련관, 청소년문화의집), 자연권 수련시설(청소년수련원, 청소년야영장), 그리고 유스호스텔로 구분되어 왔으나 2005년부터는 청소년수련관, 청소년수련원, 청소년문화의 집, 청소년특화시설, 청소년야영장, 유스호스텔로 구분되었다.

청소년 수련시설을 보다 자세히 살펴보면, '청소년수련관'은 다양한 수련활동을 실시할 수 있는 각종 시설 및 설비를 갖춘 종합수련시설을 의미한다. '청소년수련원'은 숙박기능을 갖춘 생활관과 다양한 수련활동을 실시할 수 있는 각종 시설을 갖춘 종합수련시설을 말한다. '청소년문화의 집'은 간단한 수련활동을 실시할 수 있는 시설 및 설비를 갖춘 정보 · 문화 · 예술중심의 수련시설을, '청소년 특화시설'은 청소년의 직업체험 · 문화예술 · 과학정보 · 환경 등 특정 목적의 청소년활동을 전문적으로 실시할 수 있는 시설과 설비를 갖춘 수련시설을 의미한다. '청소년야영장'은 야영에 적합한 시설 및 설비를 갖추고 수련활동 또는 야영편의를 제공하는 수련시설을, '유스호스텔'은 청소년의 숙박체제에 적합한 시설 · 설비와 부대 · 편의시설을 갖추고 숙식편의 제공, 여행 청소년의 활동지원 등을 주된 기능으로 하는 시설을 말한다. 1992년 이전에는 수련시설이 150여 개에 불과하였지만, 매년 지속적으로 증가하여 2012년 12월 기준 753개의 시설이 설치 · 운영되고 있다.

[표 13-2] **청소년수련시설 현황**

구분	총계	수련관	문화의집	수련원	야영장	유스호스텔	특화시설
계	753	181	219	173	45	127	8
공공	485	177	215	42	27	16	8
민간	268	4	4	131	18	111	0

자료: 여성가족부(2012. 12. 31. 기준).

① 청소년 이용시설

- 청소년이용시설 개념과 유형

청소년이용시설은 청소년수련시설이 아닌 시설이지만, 설치 목적의 범위 내에서 청소년활동 실시와 청소년의 건전한 이용 등을 위하여 제공할 수 있는 시설을 의미한다. 청소년이용시설로는 ㉠ 「문화예술진흥법」 제2조 제1항 제3호의 규정에 의한 문화시설, ㉡ 「과학관 육성법」 제2조 제1호의 규정에 의한 과학관, ㉢ 「체육시설의 설치 · 이용에 관한 법률」 제2조 제1호의 규정에 의한 체육시설, ㉣ 「평생교육법」 제2조 제3호의 규정에 의한 평생교육시설, ㉤ 「산림문화 · 휴양에 관한 법률」 제13조, 제14조 및 제19조의 규정에 의한 자연휴양림, ㉥ 「수목원조성 및 진흥에 관한 법률」 제2조 제1호의 규정에 의한 수목원, ㉦ 「사회복지사업법」 제34조 제4항의 규정에 의한 사회복지관, ㉧ 시민회관 · 어린이회관 · 공원 ·

광장 · 고수부지와 그 밖에 이와 유사한 공공시설로서 수련활동 또는 청소년 여가선용을 위한 이용에 적합한 시설 등이 해당된다. 시장 · 군수 · 구청장은 청소년이용시설 중 청소년지도사를 배치한 시설에 대해서는 청소년이용 권장시설로 지정하여 다른 청소년이용시설에 우선하여 지원할 수 있다.

(2) 청소년이용시설 현황

① 문화시설

문화예술시설로는 청소년들의 정서함양을 위해 국가가 건립한 국립중앙극장, 국립중앙박물관, 국립현대미술관, 국립국악원, 국립민속박물관, 국립중앙도서관 등이 있으며, 각 지역별로 박물관, 미술관, 도서관, 문예회관, 지방문화원 등의 시설이 있다. 문화공간은 공연시설(공연장, 영화상영관, 야외음악당 등), 전시시설(박물관, 미술관, 화랑, 조각공원), 도서시설(도서관, 문고), 지역문화복지시설(문화의집, 복지회관, 문화체육센터, 청소년수련시설), 문화보급전수시설(지방문화원, 국악원, 전수회관) 등으로 분류된다.

② 과학관

과학관 중 대표적인 이용시설로는 국립중앙과학관과 국립서울과학관이 있다. 국립중앙과학관의 상설전시관에는 4개 분야 약 4,100여 점의 전시품이 전시되고 있다. 이 밖에 탐구관, 천체관, 영화관, 특별전시관, 야외전시장 등을 갖추고 있다. 국립서울과학관은 상설전시관, 특별전시관, 영화관, 과학교실, 세미나실, 놀이 및 휴식 공간 등의 공간을 갖추고 있다.

③ 체육시설

우리나라의 체육시설은 정부의 지속적인 투자로 양과 질적인 측면에서 괄목할 만한 성장을 이루어왔다. 정부는 국민의 건전한 여가선용과 생활체육활동을 증진하기 위하여 국민이 집 주변에서 쉽게 접근할 수 있는 생활체육시설과 전문선수의 육성을 위한 전문체육시설의 건설을 지원해 왔으며, 각종 국제경기대회 등의 개최를 계기로 국제수준의 체육시설을 확충하고 있다. 현재 정부가 지원하고 있는 공공체육시설의 종류로는 생활체육공원, 국민체육센터, 마을단위 생활체육시설, 동네운동장, 길거리농구대, 시 · 군 기본체육시설 등이 있다.

(3) 인증수련활동의 활동 영역

청소년수련활동인증위원회에서는 청소년인증수련활동을 과학정보활동, 교류활동, 모험개척활동, 문화예술활동, 봉사활동, 직업체험활동, 환경보존활동, 건강 · 보건활동, 자기(인성)계발활동 9개 영역으로 구분하고 있다. 각 영역별 활동의 예시는 다음과 같다.

[표 13-3] **인증수련활동 영역별 분류 체계**

영역	영역별 활동 예시
건강 · 보건활동	신체단련활동, 약물예방활동, 흡연 · 음주 · 약물 · 비만 예방활동, 안전 · 응급처치활동, 성교육활동
과학정보활동	모형 및 로봇활동, 인터넷활동, 우주천체활동, 정보캠프활동, 영상매체활동 등
교류활동	청소년국제교류활동, 남북 청소년교류활동, 도 · 농 간 청소년교류활동, 국제이해활동, 다문화이해활동, 세계문화비교활동, 한민족청소년캠프 등
모험개척활동	탐사 · 등반활동, 야영활동, 해양활동, 오지탐사활동, 극기훈련활동, 호연지기활동, 수상훈련활동, 한국의 산수 탐사활동, 안전지킴이활동 등
문화예술활동	지역문화, 세계문화, 대중문화, 역사연극활동, 어울마당, 전통예술활동 등
봉사활동	일손돕기활동, 위문활동, 지도활동, 캠페인활동, 자선 · 구호활동, 지역사회개발 및 참여 활동 등
직업체험활동	청소년모의창업, 경제캠프, 사회생활기술, 진로탐색 활동, 직업현장체험 등
환경보존활동	생태활동, 환경탐사활동, 자연지도 만들기, 숲체험, 환경음식 만들기, 환경살리기 활동, 환경 · 시설 보존활동 등
자기(인성)계발활동	표현능력개발 수련활동, 자기탐구활동, 자기존중감향상 프로그램, 자기표현활동, 심성수련활동 등
기타	인증신청기관 직접 명기

* 청소년수련활동인증위원회 의결(2008. 7. 3.)

활동영역별 인증수련활동 프로그램 현황을 살펴보면 자기(인성)계발활동이 529개로 가장 많았으며, 다음으로 문화예술활동 271개, 봉사활동 208개, 직업체험활동 160개, 환경보전활동 158개, 모험개척활동 112개, 건강 · 보건활동 111개, 과학정보활동 102개, 교류활동 19개 순으로 조사되었고 기타가 29개였다. 전반적으로 자기(인성)계발활동과 문화예술활동이 많은 수준을 차지하였으며, 교류활동영역이 다른 활동에 비하여 상대적으로 적었다.

[표 13-4] **활동영역별 인증수련활동 현황**

자기계발	문화예술	봉사	과학정보	직업체험	건강보건	모험개척	환경보존	교류	기타	계
529	271	208	102	160	111	112	158	19	29	1,699

자료: 여성가족부 · 한국청소년활동진흥원(2012), 인증수련활동 효과성 측정 연구.

마지막으로 기관별 인증수련활동 현황을 살펴보면, 대체적으로 청소년수련관이 961개로 전체 프로그램의 약 56.6%를 차지하였으며, 청소년문화의집 288개, 청소년수련원이 197개 등으로 청소년 수련시설이 전체의 약 87.3% 이상을 차지하였다.

[표 13-5] **기관별 인증수련활동 현황**

연도	국가지방자치단체	청소년수련시설				청소년단체	청소년기관	청소년이용시설	아동청소년보호복지시설	일반	기타	총계
		청소년수련관	청소년수련원	청소년문화의집	기타							
2006	-	13	15	6	-	11	3	-	1	1	-	50
2007	2	171	30	43	2	4	20	2	2	-	-	276
2008	4	265	35	80	9	15	24	5	-	1	1	439
2009	2	142	30	39	9	12	16	1	1	3	-	255
2010	7	172	18	39	3	8	12	2	-	4	1	266

연도	국가 지방 자치 단체	청소년수련시설				청소년 단체	청소년 기관	청소년 이용 시설	아동 청소년 보호 복지 시설	일반	기타	총계
		청소년 수련관	청소년 수련원	청소년 문화의 집	기타							
2011	9	119	54	33	6	5	3	4	3	6	-	242
2012	5	79	15	48	8	2	1	4	2	3	4	171
총계	29	961	197	288	37	57	79	18	9	18	6	1,699

자료: 여성가족부 · 한국청소년활동진흥원(2012), 인증수련활동 효과성 측정 연구.

3. 청소년놀이의 지도방법

방희정(2001)에 의하면 놀이는 다음과 같은 특성을 갖는다.

첫째, 모든 놀이는 자발적 행위이다. 형식상 놀이의 형태를 취하고 있다고 하더라도 명령에 의한 놀이는 놀이가 아니다.

둘째, 놀이는 탈일상성을 갖는다. 놀이에서는 실제 삶이 연출되는 것이 아니라 현실을 떠난 가작화(as~ if)의 측면이 강하게 들어간다. 놀이 중에는 잠시 현실이 정지되며, 상상적 세계에서 상상적 자아로의 변신이 가능하다. 이러한 특성 때문에 사람들은 놀이세계에서 심리적 자유와 해방을 느끼게 된다.

셋째, 놀이는 결과보다 행동 자체가 목적인 활동이다. 일을 할 때와는 달리 놀이하는 동안은 심적 부담이 없고 흥분과 재미를 느끼게 된다.

넷째, 놀이에는 규칙이 있다. 그 나름의 고유한 규칙이 있으며, 이것이 위반될 경우 놀이 세계는 성립될 수 없다.

다섯째, 놀이에 경쟁적 요소가 포함될 수 있다. 대부분의 놀이가 비경쟁적인 형태를 띠지만, 모든 놀이가 경쟁 없는 이완상태를 제공하는 것은 아니다. 놀이과정에서도 종종 보이지 않는 경쟁으로 인한 심리적 부담을 느낄 수 있다.

1) 놀이의 기능

놀이는 하나의 의미로서, 인간 공동생활 자체가 놀이의 형식을 지니면서 집단 전체가 모든 것을 포함한 사회의 성원으로서 의좋게 함께 살아 갈 수 있는 사회 상태를 만들어 내려는 노력을 창출하는 것이다(김흥운, 1989).

통상 놀이 이론이라 함은 놀이 기능에 대한 것으로, 변홍규(1983)는 놀이의 기능을 좀 더 구체적으로 다음과 같이 이야기하고 있다.

첫째, 놀이는 인지적 또는 언어적 발달에 중요한 영향을 준다. 놀이를 통해 세계나 다른 사람 또는 그들 자신과 관계를 맺게 되고, 주변 세계를 탐구하고 실험하게 된다. 또 놀이는 어떤 사태를 변경하고 설계하며 구성하고 질문하는 등 창의적 행동 발달에 영향을 줄 뿐 아니라 사물을 이해하고 연결하며 비교하고 설명하는 등 판단적 행동에도 기여한다. 나아가 놀이는 어떤 사태나 사물을 규정하고 수집하고 선택하며 발견하고 분류하는 것과 같은 변별적 행동에도 영향을 준다.

둘째, 놀이는 또 아동의 복잡하고 상호 모순되는 정서 상태를 정화하거나 정신건강에 도움을 주는 기능을 발휘하는 등 정서발달과 직결된다. Freud도 놀이가 억압된 감정을 해소시키고 불쾌한 경험을 극복한다고 분석함으로써 놀이가 정서 발달의 기본이 된다는 점을 설명하였다. 그밖에 집단에의 소속감이나 자기 존엄의 감정 등의 정서적 필요가 놀이에서 충족될 수 있다.

셋째, 놀이를 통해 친구들과 접촉함으로써 그들은 점진적으로 자기와 타인의 관계에 대해 학습하게 되며 나아가 인간 생활의 기본 형태를 익히게 된다. 그리하여 사회관계를 어떻게 형성하며 이러한 사회관계가 일으키는 문제에 어떻게 적응하고 해결하는가를 배우게 된다는 것이다. 특히 다른 친구들과 성공적으로 놀 수 있기 위해서는 의사소통의 숙달이 크게 발달되어야 하며, 이것은 다른 친구 관계의 형성에까지 연결된다. 그래서 오늘날 원만한 사회 적응이라는 차원에서 놀이가 각광받고 있다.

이렇듯 놀이는 인지적, 언어적, 정서적, 신체적 또는 사회적인 모든 영역에 걸쳐 커다란 영향을 미친다는 것이 분명하다.

이상에서 살펴본 바와 같이 건전한 놀이는 청소년의 성장과 발달에 매우 긍정적으로 작용할 뿐만 아니라, 문제해결을 위한 상상의 세계를 제공하며 인간관계를 형성시키는 원동력의 구실을 한다. 또한 놀이는 성인의 역할을 배워가는 사회화 과정의 기능 이외에 언어체계의 기초 학습과 공동체적 삶의 규칙을 생활화할 수 있도록 도와주며, 긴장 및 갈등 해소를 통한 사회 · 심리적 치료 효과 등을 지니고 있다.

2) 놀이의 분류

프랑스의 사회학자인 Roser Caillois는 인간의 놀이를 그 특성에 따라 네 가지로 분류하였는데, 그가 분류한 네 가지의 놀이 형태는 다음과 같다(김영철, 1993).

첫째, 경쟁에 관계되는 놀이이다. 이 분류에 속하는 놀이들은 양편의 경기자들이 서로 경쟁하여 자기의 우세함을 겨루는 것을 목적으로 하는데 축구나 권투, 검도 같은 각종 운동 경기들이 이에 해당할 수 있다. 이러한 경쟁적인 놀이들은 주로 경기자의 신체적인 힘, 인내력, 속도, 혹은 놀이에 대한 기술 등에 의해 승부가 결정되기 때문에 경기자들은 게임 전에 일정한 훈련을 필요로 한다. 그는 경쟁적인 놀이는 인간 사회의 경제, 그리고 경쟁을 위주로 한 시험 등에서도 그 특성을 찾아낼 수 있는데, 만일 놀이 자체의 규칙이 와해될 경우에는 여러 가지 폭력과 사기 같은 범죄가 발생할 수 있다고 생각하였다.

둘째, 기회를 노리는 놀이이다. 이 종류에 해당하는 놀이들은 승패의 결정이 경기자의 우세한 힘, 지구력 혹은 승부에 대한 강한 욕망에 직결되지 않고 오직 우연한 결과에 의하게 된다. 그 대표적인 예로는 화투와 같은 모든 종류의 카드게임, 주사위놀이, 복권, 내기놀음 등을 들 수 있는데, 우리가 흔하게 들을 수 있는 것처럼 '재수'를 기다리는 것이 놀이의 핵심이 된다. 이 경우에 경기자들은 경쟁해야 할 상대도 갖지 않으며, 경기를 위한 특별한 노력이 필요 없는 수동적인 상태에 있게 된다. 경쟁적인 놀이에서 필요한 작업, 인내, 훈련 혹은 경험, 그리고 제한된 자격 기준이 필요하지 않기 때문에 기회를 노리는 게임에서는 전문성이나 특별한 교육 혹은 훈련이 배제되어 있다. '요행' 혹은 '운'이 주체가 되는 이러한 종류의 놀이들은 승부를 위한 방편으로 '미신'이나 '점성술' 따위와 같이 인간의 사고방식을 변화시킬 수 있고, 대부분의 놀이에 금전이 작용하므로 사행심의 조장이나 도박과 같은 악영향의 가능성은 더 높다는 것이다.

셋째, 모방형의 놀이이다. 이 형태의 놀이들은 대개 자기 자신이 아닌 가상적인 실체를 위한 어떤 '역할'을 위주로 한 것으로 소위 'make-believeplay(가상적인 놀이)'와 같은 것들이다. 이러한 놀이에 참여하는 사람들은 참가자가 본인이 아닌 다른 사람의 흉내를 내거나 가상적인 타인의 위치에서서 행동하게 된다. 대표적인 예로는 가면무도회를 비롯하여 영화, 연극 등을 들 수 있으며 어린이들이 병정놀이를 한다든지 소꿉장난을 하면서 자신들을 타인의 위치에 있게 한다든지 또 부모나 주위의 특정한 인물로 가정하여 놀이를 해 보는 것은 모두 모방형의 놀이들이다. 모방형의 놀이에 참가하는 사람들은 자기의 역할이 영속이 아니고 일시적인 상태라는 것을 알고 있는데, 그 순간만은 자기 자신도 자기가 아닌 다른 사람이라는 것을 최대한으로 인정하며 관객들도 그가 다른 사람으로 봐주기를 바라게 된다. 그러나 이것은 보는 사람을 속이기 위한 것이 목적이 아니고 주위의 호기심을 불러일으키거나 궁금증을 갖게 하여 본인이나 다른 사람들이 흥분된 기쁨을 갖게 하려는 데 그 의도가 있는 것이다.

김영철(1998)에 의하면 청소년의 놀이는 학교 수업시간에 노는 '학교 생활적 놀이', 학교 밖 여가시간에 노는 '대중 문화적 놀이', 비행의 맥락에서 노는 '환각적 놀이'로 구분된다. 일반 청소년들에게서 주관심사는 주로 대중 문화적 놀이이지만, 구분 자체가 모호하며 전반적으로 놀이란 청소년의 삶에서 다음과 같은 기능을 갖는다.

① 탈일상성의 추구

현대사회라는 무한경쟁 체제 속에서 청소년들은 종종 삶의 무게로부터의 도피할 수 있는 시간과 탈일상성의 공간을 꿈꾸곤 한다. 청소년들이 놀이를 통해 원하는 것은 공부로 인한 스트레스를 해소하고 잠시나마 자기 나름대로 즐기고 싶다는 절실한 욕구이다. 일상의 스트레스나 권태로부터 기분전환을 가능하게 해준다는 점에서 놀고 싶다는 욕구는 소년들의 본능이기도 하다. 놀이에 참여, 몰입함으로써 청소년들은 현실의 어려움과 고통,

위계적인 질서나 피지배적 지위로 인한 괴로움과 갈등으로부터 벗어나 존재로서의 자유를 회복하고자 한다. 젊음 자체가 에너지의 분출이라는 점에서 볼 때 청소년들은 성인에 비해 놀이를 통해 강렬한 흥분과 재미를 추구하고자 하는 경향성이 상대적으로 더 높다. 흥분과 스릴을 추구하는 청소년기 특유의 놀이 욕구를 어른의 잣대로만 가늠할 수는 없는 일이다. 놀이를 통한 교육적 기능을 지나치게 강조할 경우 오히려 청소년놀이를 또 다른 형태의 재미없는 틀 속에 가두어 버릴 수 있다. 청소년들에게는 놀이의 긍정적, 부정적 가치 이전에 재미있고 신나게 놀았다는 느낌이 더 중요하다. 놀이를 통한 탈일상성의 짜릿한 경험이야말로 청소년들로 하여금 공부로 인해 쌓였던 스트레스, 긴장, 불안, 욕구좌절, 불만 등을 해소시키고 일상으로의 적극적 회귀를 가능하게 해준다.

이렇듯 놀이가 청소년의 역동적 삶을 위한 활력소로 작용한다는 점에서 놀이 활동에는 '새롭게 만든다(making anew)', '재창조한다'라는 의미의 리-크리에션(re-creation)의 기능이 포함된다고 볼 수 있다.

② 공동체 의식의 경험

청소년의 놀이행동은 사회 통합적이며 문화적인 기능을 갖고 있다. 놀이활동은 상당부분은 말 그대로 몸으로 부딪치며 함께 노는 과정을 통해 놀이 구성원들 간의 일체감을 높여줄 뿐 아니라, 놀이집단에 공동의 가치를 부여함으로써 자연스럽게 공동체 의식을 고양시키게 된다. 즉 청소년들은 부모로부터 심리사회적 독립해야 한다는 청소년기 발달과업 수행에 따른 불안감과 사회적 긴장감을 놀이 과정을 통해 완화시키면서 집단구성원으로서의 공동체감, 즉 집단정체감을 확인해 나가게 된다. 그렇기 때문에 청소년들은 때로 자신의 개인적 취향과는 전혀 무관한 놀이 활동임에도 단지 또래친구들이 즐기는 놀이라는 그 이유 하나만으로도 무조건적으로 놀이에 몰두하기도 한다. 이를 Maslow의 욕구위계이론으로 설명한다면, 청소년들의 놀이욕구란 그 자체가 '소속감과 인정에의 욕구'와 무관할 수 없다. 사실상 공감대를 형성하고 집단정체감으로 묶이고자 하는 청소년들의 욕구를 충족시키기에 또래와의 놀이만큼 자연스러운 활동은 없다. 이러한 경향성은 특히 우리나라와 같이 집단주의 문화권에서 강해서 종종 획일화라는 문제점을 드러내기도 한다. 실제 근래

청소년들의 경우 그때그때 또래 집단에서 유행하는 놀이나 인터넷 게임을 모를 경우 친구들로부터 집단따돌림을 당할 정도라고 한다.

인간은 사회적 동물로서 여가 활동을 통하여 타인과의 친밀한 관계를 유지하고자 하며 확장하고자 한다. 이 점에서 놀이란 청소년의 소속감 욕구와 사회교류 욕구를 충족시켜주는 데 적절한 활동임에 틀림없다. 놀이를 통한 사회적 교류 욕구에는 대인 관계의 질을 더욱 돈독하게 하는 것과 대인관계의 범위를 넓히고자 하는 것이 모두 포함된다. 놀이를 통한 사회적 교류 욕구 또한 집단주의 성향이 큰 문화권에서 더 강하게 나타난다. 특히 개인적 자아정체감이 확립되기 이전인 청소년 시기에는 집단정체감 형성을 위해 집단적 놀이 경험이 매우 중요한 의미를 갖게 된다. 이렇듯 청소년들은 놀이 활동을 통해 또래들 간의 공감대를 확인하면서 특유의 문화를 만들어나가게 된다.

③ 멋과 수월성 추구: 자기표현 욕구와 자기향상의 욕구

요즘 청소년들은 미래지향적인 목적 달성을 중시하기보다는 현재의 행복한 생활을 더 중요시하는 현실만족적 경향성을 나타내고 있다. 이들은 현재의 자신을 희생하면서까지 큰 목표를 달성하고자 하는 노력보다는 우선 자신에게 충실하고자 한다. 이러한 변화된 청소년 가치관은 '자기표현 욕구'와 '자기향상의 욕구'를 통해 강하게 색깔을 드러내고 있다. 자기표현중심주의는 '지위보다 자기표현에 충실', '쾌락추구의 중시', '창조성의 발휘', '권위를 배척하는 태도', '자기 내면적 성장의 힘' 등의 특성으로 나타난다(이윤구, 1990).

청소년들이 어떠한 집단에 소속되고자 하는 욕구는 집단 구성원들로부터 인정받고자 하는 욕구로 이어진다. 특히 자발적인 요소가 핵심을 이루는 놀이의 경우 청소년들은 자신이 주체가 되는 경험을 통해 자신을 표현할 수 있는 기회를 최대화하면서 스스로를 인정받고자 한다. 이는 놀이활동의 주된 목표의 하나가 자기표현과 동시에 타인인정에 있음을 함축한다. 결국 청소년들에게는 놀이상황이야말로 자유를 누리면서 자기표현 욕구를 충족할 수 있는 시간이자 타인들로부터 관심과 인정을 받을 수 있는 절호의 기회가 된다.

3) 청소년지도자의 놀이지도력

청소년놀이지도자가 갖추어야 할 기본자세는 다음과 같다(배규한, 2006: 343).

첫째, 지도자는 활동보다는 사람을 우선시하고 존중하는 데 관심을 가져야 한다. 지도자는 프로그램을 성공적으로 수행하였는가보다 참가자들에게 어떤 일이 벌어졌는가, 어떤 성격의 즐거움이었는가에 궁극적인 관심을 기울여야 한다.

둘째, 지도자는 개개인을 이해하고 후원하며, 인간에 대한 깊은 신뢰를 가지고 있어야 한다. 따라서 놀이관에서 각자 자기의 모습대로 표현하고 나름대로 즐길 수 있도록 허용하며, 그들이 상호 성숙한 인간관계를 발전적으로 만들어 나갈 수 있도록 도와야 한다.

셋째, 지도자는 모둠의 조직과 진행과정에 대한 명확한 판단과 통찰력이 있어야 한다. 참가자들이 스스로 지도력을 개발해 낼 수 있도록 도와주는 촉진자여야 한다.

넷째, 개개인은 흥미, 배경, 욕구, 성격, 행동양태가 각기 다른 인격체라는 사실을 인정하고 수용할 수 있어야 한다. 따라서 지도자는 참가자들에게서 나타나는 위축, 적대감, 적대적인 행위, 그리고 이와 유사한 행동들에 대해서도 이해하고 수용하는 자세가 필요하다.

다섯째, 지도자는 참가자들의 태도, 기능, 행동양태를 고려하여 그들이 이해하고 수긍하는 긍정적인 방향으로 이동할 수 있도록 도와줄 준비를 항상 하고 있어야 한다.

4) 놀이활동지도 시 청소년지도자의 유의점

놀이지도자는 항상 침착하고, 낙관적이며, 긍정적인 태도로 놀이지도에 임한다.

첫째, 청소년들이 놀이에 참가하면서 아무리 흥분하더라도 지도자는 너무 흥분하거나 신경질을 내지 않도록 한다.

둘째, 놀이활동 중에 지도자는 자기 자신의 위치를 바로 깨달아 참가자들의 기분이나 감정이 상하는 일이 없도록 항상 주의를 기울여야 한다.

셋째, 참가자 중에 특별히 재능이 뛰어난 참가자가 있다 하여 개인을 너무 칭찬하거나 놀이를 그 사람에게 전적으로 맡기는 일은 좋지 않다.

넷째, 놀이지도자는 복장에도 신경을 써서 편안하면서도 명랑하고 즐거운 분위기를 연출하도록 해야 한다.

4. 다문화가정 청소년

1) 개념

다문화가정이란 통상적으로 국제결혼을 통해 형성된 가정을 지칭한다. 다문화가정은 학술적 용어로, 법률적 용어나 정의는 아니다. 그동안 이와 비슷한 뜻으로 사용되어온 국제결혼가정은 국적(國籍)이 서로 다른 사람끼리 결합된 가정이라는 점을 강조하고 있는 것에 비해서 다문화가정이라는 용어는 한 가정 내의 다른 문화적 배경을 갖고 있는 이들 사이의 결합이라는 문화적 요소를 보다 강조한다는 특징을 갖고 있다(이성언 · 최유, 2006).

그동안 우리사회에서는 국제결혼처럼 서로 다른 인종끼리 결합된 가정의 형태를 혼혈가정이라고 일컫는 경우가 더 많았다. 그러나 혼혈인가정과 그 2세인 혼혈인이라는 용어 자체가 갖고 있는 상징적 차별성을 시정하기 위한 대안으로, 다문화가정과 다문화가정 2세라는 용어를 사용하도록 지방자치단체나 시민단체에서 장려하고 있다.

우리사회에서 국제결혼가정을 다문화가정으로 고쳐 부르는 것에 대해서는 이미 사회적인 합의가 진행되어 왔다. 2003년에 건강시민연대는 국제결혼, 혼혈아 등의 차별적 용어를 추방하고 대신 다문화가족이나 다문화가족 2세로 부르자고 제안했다(한겨레신문, 2003년 12월 3일자). 이 제안은 큰 호응을 얻어서 각종 관련단체에서 국제결혼가정이 주는 부정적 이미지를 해소하고자 다문화가정 또는 다문화가족으로 고쳐 부르고 있다.

2) 다문화가정의 유형

다문화가정은 크게 이주노동자 가정, 국제결혼 가정, 새터민 가정으로 구분할 수 있다(구은미 외, 2009; 평택대학교, 2007).

첫째, 이주노동자는 내국인과 결혼하여 자녀를 갖거나 자신의 출신국에서 배우자와 자녀들을 이주시킴으로써 다문화가정을 이룬다. 이주노동자가정 자녀란 외국인 근로자 부부 사이에서 출생한 아동으로 헌법 제6조 제2항 및 이주노동자와 그 가족의 권리보호에 관한 국제협약에 의거, 한국 아동과 동일한 교육기본권을 가질 수 있다. 불법체류자 자녀의 경우에도 '아동권리에 대한 국제협약'과 'UN 아동권리위원회 권고'에 따라 합법 체류 근로자의 자녀와 동등한 권리를 보유할 수 있다.

둘째, 국제결혼가정은 한국인과 외국인의 결혼으로 이루어진 가정을 말한다. 이들 가정의 자녀는 국적법 제2조 제1항에 따라 출생과 동시에 한국 국민이 된다.

셋째, 탈북 이주민(새터민)가정도 다문화가정에 포함시킬 수 있다.

3) 다문화가정자녀의 현황

[표 13-6] **다문화가정 학생 수 현황(2007~2013년)**

구분	2007	2008	2009	2010	2011	2012	2013
다문화 학생 수(A)	14,654	20,180	26,015	31,788	38,678	46,954	55,780
전체 학생 수(B)	7,734,531	7,617,796	7,447,159	7,236,248	6,986,853	6,732,071	6,529,196
다문화학생 비율(A/B'100)	0.19%	0.26%	0.35%	0.44%	0.55%	0.07%	0.86%

자료: 교육부(2013), '다문화학생 교육지원 강화' 보도자료(2013. 10. 22).

결혼이주자와 외국인 근로자 등이 증가함에 따라 사회구성원이 다양화되고 있다. 전체적으로 차지하는 비율은 낮지만 단일민족으로서의 정체성을 강하게 지니고 있던 사회에서 사회구성원의 다양화는 중요한 변화로 받아들여지고 있다. 이주배경을 지닌 사회구성원의 증가에 따라 학교에서도 다문화 배경을 가진 학생이 꾸준히 증가하고 있다(〈표 7-3-24〉 참조). 표에는 제시되지 않았으나, 전반적으로 다문화가정 학생의 수는 도시가 많고 학교 재학생 대비 비율은 농촌이 높은 편이다.

다문화가정 자녀를 위한 정책은 초기에는 결혼이주 여성과 한국인 사이에 출생한 자녀나 외국인 근로자 자녀에게 초점이 맞추어져 있었으나, 2010년 전후로 중도입국 청소년도 정책 대상의 범위에 포함되었다. 2012년 교육과학기술부가 발표한 "다문화학생 교육 선진화 방안"(교육과학기술부, 2012. 3. 12)에 의하면 다문화가정 학생을 다음과 같이 분류하고 있다.

[그림 13-2] **다문화가정 학생 구분**

국제결혼 가정자녀	국내출생 자녀	· 한국인과 결혼한 외국인 배우자(이하 '결혼 이민자') 사이에서 출생한 자녀
	중도입국 자녀	· 결혼이민자가 한국인과 재혼한 이후에 본국에서 데려온 자녀, 국제결혼가정자녀 중 외국인 부모의 본국에서 성장하다가 청소년기에 입국한 자녀 등
외국인가정 자녀		· 외국인 사이에서 출생한 자녀

[표 13-7] **다문화가정 학생 수 현황(2012~2013년)**

구분	2012년도				2013년도			
	초	중	고	계	초	중	고	계
한국 출생	29,303	8,196	2,541	40,040 (85.3%)	32,831	9,174	3,809	45,814 (82.1%)
중도입국	2,676	986	626	4,288 (9.0%)	3,065	1,144	713	4,922 (8.8%)
외국인자녀	1,813	465	348	2,626 (5.6%)	3,534	976	534	5,044 (9.1%)
계	33,792	9,647	3,515	46,954	39,430	11,294	5,056	55,780
(비율)	(74.1%)	(19.7%)	(6.2%)		(70.7%)	(20.3%)	(9.0%)	

자료: 교육부(2013), '다문화학생 교육지원 강화' 보도자료(2013. 10. 22.).

[표 13-7]의 분류에 따라 다문화가정 학생 수 현황을 보면 한국 출생 학생이 82%, 중도입국 청소년과 외국인 자녀가 각각 9% 정도에 해당한다. 학교급별로 보면 전체 다문화가

정 학생 중 대다수인 약 71% 정도가 초등학교에, 20% 정도가 중학교에, 9% 정도가 고등학교에 재학하고 있다. 전년도에 비해 중학교와 고등학교에 재학하는 다문화가정 학생이 차지하는 비율이 증가하고 있으며, 외국인 자녀의 비율이 증가하고 있음을 알 수 있다.

4) 문제점 및 개선방안

- 첫째, 전문적 역량을 갖춘 인력양성이 시급하다.

다문화가족과 자녀의 개입은 다문화에 대한 보다 전문적인 지식과, 가치, 기술이 요구된다. 따라서 다문화자녀에 대한 맞춤식 서비스 제공을 위하여 프로그램을 개발하고 보급할 수 있는 내국인 전문가를 양성하는 것이 필요하다. 이를 위하여 다문화사회에서 발생할 수 있는 다양한 문제에 적극적으로 예방하고 대처하기 위해 정부 주도하에 다문화지원 전달체계를 체계화하고, 학교와 사회가 적극 협력해 나갈 때 국제화시대에 걸맞은 다문화사회를 이룩해 나갈 수 있을 것이다.

- 둘째, 학교의 다문화교육을 실시함으로써 다문화자녀를 수용함이 필요하다.

먼저 학교 교사들에게 글로벌시대에 부응하여 다문화를 수용하고 배려하는 다문화교육을 실시함이 필요하다. 국제화교육을 통해 이를 통해 일반학생들도 다문화자녀를 포용할 수 있도록 교육시켜야 하며, 다문화자녀들이 차별과 편견을 받지 않고 자유롭게 학교생활을 할 수 있는 분위기를 조성함이 필요하다. 또한 그동안 소외와 정서적인 어려움을 당한 다문화자녀들의 상처가 회복될 수 있도록 심리 · 정서적인 상담지원이 제공되어야 한다. 나아가 학습지원 도우미나 언어지원 또는 멘토링을 통하여 다문화자녀의 정서적인 지원까지 포함할 수 있는 프로그램이 요구된다.

- 셋째, 자녀의 학교생활과 학습과정 및 내용에 관한 정보 제공 및 교육을 실시한다.

자녀의 학습지도와 생활지도를 제대로 할 수 있도록 자녀의 학교생활과 학습과정 및 내용에 대한 정보를 제공하고 교육도 실시하도록 한다. 자녀들의 학습훈련과 학교생활에 관한 정보는 결혼이민자 학부모 간담회 등을 통해 체계적으로 제공하도록 한다.

- 넷째, 심리사회적 지지를 위한 프로그램 및 멘토링 프로그램 제공을 통한 적응력을 제고한다.

자신감 결여와 친구관계의 어려움 등 적응상의 문제를 겪고 있는 아동들을 위해서는 개별 상담이나 또래와의 집단상담을 통해 심리 · 사회적 지지를 제공하는 프로그램을 지원하도록 한다. 특히 긍정적인 역할모델이나 정서적 지지를 제공할 수 있는 멘토링 프로그램을 통해 가정이나 학교에서의 적응력을 제고시키도록 한다.

언어소통의 문제로 자녀와의 관계에 어려움을 겪는다. 부모로서 외국인을 부모로 둔 자녀들의 어려움을 이해하고 이로 인해 발생하는 부모-자녀 간의 문제를 해소하기 위한 부모교육이 필요하다. 그러므로 학부모자조집단을 운영함으로써 다문화가정 학부모의 멘토가 되어 이들의 어려움을 함께할 수 있다.

제14장 청소년문제의 향후 과제

1. 청소년비행

1) 개념

청소년비행에 대한 법적인 개념은 국가마다 다르지만, 우리나라의 경우 소년법 제4조에 따른 비행에 대한 법률적인 의미로 보면 청소년비행이라 함은 범죄소년, 촉법소년, 우범소년의 세 가지를 말한다.

첫째, 범죄소년은 범죄를 저지른 14세 이상 20세 미만의 소년으로 형사책임이 부과된다.

둘째, 촉법소년은 형벌법령에 저촉되는 행위를 했지만, 12세 이상 14세 미만의 소년으로 연령이 어리기 때문에 형사책임을 지지 않는 소년을 말한다. 즉, 12세 이상 14세 미만의 촉법소년이 행한 행위는 그것이 일반적인 범죄 행위라 할지라도 형사책임 연령이 14세 미만이므로 범죄가 아니라 형벌법령에 저촉되는 행위로 보며, 형사제재는 물론 처분도 가할 수 없음을 말한다.

셋째, 우범소년은 12세 이상의 소년으로, 소년의 성격이나 환경에 비추어 장래 형벌법령에 저촉되는 행위를 할 우려가 있는 소년을 말한다.

한편, 현대 비행청소년들의 특징을 살펴보면 다음과 같다.

첫째, 청소년비행과 범죄의 건수가 급증하고 있다는 점이다.

둘째, 비행이나 범죄의 동기가 1차적(생리적, 신체적, 안전욕구)인 것에서 2차적(쾌락적, 심미적, 사회적 욕구)인 것으로 점차 변모하고 있다는 점이다. 옛날에는 빈곤, 신체적 위협에서 비행을 저질렀지만 오늘날은 유흥비 마련, 야심, 출세, 재미(쾌락)를 위한 비행과 범죄가 점차 많아지고 있다.

셋째, 비행이나 범죄가 사회의 여러 계층에 골고루 분산되어 나타난다는 점이다. 즉, 빈곤층의 청소년비행자가 다른 사회계층에 비해 유별나게 많다고 볼 수는 없다는 것이다.

넷째, 청소년비행이나 범죄자의 저연령화 현상이다. 최초의 비행이나 범죄를 저지르는 연령이 점점 낮아진다.

다섯째, 트랙현상(Tracking phenomena)을 보인다. 즉, 한번 비행을 저지른 청소년은 그 굴레에서 벗어나기가 무척 힘들다는 것이다. 최근 청소년비행은 양적으로 증가일로에 있고 질적으로도 조폭화, 집단화, 연소화, 도시 집중화 등 악화되고 있기 때문에 청소년지도, 보호는 중대한 사회문제로 대두되고 있다.

2) 청소년비행의 실태

지난 5년간 전체 범죄자 대비 소년범죄자의 구성비율을 보면 2008년에는 5.5%였다가 이후 감소세를 보여 2011년에는 4.4%를 나타내었고, 2012년에는 약간 증가하여 5.1%를 기록하였다.

[표 14-1] 전체 범죄인원 중 소년범죄인원의 구성비율

(단위: 명, %)

연도 구분	전체범죄자	소년범죄자	구성 비율(%)
2008	2,472,897	134,992	5.5
2009	2,519,237	113,022	4.6
2010	1,954,331	89,776	4.5
2011	1,907,641	83,066	4.4
2012	2,117,737	107,490	5.1

주: 2008년 소년법 개정으로 범죄소년의 연령이 '19세 미만'으로 변경된 바, 2009년도 통계부터는 19세는 성인으로 분류되어 수치에서 제외됨.
자료: 대검찰청(2013), 범죄분석.

그러나 소년범 구성비율이 2009년부터 감소한 것은 소년법 개정으로 소년범의 범위에서 19세가 제외되었기 때문인 것으로 풀이된다. 2012년도에 비율이 약간 증가한 것은 학교폭력이 사회적 문제로 다루어지면서 학교폭력에 대한 강력 대응 등이 수치 증가에 영향을 미친 것으로 보인다.

2. 청소년비행의 제문제

1) 청소년마약 사범의 실태

청소년마약류 사범의 실태를 살펴보면, 마약이란 일반적으로 마약원료인 생약으로부터 추출되는 천연마약(양귀비, 아편, 헤로인, 코데인, 모르핀, 코카인 등)과 화학적으로 합성되는 합성마약으로 분류되고 있다. 전체 마약류 사범은 2009년을 제외하고는 전반적으로 감소하는 추세에 있다. 반면, 청소년 마약류 사범은 2009년 급증한 것을 제외하고 2010년까지 감소하다가 2011년 다시 소폭 증가한 이후 2012년에 다시 감소하였다. 2012년에는 18~19세 청소년의 마약류 범죄가 급격히 증가하였는데, 이들 대상으로 집중적으로 마약류 퇴치 홍보 및 계몽활동의 전개가 필요하다.

[표 14-2] 청소년 마약류 사범 연령별 현황

(단위: 명, (%))

연도 구분	전체 마약류 사범	청소년 마약류사범			
		15세 이하	16~17세	18~19세	합계
2008	9,705	6(31.6)	0(0)	13(68.4)	19(100)
2009	11,875	0(0.0)	15(18.3)	67(71.7)	82(100)
2010	9,732	0(0.0)	6(17.1)	29(82.9)	35(100)
2011	9,174	1(2.4)	16(39.0)	24(58.6)	41(100)
2012	9,255	1(2.6)	9(23.7)	28(73.7)	38(100)

자료: 대검찰청(2013), 마약과 내부통계자료.

2) 학생범죄의 연도별 현황

학생범죄의 현황을 살펴보면 전체 소년범죄 대비 학생범죄 구성 비율은 2008년 65.7%, 2009년 69.1%, 2010년 69.3%, 2011년 69.4%, 2012년 68.5%로, 소년범죄 중 학생범죄의 비율이 2008년부터 2011년까지 계속 증가하다가 2012년에 약간 감소하였다.

[표 14-3] 학생범죄의 연도별 현황

(단위: 명, %)

연도	전체 범죄(A)	소년범죄		학생범죄	
		인원(B)	구성비(B/A)	인원(C)	구성비(C/B)
2008	2,472,897	134,992	5.5	88,701	65.7
2009	2,519,237	113,022	4.5	78,077	69.1
2010	1,954,331	89,776	4.6	62,173	69.3
2011	1,907,641	83,068	4.4	57,672	69.4
2012	2,117,737	107,490	5.1	73,684	68.5

주: 2008년 소년법 개정으로 2009년도 통계부터 학생범죄의 대상은 7세 이상 18세 이하로 변경됨.
자료: 대검찰청(2013), 범죄분석.

3) 청소년의 사이버비행문제

사이버비행문제를 살펴보면 청소년들에게는 유선 인터넷이든 무선 인터넷이든 이미 일상생활 속에서 떨어질 수 없는 일부가 되었다. 비행의 일차적인 개념은 사람들이 준수할 것으로 기대되는 규범에서 벗어나 일탈행동을 하는 것이라고 볼 수 있다(김준호, 정혜원, 2009). 사이버 공간을 중심으로 하여 발생하는 해킹, 불법 소프트웨어 다운로드, 웹상에서 욕이나 폭력적인 언어사용 등의 제반 범죄 및 비행 또는 사회통념상 정상적인 행위를 벗어난 인터넷 활동을 사이버비행(cyber delinquency)이라 말한다(이성식, 2009; 김소정, 2010; 김경호, 차은진, 2012; 정혜원, 정동우, 2012). 따라서 본 연구에서 청소년의 사이버비행이란 사이버공간에서 일어나거나 사이버공간과 관련된 청소년비행을 말한다.

사이버비행 중에서 사이버폭력은 인터넷 이용자의 49%가 가해경험이 있으며, 10대 청소년은 76%가 가해경험이 있는 것으로 나타나 청소년의 사이버비행은 매우 심각한 수준이다(한국인터넷진흥원, 2012). 경찰청 통계에서도 이와 같은 현상을 발견할 수 있는데, 사이버범죄 중 10대 청소년 비율은 2009년에는 3,736명 중 1,141명(30.5%)이었고, 2010년에는 3,370명 중 1,062명(31.5%)이었으며, 2011년에는 2,711명 중 915명(33.7%)으로 꾸준히 증가하는 추세로 나타났다(염동문 외, 2014).

4) 청소년의 성매매, 성폭력

사회 · 문화적 정체성과 윤리 · 도덕적 가치관이 형성되는 청소년기에 성 상품화에 무감각해지고 고귀한 인권을 침해시키고 침해받는다는 사실은 인간의 육체가 소유와 욕망, 매매와 폭력의 대상이 될 수 있다는 왜곡된 가치관에 무감각해질 수 있다는 것을 의미한다. 인간을 상품화, 교환대상화하는 문화 정착은 결국 청소년에게 성매매와 폭력도 가능하게 하고 있다.

우리나라가 2004년 3월 23일 성매매 피해자의 인권을 보호하고 성매매 알선 · 강요 행위에 대한 처벌을 크게 강화하여 성산업을 근원적으로 줄일 수 있게 한「성매매 방지법」시행(9월 23일 시행)과 아동 · 청소년대상 성범죄의 처벌과 절차에 관한 특례를 규정하고 피해아동 · 청소년을 위한 구제 및 지원 절차를 마련하며, 아동 · 청소년대상 성범죄자를 체계적으로 관리함으로써 아동 · 청소년을 성범죄로부터 보호하고 아동 · 청소년이 건강한 사회구성원으로 성장할 수 있도록 함을 목적으로 아동 · 청소년의「성보호에 관한 법률(2000년 2월 3일)」을 제정하였으나, 이후에도 청소년 성매매와 청소년에 의한 성폭력 범죄는 줄지 않고 오히려 증가하고 있다. 청소년 성매매의 경우 2006년 1,745명이었는데 2012년 4,457명으로 2.55배나 늘었고, 청소년에 의한 성폭력도 2008년 1,589건에서 2012년 1,686건으로 9.4% 증가한 것으로 나타난다.

[표 14-4] 청소년 성매매 검거 인원

연도별	검거인원	통행금지구역	통행제한구역
		구속	불구속
2006	1,745	149	1,596
2007	2,582	126	2,456
2008	2,112	81	2,031
2009	2,182	125	2,057
2010	1,345	56	1,289
2011	2,006	41	1,965
2012	4,457	124	4,333

출처: 여성가족부(2013). 청소년백서.

[표 14-5] 소년범죄의 유형별 현황

구분 / 연도		2008	2009	2010	2011	2012
계		134,992	113,022	89,776	83,068	107,490
강력범	소계	3,016	3,182	3,106	3,289	2,790
	흉악범	1,427	1,608	999	1,268	1,104
	성폭력	1,589	1,574	2,107	2,021	1,686
폭력범	소계	34,067	29,488	23,276	22,233	32,777
	공갈	1,046	1,495	1,422	1,509	2,827
	폭행 상해 등	33,021	27,993	21,854	20,724	29,947
재산범	소계	39,688	45,774	40,478	37,978	47,605
	절도	33,073	38,494	33,534	31,380	37,256
	횡령 등	1,855	1,664	1,483	1,528	2,448
	장물	571	820	722	454	1,200
	사기	4,189	4,796	4,739	4,616	6,701
교통사범		27,666	18,138	13,842	11,523	12,103

연도 \ 구분	2008	2009	2010	2011	2012
저작권법 위반	20,272	7,720	275	318	759
기타	10,283	8,720	8,799	7,727	11,459

주: 1) 흉악범: 살인, 강도, 방화.
2) 폭행 상해 등: 폭행 상해의 죄+폭력행위 등 처벌법(공갈죄 제외)+기타.
3) 횡령 등: 횡령+배임+손괴.
4) 교통사범: 도로교통법+교통사고처리특례법+특정범죄가중처벌에 관한 법률(도주차량).
출처: 여성가족부(2013). 청소년백서.

5) 청소년 가출

여성가족부(2012)의 조사에 의하면, 지금까지 한번이라도 가출한 경험이 있는 청소년은 12.2%였다. 성별로는 남자(14.7%)가 여자(9.3%)보다, 교급별로는 고교생(13.7%)이 중학생(10.6%)보다 많은 것으로 나타났다([표 14-6]).

[표 14-6] **생애가출경험**

	사례수(명)	가출 경험(%)				
		전체	성별		교급	
			남자	여자	중학생	고교생
2009	15,225	11.6	12.8	10.4	10.7	12.6
2010	16,572	13.7	15.1	12.1	11.9	15.5
2011	15,954	10.2	10.6	9.6	9.0	11.4
2012	15,350	12.2	14.7	9.3	10.6	13.7

출처: 여성가족부(2012), 청소년 유해환경 접촉 종합실태조사.

가장 최근의 경험을 기준으로 가출을 한 기간을 조사한 결과, 하루가 51.1%로서 가장 다수였고, 다음으로 2~5일(29.1%), 한 달 이상(8.5%), 6~9일(6.1%)의 순이었으며 10~30일이 가장 적었다(5.2%). 대다수의 가출 청소년이 하루 또는 일주일 이내에 귀가했지만, 한 달

이상 장기간 가출한 경험이 있는 청소년도 적지 않은 수에 달하고 있음을 알 수 있다. 가출 기간은 대체로 남자가 여자보다, 고교생이 중학생보다 상대적으로 긴 편이었고, 학년별로는 한 달 이상 가출 경험자가 고 3은 17.4%에 달하는 반면, 중 1과 고 1은 5%에도 못 미쳐서 학년별로 큰 차이를 나타내었다.

가출의 원인에 대해서는 청소년들이 가출을 하게 된 원인으로는 부모님 등 가족과의 갈등이 61.3%로서 다수를 차지하였다. 이어서 자유롭게 살고 싶어서(12.8%), 가출에 대한 호기심으로(5.2%), 학교에 다니기 싫어서(4.6%), 공부에 대한 부담감(3.9%), 친구나 선후배의 권유(2.0%)의 순이었고 가정형편 때문(1.3%)에 또는 사회경험을 쌓기 위해(1.2%) 가출했다고 응답한 청소년은 매우 소수였다.

가출 후 청소년들이 잠을 잔 경험이 있는 장소로는 친구/선후배의 집이 62.9%로 다수를 차지하였고, 이어서 찜질방/사우나(27.2%), 길거리/빈집/계단/역 건물(21.9%), 비디오방/만화방/PC방(10.9%), 여관/여인숙/모텔(10.4%), 가출 팸(5.0%), 일/아르바이트 하던 곳(4.0%)의 순이었으며 청소년보호시설이 3.6%로서 가장 적었다.

가출 후 청소년이 경험한 문제행동으로는 흡연이 34.6%로 가장 많았고, 이어서 음주(27.4%), 절도(9.2%), 갈취(9.0%), 폭행(6.4%), 성관계(5.6%), 성희롱/성추행(4.8%), 환각성 물질 이용(2.8%) 등의 순이었다.

6) 학교폭력 현황

학교폭력이나 학생들의 일탈 또는 비행은 일반적으로 사회의 복합적 요인에서 발생하는데, 그 결과는 학생 개인 또는 사안에 따라 학생에게 큰 부정적 영향을 주기 때문에 예방하지 않으면 안 될 것이다. 먼저 학교폭력을 보면 현재 학교폭력은 「학교폭력 예방 및 대책에 관한 법률」에 따라 학교 내외를 불문하고 학생 간에 발생한 폭력으로 규정되고 있다.

(1) 청소년 폭력 피해 경험

여성가족부(2012)의 조사에 의하면 2012년 중 · 고등학생의 최근 1년간 폭력(폭행, 갈취, 협박, 왕따 등) 피해경험은 5.6%로 전년대비 1.1%p 감소하였다. 폭력 피해 이유로는 '특별한 이유 없다'가 51.8%로 가장 많고, '성격 때문(12.4%)' 순으로 나타났다. 중학생의 폭력 피해 경험률은 7.6%로 고등학생의 경험률 3.7%보다 높게 나타났다.

[표 14-7] 청소년(중 · 고등학생) 폭력 피해 경험률 및 이유

(단위: %)

구분	폭력 피해 경험률[1]	폭력 피해를 당한 이유							
		계	특별한 이유 없다	몸이 작거나 힘이 약해서	내가 잘못해서	외모나 장애 때문	성격 때문	금품 요구에 응하지 않아서	기타[2]
2010	7.1	100.0	43.5	13.6	11.4	4.4	10.8	7.0	9.3
2011	6.7	100.0	42.5	14.2	9.6	3.7	10.5	6.2	13.2
2012	5.6	100.0	51.8	9.5	9.6	3.7	12.4	2.4	10.5
중학생	7.6	100.0	51.1	10.0	9.7	2.2	12.1	2.1	12.7
고등학생	3.7	100.0	52.7	9.0	9.5	5.5	12.7	2.8	7.8

자료: 여성가족부(각 연도), 청소년 유해환경 접촉 종합 실태조사.
주: 1) 조사시점 기준 최근 1년간의 '욕설/협박', '폭행', '돈/물건 갈취', '집단 따돌림(왕따)' 등.

(2) 학교폭력 피해 유형

폭력 유형별 피해 경험률은 '욕설 · 폭언'이 56.2%로 가장 높았고, '집단따돌림(38.2%)', '돈 · 금품 갈취(29.6%)', '구타(28.1%)' 순이었다. 중학생의 '집단따돌림' 피해 경험률은 40.4%로 고등학생의 35.6%보다 높게 나타났다.

[표 14-8] 청소년(중 · 고등학생) 폭력 피해 유형(복수응답)

(단위: %)

	구타	욕설 · 폭언	돈 · 금품 갈취	집단따돌림
2012	28.1	56.2	29.6	38.2
중학생	22.0	55.8	27.2	40.4
고등학생	35.5	56.7	32.4	35.6

자료: 여성가족부(2012), 청소년 유해환경 접촉 종합 실태조사.

현재 학교폭력 심리전문가제도는 재범가능성 낮은 가해 학생, 즉 저(底)위험군에 속하는 학교폭력 가해학생을 대상으로 하고 있으며, 이들이 각시도 경찰서 주변 청소년 선도기관에서 프로그램에 따라 교육을 받게 하고 있다. 따라서 학교폭력의 가해학생 조사 시 전문가 참여제도는 재비행 방지를 위한 선도 교육용으로 활성화할 필요가 강하게 요구되고 있다.

3. 청소년비행의 향후 과제

1) 가정환경 개선

양친이 있더라도 관심이 필요한 방황하고 있는 청소년들에게 인생의 선배, 충고자로서 올바르게 성장할 수 있도록 좋은 성품과 사회복지 지식을 지닌 대학생(사회복지학과, 청소년지도학과, 상담학과 등 청소년 관련학과)들을 관심청소년들과 멘토-멘티로 연결시켜줌으로써 그들의 인생에 긍정적인 도움을 줄 수 있다.

2) 학교환경 개선

첫째, 학교가 이미 입시학원으로 전락한 것은 오래전의 일이며, 학교 폭력 문제가 1순위임에도 불구하고 이를 해결하기 위한 제도를 따르고 실천해야 할 학교가 눈을 감고 있는 현실에서 학교 폭력사건이 발생하면 소위 학교의 명예를 위해 파장을 최소화하고 감추는 데에만 급급하고 있다. 학교의 문제를 스스로 들춰내고 문제해결을 위해 최선을 다하는 학교와 교직원에 대해 문제 발생에 대한 불이익 대신 지원과 포상을 확대하는 등의 혜택을 부여하고 그렇지 못한 학교와 교직원에 대해서는 최대한의 불이익이 돌아가도록 하는 제도의 마련과 학교당국의 의식 전환이 필요하다.

둘째, 입시 위주의 교육과 인터넷 매체의 영향력에 비해 인성교육이 마비되거나 소홀한 실정이므로 인성교육시간을 의무적으로 편성함과 아울러 형식적인 인성교육이 되지 않도록 지역 교육청별 전문 강사를 두어, 순회교육을 병행하는 방안이 강구되어야 한다.

셋째, 현실성 있는 학칙 마련과 교사의 학습지도방법 개선 자율성과 현실을 무시한 무조건적 통제와 규제로 인한 일탈, 공부에 대한 의욕상실은 교육과 학습지도방식에 문제가 있다. 청소년기의 특성을 이해하고 자율성을 존중한 학칙 개정과 적절한 지도방법을 강구해야 한다. 또한 교사에게 사설학원 강사처럼 코미디언이 되라는 것이 아니라, 학생들이 특정과목의 수업을 회피하고 학습의욕을 잃지 않도록 수업운영 방식을 개선하기 위해 노력할 필요가 있다.

3) 사회환경 개선

- 첫째, 유해환경업소 불법행위에 대한 처벌규정 및 단속활동 강화

유해환경업주의 몰양심과 비도덕인 영업은 청소년들의 일탈을 유도하고 범죄의 유혹에 빠져들게 한다. 특히 청소년 관련 위반 업소에 대해서는 다른 위반행위에 비해 영업 정지 및 허가 취소 등 처벌규정을 강화하고 지속적 단속활동으로 불법행위를 근절해야 한다.

- 둘째, 교육 · 복지 · 문화 인프라 구축

자치단체와 같은 지역사회에서 대학생과 공무원, 공익근무요원, 자원봉사자 등이 함께 참여하는 방과 후 공부방 운영, 특기적성교육, 인성교육은 물론 문화탐방 및 체험학습 프로그램을 운영하는 방안을 강구할 필요가 있다. 또한 청소년을 위한 종합문화시설을 건립하고 지역 공공시설을 최대한 활용하여 영화관, 인터넷 정보방, 노래방, 운동시설 등을 마련

함으로써 청소년들이 건전하게 이용하고 쉴 수 있도록 유도하는 방안이 모색되어야 한다.

- 셋째, 우범 및 유해환경지역에 대한 생활안전보호 체계 구축

경찰과 공무원이 합동으로 근무하는 CCTV 통합관제센터를 구축하여 학교와 공원, 스쿨존, 놀이터 등 CCTV를 통해 청소년 유해환경 밀집지역감시 및 우범지대 녹화, 방범 비상벨 설치 등 24시간 사고와 범죄로부터 청소년을 보호함으로써 범죄예방에 기여할 수 있다.

- 넷째, 전문계 고교 육성 및 지원 확대를 통한 직업교육의 강화

실업계 고등학교(공고, 정보산업고 등)에 대한 사회적 인식 저하로 인해 진학을 앞둔 부모와 자녀들에게 이미 기피 학교로 낙인찍힌 지 오래이다. 실업계 고교에 대한 사회적 인식 전환과 재학생들의 자존감을 높여주고 직업교육을 강화하기 위한 방안으로 실업계 고교에 대한 명실상부한 전문계 고교로의 육성과 대폭적인 지원이 이루어져야 한다.

4) 청소년 지도의 과제

(1) 청소년지도자의 과제

첫째, 청소년지도자들은 청소년들이 자기들의 행동 유형을 스스로 문제라고 인지할 때까지 인내해야 하고, 그 후에 행동의 변화를 유도해야 한다.

둘째, 청소년 소비 현황에 대한 대책 마련이 필요하다. 이에 청소년 소비자의 권한 확장과 보호장치 강화를 위한 청소년 소비상품의 시장 정보를 공유하고 청소년들의 불만이나 요구사항을 정리할 수 있는 커뮤니티 구성 등이 필요하다고 할 수 있다.

셋째, 주 5일제 수업의 정착화 등으로 일반적으로 여가시간은 증가하는 추세지만, 청소년들의 문화여가활동의 참여 비율은 감소하고 있다. 그러므로 청소년들이 여가시간을 잘 활용하여 청소년기의 인성발달에 도움을 줄 수 있도록 배려해야 한다.

넷째, 대표적인 취약·위기청소년은 경제적, 문화적, 역사·지역적, 국가적인 원인으로 인해 성장과정에서부터 다양한 문화적 경험들을 향유하지 못한 청소년들이다. 이를 위해

서는 공교육 차원에서의 다양한 문화경험 습득 기회를 제공하고, 특히 학교와 청소년 · 문화관련 시설 간의 연계 · 협력체제를 구축하여 공적 부문의 네트워크를 활용한 프로그램 지원 등을 활성화할 필요가 있다(전상진 외, 2007).

다섯째, 청소년지도자에게 고도의 자율성과 사회적 책임성은 현실적으로 매우 부족하다. 특히 공공공시설의 경우 청소년지도자들이 담당 공무원의 지시에 따라 움직이는 존재가 될 수밖에 없는 것이 현실이다. 이들에게 자율성과 사회적 책임을 강요하기에는 현실적 여건이 너무 열악하다. 청소년지도자의 권익과 지위가 향상되고 전문성이 고양될 때 이 문제는 해결될 수 있다.

(2) 청소년지도프로그램의 과제

청소년지도와 프로그램은 불가분의 관계에 있는 것으로 청소년지도란 청소년지도프로그램을 실행하고 운영하는 과정에 불과하다고도 할 수 있다. 청소년지도프로그램의 성격은 청소년지도의 과제는 다음의 여섯 가지로 요약될 수 있다(한상철, 1997: 2010).

첫째, 청소년지도프로그램은 미래지향적인 성격과 현실지향적인 성격을 동시에 포함하고 있다. 즉, 청소년지도프로그램은 미래의 지도방향을 사전에 수립한 것이지만, 이는 획일적이고 경직된 것이 아니라 현실적 상황에 따라 융통성 있게 수정 가능해야 한다. 둘째, 청소년지도프로그램은 청소년지도의 목적 및 목표를 달성하기 위한 수단적인 성격을 가지고 있다. 청소년지도의 목적을 달성하기 위한 방법은 다양할 수 있는데, 프로그램 자체에만 집착하다 보면 다른 어떠한 방법이나 전략도 수용하지 못하는 우를 범할 수 있다. 따라서 청소년지도사는 프로그램이 지도목적을 효과적으로 달성하기 위한 수단임을 염두에 둘 필요가 있다. 셋째, 청소년지도프로그램은 활동지향적인 성격과 동태적인 성격을 지니고 있다. 따라서 프로그램은 청소년들에게 지식이나 이론을 가르치려고 의도된 것이 아니라 그들의 실제 활동을 계획되어야 하며, 또 한편으로 청소년들의 역동적인 움직임의 특성들도 고려해야 한다. 넷째, 청소년지도프로그램은 지도의 결과보다 과정에 초점을 두고 있다. 이것은 청소년들이 프로그램을 경험한 이후 어떤 행동의 변화를 가져왔는가에 초점을 두기보다 프로그램에 참여하고 있는 동안 얼마나 의미 있고 만족스러운 경험을 하고 있는가에 초점을 두어야 한다는 것을 의미한다. 즉, 청소년지도프로그램은 지도의 결과가 아니라 지도과정 자체를 강조한다. 다섯째, 청소년지도프로그램은 청소년의 관점에서 설계되고 실행되어야 하며 평가되어야 한다. 최근 학교교육과정에서 학생 중심의 교육과정으로 변화하고 있지만, 아직도 교사 중심의 전통적인 교육의 영향에서 완전히 벗어나지 못하고 있다. 그러므로 청소년들이 직 · 간접적으로 참여하여 그들의 흥미와 욕구가 반영될 수 있도록 설계되어야 하며, 실행과정에서도 청소년들의 체험과 활용이 보장되도록 해야 한다.

(3) 청소년의 역량강화

첫째, 다양한 문화의 체험과 활동의 기회를 확대하고 청소년 활동 프로그램들에 대한 특성화와 전문화가 필요하며, 청소년들의 사회적인 관심도 속에 사회참여를 활성화해야 한다. 또한 해외 문화의 체험 기회 및 교육의 자기주도 학습의 확대와 글로벌 청소년프로그램들에 대한 양적 · 질적인 수준들이 제고되어야 한다. 둘째, 지역사회에서 취약계층인 기초생활수급가정과 차상위계층의 가정 청소년들에 대한 청소년문화와 인성교육을 위한 지원의 확대가 필요하며 취약계층의 청소년들의 정신 및 육신의 건강과 생활안전의 기반을 강화하는 일과 새터민 · 다문화가정의 청소년들에 대한 사회적응 훈련지원 등이 더욱 지원되어야 한다. 셋째, 건강한 청소년의 발달을 위해 청소년 유해 사회환경의 개선이 무엇보다 필요하다. 청소년들이 쉽게 접하는 지역사회의 환경들이 건강하고 활기가 있는 긍정적인 방향으로 환경이 조성되어야 하며 건강한 각종 매체환경의 조성과 바람직한 활용능력이 제고되어야 한다. 또한 청소년이 접하는 환경 속에서 사회의 역기능 해소를 위한 대응체계가 마련되어야 하고, 성범죄로부터 청소년보호 및 건전한 성의식을 함양해야 한다. 넷째, 국가적인 관심으로 청소년정책들을 보완하고 청소년정책들을 추진하며 체계를 다시금 정비함으로써 청소년관련 시설과 단체 및 지도자들의 인프라를 강화하여 글로벌시대에 걸맞은 청소년들을 지도 · 육성하고 국가의 미래 경쟁력을 발전 · 강화시킨다.

(4) 청소년들을 바라보는 시각의 변화

우리나라의 기성세대들은 청소년들도 한 독립된 인격체로 동반자적 시각에서 바라보아야 한다. 과거와 같이 기성세대가 무조건적인 청소년들의 모델이 될 수 없고 청소년들의 문화를 전수시키는 세대는 이미 지나갔다. 오히려 문화적인 면에서는 청소년들이 주도권을 가지고 새로운 삶을 시도해 보거나 앞서가는 경우가 많다.

(5) 청소년단체시설 운영의 과제

청소년단체나 시설의 운영과 관리에 있어서 다음과 같은 과제가 필요하다.

첫째, 청소년단체나 시설에서는 각 기관의 특성에 맞추어 교육목표와 수련목표를 보다 명확하고 구체적으로 설정해야 하며, 이러한 목표가 교육과정이나 프로그램 속에 반영될 수 있도록 프로그램 설계에서부터 개발과정에 이르는 전 과정을 보다 체계적이고 전문적으로 수행해야 한다.

둘째, 청소년 단체 및 시설에서는 청소년의 요구를 최대한 반영함으로써 청소년 중심의 행정과 지도가 가능하도록 해야 하는데도 불구하고, 많은 단체와 시설에서는 청소년의 욕구와 사회의 변화에 적절히 대응하지 못하고 있다. 그러므로 청소년의 욕구와 사회의 요구를 반영하고 청소년 중심의 실질적인 지도활동이 전개되기 위해서는 무엇보다 청소년을 과학적으로 이해하고자 하는 연구노력이 선행되어야 한다.

셋째, 단체나 시설들 간의 상호 협조체계와 공동활동을 지원하기 위한 다양한 프로그램을 개발해야 하며, 이와 더불어 전국적으로 또는 단일 지역 내에서라도 청소년들이 어떤 단체나 시설을 이용하더라도 자신의 욕구를 충족하고 의미 있는 삶을 설계할 수 있도록 하는 연합체제를 구축하는 데 보다 많은 노력을 기울여야 한다.

넷째, 청소년단체 및 시설의 운영들이 일부 열악한 수준에 있으며 적자 상태로 운영되고 있는 곳도 많다. 그러므로 이러한 운영적자를 줄이고 많은 청소년들이 경제적 부담 없이 자유롭게 청소년단체나 시설을 이용할 수 있도록 다각적인 노력이 필요하다.

(6) 청소년정책과 행정의 과제

① 청소년정책과 행정에 관한 문제점 극복 및 발전

첫째, 통합적인 청소년정책의 수립이다. 따라서 문제 위주의 단편적인 정책에서 탈피하여 종합적이고 체계적이며, 통합적인 청소년정책이 수립되어야 한다.

둘째, 소관부처 간의 유기적이고 협력적인 체계 구축이다. 일관성 있고 안정된 정책의 수행과 동시에 각 부처 간에 산발적으로 행하는 청소년정책 및 행정이 체계적으로 분권화되고 관계 부처의 협의 기능이 강화되어야 한다.

셋째, 적정 규모의 청소년 재원의 확보다. 청소년정책은 국가정책의 우선순위에서 뒤처져서는 안 될 주요한 과제이므로 청소년 예산은 현재 결과성 예산이라기보다 미래 투자성 예산으로 파악되어야 한다.

넷째, 청소년정책 및 행정은 지나치게 균형을 잃고 있다는 비판을 받고 있으므로 균형 잡힌 청소년정책 및 행정이 필요하다(홍봉선, 남미애, 2010).

② 지방자치단체의 청소년복지 강화

현존 청소년복지는 수도권지역에 밀집되어 있거나 수도권 중심으로 정책과 서비스, 프로그램 등이 편향적으로 이루어지고 있다. 특히 지방자치단체의 재정자립도와 지방자치단체장의 의지에 따라서 청소년복지정책과 서비스가 영향을 받게 되는 경우가 많은 것을 볼 수 있다. 따라서 지방자치단체에 따라 청소년복지시설이나 예산, 정책에 일관성이 없고 심각한 불균형을 이루고 있어 이에 대한 개선이 요구된다. 그리고 지방의 독특한 특성을 살리면서 지방에서 나타나고 있는 특수성을 반영한 특성화 시설의 확충이 필요하다(김성이 외, 2010).

③ 시 · 군 내 청소년문화의 집과 청소년수련관의 연계체계 확립

향후 청소년문화의 집은 학교 주 5일제 수업 등 사회적 환경 변화와 함께 청소년 여가활동을 비롯하여 다양한 청소년 활동기회를 제공하기 위한 역할 및 시설의 설치 · 운영 기준에 관한 이론체계 정립을 통하여 합리적이고 과학적인 모형이 개발되어야 한다. 따라서 지역적인 특성에 따라서 다양한 차이를 지니고 있는 청소년의 이용욕구 및 미래의 변화경향에 맞는 환경을 올바로 제공하여 정상적인 청소년 여가문화활동을 충족시키기 위한 일환으로 청소년활동 증진을 위한 시설 정책이 모색되어야 한다(한국청소년정책연구원, 2008).

참고문헌

강병연(2008). **청소년육성제도론**. 양서원.

고용노동부(2013). 직업체험 시설을 활용한 청소년 진로탐색 프로그램 개발 연구보고서.

광주광역시 청소년자원봉사센터(2002). 청소년봉사활동 매뉴얼.

교육과학기술부(2013a). "개인맞춤형 진로설계 지원을 위한 2013년도 진로교육 활성화 방안".

______(2013b). "특수교육 통계".

교육과학기술부 · 한국교육개발원(각 연도). "교육통계연보".

교육청(2014). 교육통계.

구본행 · 김을교(2003). 청소년의 레크리에이션활동 참여정도와 도덕성 및 사회적 관계에 관한 연구. 한국여성체육학회지, *16(2)*, 5-19.

국가청소년위원회(2006). 신상공개대상 범죄자료종합분석, 6차 11차 신상공개.

______(2006a). 청소년수련시설 연도별 현황(내부자료).

______(2006b). 청소년활동참가 실태조사 연구.

______(2007a). 국민과 함께하는 업무보고(아동청소년정책).

______(2007b). 청소년백서.

______(2007c). 2007년 우리사회의 폭력에 대한 국민안전도 인식조사.

______(각 연도). 청소년유해환경 접촉 종합실태조사.

국정홍보처(2006). 2006년 한국인의 의식, 가치관 조사.

권석만(2008). **인간관계의 심리학**. 학지사.

권이종 외(2001a). **청소년교육개론**. 교육과학사.

______(2001b). **청소년교육론**. 양서원.

권이종(1992). **청소년과 교육병리**. 양서원.

______(1997). 청소년수련활동 활성화를 위한 여건조성 방안. 한국청소년개발원.

권일남(1998). 청소년지도의 학문적 정립방향에 대한 일고찰. 한국청소년연구, *28*, 한국청소년개발원.

______(2000). 청소년지도의 학문적 정립방향에 대한 일고찰. 한국청소년연구, *9(2)*, 한국청소년개발원.

______(2007). **청소년활동지도론**. 학지사.

권일남 · 오해섭 · 이교봉(2010). **청소년활동론**. 공동체.

권정혜(2005). 청소년의 인터넷 게임 중독: 시간에 따른 변화와 이에 영향을 미치는 변수들. 한국심리학회지: 임상, *24(2)*.

김계현 외(2006). **학교상담과 생활지도**. 학지사.
김만지(2001). 청소년 미혼모의 스트레스에 관한 연구. 청소년학연구, *8(1)*.
김복환(1998). **청소년의 심리이해와 상담**. 영산원불교대학교 출판국.
김상균 외(2001). **사회복지개론**. 나남출판.
김성이 · 조학래 · 노충래(2005). **청소년복지학**. 집문당.
김신일(1992). "청소년문화의 의미와 성격". 청소년문화론. 한국청소년연구원.
김연선(2008). 청소년비행이 팀웍과 자기효능감, 직무만족, 조직몰입 및 직무성과에 미치는 영향, 세종대학교 박사학위 논문.
김영철(1998). 문화개념과 교육학적 해석. 교육인류학연구, *1*.
______(1999). 청소년의 놀이문화와 교육. 교육인류학연구, *2*.
김우성 · 허은정(2007). 베이비붐세대, X세대, Y세대 소비자들의 소비관련 가치관과 라이프스타일의 비교. 소비문화연구, *10(4)*.
김정주 · 김혁진 외(2002). 청소년기업인. 문화관광부.
김종길(2002). R세대와 붉은 악마. 정책포럼, *통권 31호*, 대통령 자문 정책기획위원회.
김종옥 · 권중돈(1993). **집단사회사업방법론**. 홍익재.
김충기(1993). **진로상담의 이론과 실제**. 성원사.
김충기 · 장선철(2006). **진로상담**. 태영출판사.
김혜원 · 이종민(2001). "청소년들을 위한 학교 성교육의 현황과 문제점, 그리고 나아가야 할 방향", 청소년학연구, *8(1)*.
김호기(2008). 쌍방향 소통 '2.0 세대'. 한겨레(2008년 5월 14일자).
김흥운(1989). 한국놀이 행태에 관한 연구. 한양대 한국학 논집, 제16호.
남세진(1986). **집단지도방법론**. 서울대학교출판부.
대검찰청(2005). 2005년도 마약류사범백서.
______(2013). 범죄분석.
대한가족협회(1995). 인공유산 실태에 관한 조사.
대한적십자사 서울특별지사(1996). 청소년봉사활동자료집.
류동훈 · 이승재(2005). **청소년수련활동 총론**. 양서원.
문용린(1995). 신세대문화의 특징과 유형. *사목* 1995년 5월호(통권 제196호).
문화관광부(2002). 청소년육성 5개년계획 수립연구.
______(2003). 참여정부 청소년육성기본계획('03~'07); 한국청소년정책연구원(2007), 제4차 청소년정책기본계획 수립 연구.
______(2003). 청소년백서.

박경숙(2004). 노령화와 세대. 정보통신정책연구원.
박소영 외(2009). "PISA 2006 정책적 시사점 분석 연구. 한국교육개발원".
박재흥(2003). 세대 개념에 관한 연구. 한국사회학, *37(3)*.
박진규(2005). **청소년문화**. 학지사.
박현이(2000). 10대 남자 청소년의 성행태에 대한 조사. 10대 임신과 남자의 무책임, 무엇이 문제인가?. 2000년 제2회 10대 임신예방을 위한 연속토론회.
방송통신위원회 · 한국인터넷진흥원(2008). 인터넷이용 실태조사.
방희정(2001). 한국 사회에서의 청소년놀이문화 분석. 청소년정책연구, *2*.
배규한(2008). 청소년심리학. 교육과학사.
보건복지가족부(2008). 아동 · 청소년백서.
______(2009a). 청소년통계.
______(2009b). 청소년백서.
______(2009c). 2008년도 청소년 유해환경접촉 종합실태조사.
보건복지가족부 · 질병관리본부 · 교육과학기술부(2007). 청소년건강행태온라인조사통계.
보건복지부(2006). 국민건강영양조사.
______(2007). 청소년백서.
______(2008). 「아동청소년정책 5개년 기본계획」 수립 관련 제1차 종합토론회.
______(2013). 아동종합실태조사.
보건복지부 · 질병관리본부 · 교육인적자원부(2005, 2006). 청소년건강행태온라인조사.
보건복지부 · 한국보건사회연구원(2006). 국민건강영양조사 제3기(2005)-아동 및 청소년의 건강수준 및 보건의식 행태.
삼성복지재단(1995). '95사회복지프로그램 총서.
서울시립청소년쉼터(2003). 가출청소년상담 Workshop.
서울특별시교육청(2001). 제7차 교육과정 학생 봉사활동 운영사례집.
______(2005). 2005학년도 중 · 고등학교 학생봉사활동지도.
서울특별시립청소년자원봉사센터(2005). 학교봉사활동운영.
______(2006). 봉사활동 이렇게 해볼까요.
______(2007). 청소년자원봉사 프로그램 작성 지도방법. 봉사활동 이렇게 해볼까요?.
성열준(2011). **청소년문화론**. 양서원.
손경애(1992). **청소년약물남용의 실태와 대책**. 현대사회연구소.
손승영(2000). 청소년과 부모세대 간 의식 차이: 청소년의 학교생활을 중심으로, 한국청소년연구, *11(2)*, 144.
송관재 · 김범준(2008). **인간심리의 이해**. 선학사.

송동명(2001). 풍선 DIY-엄마 아빠와 함께 만들어요. 동아일보사.
송명자(1996). 발달심리학. 학지사.
송재홍 · 천성문(1996). 청소년의 진로발달과 의사결정을 위한 집단상담프로그램. 서강대학교 생활상담실. 학술저널 인문이해, Vol.17, *48*.
승금희(2005). 자원봉사론. 대명사.
안선모(2005). 토마토 친구-변함없는 친구 사귀기 비법. 계림닷컴.
안창규(2007). HOLLAND 진로탐색 상담자 전문교육. 가이던스.
여성가족부(2012). 청소년 유해환경 접촉 종합실태조사.
______(2013). 2013청소년백서.
______(2013). 청소년 매체이용 실태조사.
여성가족부 · 한국청소년활동진흥원(2012). 인증수련활동 효과성 측정 연구.
______(2015). 청소년지도사 자격제도 연구결과 공개보고회.
염유식 외(2013). "2013년도 한국 어린이-청소년 행복지수 국제비교연구 조사결과보고서".
영화진흥위원회(2008). 2007 영화소비자조사.
오혜영 · 공윤정 · 김영화(2011). 초등학생용 부모 참여 진로집단상담 프로그램 개발. 한국청소년상담원.
오호영 외(2007). KRIVET 직업전망지표개발. 한국직업능력개발원.
윤옥경(2000). 사이버세대의 세대 차이와 세대갈등에 대한 전망: 세대문제해결을 위한 장으로서의 사이버공간의 가능성 탐색. 한국청소년연구, *11(2)*.
윤철경 외(2013). "학업중단 학생 종단정책 연구".
이동연(2004). 세대문화의 구별짓기와 주체형성-세대담론에 대한 비판과 재구성. 문화과학, *통권 37호*.
이동후 외(2004). IT와 '신세대'문화의 형성, 확산과정. 정보통신정책연구원.
이수범(2001). 소비자로서의 N세대 성향에 대한 연구. 광고연구, *52집*.
이영석(2010), 서번트 리더십의 특성 및 적용방안에 관한 연구, 동의대학교, 42-43.
이윤구(1990). 90년대 청소년의 세계와 한국의 과제. 한국청소년 연구, *1(3)*. 한국청소년연구원.
이장호 · 금명자(1992). 상담연습교본. 범문사.
이창호(2008). 초 · 중 · 고 · 대학생 의식구조 비교에 의한 미래사회변동 전망 I: 세대관 및 교육 · 정보에 대한 인식을 중심으로. 한국청소년정책연구원.
이혜성 외(1996). 청소년개인상담. 청소년대화의 광장.
임영식 · 한상철(2000). 청소년심리의 이해. 학지사.
임종원 외(2002). 소비자행동론. 경문사.
장수용(2007). 서번트 리더십. 삼성경제연구소.

장재홍 · 신효정(2003). 청소년 인터넷중독 예방 프로그램의 효과. 한국심리학회: 상담 및 심리치료, *15(4).*
장휘숙(2008). **가족심리학**. 박영사.
전인수 · 최우원(1996). X세대의 쇼핑가치와 쇼핑정보 이용 특성에 관한 연구. 상품학연구, *15.*
전재일 외(1997). **학교사회사업**. 사회복지개발연구원.
______(2005). **사회복지개론**. 형설출판사.
정옥분(2006). **사회정서발달**. 학지사.
정윤경(2014). 진로 탐색 중심의 자유학기제 도입 및 진로교육 인프라 확충. *동향지 17권 4호.* 한국직업능력개발원.
정철영(2005). 직업현장체험학습의 이해. 2005 직업현장체험학습 길잡이 자료집. 대구광역시교육과학연구원.
정학범(2010), 서번트 리더십이 창의적 행동, 조직시민행동 및 조직몰입에 미치는 영향 -상사신뢰의 매개효과와 일반적 자기효능감의 조절효과를 중심으로-, 19-20.
김광수 역(2002). **서번트 리더십 1**. 시대의창.
______(2006). **서번트 리더십 2**. 시대의창.
조선화 외(1994). **집단지도론**. 한국청소년개발원.
______(2005). **청소년복지론**. 교문사.
청각장애인복지회(1995). 사랑의 수화교육.
최영애(1995). **성폭력상담의 일반적인 특성**. 한국여성개발원.
최윤진 외(1993). **청소년활동론**. 한국청소년개발원.
최홍만(2000). 기독교교육이 청소년의 도덕성에 미치는 영향. 명지대학교 대학원 석사학위 논문.
통계청(2005). 장래인구 특별추계.
______(2007). 사교육비 실태조사.
______(2008). 사회통계조사.
______(2009). 청소년통계.
______(2014). 2014청소년통계.
______(2014). 한국의 사회지표.
______(각 연도). 경제활동인구조사.
______(각 연도). 경제활동인구조사보고서.
______(각 연도). 사교육비조사결과.
통계청 · 교육부(각 연도). 사교육비조사보고서.
표갑수(2013). **아동청소년복지론**. 나남출판.

한국가족관계학회(1998). **가족생활교육**. 하우.
한국고용정보원(2007). 선생님 진로상담이 필요해요.
______(2007). 위기청소년 진로지도 프로그램 개발연구.
______(2008). 청소년을 위한 한국직업전망.
한국교육개발원(연도별). 교육통계DB.
한국교육학회 · 사회교육연구회 편(1988). **사회교육방법론**. 형설출판사.
한국성문화연구소(1997). 여고생 성의식 및 성실태 조사연구.
한국인터넷진흥원(각 연도). 하반기 정보화실태조사.
한국정보문화진흥원(2008). 인터넷중독의 특성 분석 연구.
한국정보화진흥원(2013). 인터넷중독 실태조사.
한국청소년개발원(1993). 청소년활동론.
______(1994). 집단지도론.
______(1996). **한국청소년개발원**. 양서원.
______(2002). 청소년 자원봉사 활동터전 프로그램 매뉴얼.
______(2005). 제3차 청소년육성기본계획(2003~2007)의 방향과 주요 실천과제, 함병수.
______(2005a). **청소년문화론**. 교육과학사.
______(2005b). **청소년복지론**. 교육과학사.
______(2006a). 고교생의 생활습관 및 생활의식 국제비교조사.
______(2006b). 청소년기 사회화과정의 국제비교 연구 I.
______(2006c). **청소년지도방법론**. 교육과학사.
______(2008). **청소년심리학**. 교육과학사.
______(2009). **청소년프로그램개발 및 평가론**. 교육과학사.
______(1999). 청소년의 또래관계.
한국청소년정책연구원(2007a). 제4차 청소년정책기본계획 수립 연구.
______(2007b). 제4차 청소년기본정책조사.
______(2008). 초 · 중 · 고 · 대학생 의식구조 비교에 의한 미래사회변동 전망 I.
______(2011). 지역사회 청소년 진로체험 활성화 및 연계협력 방안 연구.
한국행정연구원(해당 연도). "행정공공데이터베이스".
한상철 외(2008). **청소년문제행동**. 학지사.
한상철(1998a). **청소년학개론**. 중앙적성출판사.
______(1998b). 청소년기의 위험행동: 교우관계 및 가족역할 변화와의 관계. 청소년학연구, *5(3)*, 45-62. 국청소년학회.

한상철(1998c). 청소년심리연구의 동향과 과제. 청소년학연구, *5(2)*, 한국청소년학회.

______(1999). 가출청소년의 우울과 자살행동. 대구한의대학교 논문집, *17*.

______(2000). 가출청소년의 지각된 사회적 지지와 우울과의 관계. 한국청소년연구, *32*.

______(2007). **청소년학**. 학지사.

함병수(2001). 제3차 청소년육성기본계획(2003~2007)의 방향과 주요 실천과제. 한국청소년개발원.

홍덕률(2003). 한국사회의 세대연구. 역사비평, *가을호*.

홍봉선 · 남미애(2006). **청소년복지론**. 양서원.

______(2007). **청소년복지론**. 공동체.

황규정(1998). 청소년들이 바라보는 청소년가출에 대한 인식조사. 치안정책연구, *11*.

황상민(2000). 사이버공간의 경험에서 나타난 부모세대와 청소년세대집단 간의 의식특성. 한국심리학회지: 발달, *13(2)*.

황상민 · 한규석(1999). **사이버공간 속에 또 다른 내가 있다**. 김영사.

황인경(2002), 서번트 리더십, LG경제연구원, 경영정보.

Barratt, E. S., & Patton, J. H.(1983). Impulsivity: Cognitive, behavioral, and psychophysiological correlates. In Zuckerman, M.(Ed.), *Biological Bases of Sensation Seeking, Impulsivity, and Anxiety*(pp.77-122). NJ: Erlbaum, Hillsdale.

Berndt, T. J., & Doefe, K.(1995). Friend's influence on adolescents' adjustment of school. Child Development, *66*.

Brown, J. D.(1986). Evaluations of self and others: Self-enhancement biases in social judgments. Social Cognition, *4*.

Byrnes, J. P.(1988). Formal operations: A systematic reformulation. Developmental Review, *8*.

Coopersmith, S.(1981). *Coopersmith self-esteem inventories*. Palo Alto, CA: Consulting Psychologist's Press Inc.

Corey, N. S., & Corey G.(1987). *Group: Process and Practice*. Montery, CA: Brooks/Cole.

Erikson, E. H.(1968). *Identity: Youth and crisis*, NY: Norton.

______(1968). *Life cycle, In International Encyclopedia of the Social Sciences*, 9,. New York: The Free Press.

Flavell, J. H.(1985). *Cognitive development*(2nd ed.). Englewood Cliffs, NJ: Prentice-Hall. Inc.

Gilligan et at.(1971). Moral reasoning about sexual dilemmas. *Technical Report of the Commission on Obscenity and Pornography*(Vol.1). Washington, DC: W. S. Government Printing Office.

Ginzberg, E.(1951). *Occupational choice: An approaches to a general theory*. NY: Columbia University Press.

Goldberg, I.(1996). Internet addiction. electronic message posted to research discussion list. World Wide Web. http://www.emhc.com/mlists/research.html.

Goodnow, J. J.(1995). *Incorporating "culture" into accounts of development*. Paper presented at the meeting of the society for Research in Child Development, Indianapolis, IN.

Greenleaf, R. K.(1970). The servant as leader, Indianapolis: The Robert K. GreenleafCenter

Inhelder, B., & Piaget, J.(1958). *The growth of logical thinking: From childhood to adolescence*. NY: Basic Books.

Kalisch, K. R.(1979). *The role of the instructor*. HRC.

Kohlberg, L.(1963). The development of children's orientations toward a moral order, Sequence in the development of moral thought. Human development, *6*.

______(1969). Continuities and discontinuities in childhood and adult moral development. Human Development, *12*.

Konopka, G.(1972). *Social group work: A helping process*. Englewood Cliffs, NJ: Prentice-Hall.

Kotler, P.(2003). *Marketing management*(11th ed.). NJ: Prentice Hall.

LeVine, R., & Shweder, R. A.(1995). *Culture, pluralism, and the nature-nurture problem*. Paper presented at the meeting of the society for Research in Child Development, Indianapolis, IN. Mannheim, K.(1928). Das Prob.

Levy, M., & Weitz, B. A.(2002). *Retailing management*. 소매경영. 오세조 외 역. 한올출판사.

Mannheim, K.(1928). *Das Prob*.

Marcia. J.(1966). Development and validation of ego-identity status. Journal of personality and Social Psychology. *3*.

______(1991). Identity and self-development. In R. M. Lerner, A. C. Petersen, & J. Brooks-Gunn (Eds.), *Encyclopedia of adolescence*(Vol.1). NY: Garland.

______(1994). The empirical study of ego identity. In H. A. Bosma, T. L. G. Graafsma, H. D. Grotevant & D. J. De Levita(Eds.). *identity and development*. Newbury Park, CA: Sage.

Piaget, J.(1952). *The child's conception of number*. NY: Norton.

Reigeluth, C. M.(1983). *Instructional design theories and models: An overview of their current status* (Ed.), Hillsdale, NJ: Lawrence Erlbaum Associates.

Rice, F, P., & Dolgin, K, G.(2002). *The Adolescent Development Relationship and Culture*. Allyn & Bacon.

Robins, L.(1967). *In praise of school records: Paper presented at first conference on life history research in psychopathology*. NY: Columbia University.

Rosenberg, S.(1965). *Society and the adolescent self-image*. Princeton, NJ: Princeton University Press.

Santrock, J. W.(1996). *Adolescence*(6th ed.). Brown and Benchmark.

Spears, L. C.(1995). Insights on Leadership: Service, Stewardship, Spirit, and Servant-Leadership, John Wiley and Sons, Inc

Super, D. E.(1953). A theory of vocational development. American Psychologist, *8*.

______(1957). *The psychology of career*. NY: Harper and Row Publisher.

Yelon, D. L. & Weinstein, G. W.(1977). *A teacher, s world: Psychology in the classroom*. NY: Mcgraw-Hill.

Young, K. S.(1996). *Internet addiction: The emergence of a new clinical disorder*. Paper presented at the 104th annual conversation of the American Psychological Association, Toronto, Canada.

Zunker(2002). Career Counseling: Applied Concepts of Life Planning(6th ed.). Pacific Grove, CA: Brooks & Cole Publishing Company.

http://ad.joins.com

http://child.forest.or.kr

http://myhome.hanafos.com/~kimjhnp/internet.html

http://www.beautifulstore.org/

http://www.bloodinfo.net

http://www.green.kk.to/

http://www.joungul.co.kr/life/life5/자기개발

http://www.klaw.go.kr

http://www.kowaco.or.kr/

http://www.mohw.go.kr/

http://youth.go.kr

www.all4youth.net

www.sy0404.or.kr

www.worldvision.or.kr

찾아보기

저자소개

■ 성열준

한영신학대학교 일반대학원 철학박사

연세대학교 정경대학원 사회복지석사(국제복지 전공)

현, 경희사이버대학교 NGO학과 교수

청소년지도사 자격검정문제출제위원, (사)국제재난구조복지회 부설 복지행복가정상담소 소장

■ 우상용

평택대학교 피어선신학전문대학원 상담학박사(Cand)

수원과학대학교 외래교수

현, 크리스천심리상담센터 소장

■ 강세현

연세대학교 대학원 문학박사

현, 제주한라대학교 사회복지과 교수

■ 김정일

호서대학교 대학원 철학박사

단국대학교 대학원 교육학과 박사과정 수료

현, 충북보건과학대학교 청소년문화복지과 교수

청소년지도사 자격검정문제출제위원

청소년수련시설 평가위원

■ 이복희

명지대학교 대학원 교육학박사

현, 백석문화대학교 사회복지학부 교수

■ 김종찬

대구대학교 영어영문학 박사과정 수료

대구대학교 사회복지학석사

현, 제주관광대학교 사회복지과 교수

■ 김재원

단국대학교 대학원 행정학박사(복지행정 전공)

현, 서정대학교 아동청소년보육과 교수

청소년지도방법론

1판 1쇄 인쇄 — 2016년 2월 1일
1판 1쇄 발행 — 2016년 2월 11일

저 자 - 성열준 · 우상용 · 강세현 · 김정일
이복희 · 김종찬 · 김재원

발 행 인 - 강 철 원
발 행 처 - 양 성 원
주 소 - 경기도 고양시 일산서구 송산로 18(구산동)
전 화 - 031-912-3301(代)
팩 스 - 031-912-3304
이 메 일 - tnwpub@naver.com
출판등록 - 2015년 8월 31일 제 2015-000211 호

ISBN 979-11-87118-25-1

정가 19,000원